城市轨道交通工程建设
安全管理指南

广州市地下铁道总公司 ◎ 编著

CHENGSHI GUIDAO JIAOTONG GONGCHENG JIANSHE
ANQUAN GUANLI ZHINAN

暨南大学出版社
JINAN UNIVERSITY PRESS

中国·广州

图书在版编目（CIP）数据

城市轨道交通工程建设安全管理指南／广州市地下铁道总公司编著．—广州：暨南大学出版社，2013.8
ISBN 978－7－5668－0614－7

Ⅰ.①城…　Ⅱ.①广…　Ⅲ.①城市铁路—交通运输安全—交通运输管理—指南
Ⅳ.①U239.5－62

中国版本图书馆 CIP 数据核字（2013）第 119466 号

出版发行：暨南大学出版社

地　址：中国广州暨南大学
电　话：总编室（8620）85221601
营销部（8620）85225284　85228291　85228292（邮购）
传　真：(8620）85221583（办公室）　85223774（营销部）
邮　编：510630
网　址：http：//www.jnupress.com　http：//press.jnu.edu.cn

排　版：广州市铧建商务服务有限公司
印　刷：广州市快美印务有限公司

开　本：787mm×960mm　1/16
印　张：17.75
字　数：429 千
版　次：2013 年 8 月第 1 版
印　次：2013 年 8 月第 1 次

定　价：48.00 元

编写委员会

主　编：冯国冠　汪良旗　温晓虎

委　员：苏振宇　吴刘远见　傅常庆
　　　　林锐深　陈晓鸣　熊宗锐
　　　　何　剑

主　审：丁建隆　刘光武　竺维彬
　　　　刘国祥　陈乔松

前　言

我国城市轨道交通始建于 1965 年，20 世纪 90 年代，北京、上海、广州开始加快建设步伐。截至目前，全国已有 10 个城市拥有了建成并正式运营的城市轨道交通线路，总里程超过 900 千米。另有 27 个城市正在建设或规划新的城市轨道线路，规划里程超过 7 500 千米。“十二五”期间，国家将批复一大批城市进行轨道交通建设，其中广州市将在“十二五”期间建成并运营约 300 千米线路，届时广州地铁总里程将超过 500 千米。如此大规模的工程建设，加上城市轨道交通工程建设具有较强的特殊性和复杂性，如建设总规模大、建设周期长、地质条件极为复杂多变、周边环境复杂、施工工法多等，其工程建设安全问题日益突出，工程坍塌、周边建/构筑物倾斜甚至坍塌、管线爆裂等安全事故不断出现，严重威胁着人民的生命、财产安全。

针对城市轨道交通工程建设安全生产的严峻形势，我国近年来也强化了对城市轨道交通工程建设施工的安全生产管理和监督管理。但是要实现安全生产的长效化，必须推广工程建设安全生产的系统理论和方法。为此，本书根据我国城市轨道交通工程建设安全管理经验、城市轨道交通工程建设安全生产事故的特点，以城市轨道交通工程建设安全生产的长效化管理为目标，在分析城市轨道交通工程建设安全生产形势以及国内外城市轨道交通工程建设安全管理现状的基础上，系统地介绍了城市轨道交通工程安全生产的法律、法规和制度，从安全生产主体的经济博弈、主体安全生产责任的不同角度分析、探讨各企业安全生产条件监督管理的内容和方法；基于风险管理理论，识别、分析、评价城市轨道交通工程建设的安全风险，并对城市轨道交通工程建设的施工工法的安全风险控制进行了详细的阐述；对近几年城市轨道交通工程建设发生的典型安全事故进行分析，以期从中吸取教训，避免再次发生类似事故；针对事故的控制，阐述了安全生产事故应急与救援的理论和方法，以及如何编制工程建设安全生产事故应急预案，使其在真正发生事故后，具有较强的可操作性。最后，本书还对将信息化引入城市轨道交通工程建设的安全风险管理进行了描述。工程安全信息化管理已成为一种趋势，它给人一种直观的印象，坐在办公室就能掌握工程的安全生产形势，这将大大节省人力、物力。工程安全信息化已在国内许多城市的地铁建设中得到广泛应用，对城市轨道交通工程建设高潮中的安全生产管理起到了促进作用。

本书由广州市地下铁道总公司建设事业总部的工程技术人员编著，其中第 1 章由何剑编写，第 2 章由汪良旗、陈晓鸣编写，第 3 章由温晓虎编写，第 4 章由何剑编写，第 5 章由冯国冠、林锐深编写，第 6 章由吴刘远见编写，第 7 章由冯国冠、温晓虎编写，第 8 章由温晓虎编写，第 9 章由陈晓鸣编写，第 10 章由傅常庆、何剑编写，第 11 章由熊宗锐编写，第 12 章由汪良旗、林锐深编写，全书由汪良旗、温晓虎统稿。本书在编写过程中引用了很多兄弟单位的科研成果和文献，得到了很多同行专家的支持，在此深表谢意。尤其要感谢中国安全生产科学院的钟茂华、史聪灵、何理等博士，他们在本书的统稿过程中提出了许多宝贵意见。

因编者能力和水平有限，书中难免会有不妥和错误之处，敬请同行专家和读者批评、指正。

编　者

2013 年 5 月 5 日

目　录

1 绪 论

1.1 城市轨道交通工程定义

1.1.1 轨道交通定义

国家标准《城市轨道交通技术规范》（GB50490－2009）中对城市轨道交通的解释如下：采用专用轨道导向运行的城市公共客运交通系统，包括地铁系统、轻轨系统、单轨系统、有轨电车、磁浮系统、自动导向轨道系统、市域快速轨道系统等。

包括我们通常所说的铁路、地铁、轻轨、有轨电车，也包括胶轮的单轨交通系统、线性电机牵引的系统、磁悬浮系统、空中客车等，只要是载客或载货的车辆沿固定轨道行进的交通系统都可以称为轨道交通。轨道交通，狭义上一般理解为“城市轨道交通”，作为城市公共交通网络的重要组成部分，泛指城市中在不同形式轨道上运行的大、中运量城市公共交通工具，是当代城市中地铁、轻轨、单轨铁路、自动导向、短途磁悬浮等轨道交通的总称。

1.1.2 轨道交通工程定义

轨道交通工程泛指与轨道交通相关的工程，主要包括隧道、桥涵、路基、轨道、车站建筑、车站装修、设备安装、信号、通信、集控系统、车辆段与综合基地建筑、房屋建筑、管道、道路、附属设施等工程。

1.2 城市轨道交通工程的特点

城市轨道交通通常属于城市最大的基础设施之一，其工程具有建设规模大、地质情况和环境因素复杂、技术难度高、作业难度大、施工队伍多等特点，从而产生投资额巨大、施工周期长、风险大等问题，给安全管理带来许多困难。

从轨道交通工程的情况来看，其具有地下工程多、施工技术复杂、不可预见风险因素多、对周围环境影响大、恶性事故较难控制等特点。此外，由于轨道交通工程建设是一个庞大的系统工程，其建设本身就是一项风险较高的工程，加上建设规模大、发展快带来的技术和管理力量不足、风险管理重视程度不够、投入不足等问题，城市轨道交通地下工程在建设中，时有事故发生。因此，只有强化和落实所有参建单位的责任，才能构建安全生产责任体系，但是这些都要在建立、健全轨道交通工程的建设安全管理制度的基础上才能实现。

1.3 国内轨道交通安全管理现状概述

1.3.1 国内轨道交通工程发展前景及安全管理状况

随着我国经济的快速发展，为缓解城市交通拥挤的状况，从20世纪90年代起，我国主要城市相继开展了以交通为主要目的的城市轨道交通规划和建设。截至目前，我国已开通、运营城市轨道交通的城市有10个，共计30多条线路、900多千米的运营里程。国家已批准27个城市建设城市轨道交通系统，规划轨道交通网络总规模超过7 500千米，预计到2015年，我国将有17个城市，67条线路，共1 860千米的轨道交通投入运营。

从建设速度和建设规模上看，我国的轨道交通正在经历一个前所未有的发展期，中国已经成为世界上最大的进行城市轨道交通建设的国家。但由于我国轨道交通发展时间较短，经验不足，在建设中，还存在着一些安全隐患，如不能及时发现问题，城市轨道交通建设一旦发生意外，将直接危及人民群众的生命财产安全。长期以来，轨道交通建设安全问题受到各级政府和广大市民的高度重视和密切关注，建设安全管理对于轨道交通的发展具有举足轻重的作用。

中央领导多次就地铁的安全管理工作作出重要批示，国家和地方也相应出台了相关文件，对建设和运营中的安全问题予以高度重视。针对普遍关注的轨道交通建设安全问题（包括应对各种突发事件），近年来，通过不断总结经验，国务院已制定了《国家处置城市地铁事故灾难应急预案》，建设部等九部委联合颁发了《关于进一步加强地铁建设安全管理工作的意见》，住房城乡建设部制定了《城市轨道交通工程安全质量管理暂行办法》、《地铁及地下工程建设风险管理指南（试行）》、《城市轨道交通工程监测管理指南》、《城市轨道交通工程周边环境调查指南》、《城市轨道交通工程风险评估指南》等办法、指南，还有《建设系统破坏性地震应急预案》、《建设工程重大质量安全事故应急预案》和《城市桥梁系统突发事故应急预案》等部门预案。

住房城乡建设部每年组织对各地城市轨道交通安全生产进行检查，主要是强化城市轨道交通安全意识，完善城市轨道交通安全生产制度，督促各地建设主管部门加强对城市轨道交通安全生产的监督管理，及时处理重大安全事故；督促城市轨道交通相关企业加强企业安全管理，加强城市轨道交通施工现场和运营的安全生产工作。

1.3.2 我国在城市轨道交通工程安全方面存在的主要问题

1. 城市轨道交通建设安全管理“预防为主”的认识有待提高

我国城市轨道交通建设安全管理方法和管理模式大多将重点放在事故分析、经验教训、大规模的安全检查等方面，对如何有效预防事故发生所做的工作还不够深入，不重视“预防为主”的安全管理模式，这是一种被动的安全管理。如果不从寻找安全隐患发生的规律入手，不从减少或消除安全风险因素的角度和杜绝或减少安全事故的发生着手，就不能形成城市轨道交通全流程、全寿命周期的完整的动态安全管理体系，就不能有效地主动预防事故的发生。

2. 城市轨道交通技术标准有待完善和系统化

城市轨道交通建设是一项庞大而复杂的系统工程，其建设的标准规范上还没有形成一个系统，各标准规范比较零散，有的是国家标准，有的是行业标准，有的是地方标准，有的是企业标准。另外，规范内容不够详细和具体，对规范的技术研究不够深入，致使规范很不完善。许多条款都参考铁路、市政等相关规定，实际来源于轨道交通的设计、施工实践的具体条款很少，致使规范标准不统一，实用性较低。

3. 缺乏统一的城市轨道交通行业安全管理体系和安全标准

在城市轨道交通建设项目设计中，还没有独立的安全设计的内容，有关安全的内容被分解在各个专业或系统当中，缺乏统一的保障系统安全的设计内容。此外，城市轨道交通行业还没有统一的包括事故分类、事故等级及划分的安全标准及施工沉降控制标准等涉及安全的建设标准。这样很难保障设计、建设一个安全的系统。

4. 城市轨道交通建设安全监督责任体系有待规范化，评估机制尚未建立

设计和建设过程是否符合安全法规和安全标准的要求，建成后的系统是否安全可靠，这需要全过程的监督和独立的评估。目前我国轨道交通设计和建设阶段虽开始探索并引入安全评估理念，但在监管上，政企不分，缺少外部监管，缺乏相应的法律、法规来明确轨道交通的安全监管职责。由此可见，其要形成一个规范的机制还有一定距离。

5. 城市轨道交通建设项目前期勘察工作规定执行不力（环境调查不够深入）

事故统计资料表明，大量地铁事故都是由于周围水、电、燃气等管线的破坏和流沙、涌水引起的地面塌陷，发生这些事故的主要原因是前期地质勘察资料不全。城市轨道交通工程建设项目地下地质和管线情况多变、复杂，必须制定严格的规定，将地质勘察工作做细、做深。

6. 建设速度过快，建设力量不足，技术力量短缺

我国几大城市轨道交通超常规模的建设，需要大量的轨道交通规划、设计、施工力量，目前大量设计、施工单位都来源于大铁路，城市轨道交通建设经验和技术不足，加上许多地方设计时间、实际的施工工期又很紧，这些因素为城市轨道交通工程建设带来了重大的安全隐患。

7. 施工作业行为不规范

城市轨道交通工程施工的地下情况不易摸清，需要能够随机应变的人才，但目前管理人员大多工程经验不足、素质较低，往往不能严格按照施工程序进行规范操作，不能随机应变。已经发生的众多事故表明，这是造成城市轨道交通工程事故的主要因素。

8. 既有线改造技术控制难度大、安全隐患多

既有线是边运营、边改造，工程风险大、难点多，主要表现在：一是改造工程绝对不能影响正常运营；二是改造后运营质量要求高；三是边改造、边运营，交叉干扰大，工程安全风险高；四是改造空间狭小，工程施工难度大；五是多专业、多系统，且两条线同时进行，工程管理难度大；六是施工作业只能利用每天夜间停运后仅有的几个小时，时间短、作业紧，更困难的是施工改造时拆卸、安装只能一次成功，不能发生半点差错，否则就会直接影响次日的列车运营；七是制约条件多，不可预计因素多，工程协调难度大。这是城市轨道交通工程领域安全控制应该重点关注的一个问题。

2 城市轨道交通工程安全管理法律法规

我国在安全生产立法和司法实践中，始终坚持“安全第一、预防为主”的安全方针，通过制定、完善各项法律、法规，充分利用法律手段保证生产安全，保护国家财产和人民群众的生命安全。全国建设系统为加强建设工程安全法规和技术标准体系建设，颁布了一系列的地方法规、部门规章和数十个技术标准与规范，以法制化手段规范安全生产管理。

2.1 国家安全生产法律

2.1.1 《中华人民共和国安全生产法》

《中华人民共和国安全生产法》（以下简称《安全生产法》）是安全生产工作的一部根本大法，其顺利出台是推动安全生产工作法制化进程的一个重要里程碑。《安全生产法》是我国第一部全面规范安全生产的专门法律，在安全生产法律法规体系中处于极为重要的地位。它是中国安全生产法律体系的主体法，是各类生产经营单位及其从业人员实现安全生产所必须遵循的行为准则，是各级人民政府及其有关部门进行监督管理和行政执法的法律依据，是制裁各种安全生产违法犯罪行为的有力武器。

1．立法宗旨

（1）以人为本，突出保障人的生命财产安全。

（2）预防为主，重点不在事后处理，而是着眼于事前防范。

（3）落实责任，包括企业责任、政府责任、中介机构责任、社会责任。

（4）依法加强监管，依法查处事故。

2．基本原则

（1）坚持“安全第一、预防为主”的安全生产方针的原则。这一指导方针要贯穿在安全生产和经济运行的各个环节。（《安全生产法》第三条）

（2）生产经营单位必须具备安全生产条件的原则。（《安全生产法》第十六条）

（3）加强安全生产监督管理的原则。《安全生产法》第二章、第三章、第四章具体规定了各方的职责。

（4）确立安全生产工作中的奖惩机制。（《安全生产法》第十三条）

（5）鼓励和支持安全生产科学技术研究和安全生产先进技术的推广应用。（《安全生产法》第十四条）

3．基本法律制度

在制度层面，作为一部安全生产大法，《安全生产法》确立了对各行业和各类生产经营单位普遍适用的七项基本法律制度：

（1）安全生产监督管理制度。

（2）生产经营单位安全保障制度，企业要建立各项安全保障制度。

（3）明确了生产经营单位是安全生产的主体，对生产经营必须具备的安全生产条件、主要负责人的安全生产职责、安全管理机构和管理人员的配置、生产经营场所的安全管理和安全生产违法行为的法律责任都作了严格、明确的规定。

（4）从业人员安全生产权利和义务制度。

（5）安全中介服务制度。

（6）安全生产责任追究制度。

（7）事故应急救援和处理制度。

4. 法律责任

《安全生产法》明确了安全违法行为的责任。对违规、违法者的制裁是安全生产的保证。各级安全生产监督管理部门和司法机关要严格按照《安全生产法》的规定，对安全违法事故进行严厉惩处，对可能出现的40多种违法行为可以进行处罚，其中包括13种处罚方式。《安全生产法》对违反法律、法规的行为作出了明确的处罚规定，具有很强的针对性和操作性，加大了追究法律责任的力度。

5. 节选

第一条 为了加强安全生产监督管理，防止和减少生产安全事故，保障人民群众生命和财产安全，促进经济发展，制定本法。

第二条 在中华人民共和国领域内从事生产经营活动的单位（以下统称生产经营单位）的安全生产，适用本法；有关法律、行政法规对消防安全和道路交通安全、铁路交通安全、水上交通安全、民用航空安全另有规定的，适用其规定。

第三条 安全生产管理，坚持安全第一、预防为主的方针。

第四条 生产经营单位必须遵守本法和其他有关安全生产的法律、法规，加强安全生产管理，建立、健全安全生产责任制度，完善安全生产条件，确保安全生产。

第五条 生产经营单位的主要负责人对本单位的安全生产工作全面负责。

第九条 国务院负责安全生产监督管理的部门依照本法，对全国安全生产工作实施综合监督管理；县级以上地方各级人民政府负责安全生产监督管理的部门依照本法，对本行政区域内安全生产工作实施综合监督管理。

第十二条 依法设立的为安全生产提供技术服务的中介机构，依照法律、行政法规和执业准则，接受生产经营单位的委托为其安全生产工作提供技术服务。

第十三条 国家实行生产安全事故责任追究制度，依照本法和有关法律、法规的规定，追究生产安全事故责任人员的法律责任。

第十六条 生产经营单位应当具备本法和有关法律、行政法规和国家标准或者行业标准规定的安全生产条件；不具备安全生产条件的，不得从事生产经营活动。

第十七条 生产经营单位的主要负责人对本单位安全生产工作负有下列职责：

（一）建立、健全本单位安全生产责任制。

（二）组织制定本单位安全生产规章制度和操作规程。

（三）保证本单位安全生产投入的有效实施。

（四）督促、检查本单位的安全生产工作，及时消除生产安全事故隐患。

（五）组织制定并实施本单位的生产安全事故应急救援预案。

（六）及时、如实报告生产安全事故。

第十八条 生产经营单位应当具备的安全生产条件所必需的资金投入，由生产经营单位的决策机构、主要负责人或者个人经营的投资人予以保证，并对由于安全生产所必需的资金投入不足导致的后果承担责任。

第十九条 矿山、建筑施工单位和危险物品的生产、经营、储存单位，应当设置安全生产管理机构或者配备专职安全生产管理人员。

第二十一条 生产经营单位应当对从业人员进行安全生产教育和培训，保证从业人员具备必要的安全生产知识，熟悉有关的安全生产规章制度和安全操作规程，掌握本岗位的安全操作技能。未经安全生产教育和培训合格的从业人员，不得上岗作业。

第二十三条 生产经营单位的特种作业人员必须按照国家有关规定经专门的安全作业培训，取得特种作业操作资格证书，方可上岗作业。

第三十五条 生产经营单位进行爆破、吊装等危险作业，应当安排专门人员进行现场安全管理，确保操作规程的遵守和安全措施的落实。

第四十二条 生产经营单位发生重大生产安全事故时，单位的主要负责人应当立即组织抢救，并不得在事故调查处理期间擅离职守。

第四十四条 生产经营单位与从业人员订立的劳动合同，应当载明有关保障从业人员劳动安全、防止职业危害的事项，以及依法为从业人员办理工伤社会保险的事项。

第四十六条 从业人员有权对本单位安全生产工作中存在的问题提出批评、检举、控告；有权拒绝违章指挥和强令冒险作业。

第五十一条 从业人员发现事故隐患或者其他不安全因素，应当立即向现场安全生产管理人员或者本单位负责人报告；接到报告的人员应当及时予以处理。

第六十八条 县级以上地方各级人民政府应当组织有关部门制定本行政区域内特大生产安全事故应急救援预案，建立应急救援体系。

第八十一条 生产经营单位的主要负责人未履行本法规定的安全生产管理职责的，责令限期改正；逾期未改正的，责令生产经营单位停产停业整顿。

第九十一条 生产经营单位主要负责人在本单位发生重大生产安全事故时，不立即组织抢救或者在事故调查处理期间擅离职守或者逃匿的，给予降职、撤职的处分，对逃匿的处十五日以下拘留；构成犯罪的，依照刑法有关规定追究刑事责任。

2.1.2 《中华人民共和国建筑法》

《中华人民共和国建筑法》（以下简称《建筑法》）于1998年3月1日开始执行，其中共有25条涉及安全生产。第五章“建筑安全生产管理”，共有16条，其他章节中涉及安全内容的有9条。《建筑法》中主要阐述了一个方针、两个关系、三个安全生产责任制、四个施工安全管理环节和五项安全生产的基本法律制度。

1. 一个方针

在第三十六条中明确规定了“安全第一、预防为主”的方针。这是新中国成立以来党和国家一贯的方针，这次从法律上给予了肯定。

2. 两个关系

一个是要处理好建设行政主管部门与安全生产监督管理部门管理职责分工的关系；另

一个是要解决好“扰民”与“民扰”的关系。《建筑法》中明确规定：建筑施工企业应当遵守有关环境保护和安全生产方面的法律、法规的规定，采取控制和处理施工现场的各种粉尘、废气、废水、固体废物以及噪声、振动对环境的污染和危害的措施。同时，也规定任何单位和个人都不得妨碍和阻挠依法进行的建筑活动。也就是说，正常进行的建筑活动是受到法律保护的，任何单位和个人不得横加干预和阻挠，否则就是违法。

3. 三个安全生产责任制

建设单位、设计单位、建筑施工企业都要建立和落实相应的安全生产责任制。

(1) 建设单位应当向建筑施工企业提供与施工现场相关的地下管线资料；按照国家有关规定办理相关的申请批准手续；凡涉及建筑主体和承重结构变动的装修工程，应提出设计方案；否则不得施工。

(2) 设计单位对建筑工程的设计应当符合国家现行的建筑安全规程和技术规范，保证工程的安全性能和施工作业人员的安全。

(3) 建筑施工企业的安全生产责任制主要是：①必须依法加强对建筑的安全生产管理，执行安全生产责任制度，采取有效措施，防止伤亡和其他安全生产事故的发生。②建筑施工企业的法定代表人对本企业的安全生产负责。③施工现场安全由建筑施工企业负责；实行施工总承包的，由总承包单位负责。分包单位向总承包单位负责，服从总承包单位对施工现场的安全生产管理。

4. 四个施工安全管理环节

四个施工安全管理环节是指施工前、施工作业、施工现场以及发生事故应当如何处理的四个环节。

(1) 施工前，建筑施工企业在编制施工组织设计时，应当根据建筑工程的特点，制定相应的安全技术措施；对于专业性较强的工程，如土石方工程、脚手架工程、爆破工程、拆除工程等，还应当编制专门的安全施工组织设计。

(2) 施工过程中，建筑施工企业和作业人员应当遵守有关安全生产的法律、法规和建筑行业安全规章、规程，不得违章指挥或者违章作业。

(3) 施工现场的安全管理。建筑施工企业应当在施工现场采取维护安全、防范危险、预防火灾等措施，并实施封闭管理。

(4) 在施工中发生事故时，建筑施工企业应当采取紧急措施，减少人员伤亡和事故损失。

5. 五项安全生产的基本法律制度

(1) 安全生产责任制度。

(2) 群防群治制度。

(3) 安全生产教育培训制度。

(4) 意外伤害保险制度。

(5) 伤亡事故报告制度。

6. 节选

第一条 为了加强对建筑活动的监督管理，维护建筑市场秩序，保证建筑工程的质量和安全，促进建筑业健康发展，制定本法。

第二条 在中华人民共和国境内从事建筑活动，实施对建筑活动的监督管理，应当遵守本法。

本法所称建筑活动，是指各类房屋建筑及其附属设施的建造和与其配套的线路、管道、设备的安装活动。

第三条 建筑活动应当确保建筑工程质量和安全，符合国家的建筑工程安全标准。

第三十六条 建筑工程安全生产管理必须坚持安全第一、预防为主的方针，建立健全安全生产的责任制度和群防群治制度。

第三十八条 建筑施工企业在编制施工组织设计时，应当根据建筑工程的特点制定相应的安全技术措施；对专业性较强的工程项目，应当编制专项安全施工组织设计，并采取安全技术措施。

第四十一条 建筑施工企业应当遵守有关环境保护和安全生产的法律、法规的规定，采取控制和处理施工现场的各种粉尘、废气、废水、固体废物以及噪声、振动对环境的污染和危害的措施。

第四十三条 建设行政主管部门负责建筑安全生产的管理，并依法接受劳动行政主管部门对建筑安全生产的指导和监督。

第四十四条 建筑施工企业必须依法加强对建筑安全生产的管理，执行安全生产责任制度，采取有效措施，防止伤亡和其他安全生产事故的发生。

建筑施工企业的法定代表人对本企业的安全生产负责。

第四十五条 施工现场安全由建筑施工企业负责。实行施工总承包的，由总承包单位负责。分包单位向总承包单位负责，服从总承包单位对施工现场的安全生产管理。

第四十六条 建筑施工企业应当建立健全劳动安全生产教育培训制度，加强对职工安全生产的教育培训；未经安全生产教育培训的人员，不得上岗作业。

第四十九条 涉及建筑主体和承重结构变动的装修工程，建设单位应当在施工前委托原设计单位或者具有相应资质条件的设计单位提出设计方案；没有设计方案的，不得施工。

第五十一条 施工中发生事故时，建筑施工企业应当采取紧急措施减少人员伤亡和事故损失，并按照国家有关规定及时向有关部门报告。

2.1.3 其他相关法律

此外，我国《刑法》、《劳动法》、《消防法》、《环境保护法》、《行政处罚法》、《行政诉讼法》等均针对建设工程安全生产管理制定了相关法律规定。

2.2 国务院、部（委）安全生产法规及规章

2.2.1 《安全生产许可证条例》

《安全生产许可证条例》（以下简称《条例》）的颁布，标志着我国依法建立了安全生产许可制度。实施安全生产许可，有利于夯实企业安全生产基础，促使企业落实各项安全生产法定标准，保证企业可持续健康发展；有利于保护投资者的利益。对安全生产许可证的动态管理能促使企业不断保持和提高安全生产水平，完善企业安全生产的自我约束和保

障机制。

条例规定，国家对矿山企业、建筑施工企业和危险化学品、烟花爆竹、民用爆破器材生产企业实行安全生产许可制度。企业未取得安全生产许可证的，不得从事生产活动。

1．企业取得安全生产许可证的安全生产条件

（1）建立、健全安全生产责任制，制定完备的安全生产规章制度和操作规程。

（2）安全投入符合安全生产要求。

（3）设置安全生产管理机构，配备专职安全生产管理人员。

（4）主要负责人和安全生产管理人员经考核合格。

（5）特种作业人员经有关业务主管部门考核合格，取得特种作业操作资格证书。

（6）从业人员经安全生产教育和培训合格。

（7）依法参加工伤保险，为从业人员缴纳保险费。

（8）厂房、作业场所和安全设施、设备、工艺符合有关安全生产法律、法规、标准和规程的要求。

（9）有职业危害防治措施，并为从业人员配备符合国家标准或者行业标准的劳动防护用品。

（10）依法进行安全评价。

（11）有重大危险源检测、评估、监控措施和应急预案。

（12）有生产安全事故应急救援预案、应急救援组织或者应急救援人员，配备必要的应急救援器材、设备。

（13）法律、法规规定的其他条件。

2．安全生产许可证的有效期限

企业取得安全生产许可证的有效期限为 3 年。安全生产许可证有效期满需要延期的，企业应当于期满前 3 个月内向原安全生产许可证颁发管理机关办理延期手续。企业在安全生产许可证有效期内，严格遵守有关安全生产的法律、法规，未发生死亡事故的，安全生产许可证有效期届满时，经原安全生产许可证颁发管理机关同意，不再审查，安全生产许可证有效期延期 3 年。

3．节选

第二条　国家对矿山企业、建筑施工企业和危险化学品、烟花爆竹、民用爆破器材生产企业（以下统称企业）实行安全生产许可制度。企业未取得安全生产许可证的，不得从事生产活动。

第十四条　企业取得安全生产许可证后，不得降低安全生产条件，并应当加强日常安全生产管理，接受安全生产许可证颁发管理机关的监督检查。

安全生产许可证颁发管理机关应当加强对取得安全生产许可证的企业的监督检查，发现其不再具备本条例规定的安全生产条件的，应当暂扣或者吊销安全生产许可证。

第十八条　安全生产许可证颁发管理机关工作人员有下列行为之一的，给予降级或者撤职的行政处分；构成犯罪的，依法追究刑事责任：

（一）向不符合本条例规定的安全生产条件的企业颁发安全生产许可证的。

（二）发现企业未依法取得安全生产许可证擅自从事生产活动，不依法处理的。

（三）发现取得安全生产许可证的企业不再具备本条例规定的安全生产条件，不依法处理的。

（四）接到对违反本条例规定行为的举报后，不及时处理的。

（五）在安全生产许可证颁发、管理和监督检查工作中，索取或者接受企业的财物，或者谋取其他利益的。

第十九条 违反本条例规定，未取得安全生产许可证擅自进行生产的，责令停止生产，没收违法所得，并处10万元以上50万元以下的罚款；造成重大事故或者其他严重后果，构成犯罪的，依法追究刑事责任。

2.2.2 《建设工程安全生产管理条例》

1. 概述

《建设工程安全生产管理条例》（以下简称《条例》）是我国第一部规范建设工程安全生产的行政法规，旨在通过立法明确建设工程有关各方的安全责任，提出有针对性和可操作性的安全生产管理措施，通过立法保障人民群众的生命和财产安全。条例的颁布是工程建设领域贯彻落实《中华人民共和国建筑法》和《中华人民共和国安全生产法》的具体表现，标志着我国建设工程安全生产管理进入法制化、规范化发展的新时期。

条例对政府部门、有关企业及相关人员的建设工程安全生产和管理行为进行了全面规范，完善了目前市场准入制度中的施工企业资质和施工许可制度。此外，条例还规定了建设活动各方主体应当承担的安全生产责任和安全生产监督管理体制。主要内容包括：

（1）条例明确规定了各方主体应当承担的安全责任。在条例中，对参与建设工程的各有关方，从勘察、设计到建设单位、施工企业、工程监理、监管单位等都各有相应的安全生产工作中所必须遵守的安全生产规定及责任要求，并保证建设工程安全生产，依法承担建设工程安全生产责任。其中有专项规定工程监理所必须遵守的安全生产法律、法规及必须依法承担的安全生产责任。条例的颁发，从法律责任上更加明细化，承担责任的主体也呈多元化，同时加大了对违法行为的制裁力度。用法律明确了相关人员和部门承担的行政责任、民事责任及刑事责任。

（2）条例确立了13项基本管理制度：备案制度；整改制度；持证制度；专家论证审查制度；消防制度；登记制度；考核教育培训制度；意外伤害保险制度；监督检查制度；许可证制度；淘汰制度；救援制度；报告制度。

2. 节选

第一条 为了加强建设工程安全生产监督管理，保障人民群众生命和财产安全，根据《中华人民共和国建筑法》、《中华人民共和国安全生产法》，制定本条例。

第二条 在中华人民共和国境内从事建设工程的新建、扩建、改建和拆除等有关活动及实施对建设工程安全生产的监督管理，必须遵守本条例。

本条例所称建设工程，是指土木工程、建筑工程、线路管道和设备安装工程及装修工程。

第三条 建设工程安全生产管理，坚持安全第一、预防为主的方针。

第四条 建设单位、勘察单位、设计单位、施工单位、工程监理单位及其他与建设工程安全生产有关的单位，必须遵守安全生产法律、法规的规定，保证建设工程安全生产，依法承担建设工程安全生产责任。

第二十条 施工单位从事建设工程的新建、扩建、改建和拆除等活动，应当具备国家规定的注册资本、专业技术人员、技术装备和安全生产等条件，依法取得相应等级的资质证书，并在其资质等级许可的范围内承揽工程。

第二十一条 施工单位主要负责人依法对本单位的安全生产工作全面负责。

第二十三条 施工单位应当设立安全生产管理机构，配备专职安全生产管理人员。

第二十四条 建设工程实行施工总承包的，由总承包单位对施工现场的安全生产负总责。总承包单位应当自行完成建设工程主体结构的施工。

总承包单位依法将建设工程分包给其他单位的，分包合同中应当明确各自在安全生产方面的权利、义务。总承包单位和分包单位对分包工程的安全生产承担连带责任。

第二十五条 垂直运输机械作业人员、安装拆卸工、爆破作业人员、起重信号工、登高架设作业人员等特种作业人员，必须按照国家有关规定经过专门的安全作业培训，并取得特种作业操作资格证书后，方可上岗作业。

第二十六条 施工单位应当在施工组织设计中编制安全技术措施和施工现场临时用电方案，对下列达到一定规模的危险性较大的分部分项工程编制专项施工方案，并附具安全验算结果，经施工单位技术负责人、总监理工程师签字后实施，由专职安全生产管理人员进行现场监督：

（一）基坑支护与降水工程。

（二）土方开挖工程。

（三）模板工程。

（四）起重吊装工程。

（五）脚手架工程。

（六）拆除、爆破工程。

（七）国务院建设行政主管部门或者其他有关部门规定的其他危险性较大的工程。

第三十九条 国务院负责安全生产监督管理的部门依照《中华人民共和国安全生产法》的规定，对全国建设工程安全生产工作实施综合监督管理。

第四十二条 建设行政主管部门在审核发放施工许可证时，应当对建设工程是否有安全施工措施进行审查，对没有安全施工措施的，不得颁发施工许可证。

第四十七条 县级以上地方人民政府建设行政主管部门应当根据本级人民政府的要求，制定本行政区域内建设工程特大生产安全事故应急救援预案。

第五十五条 违反本条例的规定，建设单位有下列行为之一的，责令限期改正，处20万元以上50万元以下的罚款；造成重大安全事故，构成犯罪的，对直接责任人员，依照刑法有关规定追究刑事责任；造成损失的，依法承担赔偿责任：

（一）对勘察、设计、施工、工程监理等单位提出不符合安全生产法律、法规和强制性标准规定的要求的。

（二）要求施工单位压缩合同约定的工期的。

（三）将拆除工程发包给不具有相应资质等级的施工单位的。

第六十七条 施工单位取得资质证书后，降低安全生产条件的，责令限期改正；经整改仍未达到与其资质等级相适应的安全生产条件的，责令停业整顿，降低其资质等级直至吊销资质证书。

2.2.3 《生产安全事故报告和调查处理条例》

生产安全事故的报告和调查处理，是安全生产工作的重要环节。国务院 1989 年公布施行的《特别重大事故调查程序暂行规定》和 1991 年公布施行的《企业职工伤亡事故报告和处理规定》，为规范事故报告和调查处理发挥了重要作用。但是，随着社会主义市场经济的发展，安全生产领域出现了一些新情况、新问题。为了适应安全生产的新形势、新情况，迫切需要在总结经验的基础上，制定一部全面、系统的规范生产安全事故报告和调查处理的行政法规，为规范事故报告和调查处理工作，落实事故责任追究制度，维护事故受害人的合法权益和社会稳定，预防和减少事故发生，进一步提供法律保障。其总体思路为：

（1）贯彻落实“四不放过”原则。“四不放过”，即事故原因未查明不放过，责任人未处理不放过，整改措施未落实不放过，有关人员未受到教育不放过。这是事故调查处理工作的根本要求，本条例规定的主要制度和措施都体现了这一原则。

（2）坚持“政府统一领导、分级负责”的原则。各级人民政府都负有加强对安全生产工作领导的职责，特别是地方各级人民政府对于本行政区域内的安全生产负总责。因此，生产安全事故报告和调查处理必须坚持政府统一领导、分级负责的原则。同时，也要充分考虑和兼顾民航、铁路、交通等行业或领域的特殊性及其事故报告与调查处理的现行体制和做法。

（3）重在完善程序，明确责任。规范生产安全事故的报告和调查处理，首先需要完善有关程序，为事故报告和调查处理工作提供明确的“操作规程”。同时，还必须明确政府及其有关部门、事故发生单位及其主要负责人以及其他单位与个人在事故报告和调查处理中所负的责任。

（4）注意本条例与有关法律、行政法规的衔接，维护法制统一。

2.2.4 《城市轨道交通工程安全质量管理暂行办法》

1. 主要内容

《城市轨道交通工程安全质量管理暂行办法》（以下简称《办法》）主要确立了城市轨道交通安全质量风险评估制度、工程监测制度和施工前条件验收制度。

以地下工程为主的城市轨道交通工程属于高风险工程，具有专业性强、地质环境条件复杂、隐蔽工程多、施工难度大等特点。对城市轨道交通工程进行安全质量风险评估，加强风险管理，有利于提高风险决策水平，可有效遏制重大事故发生。近年来，地下工程风险管理已经成为国际地下工程界研讨的焦点问题，我国铁路、水电等行业相继开展了风险评估管理实践，北京、上海、广州等地也在积极探索城市轨道交通工程风险评估管理工作，并取得了初步成效。为此，《办法》第六条规定：建设单位应当在初步设计阶段组织开展城市轨道交通工程安全质量风险评估（含建设工期、造价对工程安全质量影响性评估）并组织专家论证。建设单位在报送初步设计文件审查时，应当提交经专家论证的安全质量风险评估报告。由此，确立了城市轨道交通工程的安全质量风险评估制度。

工程监测是指在施工过程中，通过采用一定的测量、测试仪器和设备，长期、连续地对工程围护结构、围岩和周边环境进行位移、变形、倾斜、应力等监测，并将信息及时上报和反馈，用以指导优化设计和施工控制。办法对工程监测提出了明确要求，并制定了施工监测、第三方监测制度。《办法》第二章“建设单位安全质量责任”中第十二条规定，建设单位应当委托工程监测单位进行第三方监测；第三章“设计单位安全质量责任”中第二十四条规定，施工图设计应当包括工程及其周边环境的监测要求和监测控制标准等内容；第四章“施工单位安全质量责任”中第四十条规定，施工单位应当对工程支护结构、围岩以及工程周边环境等进行施工监测、安全巡视和综合分析，及时向设计、监理单位反馈监测数据和巡视信息；第五章“监理单位安全质量责任”中第五十四条规定，监理单位应当检查施工监测点的布置和保护情况，比对、分析施工监测和第三方监测数据及巡视信息；第六章进一步明确了工程监测单位的安全质量责任。

城市轨道交通工程受地下水和地质情况的影响大，工程周边环境比较复杂，危险性较大的工程多。经安全风险评估确定的高风险工程，以及盾构进出洞等重要部位和环节，是风险控制的关键节点。在这些关键节点施工前，监理单位应当会同建设、设计、施工单位对之前工序和后续准备工作进行梳理和验证，使之满足后续施工的条件。为此，《办法》第五十三条规定，监理单位应当会同有关单位按照施工技术标准规范和有关规定进行隐蔽工程和分部分项工程验收，并对工程重要部位和环节进行施工前条件验收。

此外，办法规定，从事城市轨道交通工程建设活动必须坚持先勘察、后设计、再施工的原则，严格执行基本建设程序，保证各阶段合理的工期和造价，加强全过程安全质量风险管理。住房城乡建设部负责全国城市轨道交通工程安全质量的监督管理。县级以上地方人民政府承担城市轨道交通工程安全质量监督管理的主管部门负责本行政区域内城市轨道交通工程安全质量的监督管理。

办法对建设单位，勘察、设计单位，施工单位，监理单位及工程监测、质量检测单位各自需承担的安全质量责任进行了明确。

办法还对工程周边环境的保护、工期和造价等进行了规定，明确要求建设单位应组织调查施工现场及毗邻区域内的建筑物和构筑物、地下管线、桥梁、隧道、道路、轨道交通设施等工程周边环境。工程周边环境严重影响工程实施或因工程施工可能造成其严重损害的，建设单位应当在确定线路规划方案时尽可能予以避让。同时，办法要求，建设单位在施工招标前，应当组织专家对施工工期和造价进行论证，论证时应充分考虑工程的复杂程度及其周边环境拆除、迁移等对施工工期和造价的影响。

2. 节选

第三条 从事城市轨道交通工程建设活动必须坚持先勘察、后设计、再施工的原则，严格执行基本建设程序，保证各阶段合理的工期和造价，加强全过程安全质量风险管理。

第五条 建设单位对工程项目管理负总责。

建设单位必须建立健全安全质量责任制和管理制度，设置安全质量管理机构，配备与建设规模相适应的安全质量管理人员，对勘察、设计、施工、监理、监测等单位进行安全质量履约管理。

第六条 建设单位应当在初步设计阶段组织开展城市轨道交通工程安全质量风险评估（含建设工期、造价对工程安全质量影响性评估）并组织专家论证，同时按照有关规定组织专家进行抗震、抗风等专项论证。

建设单位在报送初步设计文件审查时，应当提交经专家论证的安全质量风险评估报告。

第八条 工程周边环境严重影响工程实施或因工程施工可能造成其严重损害的，建设单位应当在确定线路规划方案时尽可能予以避让。无法避让且因条件所限不能进行拆除、迁移的，建设单位应当根据设计要求和工程实际，组织开展现状评估，并将现状评估报告提供给设计、施工、监理、监测等单位。

第十二条 建设单位应当委托工程监测单位和质量检测单位进行第三方监测和质量检测。

第十三条 建设单位在编制工程概算时，应当包括安全质量风险评估费、工程监测费、工程周边环境调查费及现状评估费等保障工程安全质量所需的费用。

第二十四条 设计单位提交的设计文件应当符合国家规定的设计深度要求，并应根据工程周边环境的现状评估报告提出设计处理措施，必要时进行专项设计。

设计文件中应当注明涉及工程安全质量的重点部位和环节，并提出保障工程安全质量的设计处理措施。

施工图设计应当包括工程及其周边环境的监测要求和监测控制标准等内容。

第四十条 施工单位应当对工程支护结构、围岩以及工程周边环境等进行施工监测、安全巡视和综合分析，及时向设计、监理单位反馈监测数据和巡视信息。发现异常时，及时通知建设、设计、监理等单位，并采取应对措施。

施工单位应当按照设计要求和工程实际编制施工监测方案，并经监理单位审查后实施。

第五十三条 监理单位应当会同有关单位按照施工技术标准规范和有关规定进行隐蔽工程和分部分项工程验收，并对工程重要部位和环节进行施工前条件验收。

第五十四条 监理单位应当检查施工监测点的布置和保护情况，比对、分析施工监测和第三方监测数据及巡视信息。发现异常时，及时向建设、施工单位反馈，并督促施工单位采取应对措施。

第七十条 鼓励建设、施工等单位参加工程保险，采用现代化信息技术加强施工现场监控管理，提高风险防范能力。

2.3 地方性安全生产法律法规

随着经济社会的快速发展和城市建设的持续推进，全国的轨道交通进入了高速发展阶段。轨道交通建设多涉及基坑、隧道，地质条件复杂多样，其建设中的安全管理尤为重要。为保障人民群众生命和财产安全，各地区以国家、部委法律、法规为基础，结合本地特点，逐步对本地区轨道交通建设工程安全生产的法律、法规进行建设和完善。

北京、上海、广州等城市的轨道交通工程建设走在全国的前列。其涉及轨道交通工程的相关法律、法规经过长时间的实行，已较为成熟。

2.3.1 《北京市建设委员会关于加强北京市轨道交通工程施工安全质量管理意见》节选

一、建设单位

建设单位要严格执行基本建设程序，按规定办理施工许可手续，同时依法履行工程安全质量责任，加强对设计、勘察、施工、监理单位的监督管理。

（一）确保必要的安全投入。建设单位在编制工程概算时，应当确定建设工程安全作业环境及安全施工措施所需费用，建立安全资金保障制度及审核拨付制度，督促施工单位专款专用。

（二）确定合理的工期。建设单位不得任意压缩合理工期，不得压缩合同约定的工期。确需压缩合同工期的，应在能够保证安全生产和工程质量的前提下，与施工单位协商确定。

（三）建立远程监控系统。远程监控是目前轨道交通工程施工安全监管的有效手段。新开各线必须按照京建质〔2009〕91号文（《关于北京市轨道交通工程建设实施现场视频监控、门禁智能监控和量测监控的通知》）的要求实行全方位远程监控，以便终端计算机管理系统能实时接收各施工标段传递的数据，并通过每天监测的数据自动评价作业面的安全状况，必要时发出分级预警信号，各参建单位及时采取措施，使轨道交通工程建设处于可控状态之中。建设单位应要求各标段项目部设置监控室，每个监控室应设有视频监控台、监控量测数据平台和门禁智能监控平台，监控室必须24小时有专人值班，随时监控掌子面、作业面情况，项目部经理和技术负责人是监控室的负责人和责任人。

（四）建立管线导改机制。为确保地下管线安全和地面交通安全，建设单位应建立一套有效的运行体系和协调机制，与市政、水务、供电、通信、燃气、热力、广播电视等部门协调解决地下管线问题，减少地铁施工对城市生命线的危害。同时必须向勘察、设计、施工、工程监理等单位提供与建设工程有关的原始资料。原始资料必须真实、准确、齐全、完整，在破土动工前应办理书面交接手续。

（五）加强风险源的管理。建设单位要坚持风险分级管理制度，坚持应急预案制度，对施工单位和监理单位风险工程专项设计、专项施工方案、专项监理细则的制定和审批程序进行管理。

（六）规范应急抢险机制。建设单位要按照市应急办相关文件要求，完善应急抢险机构设置，同时应重点要求各施工单位和地铁抢险大队根据各自施工的特点，制定切实可行的应急预案并定期组织演练，保证应急预案在关键时刻能切实有效地发挥作用。同时要与市相关委办、区县政府和各管线产权单位建立有效、快速的联动机制，充分依靠专家快速处理应急事故，确保应急救援工作反应灵敏、行动迅速、处置得力。

二、监理单位

监理单位要严格遵守国家和北京市的法律法规的要求，做好重大风险源和施工安全质量隐患的排查工作，加强日常安全和质量的检查，减少一般安全、质量事故的发生。

（一）严格方案审批管理。监理单位应按要求编制项目监理大纲，制订监理方案、监理细则、监理旁站计划，明确安全质量监理的范围、内容、工作程序和制度措施，以及人员配备计划和职责等。严格审查施工单位编制的施工组织设计中的安全技术措施和危险性较大的分部分项工程安全专项施工方案是否符合工程建设强制性标准要求。

（二）加强对施工单位行为的检查。检查施工单位在工程项目和各分包单位的人员资格、安全生产规章制度和安全质量机构的设置及专职安全生产管理人员配备情况；检查危险性较大的分部分项工程安全专项施工方案的论证及审批情况；审查施工单位资质和安全生产许可证是否合法有效；审核特种作业人员的资格证书是否合法有效；审核施工单位应急救援预案和安全防护措施费用使用计划。

（三）加强施工现场的管理。监理单位应监督施工单位按照施工组织设计中的安全技术措施和专项施工方案组织施工，确保工程安全、质量符合要求。定期巡视检查施工过程中的重大风险源的作业情况；检查施工现场各种安全标志和安全防护措施是否符合强制性标准要求；检查安全生产费用的使用情况；督促施工单位进行安全自查工作，并对施工单位自查情况进行抽查，参加建设单位组织的安全生产专项检查。

（四）严格验收制度。监理单位应严格执行进场材料报验、工程预检、隐蔽工程验收制度，质量不合格或未进行验收不得进入下一道工序施工。要按轨道交通管理公司监理旁站规定，对暗挖掌子面，大断面临时支撑拆除，盾构始发井、接收井土体加固，管片拼装，施工缝、变形缝防水等工序及部位进行旁站监理。

（五）落实对监控系统的验收检查。监理单位应对视频监控系统、门禁智能监控系统和第三方监控量测系统进行检查验收，对监控量测数据要及时进行分析，发生超预警值情况时，应及时督促施工单位组织专家进行论证处理。

（六）加强对监理资料的管理。监理单位应按要求及时收集、整理监理相关安全质量管埋资料，同时对施工单位资料的真实性、完整性、及时性进行检查。

三、施工单位

施工单位要按照国家和北京市的相关法律法规的要求，加强日常安全生产管理，建立安全生产管理的长效机制，落实企业主体责任。

（一）建立环境安全管理体系。施工单位要建立轨道交通工程环境安全技术管理体系，对重大危险源组织开展安全风险评估，提出切实可行的安全对策，指导危险源监控和进行事故预防。重大风险源要上墙公示，要有具体措施，并明确责任人。

（二）严格按图施工。施工单位要按照建设部《危险性较大工程安全专项施工方案编制及专家论证评审办法》和《地铁风险指南》的要求编制施工方案，符合专家论证条件的施工方案必须请专家进行论证，并严格按照设计图纸和施工方案施工。

（三）加强地下管线等的保护。施工单位要对施工区域内的地下管线和地下空洞情况进行核查，凡涉及地下管线的施工，施工单位必须制订专项施工方案和采取专项防护措施，并请各产权单位对方案进行审定签认，同时报市政、水务、供电、通信、燃气、热力等部门备案。对于交通导改、管线改移和地下空洞等方面需协调的问题，施工单位应事先书面报告，报请建设单位与相关单位协调解决。情况紧急时要采取果断措施，确保人员安全。

（四）做好监控量测工作。施工单位应按要求建立远程监控系统，对施工阶段全过程实行安全风险远程监控管理，构建施工安全风险监控、预警信息传送、分级响应机制。

施工单位应根据规范、标准规程和设计要求，科学编制监控量测方案，合理布置监测点，设专人监测，及时分析监控数据，每天按时报监理单位和各线项目管理公司分中心。对监控量测中发现的问题要及时采取措施，发生超预警值情况时，应及时组织专家进行论证处理。

（五）加强培训教育。施工单位应采取多种措施全面提高管理人员的业务水平和业务素质，增强掌子面作业人员的实操能力和自我保护意识。新入场的从业人员的培训，未经教育考试合格的，严禁上岗作业。

建立地铁工程安全质量培训学校，利用业余时间或脱产学习的方式，培养一批一线作业指挥人员和现场带班人员和新进场农民工，有针对性地提高其现场管理能力、风险预见及防范能力，确保一线作业人员的安全。

（六）落实绿色施工要求。施工单位要认真宣贯北京市《绿色施工管理规程》，认真落实市建委《关于在全市建设工程推行绿色施工的通知》，严格按绿色施工要求进行施工，确保所有轨道交通工地实现绿色施工。

（七）起重机械的检测验收。施工单位要严格按照建设部166号令和京建施〔2008〕593号《关于对本市建筑起重机械进行备案管理的通知》的要求，租赁和使用起重机械。移动式起重机进场使用前，总包单位和使用单位应当组织相关部门对其进行验收，并填写验收记录，经相关人员签字，验收合格后方可使用。未经验收的设备不得进入现场。

（八）凡中标两个以上标段的施工单位要成立北京指挥部，由集团公司领导担任指挥长，并建立完善的组织管理体系，每月对所承建的工程进行不少于1次的检查；各标段项目部每天要对工地进行检查。

（九）严格执行国务院493号令，发生事故立即报告，事故单位在一小时之内填报《建设工程安全质量事故报告书》，坚决杜绝延报、瞒报事故的现象发生。

四、政府监督

按照《北京市建设工程质量监督工作规定》和《北京市建设工程施工现场安全监督工作规定》的要求，市建委负责施工现场安全质量监督管理工作，区（县）建委具体实施辖区内施工现场安全监督工作。

（一）强化市、区两级建委监管职责。

（二）落实行为监督责任。

（三）组织专项检查。

（四）加大对施工检测的管理。

（五）建立专家库。

（六）建立注册建造师、注册监理工程师和安全监督人员的动态管理信息平台。

（七）加大监督执法力度。

2.3.2 上海市安全生产相关法律法规

2.3.2.1 《上海市安全生产事故约见谈话警示实施办法》

2011年4月1日，《上海市安全生产事故约见谈话警示实施办法》（以下简称《办法》）正式施行。

对事故责任单位负责人进行约谈警示，主要针对情形包括：安全管理不力，发生较大或者重大生产安全事故的；发生其他社会影响恶劣的生产安全事故的；发现有重大事故隐患拒不整改的；局领导认为有必要约谈警示的；市委、市政府领导认为有必要约谈警示的等。约谈警示特别针对一年内连续发生两起以上社会影响恶劣的生产安全事故的单位负责人。除对事故责任单位负责人进行约谈警示外，还将根据实际情况对其上级单位负责人进行约谈警示。

办法规定，约谈警示的对象定位为事故责任单位的负责人，包括事故责任单位的法定负责人、主要负责人、分管负责人和管理者等四类。约谈警示以会议的形式进行，主要内容包括：事故发生、应急救援、原因分析、吸取教训、防范整改措施等情况；主要及分管负责人依法履行职责的情况；工作中存在的薄弱环节和下一步应采取的措施。

2.3.2.2 《上海市生产安全事故应急预案管理办法实施细则》

本细则自2010年11月15日起实施，主要对应急预案的编制、评审、备案、实施、奖励与处罚等几方面作了具体的规定。

细则指出，本市安全生产监督管理部门负责全市生产安全事故应急预案的综合协调管理工作；各区（县）安全生产监督管理部门负责本辖区生产安全事故应急预案的综合协调管理工作。

其他负有安全生产监管职责的部门负责本行业、本领域的生产安全事故应急预案管理工作，根据行业特点制定本行业生产安全事故应急预案管理制度。

生产经营单位负责落实本单位生产安全事故应急预案编制、评审（或论证）、备案、宣传、培训和演练等工作，并组织应急预案确定的各项措施的实施。

2.3.2.3 《上海市建设和交通委员会关于加强本市轨道交通工程质量安全管理的若干意见》

上海市建设和交通委员会主要提出了如下管理意见：

（1）建立健全覆盖本市轨道交通工程质量安全的监督管理网络。上海市建设工程安全质量监督总站统一对全市轨道交通工程实施质量安全监督管理，组织实施本市轨道交通工程质量安全的过程监控和专项检查。

（2）建立以轨道交通工程为主的市政基础设施工程施工图审图制度。

（3）加强对轨道交通深基坑及隧道工程的监督。

（4）建立与监督机构联网的远程监控系统。对在建的轨道交通项目，特别是深基坑工程（含出入口、风井工程）、隧道工程或其他高风险工程必须实施远程监控，且远程监控系统应与监督机构联网；远程监控系统的开通，应作为深基坑开挖等关键节点验收的主要内容，纳入关键节点的验收范围。

（5）进一步强化安全生产责任制，落实各方监管职责，加大监管力度。

（6）研究制定轨道交通工程强制性管理规定。针对近几年本市轨道交通工程建设过程中发生的事故、暴露出来的问题、重大危险源与风险点，组织有关轨道交通工程建设各方专家，研究制定《关于加强轨道交通工程建设的管理规定》，从技术、材料、管理、经济、设计、施工、监理、监督全方位和多角度提出轨道交通工程安全及质量长效管理办法。

（7）建立健全轨道交通工程系列技术标准规范。

2.3.3 广州市安全生产相关法律法规

2.3.3.1 《关于全面落实建设工程平安卡管理工作的通知》

一、建设工程平安卡管理制度是加强建筑工程安全监督管理，规范建筑劳务用工秩序的重要举措。各区、县级市建设行政主管部门，各级建设工程安全监督机构、各施工企业要高度重视，成立或指定专门机构负责此项工作，确保建设工程平安卡信息收集、培训教育、制作发放、使用管理等各项工作顺利进行。

二、市建设行政主管部门负责全市建设工程平安卡管理工作，下设广州市建设工程平安卡管理办公室（设在广州市建筑行业劳动保险金管理办公室）负责日常管理工作。市建设工程安全监督机构受市建设行政主管部门委托具体实施市管工程平安卡的监督检查工作。

三、建设工程平安卡的报名、培训、考核、阅卷、录入等工作统一由市建设行政主管部门委托的七所培训学校负责实施。番禺区、花都区、增城市、从化市的有关工作由区、县级市建设工程安全监督机构负责实施。

四、建设工程平安卡的使用管理由工程总承包企业负总责。工程总承包企业应全面实行平安卡管理制度，落实建筑工人平安卡安全教育培训、考核及平安卡发放等各项工作。施工企业不得雇佣没有接受平安卡安全培训及未领取平安卡的工人；工地现场必须配置平安卡管理的相关软、硬件设备（读卡器和考勤机），工人凭平安卡进出工地。

五、施工企业应当使用“平安卡管理系统”为本企业（工程项目）持有平安卡的工人登记劳动合同、培训、工资福利、工伤保险、意外伤害险等信息。登记工作必须有专人负责。

六、监理单位要将建设工程平安卡的落实工作纳入安全监理的范畴，检查督促工程总承包企业（工程分包企业）落实平安卡管理工作。

七、建设工程安全监督机构要将平安卡的检查工作列入日常安全检查范围，重点检查工地平安卡的持卡率和每月上传市建设行政主管部门数据的准确率，并将施工企业对平安卡的使用情况纳入工程项目竣工安全评价管理内容。

2.3.3.2 《广州市生产安全事故报告和调查处理暂行规定》

第六条 （一）生产经营单位应当于1小时内向事故发生地的区、县级市安全监管局和负有安全生产监管职责的有关部门报告。

第七条 事故报告遵循“谁主管，谁主报”的原则。各负有安全生产监管职责的部门接到事故报告后，应按规定时限及下列责任分工，向市人民政府和上级部门报告，同时抄送市安委办和事故发生地的区、县级市人民政府和有关机关。

（一）地铁施工、运营事故，房屋建筑和装修、装饰工程事故及由市市政园林局、国土房管局管辖之外的其他所有建筑活动安全事故，由市建委负责报告。

第十二条 造成重伤2人或以下的一般生产安全事故，由区、县级市人民政府委托区、县级市安全监管局或者事故发生单位组织调查处理。仅造成轻伤或者直接经济损失100万元以下的其他一般事故，由区、县级市人民政府委托事故发生单位组织调查处理。被委托的事故发生单位应当在当地安全生产监管部门的指导下进行事故的调查处理工作。

第十七条 事故调查组成员保持相对固定，安全生产监管部门和负有安全生产监管职责的相关部门至少应当委派2名人员参加事故调查组。根据案情需要，可以增加适量的案件调查取证人员参与事故调查。

第二十二条 （四）调查组成员在调查组组长的领导下，根据分工开展进一步的调查取证工作。调查组成员一般应在20日内完成调查取证工作，并将调查取证材料整体移交牵头单位。涉及行政责任追究的，监察机关如不能在20日内提出处理意见，经调查组组长同意，可以适当延长。

第二十三条 由市或区、县级市人民政府直接组织调查的事故，事故调查报告由安全生产监管部门代章报同级人民政府审批结案。由部门牵头组织调查的事故，事故调查报告由牵头部门代章报同级人民政府审批结案。由事故发生单位组织调查的事故，事故调查报告由本单位代章报区、县级市人民政府审批结案。

2.3.3.3 《广州市突发事件信息发布管理规定》

第三条 本规定所称突发事件信息是指涉及本市公民、法人或其他组织切身利益，需要社会公众广泛知晓或者参与应对的突发事件信息，包括突发事件预警信息和突发事件处置信息。

可以预警的自然灾害、事故灾难和公共卫生事件的预警级别，按照突发事件发生的紧急程度、发展态势和可能造成的危害程度分为一级、二级、三级和四级，分别用红色、橙色、黄色和蓝色标示，一级为最高级别。

突发事件处置信息是指突发事件发生、应急处置及善后工作情况等信息。突发事件按照其性质、危害程度、可控性和影响范围等因素，由高到低划分为Ⅰ级（特别重大）、Ⅱ级（重大）、Ⅲ级（较大）、Ⅳ级（一般）四个级别。

第五条 可以预警的自然灾害、事故灾难或公共卫生事件即将发生或发生的可能性增大时，市人民政府、区（县级市）人民政府应当根据规定的权限和程序，授权有关单位发布相应级别的警报，决定并宣布有关地区进入预警期，同时根据情况变化适时调整预警级别和宣布解除警报。

第六条 突发事件预警信息应当包括发布机关、发布时间、可能发生的突发事件的类别、起始时间、可能影响范围、预警级别、应对常识、警示事项、事态发展、相关措施、咨询电话等。

第七条 突发事件处置信息的发布，按照广州市突发事件总体应急预案的规定，统一领导、口径一致、分级负责。

第九条 发布的突发事件处置信息内容应当包括事件类别、发生的时间和地点、损失情况、相关措施、影响范围、警示事项、事态发展、下一步工作措施、咨询电话等。

第十二条 新闻媒体应当无偿报道突发事件信息。

第十三条 突发事件信息发布工作实行行政领导负责制和责任追究制。

对在突发事件信息发布工作中作出突出贡献的先进集体和先进个人要给予表彰和奖励。

突发事件信息发布工作人员玩忽职守，导致信息发布出现重大失误，造成严重后果的，对主要负责人、直接责任人给予行政处分；构成犯罪的，依法追究刑事责任。

2.3.4 其他地方性安全生产法律法规

2011年1月7日，《深圳市城市轨道交通工程质量安全管理办法》经市政府同意并印发。该办法通过建立层层控制的风险管理机制、各方协调联动机制、应急响应制度等，进一步加大了地铁、轻轨、单轨、浮磁、自动导向轨道等城市轨道交通工程质量安全管理力度。

该办法要求建设单位建立全过程风险管理体系。同时，鼓励建设单位在施工前购买工程保险，为轨道交通工程以及相邻建筑物、管线等设施提供保障。

建设单位应当按下列标准配备现场质量安全管理人员，并建立相应的考核机制：正线主体工程，一站一区间不少于1名；车辆段工程不少于1名；综合交通枢纽工程不少于3名；投资额超过1亿元的其他工程不少于1名。

土方开挖施工，降水作业，穿越建筑物、江河、桥梁，既有铁路或城市轨道交通线等暗挖施工，或者其他经评估、风险等级较高的工程等关键节点施工之前，监理单位应当组织建设、勘察、设计、施工、第三方监测等单位进行施工前条件验收，形成书面验收意见。验收未合格的，不得同意施工单位进行下一步施工。

施工单位应当建立钢筋、水泥、混凝土、防水材料等原材料的进场验收和用前检验制度，经监理工程师签字认可后方可投入使用。施工单位应当充分考虑施工作业对周边环境的影响，向邻近居民进行告知和解释。

根据该办法，一线作业和现场管理人员应当经考核合格并取得“平安卡”，方可参与城市轨道交通工程建设。

2.4 企业安全生产管理制度

随着地铁建设的迅速发展，建设过程中的安全管理已成为全社会关注的焦点之一。提高工程建设过程中的安全风险控制水平，加强安全管理的研究和实施已成为各级政府、建设单位和各相关参建单位共同期盼并且亟待解决的重大课题。

2.4.1 北京地铁

1. 管理体制

狠抓基础建设工作，立足基础。北京地铁公司从健全安全管理组织入手，依据安全生产法律、法规，结合安全生产工作实际，建立健全地铁安全管理组织三级安全网，分别负责各级安全工作的组织管理。逐级成立安全生产委员会，下设防火安全委员会、运营安全委员会、劳动安全委员会和交通安全委员会，所属分公司安全保卫科作为各级组织的专职安全监察管理部门，负责其单位年度安全目标、计划的制订、实施、对策研究、监管工作以及各级安全组织的建设等任务。

北京地铁公司安全生产责任制充分体现了“职责清晰、层层管理、衔接紧密、覆盖面全、可操作性强”的特点。公司坚持每年度与各分公司签订“年度安全目标管理责任书”，并建立双向挂钩的考核制度。根据管理人员和一般职工不同的工作性质、任务，对各个职务、岗位的职责进行分层量化、逐项界定，分别制定了“工作标准”、“管理标准”及“岗位责任制”。各二级单位结合实际进一步细化，从而基本上解决了安全管理“由谁负责、怎么负责、不负责怎么办”的问题。

2. 创新管理

北京地铁用人文、绿色、科技“三大理念”指导轨道交通建设，除了在公司及各项目公司设立专门负责安全管理的部门和配备专职人员外，还进行了一系列的安全管理创新。

（1）技术指南标准化。

完善的技术标准体系是确保工程安全和质量的基础，而我国城市轨道交通工程起步晚、发展快，导致该领域的技术标准体系相对滞后。标准体系不完备，在工程验收、监控量测方面，尤其在涉及重大工程安全问题方面，缺乏专业的技术指南和标准。

针对上述问题，北京市轨道交通建设管理有限公司组织有关工程建设和科研单位做了大量工作，取得了许多成果，为安全施工和相应的工程管理提供了最直接的依据。

①地铁邻近施工的技术指南。以科研指导施工，同时不断总结经验，逐渐提炼、形成

了地铁邻近施工的技术指南等文件，主要包括《北京地铁工程邻近桥梁施工影响评估与控制指南》、《北京地铁工程邻近管线施工影响评估与控制指南》、《北京地铁工程邻近建筑施工影响评估与控制指南》及《新建地铁工程邻近既有地铁构筑物施工影响评估与控制指南》。这些指南最重要的成果是总结形成了邻近既有市政设施施工的工作程序和方法，明确了如何进行既有市政设施的现状评估、施工影响预测、风险等级划分、施工过程控制、工后评估及恢复，是邻近既有市政设施施工的指导性文件，为随后及下一阶段工程建设的安全开展奠定了扎实的技术基础。

②《地铁工程监控量测技术规程》。监控量测是安全施工的基础，为此北京市轨道交通建设管理有限公司主持编写了《地铁工程监控量测技术规程》，该规程已成为北京市地方标准（标准号 DB11/490－2007）。

该规程根据北京的地层条件和轨道交通建设的不同工法（浅埋暗挖法、盾构法、明挖法、盖挖法），总结借鉴相关实例与经验，规范了北京地铁工程建设监控量测项目及要求、量测管理及信息反馈，提出了具有北京地铁特色的监控量测值的控制标准，为施工监测和第三方监测工作的顺利开展提供了重要的标准和依据。

③《轨道交通工程施工质量验收标准（土建工程篇）》。《轨道交通工程施工质量验收标准（土建工程篇）》是一套经过专家评审并在北京市建委备案的完整、系统的轨道交通土建工程施工质量验收标准，为工程验收和工程管理提供了最基础的标准和前提。这是北京市轨道交通建设管理有限公司组织北京市轨道交通工程的参建各方，根据北京市轨道交通工程的特点和实际，总结北京市轨道交通工程几十年的建设经验，经过两年时间共同编制完成的。

该标准共计 13 本，内容包括轨道交通单位工程、分部工程和分项工程划分及土建工程、车站工程、隧道工程、盾构隧道工程、桥涵工程、路基工程、站场道路及广场工程、防水工程、降水工程、车辆段及综合基地工程、装饰装修工程、轨道工程施工质量验收。此后，专家对上述 13 本标准中的 9 本进行了修编，经过专家评审通过后已在北京市建委备案。

（2）安全风险管理系统化、规范化。

北京市轨道交通建设管理有限公司建立并实施了《工程建设环境安全技术管理体系》，确定了地铁周边环境风险源的分级划分原则、分级管理工作程序及工程建设各阶段的工作要求等，明确了建设管理、设计、施工及监理各方的责任和义务，在工程建设中发挥了重大作用。结合工程建设经验，开展了“北京市轨道交通工程建设安全风险技术管理体系及信息化管理系统”项目的研究，并下发试行了《北京市轨道交通工程建设安全风险技术管理体系》，目前这一整套体系文件已在北京地铁新线建设中广泛应用。

《北京市轨道交通工程建设安全风险技术管理体系》是一整套成熟、完善、自成系统的技术和管理文件，具体提出了岩土工程勘察、环境调查、风险工程设计、环境安全风险评估、第三方监测设计、风险工程施工安全评估等技术指南，提供了监控量测控制指标、施工突发风险事件预防及应急措施、应急机制等参考资料，明确了建设单位及工程各参建单位安全风险管理职责、施工及监理单位安全风险管理组织机构要求、信息平台（系统）基础资料录入内容及标准，确定了第三方监测、视频监控系统、监控预警、消警及信息报送、综合预警响应、监控报送内容等管理办法。

该体系强调的是对轨道交通工程建设安全风险的控制以预防为主，强化了轨道交通工程建设安全风险技术管理的过程控制。体系贯穿工程建设的全过程，包括岩土工程勘察与工程环境调查、方案设计、初步设计、施工图设计、施工和工后阶段，着重规范、完善了工程建设各阶段的安全风险管理技术论证程序及各阶段成果文件应涵盖的安全风险技术管理内容。各阶段都应进行风险识别、风险分级、风险评估和风险控制，各阶段的风险管理深度与相应的设计深度、施工方案深度相一致。同时，体系也规范、完善了建设单位、各相关参建单位在安全风险技术管理方面的工作责任及工作内容。

该体系以施工阶段监测、巡视、风险评估预警为基础，着重规范、完善施工风险控制的信息报送、预警和分级响应的内容和程序。体系要求施工单位、第三方监测单位分别实行施工监测和第三方监测；要求施工单位、监理单位、第三方监测单位针对开挖面地质状况、支护结构体系及基坑或隧道周边环境进行巡视，同时要求监理单位对施工工艺及设备、施工组织管理及作业状况等进行巡视。各单位根据监测和巡视的结果提出监测预警和巡视预警，以此为基础，在分析后进行综合预警的判别。

为了配合该体系的推进应用，北京市轨道交通建设管理有限公司还投入巨大的财力、人力和物力，组织建立从工点、项目公司到公司层的三级安全风险监控机构，委托社会化的专业咨询机构和各新线的第三方监测单位，由专业化安全风险管理咨询机构协助进行地铁建设全网的安全风险管理，由第三方监测单位协助项目公司监控分中心承担新线安全风险事务的咨询任务。

（3）安全风险管理信息化。

在建立安全风险技术管理体系的基础上，北京市轨道交通建设管理有限公司又建立了安全风险信息管理平台，包括 GIS 系统，网络传输、监测及安全巡视信息管理系统，盾构施工实时监控系统，视频监控系统等。这些系统可进行信息报送、信息查询、资料（包括勘察、设计、施工、监测等文件）管理、预警、监控、事务处理，协助工程各级管理部门及参建各方及时掌控地铁土建施工的安全状况，进行快捷、有效的信息管理。

需要特别指出的是，为更好地把握现场的作业情况，该体系要求地铁在建工程原则上应在矿山法暗挖工程的每个掌子面、主体结构明挖基坑对角线处及周边环境复杂的附属结构明挖基坑工程角部、施工竖井提升设备的大梁等处，安装视频监控系统。安全风险信息管理平台与视频系统具备接口，通过接口即可进入视频管理系统，且该系统具有使摄像头旋转、变焦等远程控制功能，大大方便了远程管理。

在安全管理上不断创新，通过技术研究，结合工程实践，总结提炼出工程建设的有关标准和指南，陆续形成了环境安全管理体系和最新的安全风险技术管理体系，投入了巨大的人力、物力和财力，组织各参建单位，确定了北京地铁新线建设安全风险管理的模式和机制，建立并推广应用信息化管理平台和视频管理系统，促进了安全风险管理的规范化、系统化和信息化。

2.4.2 上海地铁

上海地铁建设工程应用了远程监控系统，并于 2005 年成立了申通集团层面的总监控中心。《上海轨道交通基坑与隧道工程远程监控管理办法》和《上海轨道交通基坑与隧道工程远程监控实施细则》的制定和执行，形成了集团、项目公司、工程现场三级管理的工程安全管理网络，使工程安全控制工作迈入了全新的网络化安全控制阶段。

在集团层面，由建设事业部负责行政管理、技术管理部下属的总监控中心负责技术支撑，向集团领导负责；在项目公司层面，成立由项目公司总工作为分管领导，质安部部长负责的分监控中心，分监控中心的常务工作人员均为地下工程专业的博士和硕士，项目公司行政条线和分监控中心技术条线分别对口集团建设事业部和总监控中心；在现场层面，成立以业主项目经理为领导，总监为常务负责的远程监控执行小组，各参建单位均有专职专人进入管理网络。远程监控总监控中心和分监控中心是完成安全控制事务工作的职能部门，远程监控的执行情况和考核成绩由其分别向集团领导和项目公司分管领导汇报。

另外，在执行层面，通过对远程监控日常事务和警情处理机制的具体规定，规范了远程监控管理中的流程以及各方职责、任务、响应时间和工作质量要求，尽量减少各方的可选动作，做到管理标准化、规范化。

工程安全控制管理体系能否在第一时间内对险情征兆做出响应，决定了工程安全控制的成败。这对管理方式和管理手段提出了新的要求，如果按照常规，公文往来、开会协调，往往会错失抢险时机。所以，“在第一时间内响应”就成为构建管理体系的首要原则。以目前的基础条件和技术手段，用软件作为管理体系的载体成为必然的选择。但是，国内外没有工程安全控制管理的软件。申通集团通过科技创新，自主研发出了一整套用于工程安全控制管理的软件——远程监控软件。

远程监控软件是申通集团实施工程安全控制的载体。由于集团各部门和各参建单位中职责的不同和业务人员知识水平的差异，为更好地实施工程安全控制，申通集团开发了不同的远程监控软件与之匹配，分为远程监控系统和远程监控管理平台两大应用层面。

1. 远程监控系统

远程监控系统包含车站远程监控系统、隧道远程监控系统和视频监控系统三个模块。

要实现分散在全市各处的轨道交通网络在建工程的过程控制，首先要解决现场数据在第一时间内传送给能够处理数据的专家的问题。现场数据的采集、传送、保存需要有软件作为依托。而专家在分析处理数据时需要可靠、方便、直观的数据分析处理软件。通过开发车站远程监控系统、隧道远程监控系统模块，把分散在各工地的工程数据集中到服务器数据库，方便专家和工程管理者调用、查阅。其后开发的视频监控系统模块，提供了远程交互指挥的手段，实现了对现场的实时视频监管。

远程监控系统为职能部门提供了工程过程控制的“监察”手段，实现了分散工程集约化管理，大大提高了工程安全管理的效率，为远程监控管理平台提供了坚实的数据基础。

2. 远程监控管理平台

对于大多数的用户来说，他们并不需要了解详细的工程数据，只需要获得职能部门对工程安全状态的判断，一旦险情得到确认，就及时启动险情处理机制。而各方的协同和工作的交互需要相应的管理搭载工具，通过远程监控管理平台能够处理相应事宜。

远程监控管理平台首先是承载事务性工作的平台，工程的安全判别、相关数据都可以从管理平台上获取，各方的工作在平台上透明可见，工作痕迹在管理平台上全部保留。由此，可进行远程监控执行情况的考核。

远程监控管理平台也是实施工程安全控制流程化管理的途径，通过将险情细化成预警、三级报警、二级报警、一级报警，在各级险情告知范围、责任人的设定、无作为自动升级警情的功能作用下，确保险情能得到及时处理。

同时，远程监控管理平台是智能化的工程安全控制平台，通过将评判体系转化为后台处理程序，能实现工程险情的自动判别，能在第一时间内发现问题并启动警情处理流程。

警情一旦发生，远程监控管理平台能在第一时间内用短信告知相关责任人，并支持手机、PDA 等移动设备应用，具有轻便、可移动工作的特点，可以让用户随时随地参与险情的处理。

远程监控管理平台，为工程安全控制提供了依托和载体，使工程安全控制的技术和行政管理紧密结合，把集团、项目公司、工程现场三级工程安全控制管理真正落到了实处。

2.4.3 广州地铁

2.4.3.1 健全和落实安全法规与制度

地铁安全管理的法规和标准体系，是实现地铁建设、管理法制化和规范化的基础，也是实现地铁安全、健康、持续发展的根本。广州市地下铁道总公司高度重视地铁安全管理法规和标准体系的建设，积极主动参与地铁法规和行业管理标准的制定工作，不断完善企业内部的安全规章制度，实现依法、依规严格管理。

（1）树立“以我为主、为我所用”的思想，从推进地铁发展的角度，积极主动参与地铁法规和行业管理标准的制定工作。组织有关专家积极参与《地下铁道设计规范》和国家《城市地铁应急预案》等技术规范和技术标准的制定。积极探索和制定刚性接触网与第三轨结合的供电系统技术标准，屏蔽门与安全门系统技术标准，地铁 VI 图形与色彩系列标准，线性电机运载系统设计、安装、运行技术规范等。同时，结合广州地铁建设管理的实践，积极收集和总结《广州市地下铁道管理条例》的实施情况，主动配合和推进《广州市地下铁道管理条例》的修改和完善。

（2）健全和落实安全规章制度，保证安全生产事事有章可循。根据《中华人民共和国安全生产法》等相关法规的要求，严格执行国家、省、市的各项有关安全生产、消防安全的法律法规，结合地铁安全工作的特殊性、复杂性和重要性，制定了一系列行之有效的安全规章制度，做到安全生产管理工作有法可依，有章可循，保证了安全生产工作顺利进行；建立了以安全管理制度为统领的，包括安全操作规程手册、事故管理规程、应急处理预案等在内的安全规章体系；确立了“治防控”的安全管理机制，以制度来规范安全管理的各个环节，以规范化保证安全，确保达到事事有章可循。

根据工程建设经验和实际需求，不断编制和完善各项规章制度，如《广州地铁工程建设安全文明施工管理办法》、《广州地铁土建工程安全工作标准》、《广州市轨道交通建设工程安全监管办法》、《安全检查评分管理办法》、《安全检查评分标准》和《广州轨道交通盾构施工常压状态开仓作业安全操作规程》等。

地铁行业是高风险行业，不折不扣地严格落实安全生产规章制度是地铁安全的保证。广州市地下铁道总公司以“铁的要求、铁的纪律、铁的制度”，从严管理、从严要求。通过经常性的培训和规章制度的学习，让员工清楚理解规章；通过经常性的检查督促，让员工严格执行规章；通过经常性地分析事故苗头、事故隐患及后果，让员工认识到遵章守纪就是保护自己、保护同事、保护企业、保护家庭。

（3）落实安全责任。安全责任重于泰山，广州市地下铁道总公司按照“守土原则”，推行“千斤重担人人挑、人人身上扛指标”的安全目标管理理念。从总公司总经理、总部经理、部门经理、班组长到每个员工，均签订安全生产责任状，明确各层级和每个岗位、每个员工的安全生产责任，形成了全面的安全生产责任制体系，将安全责任和安全目标层层分解、层层落实。实行“一票否决制”，建立安全责任追究机制，将安全生产责任状完成情况作为各层级领导和每位员工的绩效考核、岗位晋升考核标准之一。

（4）建立广州地铁安全评价标准和管理办法。定期对各事业总部、子公司进行安全评价和考核。提出“零宽容”的要求，严格按照“四不放过”的原则，对事故苗头和安全隐患进行分析和处理，坚持从管理上找原因、查漏洞、订措施。通过分析查找原因、整改隐患、完善规章来改进管理，举一反三地防止同类事故重复发生，认真落实“预防为主”的方针。在各级管理人员中树立“事故发生在基层、事故的根源在管理层”的管理责任意识，切实做到事事有人负责。

（5）吸取经验教训，控制安全事故发生。针对上一年度发生的安全事故，年初对发生的每一起事故进行深刻剖析，认真反思、吸取教训，及时查找工作中的不足，编制《年度生产安全事故案例分析》，指导全年安全工作，有效地防止类似事故的发生。

2.4.3.2 严格工程管理，控制安全风险

地铁工程是百年工程，质量要求高，技术复杂，新线建设任务繁重，工期紧迫，安全生产、文明施工要求高，安全工作具有特殊性，因此，广州地铁在建设过程中采取多种手段，严格控制安全风险。

1. 可研阶段

在地铁工程建设可行性研究阶段，组织有资质的单位和专家对线路的安全可靠性、运营状况安全性进行专项论证，并进行环境影响评估和沙层地震液化判别等专题分析。同时，还论证了施工方法的安全性，包括工程本身的施工安全及对周围环境的安全影响。按照国家勘测设计有关规定，通过招标，选择符合资质要求的单位承担设计过程咨询审查以及施工图审查（政府建设主管部门授权有资质的单位进行审查）工作。勘测设计单位必须符合国家规定的资质要求。

新线工程按国家关于建设项目安全评价的要求，委托有资质的单位召开新线工程初步设计安全预评价报告评审会，对新线进行建设项目安全预评价，确保建设项目实施后的安全。

2. 设计阶段

在初步设计阶段，编制安全方面的专篇设计内容。初步设计必须经市地铁工程设计审查委员会审查批复后，方可进入施工图（或施工招标）设计阶段。

3. 施工阶段

（1）开工前，及时办理工程安全报建，主动接受政府部门对安全管理的监督检查。及时向施工单位拨付工程安全措施费，确保其施工现场安全保障设施的投入。针对地质情况和施工周边房屋安全的问题，制定二级专项应急抢险预案：一级是施工单位的预案，二级是业主的预案。施工前必须按规定进行有关各方参加的施工图纸会审。督促施工单位完善施工组织设计方案。施工组织设计方案必须按规定程序报审报批，施工方案中必须有关于安全目标、责任制、保证体系、详细措施、紧急预案等方面的内容。

（2）成立地质灾害防治小组。针对地质灾害的影响，成立总公司层面的“广州地铁地质灾害防治领导小组”，代表总公司统管地质灾害防范工作。

“地质灾害防治领导小组”以广州市地下铁道总公司为主导，贯彻以“规避、预防”工程“地质灾害”发生为主，以“控制、治理”工程“地质灾害”为辅，“提前设防、层层把控”的思想。其主要工作包括：根据广州市各区工程地质类型与特征，建立各规划线路地质灾害防治的重点与要点，将工程地质灾害危险性评估研究纳入可行性研究的重要组成部分，在工程可行性研究报告中对地质灾害风险作出具体分析，并提出应对方案；从规划、地质勘察、选线开始预防地质灾害风险，并贯穿规划、设计、施工的各个阶段，对无法规避的地质灾害风险，在工程设计各阶段根据工程地质类型和特征，从工程设计上事先提出、审查各类工程地质条件的地质灾害防治重点与主要措施；在施工阶段，“地质灾害防治领导小组”采取定期对工地巡查和召开专题会议等措施，不仅严格监控各施工阶段对地质灾害防治的措施、方法的落实情况，同时对由于工程地质条件变化、施工条件变化所引起的防护措施的改变与落实情况也加强监控。

（3）强化过程监控，开展安全风险排查工作。

一是各土建项目部经理、项目工程师对各自管辖土建工点的安全风险进行了深入、细致的排查，充分估计和正确应对各种困难和风险。总公司每半年组织一次对建设工地的安全风险全面排查，要求在设计、施工、监理等各方面对风险控制提出具体措施，每半年的风险排查结果通过编制《广州地铁建设工程安全风险排查汇总》下发到各层级管理人员，使业主代表了解、熟悉自己管辖项目的地质灾害风险，设计防治措施及应急方案。

二是总公司安全监察部根据风险排查结果，编制了在建各条线路的《重大风险源动态控制图》，图中明确了各在建工地的施工状况、风险等级、控制措施和各个工点相应业主代表、安全巡查人员名单，使用对象为总公司领导和安全监察部各层级管理人员，通过动态控制图，可以方便地掌握广州地铁各工点的风险控制信息，实现定人定点管理。

（4）开展广州地铁土建工程安全风险管理项目。为更好地利用各方力量，做好广州地铁建设过程中的安全风险控制，开展了“广州地铁土建工程安全风险管理”项目，通过公开招标的方式，引入了某单位作为项目承担方，中标后，该单位组建了一支由3名教授级高工、4名博士（后）、5名高级工程师组成的具有丰富地铁工程经验的专业技术人员团队，通过事前评估、事中监控、事后总结的方式，对广州地铁的各个在建项目开展地铁土建工程安全风险管理工作。

首先，进行安全风险评估和管理。在项目前期，安全风险管理项目部开展了“三评”工作，具体包括：广州地铁建设工程安全管理体系评估，土建工程安全风险评估，“四新”（新技术、新艺术、新设备、新材料）安全风险评估；通过安全风险评估，提出安全风险规避、控制措施，降低风险，进一步提高广州地铁安全风险管理的水平。

其次，组织工地巡查，参加工地例会和方案审查会，进行安全风险动态管理，超前预报，提出风险控制措施及建议，并及时发布给相关单位，重点突出事前的主动控制。

再次，安全风险管理项目部对各条线建设工点排查出来的风险点，每半年编制一次《安全风险排查表》，及时对可能形成突发性灾害或容易引起较大社会影响的基坑、隧道及其周围主要建筑物和重要管线等的安全状况，进行判断和预测，提出防范措施。

最后，开展专题研究，进行技术总结。安全风险管理项目部开展了“不同工法的安全风险研究”、“不同地质条件下地铁施工引起的地表沉降规律研究”、“地铁施工对周围建筑物、桥梁、管线的影响研究”等专项研究，总结安全风险管理项目的实施经验。

（5）安全风险控制信息化管理。广州地铁在2006年至2007年进行了安全风险管理体系的诊断评价、施工前期安全风险的中间评估，建立了地铁监测信息平台。此外，为进一步控制施工现场的安全风险，广州地铁逐步建设与运用广州市轨道交通工程视频监控系统和门禁系统。

视频监控系统是为实现对工程建设重要施工区域安全生产情况的实时监控而建设的。系统建成后，能够实现对施工现场的基坑、附属结构、地下暗挖掌子面、盾构作业面等重要部位的实时监控，能够对作业面监控设备进行控制及实现监控中心与施工作业面的语音对讲；实现对车站装修、设备安装工程的实时监控；实现对系统工程轨行区作业场所的实时监控以及车辆段工程的实时监控。视频监控系统的施工现场监控中心部分的建设由承包商按照业主的要求负责。

门禁系统主要用于对进入施工作业区人员的监控，能实时显示出入施工作业区的人员信息及相关影像资料，随时掌握进入施工作业区的人员信息。门禁系统设置在办公、生活区与施工作业区之间，现场施工、监理人员利用广州市“平安卡”进出施工作业区，业主及外宾采用临时卡进出。其目的是有效地控制人员的出入，并且记录所有进出的详细情况，实现对出入口的安全管理。该系统最基本的功能包括人员发卡、进出权限、时段控制、门区设置、实时监控、记录查询及报表打印等。门禁系统的施工现场部分由承包商按照业主的要求负责建设。

另外，通过招标引进一家技术咨询服务单位，技术咨询服务内容包括地铁公司监控中心日常管理与咨询服务（含咨询场所与传输网络建设）与施工现场从开工至试运营的视频监控技术咨询服务（包括方案审查、技术咨询、项目验收及日常巡查管理等）；施工现场门禁系统方案审查、技术咨询、项目验收与日常巡查管理服务。

2.5 本章小结

法制化管理是城市交通建设实现安全生产的前提条件。国外成功的城市交通管理无一不是通过完善的法律、法规、制度来约束和规范管理者与交通参与者的行为的。

在城市轨道交通建设之初，局限于当时的社会、政治和经济条件，规范城市轨道交通管理的法制并不够完善，更谈不上法律法规体系。现在，很多城市轨道交通实行全面法制化管理，以规范各方行为和维护各方利益，保障轨道交通持续、稳定和高效运行。

虽然，目前我国的城市轨道交通管理机制还不够完善，但只要解放思想，不断改革，勇于实践，认真借鉴国外城市轨道交通管理的经验和教训，就会逐步建立一套符合我国国情的城市轨道交通管理机制。城市交通管理必须走上法制化的轨道，这是城市交通顺利发展的根本条件，也是管理机制良性运转的保证。

《安全生产法》、《建设工程安全生产管理条例》、《城市轨道交通工程安全质量管理暂行办法》等法律、法规及部门规章、施工安全技术标准的相继出台，为保障我国轨道交通工程建设的安全生产提供了有力的法律保障，在轨道交通工程建设的安全生产方面做到了有法可依。但有法可依仅仅是实现安全生产的前提条件，要落实安全生产，在实际工作中还必须要求各参建单位及其从业人员严格遵守各项安全生产规章制度，做到有法必依，同时要求各级安全生产监督管理部门执法必严、违法必究。

3 城市轨道交通工程安全科学理论方法

3.1 连续事件理论

3.1.1 多米诺骨牌理论

多米诺骨牌理论是 W. H. Heinrich（海因里希）于20 世纪初提出的事故致因理论，其核心思想是：伤亡事故的发生不是一个孤立的事件，而是一系列原因相继发生的结果，即伤害与各原因之间具有连锁关系。这种事故因果连锁关系过程，包括下列五种因素：

（1）遗传和社会环境（M）是造成人的缺点的原因。遗传因素可能使人具有鲁莽、固执、粗心等不良性格；社会环境可能妨碍人的安全素质培养，助长不良性格的发展，决定了“人的本质安全性”大小。这种因素是因果链上最基本的因素。

（2）人的缺点（P）是指由于遗传和社会环境所造成的人的缺点。人的缺点是使人产生不安全行为和造成物的不安全状态的原因。这些缺点既包括诸如鲁莽、固执、易过激、神经质、轻率等性格上的先天缺陷，也包括缺乏安全生产知识和技能的后天不足等。

（3）人的不安全行为和物的不安全状态（H），这两者是造成事故的直接原因。其中人的不安全行为是由人的缺点导致的，是造成事故的主要原因。

（4）事故（D）是一种由于物体、物质和放射性等对人体发生作用，使人身受到或可能受到伤害的，出乎意料的、失去控制的事件。

（5）伤害（A）是指直接由事故产生的人身伤害。

上述事故五个连锁因素，可以用五块多米诺骨牌来形象描述。如果第一块骨牌倒下，即第一个原因出现，则会发生连锁反应，后面的骨牌会相继被碰倒；如果该链条中的某一块骨牌被移去，则连锁反应中断，不会引起后面的骨牌倒下，也即事故过程不能连续进行。海因里希认为，企业安全生产工作的中心就是移去中间的骨牌（H），防止人的不安全行为和物的不安全状态的出现，从而中断事故连锁进程，避免伤害事故发生。

这一事故致因理论是工业企业安全管理中加强安全教育培训，强化生产过程安全检查的重要理论基础。

安全检查和安全教育培训制度已成为国内外安全生产的根本制度。我国现在重新审视海因里希的多米诺骨牌事故致因原理，就会发现安全生产的新制度。在海因里希的事故致因模型中，我们看到第五块骨牌伤害发生的前提是事故，如果对其进行控制，同样会减轻甚至杜绝伤害，这就是我们当前大力推行的事故管理、应急与救援管理安全生产基本制度。当然，还可以从第一块骨牌进行控制，那就是我们今天大力发展的职业教育、九年义务教育的国家发展战略等。

海因里希的理论有明显的不足，如它对事故致因连锁关系的描述过于简单化、绝对化。事实上，各个骨牌（因素）之间的连锁关系是复杂的、随机的。前面的牌倒下，后面的牌可能倒下，也可能不倒下。事故并不是全都造成伤害，不安全状态并不会必然造成事故等。尽管如此，海因里希的事故因果连锁理论依然促进了事故致因理论的发展，成为事故研究科学的先导，具有重要的历史地位。

3.1.2 连续事件理论

连续事件理论认为，事故是一系列事件发生的后果。这一系列的事件，一件接一件地发生，最终导致了事故，酿成伤亡。但是，只要这一系列事件中有一件不发生，事故也就不会发生。也即这些事件组成串联体系，可以称“一连串事件”。

绝大多数导致个人受伤事故的前一事件是由受伤者自己完成的。如果没有其他原因，而仅仅是个人在这一事件中的最后一件起了作用，工人的行为就应受到指责。但是，制止这一连串事件中的任何一个事件（而不仅仅是导致受伤的最后一件）的发生就可能截断事故链。要改善安全工作，考虑链上的其他事件，而不仅仅是受伤工人的最后行为，这是非常重要的。仅仅谴责这一事件中最后一名工人的操作，而不认真研究事故链上的其他事件，就忽略了先前其他人在这起事故中的影响。

在这一连串事件中的任何事件，都是事故原因的重要环节，是事故预防工作的潜在目标。这些事件可能与工作时身体的状态有关，与第一线的工长有关，与不同层次的管理有关，也可能与公司政策及受伤工人所不能控制的其他因素有关。反过来，与这一连串事件有关系的任何人都能改变这一事件的进程，从而避免事故的发生。

连续事件理论是事故预防工作中应用得最多的理论，其目的并不是追究谁应当对事故负责。但是，有时这又的确是连续事件理论的一个特殊用途。例如，该理论在民事侵权行为责任诉讼中的应用：起诉方应当证明被告在事故链中的作用（他或她或他们可以中断这条链）而且有义务做出反应以防止事故的发生；当法庭发现一方有义务并且能够做出反应以防止事故发生，但他或她或他们并没有做出反应，这一方就负有责任。

事故链中事件的重要性及其对事故发生的作用对事故预防工作是很有益的。这些重要的因素并不仅仅是在这一连串事件中最后受伤的工人的行为，还有很多避免事故的方式，包括对工人进行训练，指导现场主管（项目经理），制订项目安全计划，制定互相协作政策和修改项目设计。

虽然连续事件被标识为“理论”，但更正确地说，这是一个有关事故发生的一种方式的抽象。实际上，对连续事件的表述包括了所有可预防的事故原因。连续事件理论并不局限于确定在这一连续事件中任何导致事故发生的特殊联系，但是它对于深入研究事故并且设计出适当的事故预防的方法是很有用的。

下面是一个一连串事件导致事故发生的例子：一个工人从在建建筑物的第三层楼上摔了下来，严重受伤，初步调查发现，他并没有受安全带保护。仅仅是因为他没有佩戴安全装置，还是因为值得分析的一连串事件导致了该事故呢？深入的调查表明：由于工地上一名主管的疏忽，第三层并没有防止坠落事件发生的、沿周边布设的防护栏杆。再说安全带，公司在这个项目上有足够的安全带，但任何一个想要使用安全带的工人，都必须填写一份冗长的申请表并征得上级同意。因为一些烦琐的书面规章，工人认为不值得这么费劲去做。而且工人们认为公司并不希望他们使用这些安全带，否则，公司就应当使这些安全设备更容易被工人领到。那个受伤的工人在这个项目上工作了两个星期，在他工作的两个星期里，他没有看到任何一个工人使用安全带，所以他自然而然地认为安全带是没有必要使用的。

连续事件理论在这起受伤事件中的应用是很好理解的。虽然在这起事故中，那个受伤的工人应当对其在最后一个事件中的行为负责，但这起事故中还有许多其他的人在起作用。可以中断这些联系的事件包括：对工人获得安全设备的适当引导；工人很容易就能申请获得安全设备；公司严格遵守安全制度和安全措施；安全意识训练与通过细致的现场安全检查来发现潜在的危险因素。显然，公司管理层应当发现其中的许多问题。

对连续事件理论正确的应用应当是这样的：管理层要认识到所有的事故都可以通过他们的行为加以预防，具有这种态度的管理层就会致力于发现那些需要改善的地方。

来看另一个案例：一个工人向他的工长报告说一个锤子上的细屑掉到他的眼睛里去了。调查表明是因为工人没有佩戴安全护目镜。工人在工作时是否能得到安全护目镜呢？佩戴安全护目镜是否使工人觉得压抑呢？更深入的调查显示锤子本身是有缺陷的。工人也知道锤子是有缺陷的，但他申明要从仓库得到一个新锤子很困难（要填写一些表格等）。是否经常对手工工具进行安全检查？手工工具在被检查出有缺陷时，是否很容易就能更换？这些问题指出了连续事件中的各个环节，而其中最重要的环节就是那些管理层能够施加控制力和影响力的环节。

在某研究中心进行的一项研究中，应用了连续事件的概念。虽然它的报告中并没有直接使用“连续事件”这个特殊词语，但其表达的意思是一样的。这个研究基于这样的前提：“所有的事故和危险都是管理失败的征兆”，并且集中于管理层在受伤事件中的作用。这个研究的假设是：“在对任何事故的调查中，总能多少发现一些原本可以制止事故发生的管理因素。因此管理层应当对所有的事故和存在的危险承担责任。”基于这个基本假设，在对事故进行调查时，应试图寻找一些对管理层而言，可行的并且能够有效避免事故发生的途径。

根据更深入的研究，通过管理手段避免或者降低危险的可能性是完全存在的。对那个由于锤子有缺陷而导致的事故，在管理上的原因就是锤子的存货率太低，难以更换。在另外一个事件中，一个工人由于背负货物上台阶（这在每天的工作中都有数次）而导致背部拉伤，仅仅是因为领导认为一台机械起重机太贵了。还有一起事故，因为管理层没能正确预测废弃物的临时储藏空间，最后废弃物只得堆在走道里，由此导致工人被绊倒受伤。

如果认真地评价事故和危险，可以发现几乎所有的事故或多或少都是由管理失误造成的。管理层可能会在下述方面出现失误：

（1）没能严格执行工序程序。

（2）对工人的训练不足。

（3）使用工具不足。

（4）作业协调不足。

（5）没有正确意识到危险。

（6）操作程序不规范。

（7）安全激励措施失效。

（8）危险警告做得不好。

（9）设计和选择承包商不严格。

（10）供给不足。

（11）维护失效。

（12）缺乏对整体的把握。

（13）对工人进行的指导不足。

（14）士气低下。

（15）不认真的态度。

（16）管理层缺乏足够的经验。

（17）计划和布置不周全。

（18）工人工作条件恶劣。

（19）没有足够强调安全。

这些管理失误是多种多样的。管理层只有意识到这些失误，才会尽力改正。这些改正和提高包括简单的工序修改、额外的训练和安全政策的改变。从经济角度看，这些改变都是积极的。也就是说，提高设施的安全将提高生产率。从长远目标看，采纳并落实改善安全的建议会使公司的开支全面缩减。

有效的安全管理源于这样的前提：管理层能影响和改变导致事故发生的一连串事件中的至少一个环节。管理层应当认识到所有事故发生之前都有一连串的事件发生，通过管理层的努力，所有的事故都是可以避免的。试想一个项目最初只是一个梦想或者一个想法，如果这个项目的想法足够现实和可行，这个项目潜在的业主就会考虑经营这个项目并分析其优缺点；如果这个项目为拟建项目，业主通常会聘请设计公司进行设计；设计工作完成后，设计公司会协助业主物色一个总承包商，总承包商担负完成项目的直接责任，直接雇佣一些工人，并由分包商完成其余的工作，一些特殊的问题源于这个项目上运作的各方以前从没合作过。因此，基于合同的各方之间的关系就是专门为这个项目而建立的。

再看一个典型的总承包商为一个项目所建立的组织机构（如图 3－1）。在组织机构中，各方包括项目经理、项目监理、各个工长和工人。根据连续事件理论，他们中的任何人都有可能在一个会导致工人受伤的事故的连续事件中起到一定的促进作用。相反，他们同样可能在一个会导致工人受伤的事故的连续事件中起到抑制事故发生的作用。

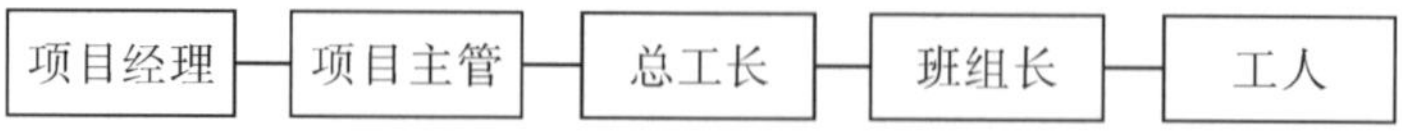

图 3－1　典型的总承包商的项目组织架构

图 3－2 表示了另一个组织结构。它比图 3－1 所示的总承包商的项目组织结构范围更大。它包括了项目中所有的主要参与方。这个组织图的重点在业主（位于图的顶端）。业主是否能控制项目的参与各方？答案是明确的“是”，业主能设定项目的全过程。业主怎样在一连串的事件中起作用？最开始，业主可以将以前的安全作业记录作为标准来挑选承包商和审批承包商挑选的分包商。业主还可以通过许多其他方法积极参与改善项目安全管理。但并不是说业主对项目上的所有事件都要负责，而不考虑其他参与各方在项目上的作用。连续事件理论建议业主应当接纳并贯彻一些直接影响工人安全的要求。

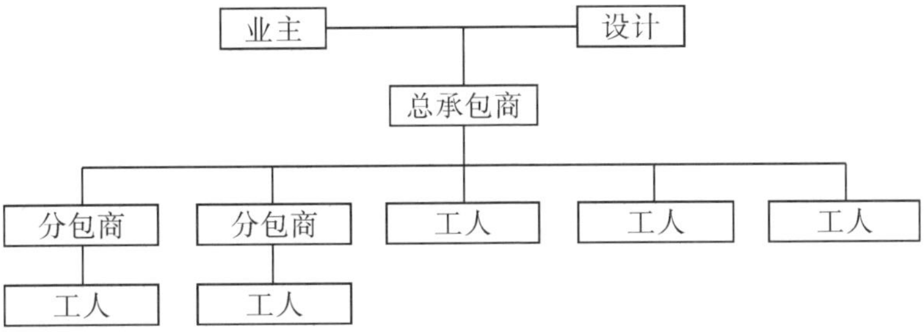

图 3-2　建设项目组织架构

很明显，设计、总承包商、分包商甚至工人都应当对安全负一定的责任。但是任何人都不能认为安全仅仅是别人的责任，每个人都必须起作用。考虑安全时不能忽略总承包商的作用，因为总承包商全面控制着整个项目。同样，总承包商控制着分包商和工人。那么，总成包商在选择或控制分包商时会采取怎样的方法和手段，尤其是在安全方面?

如果参与建设项目的各方对自己在事故中可能引起改变或者影响事故链中事件的作用有充分的认识，安全程度就一定能够得到提高。每一个参与方都应当承担保护工人安全的责任。这样说并不等于每个参与方都对发生的事故有责任或者造成了事故，其重点在于预防这样的事故。

总之，总承包商引导或控制着分包商。类似地，业主控制着总承包商。总承包商对分包商的安全业绩有很大的影响。同样，业主对总承包商的安全业绩也有很大的影响。其他建设项目参与方也在导致事故的一连串事件中起了一定作用，只是程度要轻一些。

3.2　能量理论

3.2.1　两类危险源

危险源是指可能导致人身伤害、疾病、财产损失、工作环境破坏等的危险因素和有害因素。危险因素引发的伤害事故具有突发性、瞬间作用性；有害因素对环境或人身造成慢性伤害和累积作用。因此，要减少、杜绝伤害，必须控制危险源。

在实际生产、生活中，存在各种各样的危险源。但所有危险源导致的事故都是能量意外释放或有害物泄露造成的结果。依据危险源在事故发生、发展中的作用，可以将危险源分为两类，即第一类危险源和第二类危险源。

第一类危险源是指可能发生意外释放的能量载体或危险物质。

第二类危险源是指造成约束、限制能量的措施失效或破坏的各种不安全因素。

3.2.2　能量理论

第二次世界大战以后，科学技术有了飞跃的进步，新技术、新工艺、新能源、新材料、新产品不断出现。这些新技术、新工艺、新能源、新材料、新产品在使工业生产和人们的生活面貌发生巨大变化的同时，也给人们带来了更多的危险。面对生产、生活中出现的越来越多的新危险，人们必须研究并采取更有效的安全防范措施。先进的科学技术和发达的经济为此提供了技术手段和物质基础。

为了有效地采取安全技术措施以控制危险源，人们对事故发生的物理本质进行了深入的探讨。Gibson 和 Harden 等人提出了解释事故发生机理的能量意外释放模型，认为事故是一种不正常的或人们不希望的能量释放。

人们在生产、生活中经常遇到各种形式的能量，如机械能、热能、电能、化学能、电离及非电离辐射、声能、生物能等，它们的意外释放都会给人们的身体造成伤害。

意外释放的机械能是导致事故、引发人员伤害或财产损坏的主要的能量类型。机械能包括势能和动能。处于高处的人体、物体、岩体或结构的一部分具有较高的势能。当人体具有的势能意外释放时，即发生坠落或跌落事故；当物体具有的势能意外释放时，即发生物体打击事故；当岩体或结构的一部分具有的势能意外释放时，即发生冒顶、坍塌等事故。运动着的物体具有动能，各种运动中的车辆、设备或机械的运动部件、被抛弃的物料等具有较大的动能。意外释放的动能作用于人体或物体，则可能发生车辆伤害、机械伤害、物体打击等事故，造成人员伤害或财产损失。

意外释放的电能会造成各种电器事故。意外释放的电能可能使电器设备的金属外壳等导体带电而发生所谓的“漏电”现象，当人员与带电体接触时，会造成电击伤害；火花放电会引燃易燃易爆物质，发生火灾、爆炸事故；强烈的电弧可能灼伤人体等。

现代生产、生活中到处利用热能，失去控制的热能可能灼伤人体、损坏财物、引起火灾。火灾是热能意外释放造成的最典型的事故。应当注意，在利用机械能、电能、化学能等其他形式的能量时也可能产生热能。如城市燃气（管道燃气、罐装燃气等）的意外释放除了会引起火灾、爆炸外，过量的吸入还会对人的神经系统造成伤害。

据研究文献，自工业革命以来，世界上大约每 20 分钟就有一种新的化学品问世。在众多化学物质中，相当大的部分会导致人体急、慢性中毒，致病、致畸、致癌。

工业生产和日常生产、生活活动，需要利用不同能量的相互转换做功，但失去控制的能量转换就会酿成事故。火灾中，化学能转化为热能；爆炸中，化学能转化为机械能、热能和声能，这些均是能量非正常转换的结果。

非电离辐射主要为激光、微波、紫外线、红外线和宇宙射线等射线辐射。工业生产过程中，电焊、熔炼炉等高温热源释放的紫外线、红外线等会伤害人的视觉器官。电离辐射主要有 α 射线、β 射线和中子射线等，它们都会造成人体急、慢性损伤。

能量意外释放事故的预防和控制，就是约束能量和约束危险物质，防止其意外释放，要求约束体的约束能等于或大于被约束的能量。

防止能量或危险物质意外释放，防止人员伤害或财产损失的工程技术措施有以下几种：

（1）用安全能源代替不安全能源。如用水力采煤代替爆破作业采煤，用液压动力代替电力等。

（2）限制能量。例如，可利用安全电压设备，降低设备的运转速度，限制露天矿爆破作业。

（3）缓慢地释放能量。例如，采用减振装置吸收冲击能量，使用防坠落安全网等。

（4）采取防护措施。屏障是防止人体与能量接触的物体。屏障的设置有三种形式：第一，屏障被设置在能源上，如机械运动部件的防护罩、电器的外绝缘层、消声器、排风罩等；第二，屏障设置在人与能源之间，如安全围栏、防火门、防爆墙等；第三，由人员佩戴的屏障，即个体防护用品，如安全帽、防护服、口罩等。

（5）在时间和空间上把人与能量隔离。例如，道路的交通信号灯，冲压设备的防护装置。

（6）设置警告信息。在许多情况下，能量作用于人体之前，并不能被人直接感知到，因此，使用各种警告信息是十分必要的。如各种警告标志，声、光报警器等。

（7）防止能量蓄积。例如，给电器安装良好的电线，在压力容器上设置安全阀等。

以上措施往往应几种同时运用，以确保安全。此外，这些措施也要尽量在早期使用，做到防患于未然。

3.3 轨迹交叉理论

轨迹交叉理论的基本思想是：伤害事故是许多相互联系的事件顺序发展的结果。这些事件概括起来不外乎人和物（包括环境）两大发展系列。当人的不安全行为和物的不安全状态在各自发展过程中（轨迹），在一定时间、空间内发生了接触（交叉），能量转移于人体时，伤害事故就会发生。而人的不安全行为和物的不安全状态的产生和发展，又是受多种因素作用的结果。

图 3－3 为轨迹交叉理论的示意图。图中，起因物与致害物可能是不同的物体，也可能是同一物体；同样，肇事者和受害者可能是不同的人，也可能是同一个人。

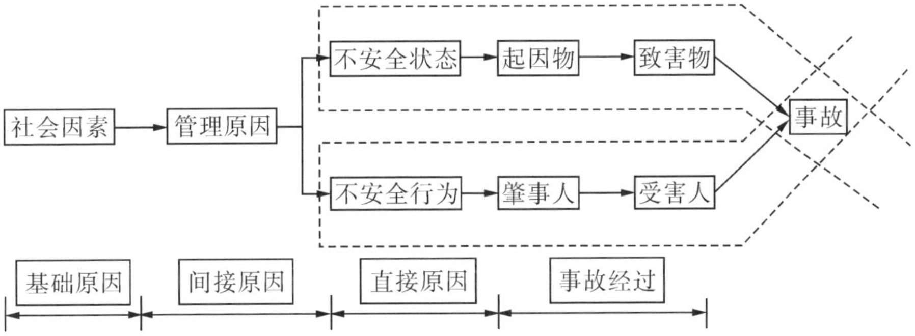

图 3－3　轨迹交叉理论事故模型

轨迹交叉理论反映了绝大多数事件的情况。在实际生产过程中，只有少量的事故仅仅是由人的不安全行为或物的不安全状态引起，绝大多数的事故是与两者同时相关的。例如，日本厚生劳动省通过对 50 万起工伤事故的调查发现，只有 40% 的事故与人的安全行为无关，只有约 9% 的事故与物的不安全状态无关。

在人和物两大系列的运动中，两者往往是相互关联、互为因果、相互转换的。有时，人的不安全行为促进了物的不安全状态的发展，或导致新的不安全状态的出现；而物的不安全状态可以引发人的不安全行为。因此，事故的发生可能并不是如图 3－3 所示的那样简单地按照人、物两条轨迹独立地运行，而是呈现较为复杂的因果关系。

人的不安全行为和物的不安全状态是造成事故的表面的直接原因，如果对它们进行更进一步的分析，则可挖掘出两者背后深层次的原因。

形成人的不安全行为的主要原因有：

（1）人的生理、遗传、经济、文化、培训等方面的原因。

（2）生理和心理状况、知识和技能情况、工作制度、人际关系等方面的原因。

形成物的不安全状态的主要原因有：

（1）设计、制造、标准缺陷等方面的基础原因。

（2）维修、保养、使用等方面的管理原因。

轨迹交叉理论作为一种事故致因理论，强调人的因素和物的因素在事故致因中占有同样重要的地位。按照该理论，可以通过避免人和物两种因素运动轨迹的交叉，来预防事故的发生。同时，该理论对于调查事故发生的原因，也是一种较好的理论工具。

3.4 人机环理论

3.4.1 人机环系统理论

有学者在海因里希多米诺骨牌事故致因原理的基础上，综合考虑引发物的不安全状态和人的不安全行为的深层因素，提出了在人—机—环系统中事故发生的关系（如图3－4所示）。该理论指出，在人机协调作业的建设工程施工过程中，人与机器在一定的管理和环境条件下，为完成一定的任务，既各自发挥作用，又相互联系、相互配合。这一系统的安全性和可靠性不仅取决于人的行为，还取决于物的状态。一般来说，大部分安全事故发生在人和机械的交界面上，人的不安全行为和机械的不安全状态是导致意外伤害事故的直接原因。因此，建设工程中存在的风险不仅取决于物的可靠性，还取决于人的“可靠性”。事故统计发现，由于人的不安全行为导致的事故大约占事故总数的88%～90%。预防和避免事故发生的关键是从建立该生产系统开始，就应用安全人机工程学的原理和方法，通过正确的管理，努力消除各种不安全因素，建立一个人、机、环境协调工作，操作可靠的生产系统。

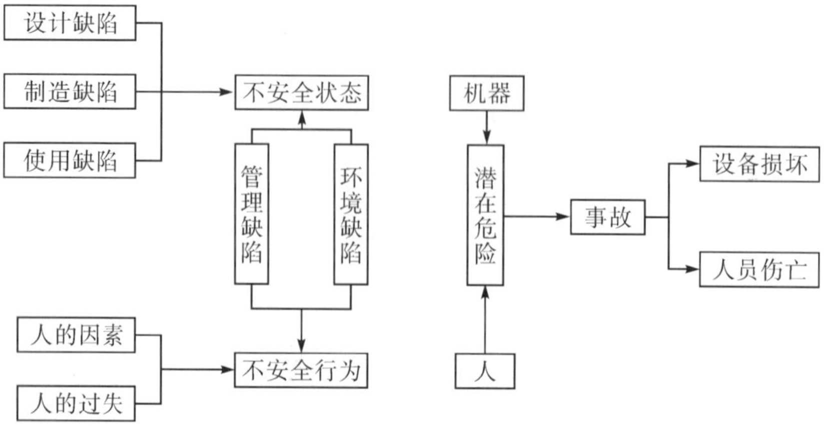

图3－4 人机工程学事故因果关系

3.4.2 目标—自由—警惕理论

目标—自由—警惕理论（The Goals-Freedom-Alertness Theory）是 Kerr 提出的一个解释事故发生原因的理论。其观点是：安全作业是有益的心理工作环境；事故是由有害的心理工作环境导致的低质量的工作行为所致，而这种环境不能使人保持高水平的警惕性。他相信："设定可行目标后给予工人高度自由去完成工作，将获得高质量的作业。高警惕性能提供高水平的作业和无事故的行为。"

这个理论的本质是管理层应当为工人设定一个明确的目标，并且给予工人达到这个目标的充分自由。这样工人就会集中精力去完成这项任务。工人的这种专注将会减小事故发生的可能性。换言之，一个在工作岗位上知道该干什么的工人将会集中精力完成他的任务，这样也就会更安全。目标—自由—警惕理论详述了安全管理工作中积极的一面。

根据 Kerr 的理论，有益的心理环境是指工人自己设定一些可行的工作目标，并且自由地选择某些方法去完成这些目标。他们必须有机会参与发现和解决工作汇总出现的问题。Kerr 认为这种参与会使工人保持警惕性，也就能保证高质量的生产、安全的工作行为和更少的事故。尽管有许多事实可以支持这个理论，但对于这个理论现在仍存在很大的争议。

Haddon，Suchman 和 Klein 相信，这个理论的证明材料大部分都是没有根据的。Hitchcock 和 Sanders 批评了 Kerr 用于证明的结论和方法。实际上，验证这个理论的研究还很少。

在另一项研究中，Kerr 得出这样一个结论：在一个公司里，那些有更少公司内部调动机会和提升潜能的部门发生事故的可能性更大。他认为那些没有调动和提升机会的工人会形成对工作环境漠不关心的态度。这种漠不关心的态度会导致更低的工作警惕性，自然就会导致更多的伤害事故。但他并没有考虑到，那些很少有公司内部调动机会和提升潜能的部门很可能本身就是一些工作性质危险的部门。

根据目标—自由—警惕理论，应当培训经理和主管人员，使他们把工作变得对工人具有更大的激励性。他们可以通过各种不同的管理技巧，包括广泛参与的管理、明确的分工、积极的支持以及合理的工作目标等，来达到这一目的。

3.5 人本安全事故理论

3.5.1 事故倾向性理论

事故倾向性理论（The Accident-Proneness Theory）是历史最长和最广为人知的事故致因理论之一，它描述了人为因素与事故发生原因的联系。该理论假定：当几个不同的人被置于几乎相同的环境中时，总有一些人比其他人更容易发生事故。事故并不是随机分布的，或者说遭受伤害的可能性并不仅仅是一个纯粹的概率问题，并且该理论推断，有些人身上具有一些与生俱来的特点，致使他们更容易发生事故。

对于事故倾向性理论，最早的研究可以上溯到对人的个性特点的研究。Farmer 和 Chambers 把事故倾向性定义为："事故倾向性是一种由具有这种特质的人先天决定的，比别人发生事故的概率高得多的一种特质。"这个理论有一个基本假设：即使是置于相同的条件下，某些人由于其所具有的“内在的事故性质”，而比其他人更容易发生事故。

为了证明这种事故倾向性理论的有效性，人们已经开展了许多相关研究。这些研究一般都包括对一组给定人群的一个试验和对这组人群中事故分布的计算。许多研究人员从这样的研究中得出一个结论：事故并不是完全随机分布的，有些人发生事故的可能性的确比单单用概率预测的结果高很多。

但是，这种个人所具有的倾向性，在研究和实践中曾经是一个颇有争议的论题，但现在它已经不是被广泛认同的事故原因理论。虽然一些事故倾向性理论的研究人员试图说明工作中不同的危险，但他们疏忽了一些导致某些工人比其他工人更容易发生事故的因素，忽略了那些与个人问题和工作同伴相关的因素。因此，反对者不需要直接反驳事故倾向性理论，只需要批评那些得出结论的方法就可以驳倒该理论。而且一些承认事故倾向性理论的有效性的人也认为这个理论只能解释很少一部分事故（大约10%～15%），而不是全部。

人们经常用某些人比其他人更容易发生事故的事实来支持事故倾向性理论。那些更容易发生事故的人被称为具有“事故倾向性”的人。从纯统计的角度看，人们会认为受伤事故的发生是随机分布的。比如说，在任何一天中发生事故的概率都是千分之一，在一个有1 000人的工作区里，每天发生一起受伤事故是合理的。在大部分情况下，受伤人员在接受治疗、恢复身体以后就会回到工作岗位上。这时，这个受了伤的工人与别人面临同样的受伤事故风险。对于这样的“复样样本”，在纯概率的情况下，多次受伤并不稀奇。

许多研究从调查一些人的性格特点出发研究事故倾向性。其中一个特点就是他们相信人类在事故中对自身的控制。研究发现，那些认为自己能在事故中控制自身的人比那些认为在事故中对自身控制很少的人所发生事故的情况少得多。研究表明，性格外向的人比性格内向的人更容易发生事故。而且，那些激进的人也往往更容易发生事故。不适应社会生活也是导致更容易发生事故的一个重要原因。不适应社会往往表现在怨恨、憎恨、敌意、反社会的行为上，这些行为甚至有侵略性。

虽然有些人比别人更容易发生事故，但这并不能证明事故倾向性理论。尽管对于这个理论，人们曾经进行过很深入的研究，但仍不能充分证明它的有效性。为了使这个理论变得更有效，应当对在危险中的保留程度做不同的调整，同时对于是工人本身的错误还是他人的失误导致了事故也应当加以区分，并考虑工人采用的施工方法是否安全。

3.5.2 人体生物节律理论

人体生物周期也称人体生物节律，20世纪初，德国内科医生威尔·赫母弗里斯和奥地利心理学家赫尔曼·斯瓦波达通过长期的临床观察，发现了人体的情绪和体力的周期变化，情绪的变化周期是28天，体力的周期变化是23天。20年之后，奥地利的阿尔弗里特·泰尔其尔教授在研究了数百名大、中学生后发现，人的智力变化周期是33天。随后，人们又发现在每个周期的中间两三天，人的智力、情绪、体力都不稳定，这几天都被称为临界日。临界日以前的每半个周期是高潮期，临界日以后的每半个周期是低潮期。人从出生开始，智力、情绪、体力都按照“高潮期—临界期—低潮期”的顺序，循环往复地发生周期变化。

人体生物周期（节律）理论认为：一切生物（包括人在内）都有生物钟，它存在于神经（核）或神经细胞中。每个人从他出生的那一天起，一直到死亡，其体力（耐力、精力）、情绪（感情）、智力（个性、记忆力、推理能力）均分别以 23 天、28 天、33 天的周期，周而复始地按正弦曲线有规律地变化，故又称 PSI 周期学说。

临界期指高潮期和低潮期在中线附近相互过渡的前后各一天，此段时间最不稳定；在体力、情绪、智力三种因素中，仅一种处于临界期，尤其是同时向低潮转化，称三临界，同时这一天又称危险日。不同时期，个人的状态表现特征如表 3－1 所示。

表 3－1　人体生物节律特点

时期	体力节律（23 天）	情绪节律（28 天）	智力节律（33 天）
高潮期	体力充沛 浑身有劲 反应敏捷	心情舒畅 精神愉快 心胸开阔 情绪乐观	头脑灵敏、思维敏捷 记忆力强 有旺盛的创造力和解决复杂问题的能力
低潮期	容易疲劳 做事拖拉、畏怯	喜怒无常、烦躁沮丧 情绪低落 做事无精打采	注意力不集中 迟钝健忘、判断力降低
临界期	临界期的时间处于高潮期和低潮期转换前后各一天（大约 2～3 天），这一过渡状态下，身体各方面处于频繁的变化、调整之中，机体各方面的协调性较差，人往往会因为一时的糊涂而出现差错，容易发病和发生事故		

国外统计资料表明，60% 的肇事者的生物节律处于临界期或是低潮期。

3.6　广州地铁风险控制理论

广州市地下铁道总公司认为：“地下工程管理以风险管理为核心”，“风险管理是一个实践性的动态管理过程，不能仅仅分析理论概率，必须建立一个具有操作性的风险控制程式”。

广州地铁风险管理或控制的思路或模式是：

（1）评估并预控原生风险（原生风险即客观存在的可能会对地下工程实施产生损害的所有风险）。

（2）在过程中动态控制次生风险（次生风险即在对可预见风险实施预控后，在施工过程中，演变产生的风险）与不可预见风险或事故。

（3）建立了“准确认知地质为基础、创新方法为手段，精细管理为根本的‘以人为本’”的风险控制模式。这一模式依次将风险分为风险评估、风险预控、风险控制三个阶段。

（4）力求使人的智慧、专业能力、责任心得到充分发挥，充分运用先进、实用的方法规避、转移或降低风险，以解决大部分或全部可预见的风险。

3.7 本章小结

随着工程、工业生产系统的日益复杂化和巨型化，安全事故所带来的经济损失和人员伤害数量也在不断增加，为应对安全事故带来的日益严重的后果，寻求安全事故发生的机理，进而控制安全事故的渴求与日俱增。自 20 世纪初至 20 世纪 80 年代，人们相继总结出了十多种事故致因理论。如早期的事故致因理论有 M. Greenwood 和 H. Woods（1915）提出的“事故倾向性理论”；W. H. Heinrich（1929）提出事故因果连锁理论（多米诺骨牌理论）；Kerr 提出的目标—自由—警惕理论和调整压力理论；由 Gibson（1961）提出，Harden（1966）改进的能量意外转移理论；Gorden 用于事故的流行性病学方法；精神分散理论、事故链理论、人—机—环系统理论、生物周期说以及轨迹交叉理论等。按照事故发生的特点解释事故发生的原因，这些解释事故的致因原理可以归纳为连续事件理论、能量理论、轨迹交叉理论、人机环理论、人本安全理论五类。

4 城市轨道交通工程建设安全生产主体责任管理

4.1 工程建设安全生产主体及其责任

4.1.1 城市轨道交通工程建设安全生产主体

在城市轨道交通工程建设的安全管理过程中，建设、监理、设计、勘察、监测、施工单位的安全管理是重点，各方应认真落实履行《中华人民共和国安全生产法》、《中华人民共和国建筑法》、《建设工程安全生产管理条例》、《城市轨道交通工程质量安全管理办法》等法律、法规和行业规章制度对各部门和建设工程有关单位所规定的安全责任，并结合城市轨道交通工程的实际情况与特点，加强对安全生产和安全风险的监督管理。

4.1.2 主体安全责任

4.1.2.1 建设单位的安全责任

建设单位对工程项目管理负总责，对勘察、设计、施工、监理、监测等单位的安全履约情况进行全过程管理。

（1）建设单位应当在初步设计阶段组织开展城市轨道交通工程安全质量风险评估（含建设工期、造价对工程安全质量影响性评估）并组织专家论证，同时按照有关规定组织专家进行抗震、抗风等专项论证。

（2）建设单位应当向有关的勘察、设计、施工、监理、咨询、第三方监测等单位提供与建设工程有关的真实、准确、齐全的原始资料。向设计、施工、监理、监测等单位提供气象水文和地形地貌资料，工程地质和水文地质资料，施工现场及毗邻区域内的建筑物和构筑物、地下管线、桥梁、隧道、道路、轨道交通设施等（以下简称工程周边环境）资料。

工程周边环境严重影响工程实施或因工程施工可能造成其严重损害的，建设单位应当在确定线路规划方案时尽可能予以避让。无法避让且因条件所限不能拆除、迁移的，建设单位应当根据设计要求和工程实际，组织开展现状评估，并将现状评估报告提供给设计、施工、监理、监测等单位。

（3）建设单位应当及时组织勘察单位向设计单位进行勘察文件交底，在施工前组织勘察、设计单位向施工、监理、监测等单位进行勘察、设计文件交底。

（4）建设单位应当委托工程监测单位和质量检测单位进行第三方监测和质量检测。

（5）建设单位在编制工程概算时，应当将安全措施费用单列，施工单位竞标时不得删减。安全措施费用应当包括安全质量风险评估费、工程监测费、工程周边环境调查费及现状评估费等保障工程安全质量所需的费用。

建设单位与施工单位应当在施工合同中明确规定安全措施费用，以及费用预付、支付计划、使用要求及调整方式等条款。建设单位应当按合同约定及时将安全措施费用拨付给施工单位。

（6）建设单位在施工招标前，应当组织专家对施工工期和造价进行论证，论证时应充分考虑工程的复杂程度及其周边环境拆除、迁移等对施工工期和造价的影响。建设单位应当科学确定勘察、设计、施工等各阶段工期，不得任意压缩合同约定的工期。

（7）建设单位应当在施工前组织地下管线产权单位或管理单位向施工单位进行现场交底，并形成文字记录，由各方签字并盖章。组织或督促对施工活动可能有影响的周边建/构筑物进行安全鉴定。在工程开工前，按规定办理齐全施工许可证手续和安全监督手续。按照国家有关规定办理申请批准手续：

①需要临时占用规划批准范围以外场地的。

②可能损坏道路、管线、电力、邮电通信等公共设施的。

③需要临时停电、停水、中断道路交通的。

④法律、法规规定需要办理报批手续的其他情形。

4.1.2.2 监理单位的安全责任

监理单位对工程项目的安全质量承担监理责任。必须建立健全安全质量责任制和管理制度，加强对施工现场项目监理机构的管理。项目监理人员专业、数量应当满足监理工作的需要。

（1）监理单位应建立以总监理工程师为第一责任人的项目安全管理体系，每个监理标段必须至少配备一名安全监理工程师，负责监理标段的安全监理工作，安全监理工程师应具备中级以上职称且具备注册安全工程师或注册安全主任资格。

根据工程项目的特点，制定《监理规划》和《监理实施细则》。《监理规划》和《监理实施细则》应有安全生产专篇，并明确安全控制点，关键部位（或工序）应有针对性较强的安全生产控制措施。应当针对工程特点、周边环境和施工工艺等，制定安全监理工作流程、方法和措施。

在工程开工后的一个月内，将项目总监理工程师、安全监理工程师的出生年月、学历、职称、资格证书类别和证号等基本情况（列表）及资格证书复印件报送工程管理部门备案。

（2）检查施工单位安全生产管理体系的建立和运行，认真审核施工组织设计中的安全保障措施、专项安全技术措施方案、应急预案和环境保护措施等，对不符合安全生产要求的措施、方案应及时要求施工单位进行修改、完善。

（3）严格执行监理工作制度，重要施工环节确保做到旁站和与施工同步的平行巡检。

①把安全生产作为日常监理工作的重要内容，及时纠正施工单位在安全生产中的违章、违规行为。

②落实按方案施工，当危及工程安全时，按照监理权限下达停工指令。

③及时向业主、建设行政主管部门或安全监督机构报告拒不整改安全隐患的行为。

④对施工单位的特种设备、主导设备的进场进行审核、验收。

⑤负责施工阶段的安全巡视、预警和对施工单位安全风险监控、施工控制和风险处置的监督管理工作。

⑥参加设计交底，督促、检查施工单位进行审图，并及时参与、监督施工单位将发现的问题以书面形式报告建设单位和设计单位。

⑦督促和审查施工单位施工准备期的地质踏勘和环境核查等补充工作，以及现场巡视和地质超前探测、预报工作。

⑧检查施工单位安全措施费的落实情况，审核安全措施费季度报表。

⑨监理日记、旁站记录、巡视记录等应有反映安全生产管理方面的内容。

（4）监理单位在实施监理过程中，发现施工单位有下列情况之一的，应当要求施工单位立即整改。情况严重的，应当要求施工单位暂时停止施工，并及时报告建设单位。

①工程施工不符合工程设计和标准规范要求的。

②不按批准的施工组织设计、专项施工方案或施工监测方案组织施工或监测的。

③未落实安全措施费用的。

④施工现场存在安全质量隐患的。

⑤项目主要管理人员不到位或资格、数量不符合要求的。

⑥其他违法、违规行为。

施工单位拒不整改或者不停止施工的，监理单位应当及时向建设单位报告。

4.1.2.3 施工单位的安全责任

施工单位对工程项目的施工安全质量负责，要建立健全施工单位安全管理体系和安全生产责任制，明确各级管理人员、各部门（班组）安全责任，建立健全正常运转的各种安全工作保证体系和规章制度。

（1）应当建立健全安全生产教育培训制度，制定安全生产规章制度和操作规程，保证本单位安全生产条件所需资金的投入，对所承担的建设工程进行定期和专项安全检查，并做好安全检查记录。

（2）从事建设工程的新建、扩建、改建和拆除等活动，应当具备国家规定的注册资本、专业技术人员、技术装备和安全生产等条件，依法取得相应等级的资质证书，并在其资质等级许可的范围内承揽工程。

（3）编制施工组织设计时，应当根据城市轨道交通工程的特点来制定相应的安全技术措施，对危险性较大的分部分项工程，应当在施工前单独编制安全专项施工方案；对应当组织专家组进行论证、审查的工程，应当组织论证、审查。安全专项施工方案应经施工企业技术负责人、总监理工程师签字后，方可实施。危险性较大的分部分项工程主要包括：

①基坑支护与降水工程。

②土方开挖工程。

③模板工程。

④起重吊装工程。

⑤脚手架工程。

⑥拆除、爆破工程。

⑦国务院建设行政主管部门或者其他有关部门规定的其他危险性较高的工程。

对上述所列工程中涉及深基坑、地下暗挖工程、高大模板工程的专项施工方案，施工单位应当组织专家进行论证、审查。

（4）建设工程施工前，施工单位负责项目管理的技术人员应当就有关安全施工的技术要求向施工作业班组、作业人员做出详细说明，并由双方签字确认。

（5）按有关技术安全和防护的规定组织施工生产，不得使用不合标准的防护器材、机具和材料；不得使用国家明令淘汰、禁止使用的危及生产安全的材料、工艺和设备。

（6）在施工现场采取维护安全、防范危险、预防火灾等措施，在特殊作业环境中对作业人员采取劳动保护措施。

应当在施工危险部位，设置明显的安全警示标志。根据不同施工阶段和周围环境及季节、气候的变化，在施工现场采取相应的安全施工措施。施工单位应当将施工现场的办公、生活区与作业区分开设置，并保持安全距离。

对因建设工程施工可能造成损害的毗邻建筑物、构筑物和地下管线等，应当采取专项防护措施，避免施工活动对周边建/构筑物造成损害。

应当遵守有关环境保护法律、法规的规定，在施工现场采取措施，防止或者减少粉尘、废气、废水、固体废物、噪声、振动和施工照明对人和环境的危害和污染。在城市市区内的建设工程，施工单位应当对施工现场进行封闭、围挡。

（7）保证安全技术措施费用按规定提取，并保证专款专用，不得挪作他用。应当具备安全生产条件所必需的资金投入，并对由于安全生产所必需的资金投入不足导致的后果承担责任。

（8）加强对分包队伍的安全管理，审查其安全资质并备案。专业分包队伍必须符合安全资质要求，持有安全生产许可证，并配备安全管理人员，协助总包单位对分包项目的安全管理。

施工单位应设立安全生产管理机构，配备专职安全生产管理人员，配备满足现场管理要求的安全管理人员，项目经理和安全生产管理人员必须具备相应的安全生产知识和管理能力，并经有关主管部门对其安全生产知识和管理能力考核合格，取得资格证后方可任职。专职安全生产管理人员负责对安全生产进行现场监督和检查。

（9）施工单位应当按有关法规的要求对施工管理、操作人员进行安全教育和培训，保证施工管理、操作人员具备必要的安全生产知识，熟悉有关的安全生产规章制度和安全操作规程，掌握本岗位的安全操作技能。垂直运输机械作业人员、安装拆卸工、爆破作业人员、起重信号工、登高架设作业人员等特种作业人员，必须按照国家有关规定经过专门的安全作业培训，并取得特种作业操作资格证书后，方可上岗作业。未经安全生产教育培训或者教育培训考核不合格的人员，不得上岗作业。

施工单位采用新工艺、新技术、新设备、新材料，必须了解、掌握其安全技术特性，采用有效的安全防护措施，应对施工管理、操作人员进行相应的安全生产教育培训。

施工单位应组织定期或不定期的各类型的安全生产检查，落实施工前的安全检查、施工作业中的安全监护、施工作业后的安全清理工作。

（10）施工单位必须对安全设备进行经常性的维护、保养，并定期检查，保证其正常运转。维护、保养、检测应当做好记录，并由有关人员签字。

施工单位使用的涉及生命安全、危险性较大的特种设备，以及危险物品的容器、运输工具，必须按照国家有关规定，由专业生产单位生产，并经取得专业资质的检测、检验机构检测、检验合格，取得安全使用证或者安全标志，方可投入使用。对非标准产品的生产和使用应符合有关非标准产品的安全管理规定。

施工单位对重大危险源应当登记建档，制定工程风险预警标准，进行定期检测、评估、监控，并制定应急预案，告知施工管理、操作人员和相关人员在紧急情况下应当采取的应急措施。

（11）施工单位进行爆破、吊装、盾构开仓等危险作业，应当安排专门人员进行现场安全管理，确保操作规程的遵守和安全措施的落实。

两个以上施工单位在同一作业区域内进行施工时，可能危及对方生产安全的，应签订安全生产管理协议，明确各自的安全生产管理职责和采取的安全措施，制定专职安全生产管理人员进行安全检查和协调。

（12）负责在施工期进行施工监测、现场巡查和分析、汇总，以及必要的地质超前探测、预报工作。

结合工程施工进度，及时报送施工方监测数据、巡视信息等工程施工信息。

（13）施工单位发生重大安全事件/事故时，主要负责人应当立即组织抢救，采取措施防止事件/事故扩大，保护现场。需要移动现场物品时，应当做出标记和书面记录，妥善保管有关证物。

4.1.2.4 勘察、设计单位的安全责任

勘察、设计单位对工程项目的安全质量承担勘察、设计责任。

1. 勘察单位的安全责任

（1）勘察单位从事城市轨道交通工程勘察业务，必须具有相应资质，不得转包或者违法分包所承揽的工程勘察业务。

（2）勘察单位的主要负责人对本单位勘察安全质量工作全面负责。项目负责人应当具有相应执业资格和城市轨道交通工程勘察工作经验。项目负责人对所承担工程项目的勘察安全质量负责。从事工程勘察的执业人员应当对其签字的勘察文件负责。

（3）勘察单位必须建立健全安全质量责任制和管理制度，设置或明确安全质量管理机构，对工程勘察、设计的安全质量实施管理。

（4）勘察单位应当按照法律、法规和工程建设强制性标准进行勘察，勘察外业工作应当严格执行勘察方案、操作规程和安全生产的有关规定，并采取措施保证勘察作业范围内各类管线、设施和周边建/构筑物的安全。

勘察单位进行勘察时，对尚不具备现场勘察条件的，应当书面通知建设单位，并在勘察文件中说明情况，提出合理建议。在具备现场勘察条件后，应当及时进行勘察。

（5）勘察单位提交的勘察文件应当真实、准确、可靠，符合国家规定的勘察深度要求，满足设计、施工的需要，并结合工程特点明确说明地质条件可能造成的工程风险，必要时针对特殊地质条件提出专项勘察建议。

2. 设计单位的安全责任

（1）设计单位从事城市轨道交通工程设计业务，必须具有相应资质，不得转包或者违法分包所承揽的工程设计业务。

（2）设计单位的主要负责人对本单位设计安全质量工作全面负责。项目负责人应当具有相应执业资格和城市轨道交通工程设计工作经验。项目负责人对所承担工程项目的设计安全质量负责。从事工程设计的执业人员应当对其签字的设计文件负责。

（3）设计单位必须建立健全安全质量责任制和管理制度，设置或明确安全质量管理机

构，对工程设计的安全质量实施管理。

（4）设计单位应当按照法律、法规和工程建设强制性标准进行设计，防止因设计不合理导致安全事件/事故的发生。

设计单位提交的设计文件应当符合国家规定的设计深度要求，并应根据工程周边环境的现状评估报告提出设计处理措施，必要时进行专项设计。设计文件中应当注明涉及工程安全质量的重点部位和环节，并提出保障工程安全质量的设计处理措施。

设计单位应当对安全质量风险评估确定的高风险工程的设计方案、工程周边环境的监测控制标准等组织专家论证。工程设计条件发生变化的，设计单位应当及时变更施工图设计。施工图设计发生重大变更的，应当按有关规定重新报审。勘察、设计单位应当委派专业技术人员配合施工单位及时解决与勘察、设计工作有关的问题。

设计单位应当考虑施工安全操作和防护的需要，对涉及施工安全的重点部位和环节在设计文件中注明，并对防范安全事件/事故提出指导意见。

设计单位应当对安全设施设计负责。

采用新结构、新材料、新工艺的建设工程和特殊结构的建设工程，设计单位应当在设计中提出保障施工作业人员安全和预防安全事件/事故的措施建议。

对采用新技术、新工艺或作业条件复杂，危险性较大的施工作业等，设计单位应积极予以指导，必要时应在现场给予技术指导。

（5）负责设计阶段的风险工程分级、风险分析评价、风险工程设计，确保工程设计文件的真实、准确。

参考初步设计阶段安全风险评估结论，对重大风险源的工程措施进行优化或调整。

（6）负责施工阶段的设计交底，参与施工配合、监测数据分析和预警处置等。

负责施工过程的设计方案变更，优化设计方案，并反馈给施工单位及其他相关部门。

参与安全专项施工方案、监测实施方案、应急预案的论证，并提供相关建议与处理措施。

4.1.2.5 第三方监测单位的安全责任

监测单位对工程项目的安全质量承担监测责任。

（1）监测单位必须建立健全安全质量责任制和管理制度，加强对施工现场项目监测机构的管理。项目监测人员专业、数量应当满足监测工作的需要。

（2）监测单位应当根据勘察设计文件、安全质量风险评估报告、监测合同及有关资料编制第三方监测方案，经专家论证并经监测单位主要负责人签字后实施。

（3）监测单位应当按照第三方监测方案开展监测和巡视工作，及时向建设、监理、设计单位提供监测报告。发现异常时，立即向建设单位反馈。

（4）监测、质量检测单位出具的监测、检测报告应当经监测、检测人员签字，经监测、质量检测单位法定代表人或其授权签字人签署，并加盖公章后方可生效。质量检测单位出具的监证取样检测报告中应当注明监证人单位及姓名。

（5）参与风险预警、应急处理和事故调查，并提出建议。

4.1.2.6 环境调查单位的安全责任

（1）负责按照法律、法规、合同及有关标准进行工程周围环境的调查工作，确保调查成果全面、真实、准确，满足城市轨道交通工程建设风险管理的需要。

（2）负责对复杂环境条件及其风险做必要的说明，并进行必要的专项调查工作。

（3）参与重大工程周边环境风险评估的论证和审查，提出建议。

（4）配合重大事故的调查、处理工作。

4.1.2.7　风险管理咨询单位的安全责任

（1）按照法律、法规和工程建设标准，协助建设单位实施可研阶段风险评估和安全预评价、设计阶段（包括初步设计和施工图设计）风险评估和施工阶段风险控制咨询与管理。

（2）可参与第三方监测方案、专项施工方案、应急预案的论证和审查，并提出建议。

（3）可参与重大工程周边环境风险评估的论证和审查，并提出建议。

（4）定期编制并提交施工期风险管理报告（包括周报、月报、年报）。

4.2　安全生产条件管理

根据《中华人民共和国建筑法》、《中华人民共和国安全生产法》及其他相关法律、法规，在中华人民共和国境内从事建设工程的新建、扩建、改建和拆除等有关活动，工程建设项目必须符合相应的安全生产条件。

4.2.1　安全生产许可证条件

企业取得安全生产许可证，应当具备下列安全生产条件：

（1）建立、健全安全生产责任制，制定完备的安全生产规章制度和操作规程。

（2）安全投入符合安全生产要求。

（3）设置安全生产管理机构，配备专职安全生产管理人员。

（4）主要负责人和安全生产管理人员经考核合格。

（5）特种作业人员经有关业务主管部门考核合格，取得特种作业操作资格证书。

（6）从业人员经安全生产教育和培训合格。

（7）依法参加工伤保险，为从业人员缴纳保险费。

（8）厂房、作业场所和安全设施、设备、工艺符合有关安全生产法律、法规、标准和规程的要求。

（9）有职业危害防治措施，并为从业人员配备符合国家标准或者行业标准的劳动防护用品。

（10）依法进行安全评价。

（11）有重大危险源检测、评估、监控措施和应急预案。

（12）有生产安全事故应急救援预案、应急救援组织或者应急救援人员，配备必要的应急救援器材、设备。

（13）法律、法规规定的其他条件。

4.2.2　施工许可证条件

建设单位申请领取施工许可证，应当具备下列条件：

（1）已经办理该建筑工程用地批准手续。

（2）在城市规划区的建筑工程，已经取得建设工程规划许可证。

（3）施工场地已经基本具备施工条件，需要拆迁的，其拆迁进度符合施工要求。

（4）已经确定施工企业。按照规定应该招标的工程没有招标，应该公开招标的工程没有公开招标，或者肢解发包工程，以及将工程发包给不具备相应资质条件的，所确定的施工企业无效。

（5）有满足施工需要的施工图纸及技术资料，施工图设计文件已按规定进行了审查。

（6）有保证工程质量和安全的具体措施。施工企业编制的施工组织设计中有根据建筑工程特点制定的相应质量、安全技术措施，专业性较强的工程项目编制了专项质量、安全施工组织设计，并按照规定办理了工程质量、安全监督手续。

（7）按照规定应该委托监理的工程已委托监理。

（8）建设资金已经落实。建设工期不足一年的，到位资金原则上不得少于工程合同价的50%，建设工期超过一年的，到位资金原则上不得少于工程合同价的30%。建设单位应当提供银行出具的到位资金证明，有条件的可以实行银行付款保函或者其他第三方担保。

（9）法律、行政法规规定的其他条件。

4.2.3 安全监督申报条件

根据《中华人民共和国建筑法》、《中华人民共和国安全生产法》，在中华人民共和国境内从事建设工程的新建、扩建、改建和拆除等有关活动，企业应对承建的工程建设项目进行安全报监登记。

建设单位可以通过行政区域的工程建设网下载相关表格或向有关的监督部门领取表格，填写并按要求提交相关资料办理申报手续。

4.2.4 夜间施工许可证条件

根据《中华人民共和国环境噪声污染防治法》第三十条，在城市市区噪声敏感建筑物集中区域内，禁止夜间进行产生环境噪声污染的建筑施工作业，但抢修、抢险作业和因生产工艺要求或者特殊需要必须连续作业的除外。

确需夜间施工的，可以提交以下材料申请夜间施工许可证办理：

（1）《延长施工作业时间申请表》。

（2）建筑工程施工许可证（复印件）。

（3）属于因技术工艺需要必须连续作业工程的，还应提交相关设计文件及相应规范（复印件，核对原件）。

（4）属于工期紧急的国家和省市重点工程、抢险救灾工程或其他特殊需要工程的，还应提供相关文件，并加具市建设行政主管部门或市发改部门的“重点工程审批绿色通道”章（复印件，核对原件）。

4.2.5 特种人员上岗作业条件

1. 申请从事建筑施工特种作业的人员，应当具备下列基本条件

（1）年满18周岁且符合相关工种规定的年龄要求。

（2）经医院体检合格且无妨碍从事相应特种作业的疾病和生理缺陷。
（3）初中及以上学历。
（4）符合相应特种作业需要的其他条件。

2. 用人单位应履行下列职责

（1）与持有效资格证书的特种作业人员订立劳动合同。
（2）制定并落实本单位特种作业安全操作规程和有关安全管理制度。
（3）书面告知特种作业人员违章操作的危害。
（4）向特种作业人员提供齐全、合格的安全防护用品和安全的作业条件。
（5）按规定组织特种作业人员参加年度安全教育培训或者继续教育，培训时间不少于24 小时。
（6）建立本单位特种作业人员管理档案。
（7）查处特种作业人员违章行为并记录在档。
（8）法律、法规及有关规定明确的其他职责。

4.2.6 安全管理人员配备条件

1. 安全生产管理机构设置

根据《建筑施工企业安全生产管理机构设置及专职安全生产管理人员配备办法》（建质〔2008〕91 号文），企业应独立设置安全生产管理机构。专职安全生产管理人员的配备应满足下列要求，并应根据企业经营规模、设备管理和生产需要予以增加。

（1）建筑施工总承包资质序列企业：特级资质不少于6 人；一级资质不少于4 人；二级和二级以下资质企业不少于3 人。

（2）建筑施工专业承包资质序列企业：一级资质不少于3 人；二级和二级以下资质企业不少于2 人。

（3）建筑施工劳务分包资质序列企业：不少于2 人。

（4）建筑施工企业的分公司、区域公司等较大的分支机构应依据实际生产情况配备不少于2 人的专职安全生产管理人员。

2. 总承包单位配备项目专职安全生产管理人员应当满足下列要求

（1）建筑工程、装修工程按照建筑面积配备：
①1 万平方米以下的工程不少于1 人。
②1 万～5 万平方米的工程不少于2 人。
③5 万平方米及以上的工程不少于3 人，且按专业配备专职安全生产管理人员。
（2）土木工程、线路管道、设备安装工程按照工程合同价配备：
①5 000 万元以下的工程不少于1 人。
②5 000 万～1 亿元的工程不少于2 人。
③1 亿元及以上的工程不少于3 人，且按专业配备专职安全生产管理人员。

3. 分包单位配备项目专职安全生产管理人员应当满足下列要求

（1）专业承包单位应当配置至少1 人，并根据所承担的分部分项工程的工程量和施工危险程度增加。

（2）劳务分包单位施工人员在50 人以下的，应当配备1 名专职安全生产管理人员；

50～200 人的，应当配备 2 名专职安全生产管理人员；200 人及以上的，应当配备 3 名及以上专职安全生产管理人员，并根据所承担的分部分项工程施工危险的实际情况增加，不得少于工程施工人员总人数的 5‰。

采用新技术、新工艺、新材料或致害因素多、施工作业难度大的工程项目，项目专职安全生产管理人员的数量应当根据施工实际情况，适当增加。

4.3 职责

4.3.1 建设单位各级领导人员及职能部门安全管理职责

4.3.1.1 建设单位各级领导人员安全管理职责

1. 负责人

（1）企业负责人为企业安全生产第一责任人，对安全生产全面负责，贯彻执行国家有关安全生产的法律、法规、规章和安全标准及上级指示。

（2）确定安全生产管理目标，保证安全生产经费的投入，不断改善工作条件。

（3）定期主持召开安全生产工作会议，研究安全生产方面的重大问题，相应作出决策，组织实施。

（4）审定和批准建设单位的安全生产规章制度和规程标准，审定企业安全生产奖惩方案。

（5）检查、指导副职及下属各部领导分管范围内的安全生产工作。

（6）组织健全和完善安全生产管理机构，配置安全管理人员。

（7）主持领导企业安全生产领导小组并积极开展工作。

2. 安全生产直接责任人

（1）协助安全生产第一责任人抓好全面安全生产工作，对企业安全生产负具体领导责任；组织制订安全规划、计划及安全生产管理目标，并付诸实施。

（2）组织安全生产检查，落实整改措施，及时解决工程中的安全生产问题。

（3）组织、推行现代科学管理办法，提高管理水平。

（4）加强安全管理，督促和检查城市轨道交通工程的安全生产情况。

（5）组织调查、分析、处理各类安全事故，拟订改进措施并组织落实。

3. 各分管领导

（1）对各自分管范围内的安全生产工作负责。

（2）督促检查所分管的职能部门落实安全职责。

（3）组织分管业务范围内的安全检查，督促有关部门及时整改事故隐患。

（4）参加分管业务范围内安全事故的调查处理工作。

4. 总工程师

（1）负责组织审查新线建设（含相关代建项目）的工程技术原则、技术标准、技术要求、技术方案、总体设计和初步设计，使之符合国家安全生产的法律、法规及规范标准的要求，并监督实施。

（2）统筹、协调和处理工程中的重大、重要技术接口。

(3) 负责企业的安全科研管理工作，推动新线建设技术进步。审核施工组织设计（施工方案）及应用新技术、新工艺、新设备所制定的安全技术措施。

(4) 审批有关改善劳动条件、减轻劳动强度的技术项目和措施。

(5) 及时解决施工（生产）中出现的安全技术问题。

(6) 在应急救援状态下，根据事故的性质、现场的实际情况，及时配合有关部门制订、审查抢险方案，对事故的危害进行预测，对现场应急救援队伍进行技术指导。

(7) 参加各类安全事故的调查分析，提出技术鉴定意见和改进措施。

4.3.1.2 各职能部门安全管理职责

1. 安全管理部门

(1) 安全管理部门为安全生产归口管理部门，负责检查、监督工程建设安全生产的实施情况。

(2) 组织制定有关工程建设的安全管理办法，明确管理程序、管理制度和管理职责，报上级部门批准后实施，并对执行情况进行监督、检查、控制及协调，不断完善管理制度。

(3) 协同编制工程建设的安全生产资金使用计划并进行检查监督。

(4) 统计、汇总工程安全生产目标指标的完成情况，建立安全生产事故统计台账。

(5) 协助领导组织安全生产检查，督促对事故隐患的整改工作。配合上级有关部门对地铁工程安全生产、文明施工开展检查，并对检查中存在的问题督促整改。

(6) 配合综合管理部门组织员工进行安全教育，组织安全管理人员、各级领导参加有关安全生产知识的培训。

(7) 在应急救援状态下，配合协调、调度救援物资、设备、器材等，并及时组织调运到现场；搜集事故发生的有关资料、证据，协助有关部门进行事故的调查处理。

(8) 按照安全生产管理办法，组织或参与各类安全事故的调查和处理工作。

2. 前期工程管理部门

(1) 负责工程建设过程中的工程勘测技术管理及勘测项目管理，及时提供设计需要的勘测资料和地下管线、建筑物基础资料等设计输入条件。

(2) 负责为施工单位提供施工现场及毗邻区域内供水、排水、供电、供气、供热、通信、广播电视等地下管线资料，气象和水文观测资料，相邻建筑物和构筑物、地下工程的有关资料，并保证资料的真实、准确、完整。

(3) 组织协调施工现场及毗邻区域内各类地下管线的迁移、保护工作，检查监督施工过程中各项地下管线保护措施的落实情况。

(4) 负责组织工程建设所需的岩土工程勘察资料、地形图的收集工作；负责施工过程中地质素描、测量检测、复测归口管理；负责勘测配合施工管理及技术服务工作。

(5) 在应急救援状态下，指导现场施工人员和危及的群众撤离危险区域，设立警戒线，维护救援现场秩序；对事故造成邻近建筑物及其他设施的损坏情况进行摸查；在条件许可的情况下，及时组织恢复水电供给，或根据抢险需要，组织临水临电供应。

(6) 参与地下管线破（损）坏、施工现场及毗邻区域内各类建筑物损坏、下陷、坍塌等事故的调查、取证工作。

3. 土建工程管理部门

(1) 土建工程管理部门是土建工程项目安全生产的管理与执行部门，全面负责土建工程项目的安全管理，在计划、布置、检查、总结、评比生产的同时计划、布置、检查、总结、评比安全工作，确保安全控制目标的实现。对设计、施工监理、工程施工合同有关安全生产条款进行管理，并对履约情况进行定期考核。

（2）负责组织土建工程设计方案、施工组织设计及单项安全技术措施方案的审查。

（3）遵守国家的法律、法规，科学地制定工期要求，不得随意压缩合同约定的工期，并及时办理工程安全作业环境及安全施工措施所需费用的有关手续。

（4）按照有关规定，对施工现场进行定期的、经常性的安全生产检查，及时发现施工过程的不安全因素，对检查出来的事故隐患、问题督促有关单位进行整改。

（5）及时地协助有关部门处理本工程项目的施工现场各类治安（含消防）突发事件工作。

（6）在应急救援状态下，立即赶赴现场，组织现场所有力量进行抢险救灾，协助应急指挥机构负责现场抢险实施的各项工作。

（7）按照安全生产管理办法，组织或参与安全事故的调查、分析和处理工作。

4. 机电系统工程管理部门

（1）机电系统工程管理部门是机电系统工程安全生产管理的执行部门，全面负责机电系统工程项目的安全管理，在计划、布置、检查、总结、评比生产的同时计划、布置、检查、总结、评比安全工作，确保安全控制目标的实现。对设计、施工监理、工程施工安装合同有关安全生产条款进行管理，并对履约情况进行定期考核。

（2）负责组织机电系统工程设计方案、施工组织设计及单项安全技术措施方案的审查。

（3）遵守国家的法律、法规，科学地制定工期要求，不得压缩合同约定的工期，并及时办理工程安全作业环境及安全施工措施所需费用的有关手续。

（4）负责机电系统设备的出厂检验、安装调试、培训等工作；负责组织向质量技术监督部门办理锅炉、压力容器、压力管道、特种设备安装申报手续。

（5）按照有关规定，对施工现场进行定期的、经常性的安全生产监督检查，及时发现施工过程的不安全因素，对检查出来的事故隐患、问题督促有关单位进行整改。

（6）及时地协助有关部门处理工程施工现场各类治安（含消防）突发事件工作。

（7）在应急救援状态下，立即赶赴现场，组织现场所有力量进行抢险救灾，协助应急指挥机构负责现场抢险实施的各项工作。

（8）按照安全生产管理办法，组织或参与安全事故的调查、分析和处理工作。

5. 车站装修与设备安装工程管理部门

（1）车站装修与设备安装工程管理部门是车站装修与设备安装工程安全生产管理的执行部门，全面负责车站设备与装修工程项目的安全管理，在计划、布置、检查、总结、评比生产的同时计划、布置、检查、总结、评比安全工作，确保安全控制目标的实现。对设计、施工监理、工程施工安装合同有关安全生产条款进行管理，并对履约情况进行定期考核。

（2）负责组织车站装修与设备安装工程设计方案、施工组织设计及单项安全技术措施方案的审查。

（3）遵守国家的法律、法规，科学地制定工期要求，不得压缩合同约定的工期，并及时办理工程安全作业环境及安全施工措施所需费用的有关手续。

（4）负责车站设备的出厂检验、安装调试、培训等工作；负责组织向质量技术监督部门办理锅炉、压力容器、压力管道、特种设备安装申报手续。

（5）按照有关规定，对施工现场进行定期的、经常性的安全生产监督检查，及时发现施工过程的不安全因素，对检查出来的事故隐患、问题督促有关单位进行整改。

（6）及时地协助有关部门处理工程施工现场各类治安（含消防）突发事件工作。

（7）在应急救援状态下，立即赶赴现场，组织现场所有力量进行抢险救灾，协助应急指挥机构负责现场抢险实施的各项工作。

（8）按照安全生产管理办法，组织或参与安全事故的调查、分析和处理工作。

4.3.2 施工单位内部的安全职责分工

1. 企业负责人的安全职责

（1）认真贯彻执行国家和市有关安全生产的方针政策和法规、规范，掌握本企业安全生产动态，定期研究安全工作，对本企业安全生产负全面领导责任。

（2）领导编制和实施本企业中、长期整体规划及年度、特殊时期安全工作实施计划。

（3）建立健全本企业的各项安全生产管理制度及奖惩办法。

（4）建立健全安全生产的保证体系，保证安全措施费的落实。

（5）领导并支持安全管理人员或部门的监督检查工作。

（6）在事故调查组的指导下，领导、组织本企业有关部门、人员，做好特大、重大伤亡事故调查处理的具体工作，监督防范措施的制定和落实，预防事故重复发生。

2. 企业技术负责人的安全职责

（1）贯彻执行国家和上级的安全生产方针、政策，协助法定代表人做好安全方面的技术领导工作，在本企业安全生产中负技术领导责任。

（2）领导制订年度和季节性施工计划时，要确定指导性的安全技术方案。

（3）组织编制和审批施工组织设计、施工方案时，应严格审查其是否具备应有的安全技术措施及其可行性，并提出决定性意见。

（4）领导安全技术攻关活动，确定劳动保护研究项目并组织鉴定验收。

（5）对本企业使用的新材料、新技术、新工艺从技术上负责，组织审查其使用和实施过程中的安全性，组织编制或审定相应的操作规程，重大项目应组织安全技术交底工作。

（6）参加特大、重大伤亡事故的调查，从技术上分析事故原因，制定防范措施。

3. 企业分管安全生产副职的安全职责

（1）对本企业安全生产工作负直接领导责任，协助法定代表人认真贯彻执行安全生产方针、政策、法规，落实本企业各项安全生产管理制度。

（2）组织实施本企业中、长期，年度、特殊时期安全工作规划及实施计划，以完成目标，组织落实安全生产责任制。

（3）参与编制和审核施工组织设计、特殊复杂工程项目或专业性较强的工程项目施工方案中的安全技术措施，制订施工生产中安全措施费的使用计划。

（4）领导、组织本企业的安全生产宣传教育工作，确定安全生产考核指标，领导、组织施工队长的培训、考核与审查工作。

（5）领导、组织本企业定期和不定期的安全生产检查，及时解决施工中的不安全问题。

（6）认真听取、采纳安全生产的合理建议，保证本企业安全生产保障体系的正常运转。

（7）在事故调查组的指导下，组织对死亡、重大死亡事故的调查，分析处理过程中的具体工作。

4．项目经理的安全职责

（1）对本项目工程生产经营过程中的安全生产负全面领导责任。

（2）贯彻落实安全生产方针、政策、法规和各项规章制度，结合项目工程特点及施工全过程的情况，制定本项目工程各项安全生产管理办法，提出要求并监督实施。

（3）在组织项目工程业务承包、聘用业务人员时，必须本着安全工作只能加强的原则，根据工程特点确定安全工作的管理制度和人员，并明确各业务承包人的安全责任和考核指标，支持、指导安全管理人员的工作。

（4）健全和完善用工管理手续，录用外包队伍必须及时向有关部门申报，严格落实用工管理制度，实时组织上岗安全教育，要对外包队伍的安全负责。

（5）组织落实施工组织设计中的安全技术措施，组织并监督项目工程施工中安全技术交底制度和设备、设施验收制度的实施。

（6）领导、组织施工现场定期的安全检查，发现施工生产中的不安全问题，组织制定措施，及时解决。

（7）对上级提出的安全生产与管理方面的问题，要定时、定人、定措施予以解决。

（8）发生事故，做好现场抢救与保护工作，及时上报，组织、配合事故的调查，吸取事故教训，认真落实制定的防范措施。

5．项目部技术负责人的安全职责

（1）对本项目工程生产经营中的安全生产负技术责任。

（2）贯彻落实安全生产方针、政策，严格执行安全技术规程、规范和标准，结合项目工程特点，主持项目工程的安全技术交底。

（3）参加或组织编制施工组织设计，编制、审查施工方案时，要同时制定、审查安全技术措施，保证其可行性、针对性，并监督实施。

（4）主持制订技术措施计划和季节性施工方案的同时，制定相应的安全技术措施，并监督执行，及时解决执行中出现的问题。

（5）项目工程应用新材料、新技术、新工艺，要及时上报，经批准后方可实施，同时要组织上岗人员的安全技术培训、教育。认真执行相应的安全技术措施与安全操作要求，预防施工中因化学物品引起的火灾、中毒或其他新工艺实施中可能造成的事故。

（6）主持安全防护设施和设备的验收。发现设备、设施的不正常情况应及时采取有效措施。严格控制不符合标准要求的防护设备、设施投入使用。

（7）参加安全生产检查，对施工中存在的不安全因素，从技术方面提出整改意见和办法予以消除。

（8）参加、配合伤亡及重大未遂事故的调查，从技术上分析事故原因，提出防范措施和意见。

6. 项目安全管理部门的安全职责

（1）贯彻执行国家、省、市颁发的各种安全生产法律、法规及管理办法。

（2）做好安全生产的宣传教育和管理工作。

（3）掌握安全生产情况，提出改进意见和措施。

（4）组织安全活动和定期安全检查。

（5）编制安全技术措施计划，并对贯彻执行情况进行监督检查。

（6）与有关部门做好新工人的安全技术培训、考核工作。

（7）进行工伤事故统计、分析和报告，参加工伤事故的调查和处理。

（8）制止违章指挥和违章作业，遇有严重险情，有权暂停生产并报告领导处理。

（9）对违反有关安全技术劳动保护法规的行为，向上级报告。

7. 工班长的安全职责

（1）认真执行安全生产的各项法规、规定、规章制度及安全操作规程，合理安排本队人员工作，对本队人员在生产中的安全负责。

（2）按制度严格履行各项劳务用工手续，做好本工班人员的岗位安全培训，未经安全教育培训考试合格，不得分配上岗作业。

（3）经常组织学习安全操作规程，监督本工班人员遵守劳动安全纪律，做到不违章指挥，制止违章作业。

（4）必须保持本工班人员的相对稳定，人员变动须事先向有关部门申报，新来人员应按规定办理各种手续，并经入场和上岗安全教育后方可上岗。

（5）根据上级的交底向本工班各工种进行详细的书面安全交底，针对当天任务、作业环境等情况，做好班前安全交底，监督其执行情况，发现问题时要及时纠正、解决。

（6）坚持每日上班前对本队的作业环境、设备、设施的安全状况进行检查，并在作业过程中巡视检查，发现不安全问题，及时解决；下班前对使用设施、设备等进行确认检查，确认无误，方可离开现场。

（7）发生伤亡及未遂事故，应做好伤者抢救工作，保护好现场，并立即上报有关领导。

4.3.3 监理单位内部安全责任分工

1. 企业负责人的安全管理职责

（1）执行国家和地方有关安全监理的法律、法规，全面负责企业的安全监理工作。

（2）决定企业安全监理管理组织机构和人员编制，审定企业安全监理责任制和企业安全监理制度。

（3）保证实施安全监理时能获得必要的资源。

（4）主持制订企业年度安全监理工作计划并组织实施。

（5）督促企业安全监理责任制的建立、健全和企业安全监理管理制度的完善。

（6）自觉接受监督管理部门的监管，服从行业管理，保证企业的安全监理工作有效实施。

（7）督促、检查、考核领导层的安全监理工作，对存在的问题提出改进意见。

（8）审定重大工程项目投标文件和《建设工程委托监理合同》中的安全监理范围和工作内容。

（9）主持召开企业安全监理工作会议，不断改进、提高安全监理工作效果。

2. 总工程师的安全管理职责

（1）执行国家和地方有关安全监理的法律、法规，全面负责企业的安全监理技术管理工作。

（2）主持制定企业的安全监理工作质量管理标准。

（3）主持与安全监理工作有关的新颁发的法律、法规、文件和涉及安全生产的新技术的推广应用。

（4）审定安全生产常用标准的有关版本，审批用于安全监理工作的检测仪器的采购和报废。

（5）审批企业年度安全监理外部培训和内部培训计划。

（6）组织部门职员协助经营部编制重大工程项目投标文件中的安全监理、监控措施。

（7）组织部门职员支持总监理工程师审批工艺复杂、技术难度大的施工组织设计，支持总监理工程师处理安全监理工作中的重大技术问题。

（8）组织部门职员指导项目监理机构的安全监理工作。

（9）审批安全监理方案。

（10）组织部门职员了解或配合或参与施工现场重大安全事故的调查和处理。

3. 项目总监理工程师的安全管理职责

（1）确定项目监理机构人员的分工和岗位职责。

（2）主持编写项目监理规划、审批项目监理实施细则，负责管理项目监理机构的日常工作。

（3）审查分包单位的资质，给业主及总包单位提出审查意见。

（4）检查和监督监理人员的工作，根据工程项目的进展情况进行人员调配，并在实施监理工作过程中，对不称职的监理人员进行调换。

（5）主持监理工作会议（包括监理例会），签发项目监理机构的文件和指令。

（6）审查承包单位提交的开工报告、施工组织设计、技术方案、进度计划。

（7）审查、签署承包单位的申请、支付证书和竣工结算。

（8）审查和处理工程变更。

（9）主持或参与工程质量、安全事故的调查和处理，总结质量、安全监理工作中的薄弱环节，提出改进意见。

（10）调节建设单位与承包单位的合同争议，处理索赔，审查工程延期。

（11）组织编写并签发监理月报、监理工作阶段报告、专题报告和项目监理工作总结。

（12）审查、签认分部工程和单位工程的质量检验评定资料，审查承包单位的竣工申请，组织监理人员对待验收的工程项目进行质量检查，参与工程项目的竣工验收。

（13）主持整理工程项目的监理资料。

4. 项目总监理工程师代表的安全管理职责

（1）负责总监理工程师指定或交办的监理工作。

（2）按总监理工程师的授权，行使授权范围内的总监理工程师的职责和权力。

4.3.4 安全监管机制

4.3.4.1 政策导向

国务院《全面推进依法行政实施纲要》中提出：“创新层级监督新机制，强化上级行政机关对下级行政机关的监督。上级行政机关要建立健全经常性的监督制度，探索层级监督的新方式，加强对下级行政机关具体行政行为的监督。”建设部《建设工程安全生产监督管理工作导则》中也指出：“上级建设行政主管部门应监督检查下级建设行政主管部门安全生产责任制的建立和落实情况，贯彻执行安全生产法规政策和制定各项监管措施情况。”这进一步使政府行政管理实施层级监督的模式具体化，通过政府建筑安全管理的层级监督，实现提高各个层次建筑安全管理水平的目的，从而有效地控制或减少建筑安全伤亡事故的发生。

4.3.4.2 层级监督的定义

从狭义的角度，层级监督是指负有监督职能的上级部门监督下级部门是否依法行使职权的一种监督制度体系，是防御和解决管理不作为、管理乱作为的最直接和最有效手段。

从广义的角度，层级监督还包括行政机关对其内设机构及其直属、委托等单位的监督和行政机关对本单位、本系统工作人员的监督。

4.3.4.3 国外建筑安全管理层级监督管理模式

1. 美国政府建筑安全管理层级监督管理

（1）组织架构。

美国安全生产的最高主管部门是隶属于美国国会和劳工部（U. S. Department of Labor），劳工部下属有数十个部门。

1970 年，美国议会通过了《职业安全与健康法规》，根据该法规，劳工部成立了职业安全与健康局（Occupational Safety & Health Administration，OSHA）。OSHA 负责管理所有行业的职业安全与健康。

OSHA 领导的建设处“建设安全与健康顾问委员会”（Advisory Committee on Construction Safety and Health）以及不属于该部门直接管辖的“全国建设工程联盟”（Construction Alliances）等负责国家建设工程安全的具体管理工作。OSHA 及其建设处在美国“联邦—区域—州—市”的四级安全管理行政体制中，每一层级都设有相应的分权机构。

（2）美国政府建筑安全管理层级监督可以分为三阶段。

①事前监督。在每一年度（或者季度），州的分支机构要向联邦总部提供下一年（季度）的工作计划报告，并且详细叙述目前机构内每一个职位的职责和其所具有的权力的岗位说明书。如果一个州不选择自行制定本州的建筑安全标准或政策等，那么该州将直接采用由联邦的总部制定的标准或政策。对于采用联邦建筑安全标准的州，其工作的实行情况，同样要提交计划书，并且要接受联邦总部抽查和统计比较。

②事中监督。主要通过对施工现场的抽查和重大事故的检查、统计。在美国，建筑安全的伤亡指标主要是“非致命职业受伤事故率及事故数量”（Incidence Rate and Number of Non-fatal Occupational Injuries）以及“致命的职业伤害统计”（Census of Fatal Occupational Injuries，CFOI）。

通过研究，建筑安全主管部门总结了四种最为危险的、最可能造成伤亡的工作情况：

a. 高空坠落（楼板、平台、屋顶等）。

b. 撞击（车辆、重物等）。

c. 陷入或被缠住（机器、设备、结构预留洞口等）。

d. 触电（高压电、电器、插座、临时电线等）。

在美国，由这四种情况造成的伤亡人数占每年建筑行业总伤亡人数的90%。因此，这四种事故的伤亡率，也是衡量行业每年的安全生产情况的主要指标。

③事后监督。将本年度（季度）的统计数据和上一年度（季度）相比较，同时也和提交的计划相比较，和岗位说明书上的绩效要求相比较。这是建设处的上下层级之间考核的一项重要内容。在美国劳工部有一个部门——劳工数据统计局，该部门负责美国有关劳工健康与安全的每年的数据统计与发布工作，就是将每年的统计数据与历年的相比较，来衡量其工作是否到位。

除了政府建筑安全管理部门内部上下级的监督与考核外，还有负责从外部监督的部门，即同属于劳工部的总监督办公室（Office of Inspector General）。总监督办公室的责任包括对被监督部门进行核查账目，评估工作执行成果，评价部门工作效率性与经济性和检查项目的执行是否诚实（包括相关的承包商和担保人）。

2. 英国政府建筑安全管理层级监督管理

（1）组织架构。

英国现行的健康与安全管理系统源于1974年颁布的《健康与安全工作及其相关事务法案》（Health and Safety at Work etc. Act 1974），即“1974年法案”。英国环境交通区域部（Department of Environment，Transport and the Regions，DETR）是英国安全生产的最高行政领导部门，其所属与安全管理职能有关的机构主要有两个，即健康与安全协会及其执行委员会（Health and Safety Commission & Health and Safety Executive）和建设局（Local Authority Unit），如图4－1所示。

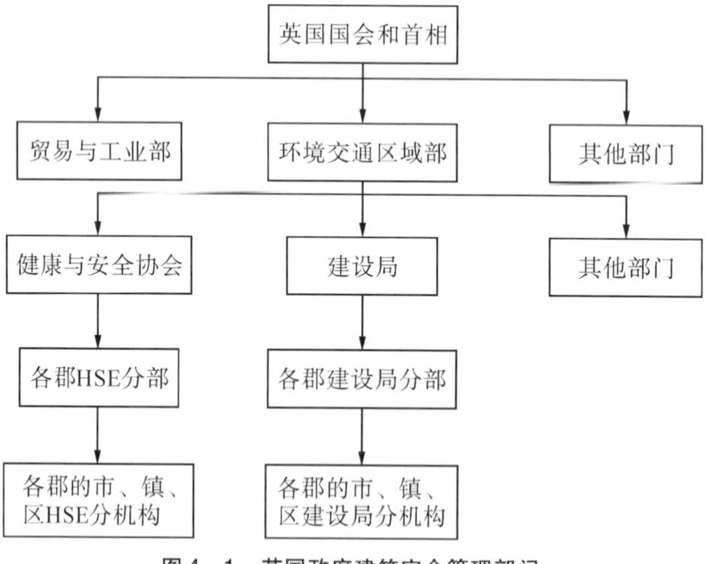

图4－1　英国政府建筑安全管理部门

①健康与安全协会及其执行委员会。

健康与安会协会及其执行委员会是负责全国职业安全与健康管理的主要职能部门，其中建设工程的职工健康与安全的监督和管理工作由下属执行委员会（HSE）的建设工程管理部负责。

②建设局。

建设局由6个司和1个秘书处组成，主要有建筑业司、建筑法规司、建筑革新与研究管理司、建筑业出口与材料促进司、建筑市场信息司、实施与预资格体例司（如图4-2所示）。建设局的重要职能是提高建设活动的质量和经济效益，提高建设生产方法和建筑生产活动的现代化水平，制订培训计划，提高建筑业从业人员素质，鼓励并资助建筑生产活动的改革。

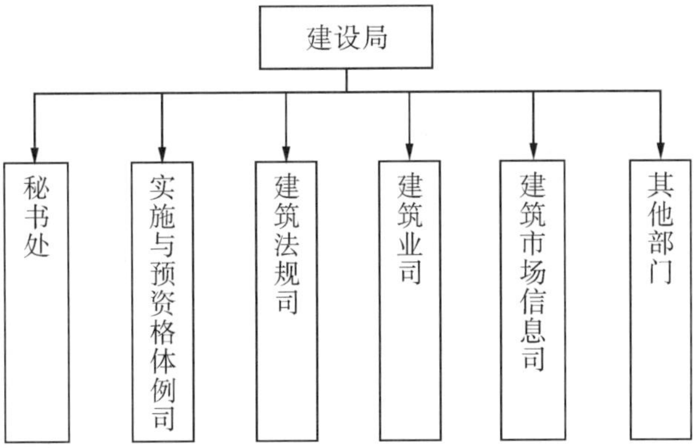

图4-2 英国建设局的部门机构

建设局负责全国建设工程的行政管理。英国的行政管理体制分为“国会—郡—市、镇”三级，建设局以及隶属于健康与安全管理机构（HSC/HSE）的建设工程管理部在每一层级上都设有管理部门。

（2）监督模式。

政府建筑安全管理部门的内部监督主要是通过健康与安全协会（HSC）定期向环境交通区域部（DETR）递交战略计划书，经DETR以及相关部门审核批准后，方可向下推行。DETR负责监督HSC的计划执行情况。

健康与安全执行委员会定期向健康与安全协会递交具体操作上的工作计划。HSC负责对HSE的工作进行监督。

从国家到郡，再到市，健康与安全执行委员会中的每一级的建设工程管理部同样推行工作计划的制订及检查制度，主要就是在详细计划的前提下，由上级来考核下级对于计划执行的完成情况。

在协会向主管部门递交的工作战略计划中，必须说明：

①工作战略的主题。

②协会及其执行委员会所向政府承诺的要实现的健康与安全的目标。

③执行委员会所要实现的成果招标。

④所拨给的经费是如何花费的。

⑤关键项目的内容。

⑥对健康与安全的数据的分析方法。

相对美国而言，英国安全管理的计划性主题，要求更严密的计划制订和执行。健康与安全执行委员会负责将由HSC批准的计划推向全国各郡及其下级，每一级都要向上级递交详细的计划报告，该计划报告的内容就是层级之间监督的主要手段。

（3）部门之间的监督关系。

健康与安全管理机构与建设局两个部门之间存在着外部监督关系。健康与安全管理机构对建设局有关政府建筑安全管理的事务有监督权，但是不具有相应的管理或者处罚权力，而是交由环境交通区域部进行行政管理。

4.3.4.4 我国层级监督管理模式

1．我国政府建筑安全管理的组织结构

建设部是国务院的组成部门，负责国家的建设行政管理。县级以上地方人民政府建设行政主管部门对本行政区域内的建设工程安全生产实施监督管理。建设行政主管部门可以将施工现场的监督检查委托给建设工程安全监督机构具体实施（如图4－3所示）。

2．我国政府建筑安全管理层级监督关系

国务院建设行政主管部门对全国的建设工程安全生产实施监督管理。建设部下设工程质量安全监督与行业发展司，具体拟定并执行建筑工程质量以及建筑安全生产的政策、规章制度，组织或参与工程重大质量事故、安全事故的调查处理。县级以上地方人民政府建设行政主管部门对本行政区域内的建设工程安全生产实施监督管理（如图4－3所示）。

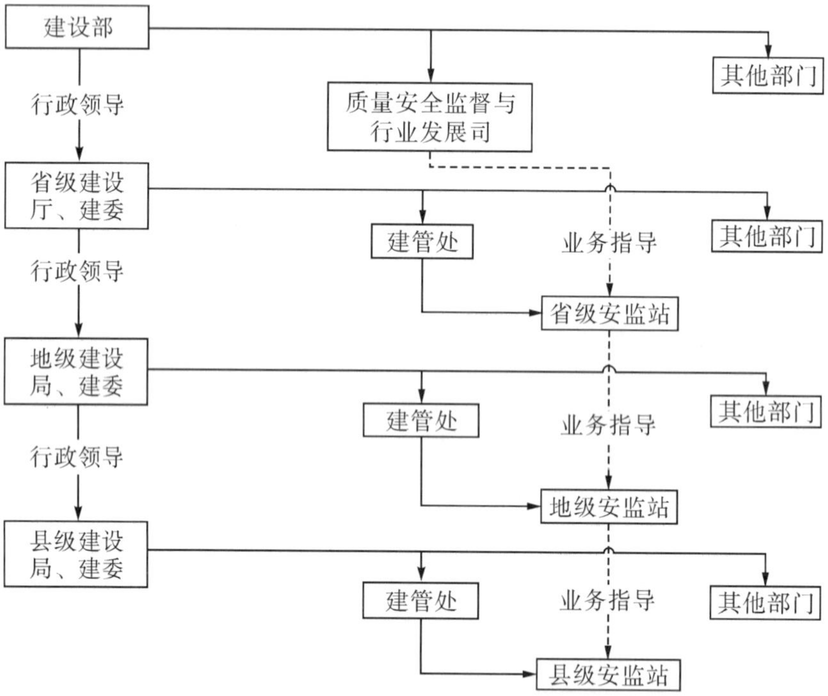

图4－3　我国建筑安全管理行政组织机构

4.4 本章小结

为认真贯彻“安全第一、预防为主”的方针，确保城市轨道交通工程安全、高效、有序建设，对工程建设过程中各参建单位和各级生产经营者的安全职责界定和承担的安全责任、义务显得尤为重要。本章重点叙述了建设单位、监理单位、施工单位和勘察设计单位及其各级管理人员在生产过程中所承担的安全责任和义务，并就国内外政府从宏观方面如何对生产工作开展行之有效的管理进行阐述。

5　轨道交通工程安全风险管理

目前，国家已批准28个城市建设城市轨道交通系统，规划轨道交通网络总规模超过7 500千米，预计到2015年，我国将有17个城市、67条线路、1 860千米的轨道交通投入运营。新建地铁短期内集中上马，造成有经验的勘察、设计和施工力量明显不足，地铁与地下工程相关技术标准还不够完善，潜在的技术风险不容忽视。正如隧道工程专家王梦恕院士所言："目前，在我国地铁与地下工程的建设过程中，风险评估和风险管理水平较低；多数情况下，风险评估也仅限于在可研报告中少量的经济性分析；做法较多的是在施工过程中，通过专家会的方式对工程重点、难点采用工程类比的方法，结合以往的工程建设经验来进行风险分析和风险管理，从而使得我们对风险的评估和管理水平与目前工程建设的发展速度很不协调，与施工技术和技术能力很不协调。"

轨道交通工程是由十几个不同专业组合而成的大系统工程，具有投资大、技术复杂、工期紧张、建设工程量大、项目涉及面广等特点。因此，在规则、设计和施工几个环节上，必须严格执行国家颁布的强制性标准，确保安全设计同步规划和建设。在项目的立项、可研、设计、施工到运营各个阶段都应认真进行工程安全、周边环境和地质灾害的风险评估，防止各种灾害的发生和避免不必要的经济损失，保证安全资金投入，提高轨道交通工程风险管理意识和管理水平。

5.1　风险及相关名词术语

1．风险

城市轨道交通建设过程中发生人员伤亡、经济损失、社会影响、环境影响、工期延误等不利事件的可能性（P）及其损失（C）的组合，表达式为：风险 $R=f(P, C)$。

2．损失

工程建设中因不利事件导致的负面影响或不良后果，包括人员伤亡、经济损失、社会影响、环境影响、工期延误、耐久性降低等。

3．风险事件

工程建设中可能造成人员伤亡、经济损失、社会影响、环境影响、工期延误等不利事件。

4．风险因素

导致风险事件发生的直接因素，包括各种主观或客观的潜在原因或影响因素。

5．孕险环境

潜在发生事故的各种工程场地区域、周边环境、施工工艺及管理方案等。

6．致险因子

导致工程风险发生的直接因素，如各种施工方案、施工技术、施工设备、施工操作及人员活动等。

7. 承险体

遭受或承担风险损失的具体对象，如人员、机械设备、工程结构和周围的建/构筑物（包括建筑物、道路、管线及其他建/构筑物等）及生态环境等。

8. 风险识别

对工程项目中存在的风险因素和可能导致的风险事件进行确认和分类的过程。

9. 风险估计

在风险识别的基础上，对各种风险事件发生的可能性及其损失进行综合分析和估算的过程。

10. 风险分级

在风险识别、风险估计的基础上，根据工程风险等级标准进行风险等级划分。

11. 风险接受准则

各方对不同等级的工程风险可接受或可容忍的水平。

12. 风险控制

为规避、降低风险提出处置对策建议。

13. 风险评估

包括风险识别、风险估计、风险分级和风险控制。

14. 风险管理

包含风险界定、风险辨识、风险分析、风险评价与风险控制的全过程。

5.2 工程风险管理

5.2.1 概述

轨道交通工程建设过程中可能发生的不利后果或负面影响较多，主要类型包括经济损失、工期延误、人员伤亡、环境影响（包括自然环境、周围道路、房屋、管线、桥梁和其他已有建/构筑物等）和社会影响（政治影响和治安影响等），实施轨道交通工程的风险管理应尽可能合理、可行地减少上述不利后果或负面影响。

5.2.2 工程风险

若存在与预期利益相悖的损失或不利后果（即潜在损失），或由各种不确定性造成对工程建设参与各方的损失，均称为工程风险。

5.2.3 风险属性

风险属性包括风险因素、风险事故和风险损失，即由于潜在的风险因素导致发生风险事故，从而导致承险体发生损失。风险属性关系见图 5－1。风险一旦发生，必然导致不良后果，工程风险具有不确定性、可度量性、相对性和可变性等特点。

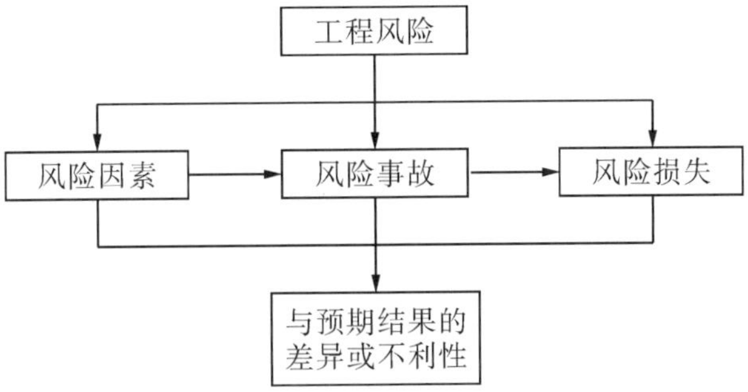

图5－1　风险属性关系

5.2.4　风险发生机理

轨道交通建设投资大，施工工艺复杂，施工周期长，周边环境复杂，建筑材料和施工设备繁多，涉及专业工种与人员众多，具体表现为：工程建设的工程地质与水文地质等自然条件的复杂性；工程建设中机械设备、技术人员和技术方案的复杂性；工程建设的决策、管理和组织方案的复杂性；工程建设周边环境（建筑物、道路、地下管线及周边区域环境等）的复杂性。轨道交通建设期的风险发生机理见图5－2。

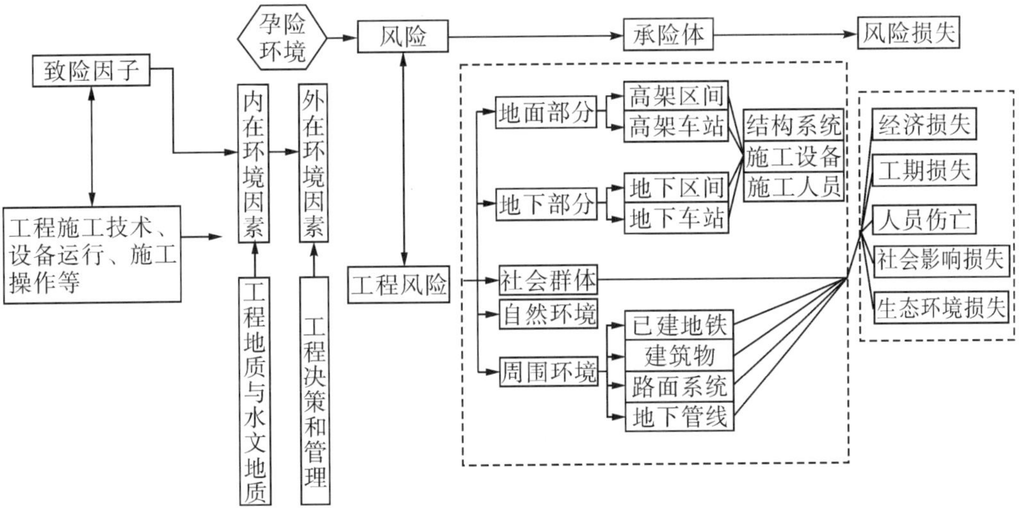

图5－2　轨道交通工程风险发生机理

5.2.5　风险分类

按照风险来源或损失产生原因可分为自然风险和人为风险。

按照项目建设阶段可分为规划风险、可行性研究风险、设计风险、招投标风险、施工风险等。

按照项目建设目标和承险体的不同可分为安全风险、质量风险、工期风险、环境风险、投资风险及对第三方风险等。

按照风险管理层次关系与技术影响因素可分为总体风险和具体风险。具体包括：①总体风险，即社会、政治和金融影响，合同纠纷，企业破产和体制问题，政府干涉，第三方干扰，员工冲突，自然灾害（台风、暴雨或雷击等）等；②具体风险，即工程地质勘察有误或失真、设计失误或漏项、执行的规范或设计存在问题、工程施工方案有误、施工设备故障、人员决策或操作失误、施工质量不能满足标准要求、施工工期延误等。

5.2.6 工程风险管理

工程风险管理指工程建设参与各方（包括建设单位、勘察单位、咨询单位、设计单位、施工单位、监理单位、监测单位等）通过风险界定、风险辨识、风险估计、风险评价和风险决策，优化组合各种风险管理技术，对工程实施有效风险控制和妥善的跟踪处理的全过程。

5.2.7 风险管理目标

在安全可靠、经济合理、技术可行的前提下，把轨道交通工程潜在的各类风险降到尽可能低的程度，以获得最大程度的建设安全与优质的工程质量，控制工程建设投资，降低经济损失或人员伤亡，保障工程建设工期，提高风险管理效益。

5.2.8 轨道交通工程风险管理范围

（1）对工程自身可能造成经济损失以及意外损坏的风险。

（2）工程建设相关人员的安全和健康的风险，包括个人伤害直至死亡。

（3）第三方的人员安全和健康等风险。

（4）第三方的财产损失风险，主要针对邻近既有各类建/构筑物，尤其注意历史保护性建筑物、地表和地下基础设施的施工风险。

（5）因工程工期延长或非正常提前所需承受的风险。

（6）周围区域环境风险，包括对土地、水资源、动植物的破坏，以及对空气的污染、电磁辐射、噪声及振动等。

（7）周边环境改变或第三者活动对本工程造成的风险，如邻近施工及堆载等。

5.2.9 轨道交通工程风险管理策略

风险管理策略的制定应使工程建设参与各方在实施工程风险管理过程中目标一致。具体包括：

（1）制定工程建设各阶段的风险管理目标。

（2）明确工程建设参与各方的风险控制责任。

（3）建立工程风险管理方案的实施、监控、完善与评审制度和程序。

（4）建立工程风险管理的沟通与协调机制。

（5）建立科学的、系统的和动态的工程风险管理方案，制定工程风险预防、预警和预案系统，实时更新工程建设信息，动态跟踪风险发展状态，及时实施风险控制措施。

5.2.10 轨道交通工程风险管理流程

轨道交通工程风险管理中对不同建设阶段分步实施，具体风险管理流程包括风险界定、风险辨识、风险估计、风险评价和风险控制，具体见图5－3。

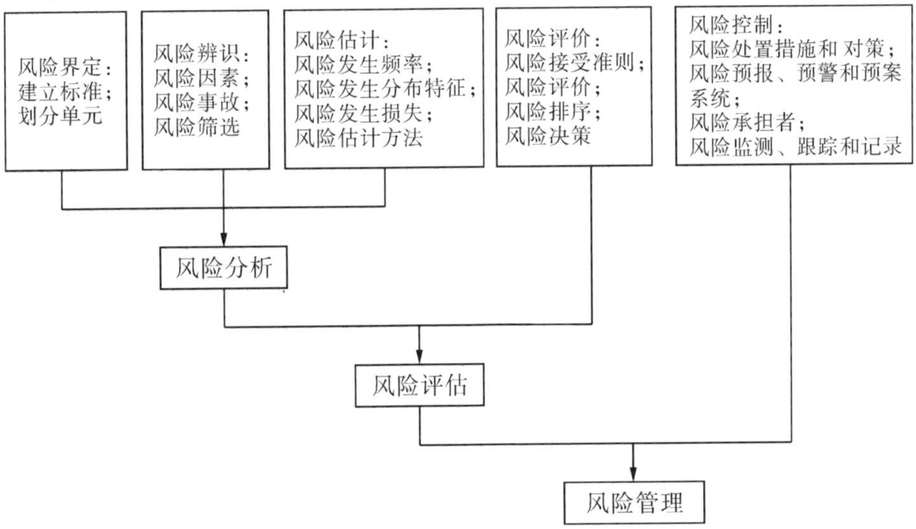

图5－3　工程风险管理流程

5.2.11　轨道交通工程风险处置对策

从工程风险源入手完成风险辨识与评估后，根据项目建设的总体目标，以有利于提高对工程风险的控制能力和降低风险潜在损失为原则，分析并选择合理的风险管理处置对策。风险规避有四种方式，可选择一种或多种方式实施风险控制，具体对策包括：

（1）风险消除。不让工程风险发生，将工程风险发生的概率降低直至为零。

（2）风险降低。通过采取措施或修改技术方案降低工程风险发生的概率和（或）损失。

（3）风险转移。依法将工程风险的全部或部分转让或转移给第三方（专业单位），或通过保险等合法方式让第三方承担工程风险。

（4）风险自留。风险自留的前提是所接受的风险可致的损失比风险消除、风险降低和风险转移所需费用少。采取风险自留对策时应制定可行的风险应急处置预案，采取必要的安全防护措施等。

5.2.12　工程风险管理责任分担原则

工程风险管理责任分担应遵循以下原则：

（1）工程建设参与各方的责、权、利平等、互利与均衡。

（2）责、权、利的分配应与工程建设目标和特点相匹配。

（3）从工程整体效益出发，制定的责、权、利应最大限度地调动工程建设参与各方的积极性。

（4）建设单位承担工程风险管理的监管与决策责任。不同工程建设阶段中，工程建设执行方负责风险管理的实施，对工程建设期的风险承担合同规定的相应责任。

5.2.13　工程建设期不同阶段的风险管理

轨道交通工程建设期的风险管理应贯彻于整个工程建设全过程，一般按照工程进度可划分为五个阶段，包括规划阶段、工程可行性研究（工可）阶段、设计阶段、招投标阶段和施工阶段。考虑工程建设期内不同阶段的建设内容，从工程建设参与各方的角度出发，工程建设期内不同阶段的风险管理内容见表5－1。

表5－1　工程建设期内不同阶段的风险管理内容

建设阶段划分	风险管理内容
工程规划阶段	1. 规划方案的风险分析 2. 工程重大风险源辨识 3. 工程投融资风险分析
工程可行性研究（工可）阶段	1. 工程风险管理等级标准及对策 2. 工程可行性方案风险辨识与评估
工程设计阶段（包括工程详勘与环境调查、初步设计和施工图设计）	1. 工程设计方案与施工方法的风险辨识与评估 2. 重大风险源专项风险控制
工程招投标阶段	1. 招标文件的风险管理要点 2. 投标文件的风险管理要点 3. 合同签订的风险管理要点
工程施工阶段	1. 施工风险管理专项实施细则 2. 建立风险预报、预警、预案体系 3. 风险控制措施的实施与记录 4. 工程施工风险动态跟踪与监控

5.3　工程风险辨识

风险辨识是工程风险管理的重要内容，是工程风险系统的基础。

5.3.1　风险辨识流程

风险辨识可分为六个步骤，即风险定义、确定参与者、收集相关资料及专家咨询、风险识别、风险筛选、编制风险辨识报告（如图5－4所示）。

图5－4　风险辨识流程

5.3.2　确定参与者

轨道交通中风险管理的参与者包括项目建设各方、保险公司及其他有关人员等，根据建设的不同阶段和风险辨识的具体要求，由建设单位确定参与工程风险辨识的人员。

工程风险辨识人员应熟知工程建设的用意，了解工程风险管理的目标和需求，具备轨道交通建设经验。

5.3.3 收集相关资料及专家咨询

工程风险辨识时，应广泛收集工程相关资料，并向经验丰富的专家咨询。其中，需搜集的主要资料包括：

（1）工程周边水文、地质、自然环境以及人文、社会区域环境等资料。

（2）类似工程的施工经验和风险事故或相关数据。

（3）工程规划、可行性分析和工程地质勘察等资料。

（4）工程周边的建/构筑物（如地下管线、民防设施、道路等）资料。

（5）工程邻近已有轨道交通等资料。

（6）工程的设计、施工方案或其他相关文件。

（7）可能存在业务联系或影响的相关部门与第三方等信息。

（8）已建设线路的相关风险或事故资料。

（9）其他相关资料。

5.3.4 风险识别

风险识别主要包括以下三个方面：

（1）风险因素分析。系统分析工程建设基本资料，对工程建设的目标、阶段、活动和周边环境中存在的各种风险因素进行分析。

（2）建立初步识别清单。利用风险调研表或检查表建立初步风险清单，清单中明确列出客观存在的和潜在的各种风险，包括影响工程安全、质量、进度、费用、环境、信誉等方面的各种风险。

（3）确定风险事故。根据初步风险清单中整理的风险因素，分析与其相关联的各种潜在损失或影响，明确工程风险事故及其发生原因。

5.3.5 风险筛选

根据风险识别的结果对工程风险进行二次识别，整理并筛选与工程活动直接相关的各项风险，删除其中与工程活动无关或影响极小的风险因素及事故，并进一步识别、分析，确定是否有遗漏的风险点。

5.3.6 编制风险辨识报告

在工程风险识别和筛选的基础上，根据建设各方的具体要求，结合工程特点和需要，以表单形式列出详细的风险点，列出所有工程风险清单。

5.4 风险分析与评估方法

5.4.1 风险分析方法分类

轨道交通工程建设风险分析方法有很多种，具体可分为三大类：

1. 定性分析方法

定性分析方法主要包括专家评议法、专家调查法［包括智暴法（Brain-storming）、德尔菲法（Delphi）等]、“如果……怎么办”法（if...then）、失效模式和后果分析法（Failure Mode and Effect Analysis，FMEA）等。

2. 定量分析方法

定量分析方法包括模糊数学综合评判法、层次分析法（Analytic Hierarchy Process，AHP）、蒙特卡罗模拟法（Monte-Carlo）、等风险图法、控制区间记忆模型（Controlled Interval and Memory Model，CIM）、神经网络方法（Neutral Network）、主成分分析法等。

3. 半定量分析方法

半定量分析方法主要包括事故树法（或称故障树法，Fault Tree Analysis，FTA）、事件树法（Event Tree Analysis，ETA）、影响图方法、原因—结果分析法、风险评价矩阵法，以及各类综合改进方法，如专家信心指数法、模糊层次综合评估方法、模糊事故树分析法、事故树与模糊数学综合评判组合分析法等综合评估方法。

5.4.2 风险分析方法选取

在进行风险分析时，可根据工程建设的具体内容，考虑风险发生的特点和工程施工内容来选取。不同风险分析方法的特点及其适用性可参见表 5－2。

表 5－2 风险分析方法对比一览表

分类	名称	优点	缺点	适用范围
定性分析方法	专家评议法	简单易行，比较客观。所得结论比较全面、正确，能够对各种模糊的、不确定的问题做出较为准确的回答	易受主观因素的影响，有可能使结果产生偏差，容易偏保守	适用于难以借助精确的分析技术而可依靠集体的直观判断进行预测的风险分析问题
	专家调查法[包括智暴法(Brain-storming)、德尔菲法(Delphi)]	1. 可防止由于专家多而产生当面交流困难、效率低的问题。避免因权威作用或人数众多而压倒其他意见 2. 多次征询意见，专家可修改意见，防止因专家考虑错漏而造成的误差。具有专家评议法的优点	由于专家不能当面交流，缺乏沟通，可能会坚持错误意见。由于是函询法，且又多次重复，会使某些专家最后不耐烦而不仔细考虑就填写。具有专家评议法的缺点	1. 难以借助精确的分析技术而可依靠集体的直观判断进行预测的风险分析问题 2. 问题庞大复杂，专家代表不同的专业，没有交流的历史 3. 受时间、经费限制，或因专家之间存有分歧、隔阂而不宜当面交换意见

（续上表）

分类	名称	优点	缺点	适用范围
定性分析方法	"如果……怎么办"法（if… then）	经济有效，可充分发挥专业人员的知识特长、集思广益，可找出一个工程所存在的危险、有害性及其程度，提出消除或降低其危险、有害性的对策措施，比较醒目、直观	1. 要求参与人员熟悉工艺、设备，并且要收集类似工程的有关情况，以便分析、综合判断 2. 对于较大的系统进行分析时，表格数量庞大，工作量大，且容易产生错漏	既适用于一个系统，又适用于系统中的某一个环节，适用范围较广。但不适用于庞大的系统分析，只适用于系统中的某一环节或小系统的分析
	失效模式和后果分析法（Failure Mode and Effect Analysis，FMEA）	对于一个系统内部每个部件的每一种可能的失效模式或不正常运行模式都可进行详细分析，并推断它对于整个系统的影响、可能产生的后果及如何才能避免或减少损失	只能用于考虑非危险性失效、花费时间，一般不能考虑各种失效的综合因素	可用在整个系统的任何一级，常用于分析某些复杂的关键设备
半定量分析方法	事故树法（Fault Tree Analysis，FTA）	1. 对导致灾害事故的各种因素及逻辑关系能做出全面、简洁和形象的描述 2. 便于查明系统内固有的或潜在的各种危险因素，为设计、施工和管理提供科学依据 3. 便于进行逻辑运算，进行定性、定量分析和系统评价	1. 步骤较多，计算较复杂 2. 在国内外数据较少，进行定量分析还需要做大量的工作 3. 用FTA法编制的大型故障树不易理解，且与系统流程图毫无相似之点，同时在数学上往往非单一解，包含复杂的逻辑关系 4. 用于大系统时容易产生遗漏和错误	1. 应用比较广，非常适合于重复性较大的系统。在工程设计阶段对事故进行查询时，都可以使用FTA对它们的安全性做出评价 2. 经常用于直接经验较少的风险辨识
	事件树法（Event Tree Analysis，ETA）	1. ETA是一种图解形式，层次清楚、阶段明显，可进行多阶段、多因素复杂事件动态发展过程的分析，预测系统中事故发展的趋势 2. 可以定性、定量地辨识初始事件发展为事故的各种过程及后果，并分析其严重程度。根据事件树图可在各发展阶段采取有效措施，使之向成功方向发展	1. 在国内外数据较少，进行定量分析还需做大量的工作 2. 用于大系统时，容易产生遗漏和错误 3. 不能分析平行产生的后果，不能进行详细分析。在事件树上不允许讨论条件独立关系 4. 事件树的大小随着问题中变量的个数呈指数增长	1. 可以用来分析系统故障、设备失效、工艺异常、人的失误等，应用比较广泛 2. 不能分析平行产生的后果，不适用于详细分析

（续上表）

分类	名称	优点	缺点	适用范围
半定量分析方法	影响图方法	1. 能够明显地表示一个决策分析问题中变量之间的条件独立关系 2. 能够清晰地表示变量之间的时序关系、信息关系和概率关系。这种图形表示方式适合决策者认识问题的思维过程 3. 网络表示形式便于用计算机存储信息与操作处理	1. 节点的边缘概率和节点间的条件概率难以得到 2. 进行主观概率估计时，可能会违反概率理论	影响图方法与事件树法的适用性类似，由于影响图方法比事件树法有更多的优点，因此，也可以应用于较大的系统分析
	原因—结果分析法	其实质是事件树法和事故树法的结合使用	同时具有事件树法和事故树法的优点和缺点	其适用性与事故树法和事件树法类似，适用于在设计、操作时用来辨识事故的可能结果及其原因。同样的，它也不适用于大型系统
	风险评价矩阵法	根据系统层次按次序揭示系统、分系统和设备中的危险，做到不同于任何一项，并按风险的可能性和严重性分类，以便分别按轻重缓急采取措施，更适合于现场作业，可以进行定性和定量分析	1. 主观性比较强，如果经验不足，会给分析带来麻烦 2. 风险严重等级及风险发生频率是研究者自行确定的，存在较大的主观误差	可根据使用的需求对风险等级划分进行修改，使其适用于不同的分析系统，但要有一定的工程经验和数据资料作为依据。既适用于整个系统，又适用于系统中的某一环节
定量分析方法	模糊数学综合评判法	模糊数学综合评判法给出了一个数学模型，简单、容易掌握，是对多因素、多层次的复杂问题评判效果比较好的方法，其适用性较广	1. 隶属函数或隶属度的确定、评价因素对评价对象的权重的确定都有很大的主观性，其结果也存在较大的主观性 2. 对于多因素、多层次的复杂评价，其计算则比较复杂	适用于任何系统的任何环节，其适用性比较广

（续上表）

分类	名称	优点	缺点	适用范围
定量分析方法	层次分析法(Analytic Hierarchy Process，AHP)	具有适用、简洁、实用和系统的特点	1. AHP得出的结果是粗略的方案排序。对于那种有较高定量要求的决策问题，单纯应用AHP是不合适的 2. 在AHP的使用过程中，无论建立层次结构还是构造判断矩阵，人的主观判断、选择、偏好对结果的影响极大，判断失误即可能造成决策失误。这就使得用AHP进行决策时主观成分很大	应用领域比较广阔，可以分析社会、经济以及科学管理领域中的问题。适用于任何领域的任何环节，但不适用于层次复杂的系统
	蒙特卡罗模拟法(Monte-Carlo)	1. 能够用于包括随机变量在内的任何计算类型 2. 考虑的变量数目不受限制 3. 用于计算的随机变量可以根据具体数据采用任何分布形式 4. 可以更有效地发挥专家的作用，因为关于每一随机变量的分布的判断可由对参数最熟悉的专家来做出	1. 在实际中采用的模拟系统非常复杂，建立模型很困难 2. 必须是群体智慧。众多的不确定性因素均必须给出数量化的概率分布，在实际操作中有困难 3. 没有计入风险因素之间的相互影响，使得风险估计结果可能偏小	1. 比较适合在大、中型项目中应用。优点是可以解决许多复杂的概率运算问题，以及适合于不允许进行真实试验的场合。对于那些费用高的项目或耗时长的试验，具有很好的优越性 2. 一般只在进行较精细的系统分析时才使用，它适用于问题比较复杂、要求精度较高的场合，特别是对少数可行方案实行精选比较时更为必要
	等风险图法	方便直观、简单有效，对任何一个具体项目，只要得到其风险发生概率和风险后果，就可直接得到其风险系数	1. 需要得到风险发生概率和风险后果两个变量值，而这两个值在实际操作中不易得到，需要借助其他分析方法，因此，也含有其他分析方法的缺点 2. 根据等风险图只能确定风险系数位于哪一个区间内，如果想得到具体数值，还需要进行计算	适用于对结果要求精度不高，只需要进行粗略分析的项目。同时，如果只进行一个项目的一个方案的分析，该方法相对烦琐，所以该方法适用于多个类似项目同时分析或一个项目的多个方案比较分析时使用

（续上表）

分类	名称	优点	缺点	适用范围
定量分析方法	控制区间记忆模型（Controlled Interval and Memory Model,CIM）	用直方图代替变量的概率分布，用“和”代替函数积分，变量的概率采取经验分布形式，使风险因素量化过程变得简单、直观，并且易于实现概率的加法和乘法计算	只适合于各变量间相互独立的情况，且最终结果的精确与否与所取区间大小有很大关系，若所取区间较大，则得到结果的精度不高	适用于对结果精度要求不高的项目，且只适用于变量间相互独立或相关性可以忽略的项目
	神经网络方法（Neutral Network）	具有很强的学习能力、抗故障性和并行性	1. 在已知数据不足或无法准确构造训练样本集的情况下，需要结合其他综合评估方法得到训练样本集，才能实现对网络的训练 2. 计算量很大，当样本大、神经网络所含神经无数多时更是如此。同时，神经网络方法还面临找不到全局极值的危险	1. 预测问题，原因和结果的关系模糊的场合 2. 模式识别，涉及模糊信息的场合 3. 不一定非要得到最优解，主要是快速求得与之相近的次优解的场合 4. 组合数量非常多、实际求解几乎不可能的场合 5. 对非线性很高的系统进行控制的场合
	主成分分析法	1. 能将多个指标转化为少数几个指标，进行降维处理 2. 能够将指标之间的关联性考虑在内，但计算比较简单 3. 在大样本的情况下，个别样本对主成分的影响不会很大	1. 评价标准的不可继承性 2. 评价工作的盲目性 3. 评价结果和评价指导思想的矛盾性 4. 需借助较多的统计资料	可适用于各个领域，但其结果只有在比较相对大小时才有意义
综合评估法	专家信心指数法	具有德尔菲法的优点，一定程度上克服了德尔菲法受个人主观因素影响大的缺点	同德尔菲法	同德尔菲法

（续上表）

分类	名称	优点	缺点	适用范围
综合评估方法	模糊层次综合评估方法	1. 同时拥有层次分析法和模糊数学综合评判法的优点 2. 克服了模糊数学综合评判法中评价因素对评价对象的权重确定主观性强等缺点	除了模糊数学综合评判法的权重确定的主观性的缺点之外，同时具有层次分析法和模糊数学综合评判法的缺点	适用范围与模糊数学综合评判法一致
	模糊事故树分析法	1. 兼有模糊数学综合评判法和事故树法的优点 2. 避免了对统计资料的强烈依赖性，为事故概率的估计提供了新思路	除了对统计资料的强烈依赖性之外，同时具有模糊数学综合评判法和事故树法的缺点	适用范围与事故树法相同，与事故树法相比，更适用于那些缺乏基本统计数据的项目
	事故树与模糊数学综合评判组合分析法	1. 兼有事故树法和模糊数学综合评判法的优点 2. 避免了在确定因素集的过程中出现错漏 3. 对风险影响系数大的因素进行分析，得到的结果更科学、合理	除了模糊数学综合评判法的权重确定的主观性的缺点之外，同时具有事故树法和模糊数学综合评判法的缺点	适用范围与事故树法相同

5.5 工程风险分级标准

地铁及地下工程建设期间发生的工程风险，是否可接受以及接受程度如何，决定着不同的风险控制对策及处置措施，因此风险管理中需预先制定明确的风险等级及接受准则。

5.5.1 风险分级标准

风险分级标准包括风险事故发生概率的等级标准（简称风险概率等级）和风险事故发生后的损失等级标准（简称风险损失等级），根据工程风险定义，制定相应风险的分级标准和接受准则。

1. 风险等级标准

根据工程风险发生的概率（或频率）可分为五级，具体等级标准见表5-3。

表5-3 工程风险概率等级标准

等级	A	B	C	D	E
事故描述	不可能	很少发生	偶尔发生	可能发生	频繁
区间概率	$P<0.01\%$	$0.01\% \leqslant P<0.1\%$	$0.1\% \leqslant P<1\%$	$1\% \leqslant P<10\%$	$P \geqslant 10\%$

注：P为风险事故发生概率。

考虑风险损失的严重程度，建立风险损失的等级标准。不同风险承险体（工程自身、第三方或周边区域环境）的定量风险损失等级标准见表5-4。

表5-4　工程风险损失等级标准

等级	1	2	3	4	5
描述	可忽略的	需考虑的	严重的	非常严重的	灾难性的

2. 风险评价矩阵

根据不同的风险概率等级和风险损失等级，建立风险分级评价矩阵（简称风险评价矩阵），见表5-5。

表5-5　风险评价矩阵

风险		风险损失				
		1. 可忽略的	2. 需考虑的	3. 严重的	4. 非常严重的	5. 灾难性的
发生概率	A：P<0.01%	一级	一级	二级	三级	四级
	B：0.01%≤P<0.1%	一级	二级	三级	三级	四级
	C：0.1%≤P<1%	一级	二级	三级	四级	五级
	D：1%≤P<10%	二级	三级	四级	四级	五级
	E：P≥10%	二级	三级	四级	五级	五级

3. 风险接受准则

根据不同等级的风险，采用不同的风险控制对策与处置措施，结合风险评价矩阵，不同等级风险的接受准则和相应的控制对策见表5-6。

表5-6　风险接受准则

等级	接受准则	控制方案	应对部门
一级	可忽略的	日常管理和审视	工程建设参与各方
二级	可容许的	需注意，加强日常管理和审视	
三级	可接受的	引起重视，需防范、监控措施	
四级	不可接受的	需决策，制定控制、预警措施	政府部门及工程建设参与各方
五级	拒绝接受的	立即停止，整改、规避或启动应急预案	

5.5.2　工程自身损失等级标准

工程自身风险损失包括直接经济损失、人员伤亡和工期损失。

1. 直接经济损失

直接经济损失是指工程风险事故发生后所造成工程项目产生的各种直接费用的总称，

包括工程建设的直接费用及事故修复所需的费用等。直接经济损失等级的定义采用直接经济损失费用总量来表示，具体等级标准见表5-7。

表5-7　直接经济损失等级标准

损失等级	1	2	3	4	5
经济损失（万元）	EL<500	500≤EL<1 000	1 000≤EL<5 000	5 000≤EL<10 000	EL≥10 000

注：EL=经济损失；参考国务院《生产安全事故报告和调查处理条例》(2007-06-01)。

2. 人员伤亡

人员伤亡是指与工程直接相关的各类建设人员，在参与施工过程中所发生的伤亡，根据人员伤亡的类别和严重程度可分为五级，具体等级标准见表5-8。

表5-8　人员伤亡等级标准

损失等级	1	2	3	4	5
人员伤亡（人）	SI<5	5≤SI<10 或F<3	10≤SI<50 或3≤F<10	50≤SI<100 或10≤F<30	SI≥100 或F≥30

注：SI=重伤人数，F=死亡人数（含失踪）；参考国务院《生产安全事故报告和调查处理条例》(2007-06-01)和《企业职工伤亡事故分类标准》(GB6441-86)。

3. 工期损失

工期损失是指工程风险事故引起工程建设延误的时间，针对不同的工程类型和建设工期，采用两种不同的单位标准表示，短期工程Ⅰ（建设工期两年以内）采用天表示，长期工程Ⅱ（建设工期两年以上）采用月表示，具体等级标准见表5-9。非合理性的工期提前所引起的工程损失也可参考此标准执行。

表5-9　工期损失等级标准

损失等级	1	2	3	4	5
延误时间Ⅰ（天）	T<10	10≤T<30	30≤T<60	60≤T<90	T≥90
延误时间Ⅱ（月）	T<1	1≤T<3	3≤T<6	6≤T<12	T≥12

注：T=延误时间（/天，/月，每月按30天计）。

5.5.3　第三方损失等级标准

第三方损失是指工程施工引起周边的建/构筑物（包括建筑物、道路、管线及其他建/构筑物等）发生破坏或影响其正常使用功能所造成的经济损失，包括可能对非参与工程建设人员的意外伤害。

1. 经济损失

经济损失是指引起的直接经济损失费用和事故修复所需的各种费用，采用直接经济损失费用表示，具体等级标准见表 5 - 10。

表 5 - 10　第三方经济损失等级标准

损失等级	1	2	3	4	5
经济损失（万元）	EL≤50	50 < EL≤100	100 < EL≤500	500 < EL≤1 000	EL > 1 000

注：EL = 经济损失。

2. 人员伤亡

考虑不同的人员伤亡分类与严重程度，具体等级标准见表 5 - 11。

表 5 - 11　人员伤亡等级标准

损失等级	1	2	3	4	5
伤亡数（人）	MI < 20	MI≥20 或 SI < 5	5≤SI < 10	F < 3 或 SI≥10	F≥3

注：MI = 轻伤人数，SI = 重伤人数，F = 死亡人数（含失踪人数）

5.5.4　周边区域环境影响损失等级标准

工程施工引起的周边区域环境影响包括自然环境污染与社会转移安置等，具体等级标准见表 5 - 12。

表 5 - 12　周边区域环境影响损失等级标准

等级	损失严重程度描述
1	涉及范围很小，无群体性影响，需紧急转移安置小于 50 人
2	涉及范围较小，一般群体性影响，需紧急转移安置 50 ~ 100 人
3	涉及范围大，区域正常经济、社会活动受影响，需紧急转移安置 100 ~ 500 人
4	涉及范围很大，区域生态功能部分丧失，需紧急转移安置 500 ~ 1 000 人
5	涉及范围非常大，区域周边生态功能严重丧失，紧急转移安置 1 000 人以上，正常的经济、社会活动受到严重影响

注：参考《国家处置城市地铁事故灾难应急预案》(2006)、《建设项目环境保护管理条例》(1998 - 11 - 18) 和《中华人民共和国环境影响评价法》(2003 - 09 - 01)。

5.5.5　社会信誉损失等级标准

任何灾害或事故的发生都会引起社会负面压力，严重影响公众和政府对工程建设的良好意愿，从而导致工程建设参与单位社会信誉的损失。社会舆论与公众评价对地铁及地下工程的建设进展影响巨大，社会信誉损失是建设参与单位潜在风险损失的重要组成部分。社会信誉损失与不同风险事故的后果密切相关。特别是如造成第三方损失或对周边区域环境造成损害，将会引起严重的社会信誉损失。社会信誉损失具体等级标准见表 5 - 13。

表 5－13 社会信誉损失等级标准

等级	1	2	3	4	5
描述	可忽略的	需考虑的	较严重的	严重的	恶劣的

5.6 主要工法安全风险综合分级

城市轨道交通工程建设安全风险综合分级，将从施工工法、工程结构形式、地质条件、受施工扰动程度和环境条件等多个方面，根据安全风险概率分级和风险损失分级，对工程风险程度实施全面分级，风险等级划分为Ⅰ～Ⅴ五个等级。

5.6.1 工程自身风险分级

1. 明/盖挖工程

明/盖挖工程主要考虑的是基坑规模、施工工法及参数等的影响。基坑规模主要考虑主体结构的层数（即基坑深度）、基坑平面尺寸等；施工工法及参数则主要考虑围护结构形式及参数、土方开挖方法、各种辅助施工工法及参数等。

例如，不同城市轨道交通建设工程的基坑深度不一样，故针对工程自身风险的划分等级也不尽相同。

西安轨道交通 1 号线明/盖挖车站主体结构的实际层数最大的为地下四层，故将基坑深度的极限定为地下四层。按照基坑深度的变化规律，对工程自身风险的影响分级，定为四个等级（Ⅰ～Ⅳ），见表 5－14。

表 5－14 西安地铁按基坑深度划分的风险等级

风险等级	Ⅰ	Ⅱ	Ⅲ	Ⅳ
基坑深度	地下一层	地下二层	地下三层	地下四层

广州轨道交通 2/8 号线延长线、3 号线北延段、5 号线和 6 号线中，明/盖挖主体结构最深达地下五层，故分级标准中，将基坑深度的极限定为地下五层。对基坑风险的影响定为四个等级（Ⅰ～Ⅳ），见表 5－15。

表 5－15 广州地铁按基坑深度划分的风险等级

风险等级	Ⅰ	Ⅱ	Ⅲ	Ⅳ
基坑深度	地下二层	地下三层	地下四层	地下五层

2. 盾构法工程

对于国内城市轨道交通建设工程中常见的盾构隧道而言（盾构隧道直径一般为 6.5m），主要考虑其结构设计参数（或空间状态）及盾构施工参数，结构设计参数如坡度、平面半径、相邻隧道的空间距离和覆土厚度等；盾构施工参数则包括端头加固、始发或到达、同步注浆或管片背后注浆等。盾构法结构设计参数和掘进参数不同，工程自身风险大小也不同。盾构掘进的坡度越大，覆土厚度越薄，平面半径越小，相邻隧道空间距离越近，盾构隧道的风险越大。

在广州、西安、深圳等城市的轨道交通建设工程中，根据工程实际的坡度、盾构覆土厚度、平面半径和相邻隧道空间距离等，将盾构法工程自身风险定为三个等级（Ⅰ～Ⅲ），详见表5－16。

表5－16　按盾构法工程自身风险划分的风险等级

风险等级	隧道空间状态
Ⅰ	符合下列情况之一时： ①盾构坡度 $\alpha \leq 30‰$；②覆土厚度 $t > 2D$；③平面半径 $R > 550m$；④相邻隧道水平或垂直净距 $L > D$
Ⅱ	符合下列情况之一时： ①盾构坡度 $30‰ < \alpha \leq 45‰$；②覆土厚度 $D < t \leq 2D$；③平面半径 $250m < R \leq 550m$；④相邻隧道水平或垂直净距 $0.5D < L \leq D$
Ⅲ	符合下列情况之一时： ①盾构坡度 $45‰ < \alpha \leq 60‰$；②覆土厚度 $t \leq D$；③平面半径 $R \leq 250m$；④相邻隧道水平或垂直净距 $L \leq 0.5D$

注：α 为盾构隧道坡度；t 为盾构覆土厚度；D 为盾构外径；R 为盾构隧道平面半径；L 为相邻隧道水平或垂直净距。

3. 矿山法工程

矿山法工程主要考虑不同施工工法和结构设计参数（或空间状态）两个方面。

（1）施工工法。

矿山法工程施工风险与施工工法有关，而施工工法则直接受开挖断面高度、断面面积等的影响。

在广州、深圳、西安等城市轨道交通建设工程中，按照相对风险大小，划分不同施工工法的风险等级，见表5－17。

表5－17　按施工工法划分的风险等级

施工工法	中洞法、台阶法	中隔壁法（CD）、交叉中隔壁法（CRD）、双侧壁导坑法（眼镜法）	平顶直墙
风险等级	Ⅰ	Ⅱ	Ⅲ

（2）结构设计参数。

结构设计参数（或空间状态）如坡度、相邻隧道的空间距离和覆土厚度等不同，矿山法工程自身风险也不同。掘进的坡度越大，覆土厚度越薄，相邻隧道空间距离越近，风险越大。

在广州、深圳、西安等城市轨道交通建设工程中，根据线路实际的坡度、覆土厚度和相邻隧道空间距离等，将其定为三个等级，详见表5－18。

表5－18　按隧道空间状态划分的风险等级

风险等级	隧道空间状态
Ⅰ	符合下列情况之一时： ①隧道坡度 $\alpha \leqslant 30‰$；②覆土厚度 $t>2D$；③相邻隧道水平或垂直距离 $L>D$
Ⅱ	符合下列情况之一时： ①隧道坡度 $30‰<\alpha \leqslant 45‰$；②覆土厚度 $D<t \leqslant 2D$；③相邻隧道水平或垂直距离 $0.5D<L \leqslant D$
Ⅲ	符合下列情况之一时： ①隧道坡度 $45‰<\alpha \leqslant 60‰$；②覆土厚度 $t \leqslant D$；③相邻隧道水平或垂直距离 $L \leqslant 0.5D$

注：α 为隧道坡度；t 为隧道覆土厚度；D 为隧道外径；L 为相邻隧道水平或垂直距离。

5.6.2　地质风险分级

地质风险分级主要考虑工程周边的围岩条件和不良地质条件。

1．明/盖挖工程

地质条件对明/盖挖工程的开挖影响是明/盖挖施工的主要风险。在国内城市轨道交通建设中，根据不同地区地质条件的差异，重点考虑该地区的不良地质条件对安全风险分级的影响。

对于广州、深圳等地处珠江三角洲的城市，地下水位高，区域范围内存在较厚的饱和砂层、遇水软化崩解岩土、岩溶空洞、断裂带等。

对于西安轨道交通建设工程，区域范围内主要的不良地质条件为地裂缝、湿陷性黄土、饱和软黄土和含水砂层。

对于出现上述任意一种可能影响基坑稳定性的地质风险，则在基坑基本风险分级的基础上，将安全风险等级提高一级。

2．盾构法、矿山法工程

盾构法、矿山法工程地质风险分级主要考虑隧道围岩的类别及不良地质条件，划分不同的安全风险分级。

不同地区的工程、水文地质条件不一样，对于围岩分类也不同。安全风险分级时，应结合当地的具体情况。

西安轨道交通1号线在地质风险分级过程中，根据岩土工程勘探数据及土工试验数据，按照围岩自稳性及对工程施工的影响大小，将围岩风险类别分为三类，如表5－19所示。

表5－19　西安轨道交通1号线围岩风险分类

围岩风险类别	层　号	岩土名称	主要工程地质特征	工程特性	围岩等级
1	1－1、1－2	杂填土、素填土	松散～密实，压缩性较高	易塌	Ⅵ
	全新统2－4、2－5、2－6	粉细砂、中砂、粗砂	透水性较强	自稳性较差，易塌	Ⅵ
	上更新统3－1－2	饱和软黄土	软塑，局部流塑状，土质较均匀，为中灵敏土	自稳性差	Ⅵ
	上更新统3－2	古土壤	可塑状，土质不均匀，局部具有湿陷性	自稳性一般	Ⅵ
	上更新统3－5、3－6、3－7、3－8、3－9	粉土、粉细砂、中砂、粗砂、砾砂	浅灰～深灰色，饱和，密实，透水性一般～较强	自稳性较差，易塌	Ⅵ
	中更新统4－5、4－6、4－7、4－8	粉土、粉细砂、中砂、粗砂	浅灰～深灰色，密实，透水性一般～较强	自稳性较差，易塌	Ⅵ
2	全新统2－1	黄土状土	黄褐色～蓝灰色，可塑状	自稳性一般	Ⅴ
	全新统2－2、上更新统3－4、中更新统4－4	粉质黏土	浅灰～灰色，可塑状，土层透水性弱	自稳性一般	Ⅴ
3	上更新统3－1－1	新黄土	可塑状，土质较均匀，具非自重湿陷性	自稳性较好	Ⅴ
	中更新统4－1	老黄土	可塑状，土质较均匀	自稳性较好	Ⅴ

盾构法、矿山法工程风险等级随围岩风险类别的提高而减小，而不良地质条件可引起较大的工程风险。按照风险大小，划分不同围岩风险类别及不良地质条件对应的风险等级，见表5－20。

表5－20　按围岩风险类别及不良地质条件划分的风险等级

围岩风险类别及不良地质条件	不良地质条件		围岩风险类别		
	盾构法	矿山法			
	自重湿陷性黄土	符合任一种：①地裂缝；②自重湿陷性黄土；③饱和软黄土；④富水砂层	1	2	3
风险等级	Ⅳ		Ⅲ	Ⅱ	Ⅰ

深圳轨道交通2号线在地质风险分级过程中，将围岩风险类别分为四类。盾构法、矿山法工程风险随围岩风险类别的提高而减小，而不良地质条件可引起较大的工程风险。按

照风险大小，划分不同围岩类别及不良地质条件对应的风险等级，见表5－21。

表5－21 按围岩类别及不良地质条件划分的风险等级

<table>
<tr><td rowspan="3">围岩类别及不良地质条件</td><td colspan="2">不良地质条件</td><td colspan="4" rowspan="2">围岩类别</td></tr>
<tr><td>盾构法</td><td>矿山法</td></tr>
<tr><td>符合任一种：①断裂破碎带；②溶洞区；③硬岩或孤石</td><td>符合任一种：①液化；②断裂破碎带；③溶洞区；④潜水或承压水</td><td>1</td><td>2</td><td>3</td><td>4</td></tr>
<tr><td>风险等级</td><td colspan="2">Ⅴ</td><td>Ⅳ</td><td>Ⅲ</td><td>Ⅱ</td><td>Ⅰ</td></tr>
</table>

5.6.3 受施工扰动程度风险分级

受施工扰动程度风险分级主要考虑周边环境与工程之间的位置关系，可从工程接近度和工程影响区两个方面进行划分。具体划分等级可参照“安全风险概率分级”。

5.6.4 环境风险分级

环境风险分级主要考虑建/构筑物、道路和铁路、地下管线、河流等的重要程度或受到破坏时所产生后果的严重程度。其中，建/构筑物含各种结构形式的建/构筑物和桥梁等；道路和铁路等含各种市政道路、高速和快速路以及铁路；地下管线含上水管线、下水管线、煤气管线、天然气管道、热力管线、化工管线、通信管线和电力管线等；河流含各种河流和水道等。

广州、深圳、西安等城市轨道交通工程建设安全风险分级过程中，按照环境条件的特点，将环境条件分为三个等级（Ⅰ～Ⅲ），见表5－22。

表5－22 环境条件的分级

风险等级	环境条件
Ⅰ	符合下列情况之一时： ①距离河流、水道大于100m；②一般性的建/构筑物等；③一般性的道路等；④一般性的地下管线等
Ⅱ	符合下列情况之一时： ①较重要的建/构筑物或对地基变形敏感的建/构筑物等，包括各种桩基础、长条形状的建/构筑物、需保护或重点保护的古建/构筑物、高架桥等；②较重要的道路、铁路；③较重要的或管径较大、中低压、铸铁（钢）材质的、与工程结构平行的地下管线，包括煤气管道、天然气管道、热力管线、上下水管道、通信电缆、高压电缆等；④距离河流、水道50m～100m
Ⅲ	符合下列情况之一时： ①重要的或对地基变形非常敏感的建/构筑物等，包括各种浅基础、不规则形状建/构筑物或国家保护建/构筑物、高架桥、人防工程等；②重要的道路、铁路；③重要的或管径大、高压、混凝土材质的、与工程结构垂直或斜交的地下管线，包括煤气管道、天然气管道、热力管线、化工管线、上下水管道、通信电缆、高压电缆等；④距离河流、水道小于50m

5.7 风险分级修正

城市轨道交通工程建设安全风险影响因素复杂，其可能同时受工程规模、施工方法、地质条件件和环境条件等多种因素的影响，安全风险分级需要同时考虑多种因素的共同作用。

通过研究，安全风险分级可采用在工程风险基本分级的基础上，考虑其他多方面因素的影响而对基本分级进行修正。综合多种因素，从而形成工程建设的整体风险。

5.7.1 风险基本分级

根据安全风险分级方法，将对工程影响最主要的因素作为风险基本分级标准。基本风险分级可以是考虑工程规模的风险分级，也可以是考虑地质条件的风险分级。

如某地区城市轨道交通建设工程，可以将基坑深度影响作为明/盖挖工程的基本风险分级。若该地区明/盖挖基坑最深达地下五层，则可将基坑深度的极限定为地下五层。安全风险分级时，可考虑将基本风险分级（如Ⅰ～Ⅴ级）分别对应基坑深度（即地下一层至地下五层）。

而盾构法、矿山法工程，可以将隧道围岩类别和不良地质条件的影响作为基本风险分级的依据。

5.7.2 风险分级修正

在基本风险分级的基础上，考虑到其他方面的影响因素（如施工扰动影响、环境条件影响等），逐步对风险分级进行修正，以体现多种因素对整体风险的累加效应。

如某城市轨道交通建设工程中，基本风险等级分为一至五级，若另一风险影响因素分级分为一至三级，则风险分级修正方法见表5－23。

表5－23 风险分级修正方法

基本风险等级		Ⅰ	Ⅱ	Ⅲ	Ⅳ	Ⅴ
另一因素分级	Ⅰ	一	二	三	四	五
	Ⅱ	二	三	四	五	五
	Ⅲ	三	四	五	五	五

在表5－23中，以基本风险等级为基础：若另一风险因素的级别为Ⅰ级，则修正后的综合级别即为基本风险等级；若为Ⅱ级，则在基本风险等级的基础上增加一级，作为修正后的综合级别；若为Ⅲ级，则在基本风险等级的基础上增加二级，作为修正后的综合级别。依此类推，若修正后的风险级别大于五级，则取最高级别五级。

通过多次风险等级修正，最终得到工程安全风险的综合等级。

5.8 安全风险分级标准

通过安全风险分级及对其的修正，可将城市轨道交通工程建设的风险评估等级划分为五个级别。研究结果表明，综合考虑工程设计或施工方案、工程及水文地质、周边环境特点等，对安全风险等级进行修正，可建立城市轨道交通工程建设安全风险等级划分标准，如表5－24、5－25、5－26所示（表中基坑最大深度按地下四层考虑，围岩风险类别按Ⅳ类考虑）。对于每一级的描述，只要所列其中之一符合，则确定相应的风险等级。

表5－24　明/盖挖法工程风险等级划分

风险等级	风险等级描述
一	当基坑深度为地下一层，同时满足以下条件时：①受地质条件影响或影响较小；②基坑开挖的扰动影响处于Ⅰ区或Ⅱ区；③距周边河、水道大于100m，或周边为农田或植被，或仅有一般性的建/构筑物，低等级道路、地下管线等
二	当基坑深度为地下一层，同时满足以下条件时：①受地质条件影响；②基坑开挖的扰动影响处于Ⅲ区；③周边100m内有河、水道，或有较重要的建/构筑物或需保护或重点保护的建/构筑物、古建筑物、高架，或较重要的道路、地下管线等 或当基坑深度为地下二层，同时满足以下条件时：①受地质条件影响；②基坑开挖的扰动影响处于Ⅰ区；③距周边河、水道小于50m，或重要的建/构筑物或需保护或重点保护的建/构筑物、古建筑物、高架，或重要的道路、地下管线等
三	当基坑深度为地下二层，同时满足以下条件时：①受地质条件影响；②基坑开挖的扰动影响处于Ⅱ区或Ⅲ区；③周边100m内有河、水道，或有较重要（或重要）的建/构筑物或需保护或重点保护的建/构筑物、古建筑物、高架，或较重要（或重要）的道路、地下管线等 或当基坑深度为地下三层，若同时满足以下条件时：①受地质条件影响；②基坑开挖的扰动影响处于Ⅰ区；③距周边河、水道大于100m，或有较重要的建/构筑物或需保护或重点保护的建/构筑物、古建筑物、高架，或较重要的道路、地下管线等
四	当基坑深度为地下三层，同时满足以下条件时：①受地质条件影响；②基坑开挖的扰动影响处于Ⅰ区；③距周边河、水道大于100m，周边为农田或植被，或仅有一般性的建/构筑物，低等级道路、地下管线等 或当基坑深度为地下三层，同时满足以下条件时：①受地质条件影响；②基坑开挖的扰动影响处于Ⅰ区、Ⅱ区或Ⅲ区；③周边100m内有河、水道，或有较重要（或重要）的建/构筑物或需保护或重点保护的建/构筑物、古建筑物、高架，或较重要（或重要）的道路、地下管线等 或当基坑深度为地下三层，同时满足以下条件时：①受地质条件影响；②基坑开挖的扰动影响处于Ⅰ区、Ⅱ区或Ⅲ区；③周边100m内有河、水道，或有较重要的建/构筑物或需保护或重点保护的建/构筑物、古建筑物、高架，或较重要的道路、地下管线等 或当基坑深度为地下四层，同时满足以下条件时：①受地质条件影响；②基坑开挖的扰动影响处于Ⅰ区；③距周边河、水道小于50m，或重要的建/构筑物或需保护或重点保护的建/构筑物、古建筑物、高架，或重要的道路、地下管线等

（续上表）

风险等级	风险等级描述
五	当基坑深度为地下四层，同时满足以下条件时：①受地质条件影响；②基坑开挖的扰动影响处于Ⅰ区、Ⅱ区或Ⅲ区；③周边100m内有河、水道，或有较重要（或重要）的建/构筑物或需保护或重点保护的建/构筑物、古建筑物、高架，或较重要（或重要）的道路、地下管线等

表5－25　盾构法工程风险等级划分

风险等级	风险等级描述
一	当隧道围岩为Ⅰ级风险围岩，同时满足以下条件时：①盾构隧道空间状态为下列情形之一：盾构坡度$\alpha\leq30‰$、覆土厚度$t>2D$、转弯半径$R>550m$、相邻隧道水平或垂直距离$L>D$；②盾构隧道对周边环境的影响位于Ⅰ区；③距周边河、水道大于100m，周边为农田或植被，或仅有一般性的建/构筑物，低等级道路、地下管线等
二	当隧道围岩为Ⅰ级风险围岩，同时满足以下条件时：①盾构隧道空间状态为下列情形之一：盾构坡度$30‰<\alpha\leq45‰$、覆土厚度$D<t\leq2D$、转弯半径$250m<R\leq550m$、相邻隧道水平或垂直距离$0.5D<L\leq D$；②盾构隧道对周边环境的影响位于Ⅱ区；③周边100m内有河、水道，或有较重要的建/构筑物或需保护或重点保护的建/构筑物、古建筑物、高架，或较重要的道路、地下管线等 或当隧道围岩为Ⅱ级风险围岩，同时满足以下条件时：①盾构隧道空间状态为下列情形之一：盾构坡度$\alpha\leq30‰$、覆土厚度$t>2D$、转弯半径$R>550m$、相邻隧道水平或垂直距离$L>D$；②盾构隧道对周边环境的影响位于Ⅰ区；③距周边河、水道大于100m，周边为农田或植被，或仅有一般性的建/构筑物，低等级道路、地下管线等。
三	当隧道围岩为Ⅰ级风险围岩，同时满足以下条件时：①盾构隧道空间状态为下列情形之一：盾构坡度$45‰<\alpha\leq60‰$、覆土厚度$t\leq D$、转弯半径$R\leq250m$、相邻隧道水平或垂直距离$L\leq0.5D$；②距周边河、水道小于50m，或重要的建/构筑物或需保护或重点保护的建/构筑物、古建筑物、高架，或重要的道路、地下管线等 或当隧道围岩为Ⅱ级风险围岩，同时满足以下条件时：①盾构隧道空间状态为下列情形之一：盾构坡度$30‰<\alpha\leq45‰$、覆土厚度$D<t\leq2D$、转弯半径$250m<R\leq550m$、相邻隧道水平或垂直距离$0.5D<L\leq D$；②盾构隧道对周边环境的影响位于Ⅱ区；③周边100m内有河、水道，或有较重要（或重要）的建/构筑物或需保护或重点保护的建/构筑物、古建筑物、高架，或较重要（或重要）的道路、地下管线等 或当隧道围岩为Ⅲ级风险围岩，同时满足以下条件时：①盾构隧道空间状态为下列情形之一：盾构坡度$\alpha\leq30‰$、覆土厚度$t>2D$、转弯半径$R>550m$、相邻隧道水平或垂直距离$L>D$；②盾构隧道对周边环境的影响位于Ⅰ区；③距周边河、水道大于100m，周边为农田或植被，或仅有一般性的建/构筑物，低等级道路、地下管线等

（续上表）

风险等级	风险等级描述
四	当隧道围岩为Ⅱ级风险围岩，同时满足以下条件时：①盾构隧道空间状态为下列情形之一：盾构坡度45‰<α≤60‰、覆土厚度t≤D、转弯半径R≤250m、相邻隧道水平或垂直距离L≤0.5D；②盾构施工扰动对环境的影响处于Ⅰ区或Ⅱ区；③距周边河、水道小于50m，或重要的建/构筑物或需保护或重点保护的建/构筑物、古建筑物、高架，或重要的道路、地下管线等 或当隧道围岩为Ⅲ级风险围岩，同时满足以下条件时：①盾构隧道空间状态为下列情形之一：盾构坡度30‰<α≤45‰、覆土厚度D<t≤2D、转弯半径250m<R≤550m、相邻隧道水平或垂直距离0.5D<L≤D；②盾构隧道对周边环境的影响位于Ⅱ区；③周边100m内有河、水道，或有较重要的建/构筑物或需保护或重点保护的建/构筑物、古建筑物、高架，或较重要的道路、地下管线等 或当隧道围岩为Ⅲ级风险围岩，同时满足以下条件时：①盾构隧道空间状态为下列情形之一：盾构坡度45‰<α≤60‰、覆土厚度t≤D、转弯半径R≤250m、相邻隧道水平或垂直距离L≤0.5D；②盾构隧道对周边环境的影响位于Ⅱ区；③距周边河、水道小于50m，或重要的建/构筑物或需保护或重点保护的建/构筑物、古建筑物、高架，或重要的道路、地下管线等 或当隧道围岩为Ⅳ级风险围岩，同时满足以下条件时：①盾构隧道的空间状态为表中任意一级；②盾构施工扰动对环境的影响处于Ⅰ区或Ⅱ区；③周边100m内有河、水道，或有较重要的建/构筑物或需保护或重点保护的建/构筑物、古建筑物、高架，或较重要的道路、地下管线等 或当隧道围岩为Ⅳ级风险围岩，同时满足以下条件时：①盾构隧道的空间状态为表中任意一级；②盾构施工扰动对环境的影响处于Ⅰ区或Ⅱ区；③距周边河、水道大于100m，周边为农田或植被，或仅有一般性的建/构筑物，低等级道路、地下管线等
五	当隧道围岩为Ⅳ级风险围岩，同时满足以下条件时：①盾构隧道的空间状态为表中任意一级；②盾构施工扰动对环境的影响处于Ⅰ区或Ⅱ区；③距周边河、水道小于50m，或重要的建/构筑物或需保护或重点保护的建/构筑物、古建筑物、高架，或重要的道路、地下管线等

表5－26　矿山法工程风险等级划分

风险等级	风险等级描述
一	当隧道围岩为Ⅰ级风险围岩，同时满足以下条件时：①采用中洞法或台阶法施工；②隧道空间状态为下列情形之一：坡度α≤30‰、覆土厚度t>2D、相邻隧道水平或垂直距离L>D；③开挖隧道对周边环境的扰动影响位于Ⅰ区；④距周边河、水道大于100m，周边为农田或植被，或仅有一般性的建/构筑物，低等级道路、地下管线等。

（续上表）

风险等级	风险等级描述
二	当隧道围岩为Ⅰ级风险围岩，同时满足以下条件时：①采用CD法、CRD法或双侧壁导坑法施工；②隧道空间状态为下列情形之一：坡度30‰＜α≤45‰、覆土厚度D＜t≤2D、相邻隧道水平或垂直距离0.5D＜L≤D；③开挖隧道对周边环境的扰动影响位于Ⅱ区；④距周边河、水道大于100m，周边为农田或植被，或仅有一般性的建/构筑物，低等级道路、地下管线等 或当隧道围岩为Ⅱ级风险围岩，同时满足以下条件时：①采用中洞法或台阶法施工；②隧道空间状态为下列情形之一：坡度30‰＜α≤45‰、覆土厚度D＜t≤2D、相邻隧道水平或垂直距离0.5D＜L≤D；③开挖隧道对周边环境的扰动影响位于Ⅰ区；④距周边河、水道大于100m，周边为农田或植被，或仅有一般性的建/构筑物，低等级道路、地下管线等
三	当隧道围岩为Ⅰ级风险围岩，同时满足以下条件时：①采用平顶直墙法施工；②隧道空间状态为下列情形之一：坡度45‰＜α≤60‰、覆土厚度t≤D、相邻隧道水平或垂直距离L≤0.5D；③周边100m内有河、水道，或有较重要（或重要）的建/构筑物或需保护或重点保护的建/构筑物、古建筑物、高架，或较重要（或重要）的道路、地下管线等 或当隧道围岩为Ⅱ级风险围岩，同时满足以下条件时：①采用CD法、CRD法或双侧壁导坑法施工；②隧道空间状态为下列情形之一：坡度30‰＜α≤45‰、覆土厚度D＜t≤2D、相邻隧道水平或垂直距离0.5D＜L≤D；③开挖隧道对周边环境的扰动影响位于Ⅱ区；④周边100m内有河、水道，或有较重要（或重要）的建/构筑物或需保护或重点保护的建/构筑物、古建筑物、高架，或重要的道路、地下管线等 或当隧道围岩为Ⅲ级风险围岩，同时满足以下条件时：①采用中洞法或台阶法施工；②隧道空间状态为下列情形之一：坡度α≤30‰、覆土厚度t＞2D、相邻隧道水平或垂直距离L＞D；③开挖隧道对周边环境的扰动影响位于Ⅰ区；④距周边河、水道大于100m，周边为农田或植被，或仅有一般性的建/构筑物，低等级道路、地下管线等
四	当隧道围岩为Ⅰ级风险围岩，同时满足以下条件时：距周边河、水道小于50m，或重要的建/构筑物或需保护或重点保护的建/构筑物、古建筑物、高架，或重要的道路、地下管线等 或当隧道围岩为Ⅲ级风险围岩，同时满足以下条件时：①采用CD法、CRD法或双侧壁导坑法或平顶直墙法施工；②隧道空间状态为下列情形之一：坡度30‰＜α≤45‰、覆土厚度D＜t≤2D、相邻隧道水平或垂直距离0.5D＜L≤D；③开挖隧道对周边环境的扰动影响位于Ⅱ区；④距周边河、水道大于100m，周边为农田或植被，或仅有一般性的建/构筑物、低等级道路等 或当隧道围岩为Ⅱ级风险围岩，同时满足以下条件时：①采用平顶直墙法施工；②隧道空间状态为下列情形之一：坡度45‰＜α≤60‰、覆土厚度t≤D、相邻隧道水平或垂直距离L≤0.5D；③开挖隧道对周边环境的影响位于Ⅱ区；④周边100m内有河、水道，或有较重要（或重要）的建/构筑物或需重点保护的建/构筑物、高架，或较重要（或重要）的道路、地下管线等

（续上表）

风险等级	风险等级描述
	或当隧道围岩为Ⅲ级风险围岩，同时满足以下条件时：①采用 CD 法、CRD 法或双侧壁导坑法或平顶直墙法施工；②盾构隧道空间状态为下列情形之一：坡度 45‰ < α ≤60‰、覆土厚度 t≤D、相邻隧道水平或垂直距离 L≤0. 5D；③开挖隧道对周边环境的扰动影响位于Ⅱ区；④周边 100m 内有河、水道，或有较重要的建/构筑物或需保护或重点保护的建/构筑物、古建筑物、高架，或较重要的道路、地下管线等 或当隧道围岩为Ⅳ级风险围岩，同时满足以下条件时：①采用 CD 法、CRD 法或双侧壁导坑法或平顶直墙法中的其中之一施工；②隧道空间状态为下列情形之一：坡度 30‰ < α ≤45‰、覆土厚度 D < t≤2D、相邻隧道水平或垂直距离 0. 5D < L≤D；③开挖隧道对周边环境的扰动影响位于Ⅰ区或Ⅱ区；④距周边河、水道大于 100m，周边为农田或植被，或仅有一般性的建/构筑物，低等级道路、地下管线等 或当隧道围岩为Ⅳ级风险围岩，同时满足以下条件时：①采用 CD 法、CRD 法或双侧壁导坑法或平顶直墙法中的其中之一施工；②盾构隧道空间状态为下列情形之一：坡度 45‰ < α ≤60‰、覆土厚度 t≤D、相邻隧道水平或垂直距离 L≤0. 5D；③开挖隧道对周边环境的扰动影响位于Ⅰ区或Ⅱ区；④距周边河、水道大于 100m，周边为农田或植被，或仅有一般性的建/构筑物，低等级道路、地下管线等
五	当隧道围岩为Ⅳ级风险围岩，同时满足以下条件时：①采用平顶直墙法施工；②盾构隧道空间状态为下列情形之一：坡度 45‰ < α ≤60‰、覆土厚度 t≤D、相邻隧道水平或垂直距离 L≤0. 5D；③周边 100m 内有河、水道，或有较重要（或重要）的建/构筑物或需保护或重点保护的建/构筑物、古建筑物、高架，或较重要（或重要）的道路、地下管线等。 或当隧道围岩为Ⅲ级风险围岩，同时满足以下条件时：距周边河、水道小于 50m，或重要的建/构筑物或需保护或重点保护的建/构筑物、古建筑物、高架，或重要的道路、地下管线等 或当围岩为不良地质条件，如地裂缝、岩溶发育区、断裂破碎带等

5.9 安全风险分级标准的适用性

《地铁及地下工程建设风险管理指南》（2007 年）制定了安全风险分级标准，该标准包括风险事件/事故发生概率的等级标准和风险事件/事故发生后的损失等级标准。该分级标准主要针对各种风险因素，按照量化指标进行分级评定。因此，该分级标准需要参考类似工程经验所得出的统计数据（如统计发生概率或统计损失程度），从而确定分级标准。该分级标准为城市轨道交通工程建设的安全风险分级提供了一个基本原则和思路。

对于城市轨道交通工程建设中复杂的风险状况，对有些风险难以给出具体的风险概率和风险损失的统计数据，需要根据具体条件，进行区别对待。此时，可考虑采用本安全风险分级标准。

5.10 本章小结

本章所述安全风险分级标准从城市轨道交通工程建设特点出发，依次按工法分级、按结构施工参数分级、按地质条件分级、按环境条件分级和按受施工扰动程度分级后，采用综合分级原则，将多种风险影响因素加以修正（即风险叠加），得到工程综合风险级别，从而形成城市轨道交通工程建设安全风险分级标准。该分级标准立足于城市轨道交通工程建设安全风险存在的根源（即风险源），广泛适用于已建或新建的城市轨道交通工程。

6　城市轨道交通工程建设前期阶段安全管理

6.1　立项报批阶段

6.1.1　工程可行性研究

可行性研究报告，简称“可研”，是在制订生产、基建、科研计划的前期，通过全面的调查研究，分析论证某个建设或改造工程、某种科学研究、某项商务活动切实可行而提出的一种书面材料。

可行性研究报告是确定建设项目前具有决定性意义的工作，是在投资决策之前，对拟建项目进行全面技术经济分析论证的科学方法。在投资管理中，可行性研究是指对拟建项目有关的自然、社会、经济、技术等进行调研、分析比较以及预测建成后的社会经济效益。

此阶段主要存在的风险是线路方案（线路走向、站点布置、敷设方式）、结构方案（地下结构、高架桥结构、结构防水等）的选择。

线路方案选择的主要影响因素是沿线建筑物分布情况、地质条件、地下管线分布。因此，对路线方案进行经济技术安全方面的比选至关重要。在考虑线路走向时，对沿线的土地利用情况、建/构筑物、道路、桥梁等做周密的调查，规划线路要尽量沿城市主干道布置，认真审核地质与水文勘察资料、地下管线资料和相邻建筑物的资料。

6.1.2　安全预评价

做好安全设施“三同时”工作，科学评价城市轨道交通安全生产的条件和能力，促进城市轨道交通的安全建设与运行，做好城市轨道交通安全预评价工作。城市轨道交通安全预评价是根据城市轨道交通工程可行性研究报告内容，全面、系统分析和预测该工程可能存在的危险、有害因素的种类和程度，提出合理可行的安全对策措施及建议。

城市轨道交通工程安全预评价是在工程可行性研究报告编制后，通过对城市轨道交通工程的线路选择、技术路线、社会环境的安全评价，查找本工程存在的危险、有害因素的种类和程度，补充、完善工程可行性研究报告中的安全对策措施。城市轨道交通安全预评价的目的是贯彻“安全第一、预防为主、综合治理”方针，为城市轨道交通工程初步设计提供科学依据，以利于提高城市轨道交通工程项目的本质安全。城市轨道交通安全预评价的基本原则是由具备国家规定资质的安全评价机构科学、公正、合法、自主地开展安全预评价。

1．目的

（1）为贯彻“安全第一、预防为主、综合治理”的安全生产方针，确保建设工程项目中的安全设施与主体工程同时设计、同时施工、同时投产使用，保证建设项目建成后在安全方面符合国家的有关法规、标准和规定。

（2）通过分析广州轨道交通5号线工程的自然条件、生产过程、主要设备设施、作业场所和操作条件等，辨识建设项目生产过程中存在的危险，有害因素的种类、分布及危险、有害程度。

（3）针对主要危险、有害因素，提出合理可行的安全技术措施和管理措施，以提高轨道交通工程的本质安全化水平，避免和减少事故的发生。

（4）为轨道交通工程运营的安全管理及事故的预防提供依据，并为安全生产监督管理部门实行安全监察提供依据。

2. 依据

安全预评价的主要依据有《地铁设计规范》（GB50157－2003）、《建筑设计防火规范》（GB50016－2006）、《建筑物防雷设计规范》（GB50057－94）、《安全评价通则》（AQ8001－2007）、《安全预评价导则》（AQ8002－2007）。

3. 评价原则

预评价报告将按国家现行有关职业安全的法律、法规和标准要求对轨道交通工程项目进行评价，同时遵循下列原则：

（1）严格执行国家、地方与行业现行有关职业安全方面的法律、法规和标准，保证评价的科学性与公正性。

（2）采用可靠、先进适用的评价技术，确保评价质量，突出重点。

4. 评价范围

安全评价范围主要包括轨道交通建设工程项目的主要危险、有害因素分析评价及车站、隧道中的消防系统，电气系统，通风系统，给排水系统，通信信号及监控系统，主要附属设施（车辆段、变电站等）及车站建筑系统的安全检查及其安全法律、法规的符合性的分析评价，并根据现场检查的结果，对照国家相关法律、法规提出相应的防范措施。

5. 城市轨道交通安全预评价工作程序

城市轨道交通安全预评价工作程序包括：前期准备；编制安全预评价计划；安全评价现场检查；编制安全预评价报告；安全预评价报告评审。工作开展可按图6－1的程序进行。

（1）前期准备。明确城市轨道交通安全预评价的范围；进行类比工程现场与规划线路调研；收集国内外相关法律、法规、技术标准、建设工程资料及典型城市轨道交通事故案例资料等。

（2）编制安全预评价计划。在前期准备工作基础上，分析城市轨道交通工程可能存在的主要危险、有害因素分布与控制情况，依据有关安全生产的法律、法规和技术标准，确定安全预评价的重点；依据工程实际情况选择安全预评价方法，确定评价进度。评价机构根据城市轨道交通安全预评价实际运作情况，编制安全预评价计划书。

（3）安全评价现场检查。根据现场检查计划对现场进行检查；记录检查情况并总结现场安全隐患。

（4）编制安全预评价报告。根据定性、定量评价的相关内容，对照相关法律、法规、技术标准，编制城市轨道交通安全预评价报告。

（5）安全预评价报告评审。城市轨道交通工程安全预评价报告应由政府主管部门组织专家对其进行评审。

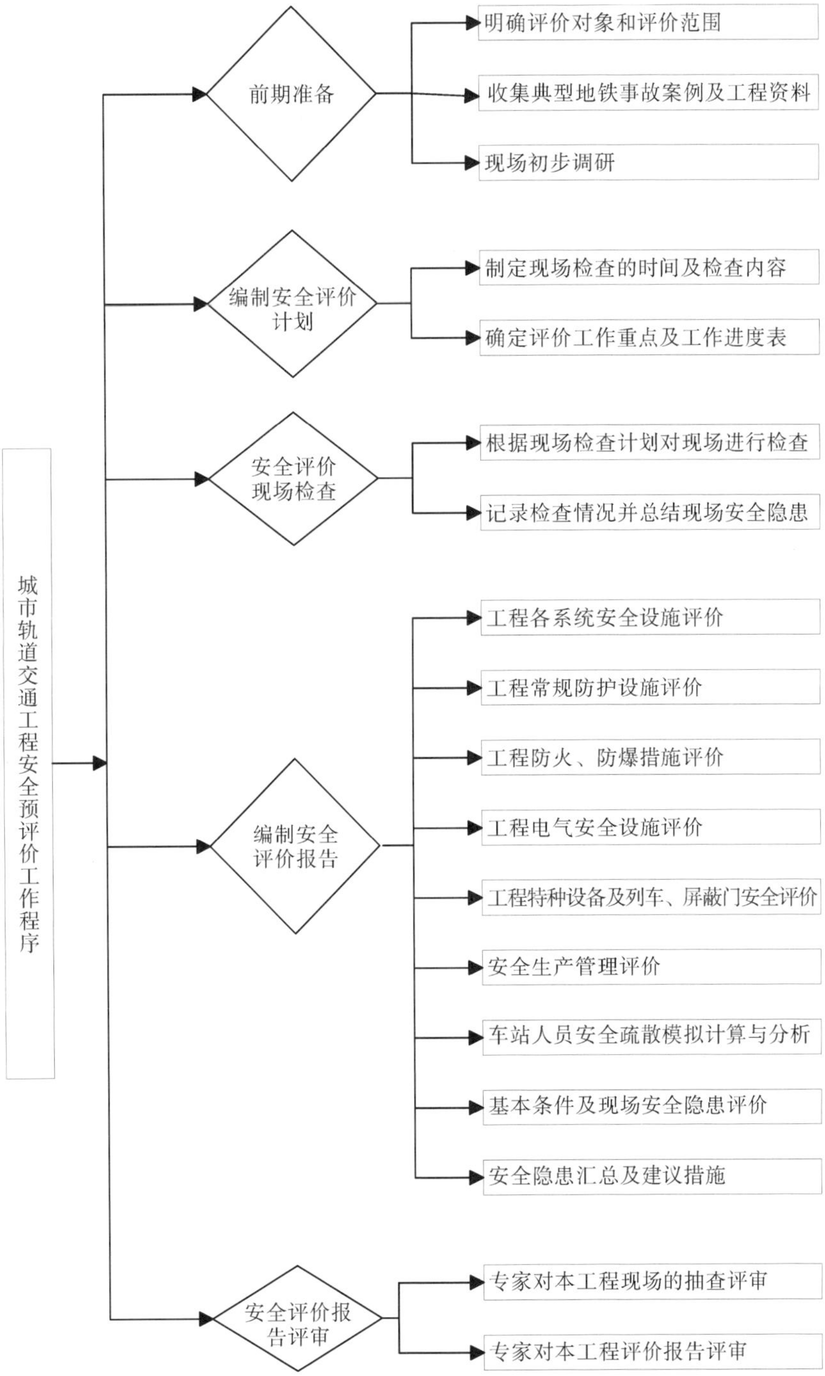

图6－1　安全预评价工作程序

6．城市轨道交通安全预评价报告要求

城市轨道交通安全预评价报告应内容全面，条理清楚，提出的安全对策措施具体可行，评价结论客观公正。城市轨道交通安全预评价工作要由熟悉轨道交通、机电、消防以及安全工程的专家共同参与完成，评价组成员的专业能力应涵盖评价范围所涉及的专业内容。城市轨道交通安全预评价报告的编制格式应符合《安全预评价导则》的相关规定。

7．城市轨道交通安全预评价报告内容

（1）城市轨道交通安全预评价报告编制说明：编制依据；评价目的；评价范围；评价原则；评价程序。

（2）城市轨道交通工程概况：城市轨道交通工程建设单位简介；城市轨道交通工程项目概况；城市轨道交通工程线路、各系统及主要辅助设施的设计方案。

（3）城市轨道交通工程危险、有害因素分析：国内外同类城市轨道交通工程典型事故案例统计与分析；城市轨道交通工程施工阶段危险、有害因素分析；城市轨道交通工程供电系统危险、有害因素分析；城市轨道交通工程车辆系统危险、有害因素分析；城市轨道交通工程线路及轨道危险、有害因素分析；城市轨道交通工程通风、排烟系统危险、有害因素分析；城市轨道交通工程给排水系统及消防系统危险、有害因素分析；城市轨道交通工程通信、信号系统危险、有害因素分析；城市轨道交通工程防灾报警与环境监控系统危险、有害因素分析；城市轨道交通工程自动售检票系统危险、有害因素分析；城市轨道交通工程自动扶梯、屏蔽门/安全门、防淹门等系统危险、有害因素分析；城市轨道交通工程车辆段与综合维修基地危险、有害因素分析；城市轨道交通工程控制中心危险、有害因素分析；城市轨道交通工程车站及乘客通道系统危险、有害因素分析；城市轨道交通工程行车指挥中心及电力调度控制系统危险、有害因素分析；危险化学品危险因素分析；自然灾害危险性分析；其他危险因素分析。

（4）评价单元划分及评价方法的选择。

（5）城市轨道交通工程劳动安全初步评价：线路基本走向及车站布置概况；工程技术方案的安全评价；工程自然条件的分析评价；建筑防火的分析评价；作业环境的分析评价；安全管理的分析评价；工程周边环境影响分析评价。

（6）城市轨道交通工程安全检查表分析评价：供电系统安全检查表分析评价；车辆系统安全检查表分析评价；线路及轨道安全检查表分析评价；通风、排烟系统安全检查表分析评价；给排水系统安全检查表分析评价；通信、信号系统安全检查表分析评价；防灾报警与环境监控系统安全检查表分析评价；自动售检票系统安全检查表分析评价；车辆段与综合维修基地安全检查表分析评价；控制中心安全检查表分析评价。

（7）城市轨道交通工程地下车站及区间火灾安全分析评价：地下车站及区间概况；火灾数值模拟计算分析方法介绍；典型地下车站及区间火灾安全数值模拟计算分析；城市轨道交通工程地下车站及区间火灾安全评价结论。

（8）城市轨道交通工程地下车站及区间围岩稳定性分析评价：城市轨道交通工程沿线各区段工程地质及水文地质情况概述；围岩稳定性数值模拟计算分析方法介绍；典型地下车站及区间围岩稳定性数值模拟计算分析；地下车站及区间围岩稳定性评价结论。

（9）安全对策措施：针对工程可行性研究报告中已提出的安全对策措施的分析及评价；补充完善的安全技术措施；工程建设及运营安全管理措施。

（10）应急救援预案纲要：事故应急救援预案概述；事故应急救援预案的编制；事故应急救援预案的演习。

（11）城市轨道交通工程安全预评价结论。

6.2 设计阶段

6.2.1 初步设计

初步设计是最终成果的前身，相当于一幅图的草图，一般在没有最终定稿之前的设计都统称为初步设计。

初步设计的步骤依次为找到主题、依据主题、用途设计模式、收集资料、整理分析资料、摆出多种界面，设计出多种思路，依据用途需要选出最合适的一种设计模式。

初步设计主要包括设计范围和设计依据、主要技术标准、自然条件和工程地质、预测客流、行车组织、车辆选型、线路及土建工程、机电设备、车辆段及控制中心、防灾及人防工程、征地拆迁及施工用地、环境保护、劳动安全与卫生、工程筹划、总工程量、总概算等方面。

（1）初步设计阶段，要对建设项目沿线地形与地貌、所经水系及河涌进行详细分析。根据沿线工程地质资料分析，在隧道或车站施工过程中进行提醒或给予重视。

（2）根据综合区域地质调查报告、地震安全性评价报告及详细勘察成果报告分析，对建设项目沿线区域地质及褶皱构造、断裂构造、地层分析及特征进行全面表述。

①初勘成果中，对于区域性大型断裂构造未在有效勘察范围和深度内揭示的，鉴于地铁工程对断裂构造的敏感性，在下阶段提出建议，在相关区域内进行详细、深入的断裂活动性专题研究。

②据勘察报告的初步结论和地质灾害评估，在溶洞和土洞发育地段，预测在过量抽水或地铁隧道施工情况下，容易引起地面塌陷和涌水等工程事故，建议在盾构施工中充分重视溶洞和土洞发育情况，在盾构掘进中做好地质超前预报，并采取相应的结构和施工措施。

③对于软土及含水、透水砂层，特别注意砂层与附近水系是否存在水力联系或垂直补给关系，在地铁工程施工过程中应加强注浆止水，确保隧道或车站的施工安全。

④对于沿线区间隧道存在隧道洞身围岩上软下硬或上硬下软等软硬不均问题，特别是上下强度和围岩类别相差较大时，这对盾构法施工造成严重不利影响，提醒在盾构选型和线路设计中充分考虑。

⑤对于粉细砂层地段，应注意砂土液化可能带来的不利影响，依实际情况采取必要的抗液化措施。

（3）线路平面设计。设计中应严格遵循国家标准《地铁设计规范》（GB50157－2003）和建设项目初步设计技术要求的有关规定，同时为安全考虑，按以下原则进行设计。

①线路平面应尽可能沿城市主干道并在规划道路红线范围内进行布置。

②车站线路宜与规划道路红线平行，并在施工期间尽量减少对地面公共交通和非机动

车交通与人行的干扰。

③为了提供安全、可靠的运营条件，减少工程投资，车站有效站台尽量布置在直线段上。

④为了施工与运营的安全，减少运营对居民和周围环境的影响，一般情况下，线路尽量避免从既有建/构筑物下穿过，以降低工程造价，并利于减震降噪。

⑤曲线半径要按标准半径从大到小合理选用。实际工程中最大半径很少超过 3 000m。300m 以下的曲线半径轮轨磨耗大，噪声大，应尽量少用。参考国内外经验，一般情况下，地下铁道正线最小曲线半径为300m ~ 600m，困难情况下为250m ~ 300m。考虑到在城市修建地下铁道时，线路定线受控制的因素较多，如果最小曲线半径标准定得太高，会给设计和施工带来很大困难，并大幅度地增加工程投资。

⑥线路位置应与市政工程的现状和规划相协调，确保市政设施的安全，注意保护重点文物和城市景观。

（4）线路纵断面设计。设计中应严格遵循国家标准《地铁设计规范》（GB50157 - 2003）和建设项目初步设计技术要求的有关规定，同时为安全考虑，按以下原则进行设计。

①根据建设项目所处地理位置、工程地质及水文地质条件，结合城市规划和地面交通要求，合理选择车站的施工方法和线路埋深，以策安全，降低工程造价。

②线路埋深尽量满足区间隧道采用盾构法与矿山法施工的要求，盾构施工段隧道的覆土厚度不小于 6m。

③线路全部为地下线，车站尽量设在凸形纵断面上，线路纵坡尽可能按“高站位、低区间，并尽量采用节能坡度”进行设计，以利于列车安全运行，节省运营费用。

④地下车站与区间隧道的最小纵坡为千分之三，以利于排水，区间线路一般采用凹形纵断面线形，区间隧道最低点结合设置左右联络通道与区间废水泵房，以满足区间隧道的排水要求与运营的安全要求。

（5）车站结构及施工方法。按车站与地面相对位置可分地下车站、地面车站和高架车站；按车站站台形式可分岛式车站、侧式车站、一岛一侧车站、一岛两侧等车站；按施工方法可分明挖站和暗挖站。

城市轨道交通工程的结构设计应满足施工、运营、城市规划、防水、防迷流的要求。结构设计应符合强度、刚度、稳定性、抗浮和裂缝开展宽度验算的要求，并满足施工工艺的要求。根据沿线不同地段的工程地质和水文地质条件及城市总体规划要求，结合周围地面既有建筑物、管线及道路交通状况，通过对技术、经济、环保及使用功能等方面综合比较，合理选择施工方法和结构形式。

车站围护结构应根据交通繁忙情况、房屋密集情况、地下管线情况、道路情况等条件，采用合适的基坑防护，以确保车站周围交通和建筑物的安全。根据地质、水文条件及常用的施工方法，可选用人工挖孔桩、钻孔桩、地下连续墙、喷锚支护、土钉墙作为围护结构。

明挖法施工支护结构的支撑系统可采用混凝土支撑、钢管支撑或锚杆支撑。钢管支撑有利于围护结构受力和控制水平位移，可以倒换使用，较为经济；锚杆支撑费用较高，当锚杆长度深入邻近建筑物规划红线和地界或对地下管线有干扰时，应妥善协调，安全处理。

（6）区间隧道设计、轨道交通工程的结构设计应满足施工、运营、城市规划、防水、防迷流的要求。结构设计应符合强度、刚度、稳定性、抗浮和裂缝开展宽度验算的要求，并满足施工工艺的要求。根据沿线不同地段的工程地质和水文地质条件及城市总体规划要求，结合周围地面既有建筑物、管线及道路交通状况，通过对技术、经济、环保及使用功能等方面综合比较，合理选择施工方法和结构形式。

区间隧道施工方法可分为盾构法、矿山法、明挖法等。

在城市中心区，通常建筑密集、道路狭窄、交通拥挤，为减少建设中的困难，减小噪声和振动等对城市的有害影响，建设项目区间隧道宜选择盾构法施工。

（7）线中与地面建筑物之间的安全距离。

①地下线与地面建筑物之间的安全距离。为确保地下线施工时地面建筑物的安全，地铁与建筑物之间应留有一定的安全距离。它与施工方法和施工技术水平有密切关系。采用放坡明挖法施工时，其距离应大于土层破坏棱体宽度。北京地铁一期工程采用工字钢桩加护板支护，深水泵降低地下水位的明挖法施工，由于护板与土层之间有空隙，施工过程中，在距基坑边 10m 左右的地面，平行线路方向出现明显的裂缝。上海地铁一期工程施工中，无论采用盾构法，还是连续墙支护的明挖法，隧道（连续墙）外缘至建筑物间的距离一般不小于 2m。由于施工过程中采取了措施，从施工结果看，房屋基本上没有受到损坏。

②高架线与建筑物之间的安全距离。地铁高架线与建筑物之间的安全距离，由防火安全距离与防止物体坠落地铁线路内的安全距离确定。前者参照建筑物防火与铁路防火规范执行，后者暂无规范，可视具体情况考虑。

6.2.2 工程勘察

1. 工程勘察安全管理的目标

保证勘察工作符合国家法律、法规，并遵守科学的工作程序。保证勘察的工作量符合规范规定和设计需要。保证勘察成果能正确反映客观地形和地质情况，确保勘察原始资料的准确性。杜绝或减少在勘察过程中发生安全事故。

2. 工程勘察安全管理的工作内容

（1）工程勘察前期准备工作。

①收集工程勘察的项目信息和资料。包括场地勘察、勘察任务委托书、设计、建设单位对勘察的技术要求、主管部门批准文等。

②工程勘察单位资格审查。对工程勘察单位进行资格审查，确保有资格、有信誉、符合国家法律和法规要求的优质勘察单位承担勘察任务。

③勘察单位的质量保证体系和各级技术责任制度审查。审查重点为其工序控制办法、责任体系设置和落实等。

④勘察纲要审查。包括勘察纲要编制依据是否齐全，勘察纲要内容是否合理可行，勘探孔的布置、间距、深度以及工作量是否符合设计和规范要求，室内水试验项目是否符合设计和施工需要等内容。

（2）依据勘察纲要、安全技术要求和工程实际情况，编制工程勘察现场安全管理实施细则。

3. 工程勘察安全控制

（1）做好勘察风险交底工作。

（2）钻探及原位测试检查，包括钻探和取土试样与水试样要求检查、原位测试方法和要求检查。

（3）室内土工试验检查，包括是否按土工试验任务书进行项目试验，不扰动土试验制备是否符合规范要求物理、力学性质试验检查等。

6.2.3 施工图设计

6.2.3.1 一般要求

1. 施工图设计文件

（1）合同要求所涉及的所有专业的设计图纸（含图纸目录、说明和必要的设备、材料表）以及图纸总封面。

（2）合同要求的工程预算书。对于方案设计后直接进入施工图设计的项目，若合同未要求编制工程预算书，施工图设计文件应包括工程概算书。

2. 总封面应标明内容

总封面应标明以下内容：项目名称；编制单位名称；项目的设计编号；设计阶段；编制单位法定代表人、技术总负责人和项目总负责人的姓名及其签字或授权盖章；编制年、月（即出图年、月）。

（1）在施工图设计阶段，总平面专业设计文件应包括图纸目录、设计说明、设计图纸、计算书。

（2）图纸目录。应先列新绘制的图纸，后列选用的标准图和重复利用图。

（3）设计说明。一般工程分别写在有关的图纸上。如重复利用某工程的施工图图纸及其说明，应详细注明其编制单位、工程名称、设计编号和编制日期；列出主要技术经济指标表。

（4）总平面图。

①保留的地形和地物。

②测量坐标网、坐标值。

③场地四界的测量坐标（或定位尺寸），道路红线和建筑红线或用地界线的位置。

④场地四邻原有及规划道路的位置（主要坐标值或定位尺寸），以及主要建筑物和构筑物的位置、名称、层数。

⑤建筑物、构筑物（人防工程，地下车库、油库、贮水池等隐蔽工程以虚线表示）的名称或编号、层数、定位（坐标或相互关系）尺寸。

⑥广场、停车场、运动场地、道路、无障碍设施、排水沟、挡土墙、护坡的定位（坐标或相互关系）尺寸。

⑦指北针或风玫瑰图。

⑧建筑物、构筑物使用编号时，应列出“建筑物和构筑物名称编号表”。

⑨注明施工图设计的依据、尺寸单位、比例、坐标及高程系统（如为场地建筑坐标网时，应注明与测量坐标网的相互关系）、补充图例等。

（5）竖向布置图。

①场地测量坐标网、坐标值。

②场地四邻的道路，水面、地面的关键性标高。

③建筑物、构筑物名称或编号，室内外地面设计标高。

④广场、停车场、运动场地的设计标高。

⑤道路和排水沟的起点、变坡点、转折点和终点的设计标高（路面中心和排水沟顶及沟底）、纵坡度、纵坡距、关键性坐标，道路标明双面坡或单面坡，必要时标明道路平曲线及竖曲线要素。

⑥挡土墙、护坡或土坎顶部和底部的主要设计标高及护坡坡度。

⑦用坡向箭头表明地面坡向，当对场地平整要求严格或地形起伏较大时，可用设计等高线表示。

⑧指北针或风玫瑰图。

⑨注明尺寸单位、比例、补充图例等。

6.2.3.2 施工图审查

对建设工程施工图设计文件进行审查是建设工程必须进行和遵守的基本建设程序。施工图设计文件必须通过政策性审查和技术性审查后方可使用：政策性审查未通过的工程，不予以技术性审查；没有勘察、审查的工程，不予以施工图设计文件审查；没有施工图设计审查的工程，不得办理施工许可。

施工图设计文件审查包括以下阶段：

（1）建设单位在施工图设计文件完成后，持以下相关资料，到当地图纸审查中心填报《建设工程施工图设计文件审查申请书》，申请对建设工程施工图设计文件进行政策性和技术性审查。

①两套完整的施工图设计文件（总平面图、建筑、结构、给排水、暖通、电气等）。

②批准立项文件或初步设计批准文件以及审定设计方案的通知书（复印件）。

③规划部门核发的建设项目规划许可证及附件（复印件）。

④审查合格的岩土工程勘察报告（详勘，一式两份）。

⑤结构计算书及计算软件名称和相应的数据文件软（光）盘。

⑥设计单位资质证书副本（复印件）。

⑦建设工程设计合同（一式三份）。

⑧外来设计单位的注册证明。

（2）政策性审查合格后，当地建设工程施工图设计审查中心或其他具有相应资质的图纸审查机构对施工图设计文件进行技术性审查。

（3）建设工程施工图设计审查机构接受委托，对施工图设计文件进行建筑、结构、给排水、暖通空调、电气、动力等专业技术性审查。

（4）施工图设计文件经审查（或复审）合格后，施工图设计审查机构提交《建设工程施工图设计文件审查意见书》和《建设工程施工图设计文件审查报告书》。

（5）设计管理办公室根据施工图设计审查机构提交的《建设工程施工图设计文件审查意见书》和《建设工程施工图设计文件审查报告书》，签发《××省建设工程施工图设计文件审查批准书》。

（6）建设单位持《建设工程施工图设计文件审查批准书》，到有关部门办理施工许可等建设手续。

（7）建筑工程施工图设计文件审查的主要内容包括：

①是否符合有关的法律和法规，是否符合有关的技术规范和标准。

②是否符合抗震、消防、节能、环保、无障碍设计等要求。

③基础处理、结构设计是否安全。

④是否按照经批准的初步设计文件进行施工图设计，施工图设计文件是否达到规定的深度要求。

⑤建设行政主管部门或其他有关部门规定的其他审查内容。

（8）建筑工程施工图设计文件审查应由建设单位向审查机构提供下列材料：

①初步设计批准文件、主要的初步设计文件和施工图设计文件。

②工程勘察成果报告书。

③审查机构认为需要的其他资料。

6.2.4 专项（保护）设计

采用盾构法或钻爆法进行隧道施工、连续墙护壁明挖法施工车站、打桩或钻孔注桩施工高架桥基等，都将不同程度地引起地面沉降、深层土体的挤压扰动，导致地面建筑和地下构筑物开裂破损，甚至倒塌和塌陷。有些施工方法还产生大量的粉尘、泥浆、渣土，严重污染环境。打桩、爆破法引起的振动、噪声、烟雾等不安全因素，严重影响城市居民正常的工作和生活。

6.2.4.1 建设项目建设过程中可能存在的危险

（1）市区地铁车站施工存在危险。

地下连续墙、桩排墙壁施工时产生泥浆、噪声、振动；井点降水造成地下水位变化及地下水径流紊流的混乱、水质的变化，引起土层的沉降，密实度、孔隙水压变化，甚至导致支撑的失稳，连续墙的倾倒，大面积土体的滑移、坍陷；车站深大基坑开挖，引起旁边道路的地下管线（煤气、地下电缆、热力蒸汽等）开裂。

（2）区间隧道施工存在危险。

软土盾构法隧道进出工作井、转弯（纠偏）、穿越大楼桩群、浅覆土易引起流砂等不良地质现象；钻爆法施工山岭隧道引起振动、渣土，断层和强烈破碎带引起冒顶塌落；浅埋暗挖法化学注浆时易引起土性改变、塌方冒顶；沉管法隧道对航道、河床和水流速度有影响。

（3）高架桥施工存在危险。

钻孔桩、挖孔桩、打（压）桩施工引起振动、地面沉陷、土体的位移、泥浆污染和噪声的干扰；预制桥制作、吊运过程会阻碍交通；高架桥对视线、景观产生影响等。

6.2.4.2 保护原则

首先应以预防为主，即采取合理的施工工艺和技术方案，将产生的地面沉降、深层土体扰动降低到工程变形允许范围内。其次对既有建筑物和地下管线进行监测、托换、补强、加固等工程措施，保证在施工扰动后不致产生大的影响，使残余变形。开工前，对沿线建筑物及管线做好详细的记录，包括摄影和录像。依据不同的结构形式、使用功能、地质环境条件，而采取不同的保护对策。

6.2.4.3 保护设计方法

按时间可分超前保护、同步保护和后期加固。

（1）超前保护的措施有隔断法、基础托换、地基加固、结构补强。

①隔断法是在已有构筑物附近进行地下工程施工时，为避免或减少土体位移或沉降对构筑物的影响，在构筑物与施工面之间设置隔断墙予以保护的方法。可用钢板桩、地下连续墙、树根桩、深层搅拌桩、注浆加固等构成隔断墙。钢板桩、地下连续墙多用于围护墙，而深层搅拌桩、树根桩结合注浆加固由于有一定的刚度和隔水性，多用于隔断墙壁。不定期地用各种桩基加固建筑物基础，将荷载传至深层地基，以减少基础沉降，需保护的建筑多为独立基础或条形基础，加固前要对原基础承载能力进行分析，并对加固桩型进行设计和布置，一般选用树根桩、静压桩或钻孔灌注桩。

②基础托换又称地下托换（Underpinning），狭义上讲是为了增加现有建筑基础的支持承载能力，在现有基础的下部增加新的永久性支撑物或基础；广义上讲是当紧挨着或者在现有基础建筑物的正下方开挖土方时，为了消除对现有基础建筑物功能与结构等可能带来的影响，对现有基础建筑物进行加固补强，对建筑物的持力层地基进行改良、新基础设置及新旧基础替换等工程。因此在荷载的转移过程中必然存在托梁（或桁架，以下同）拆柱（或墙，或桩，以下同）、托梁接柱和托梁换柱等技术过程。

a. 将拟托换基础上的荷载传递到桩（或沉井）上。设置桩的方法有千斤顶压入法、打入法及钻孔灌注法等。桩可能是粗直径的、定向排列的群桩，也可能是细直径的、不定向排列的树根桩。

b. 从原结构物基底向下挖坑到达合适的地基持力层，然后用混凝土填充形成墩，使荷载传给墩；或者将基础扩大，以减小基底压力。这些方法适用于地下水位以上的基础。

③地基加固，就是因为天然地基软弱，无法满足地基强度、变形等要求，所以就需要事先对地基进行处理，利用换填、夯实、挤密、排水、胶结、加筋和热学等方法改良地基土的工程特性，从而达到地基加固的目的。地基处理一般有以下方法：换土垫层法；振密、挤密法；排水固结法；置换法；加筋法；胶结法；冷、热处理法等。

④结构补强方法就是对既有建筑物进行加固补强，达到一定的结构强度要求，以确保地铁工程施工不对其产生影响。

（2）同步保护的措施有注浆、冻结、悬吊方法。

①注浆方法。以改善地层松散的性状为目的，以及止水，使车站侧面、隧道顶部及侧面增加抗压强度和黏结性，实现加固目的，保证车站施工、隧道掘进时，拱顶土体不产生塌落，从而保证暗挖施工顺利进行和施工安全。

北京大学站进线电力沟工程位于北京市海淀区成府路中段，东起铁路东侧家具店，西至东升乡政府路口，全长约 500m。本工程电力沟为 2.00m × 2.05m 暗挖隧道。初衬 200mm，二衬 200mm，初衬和二衬之间为 SBC120 聚乙烯丙纶复合防水卷材。由于 2.00m × 2.05m 暗挖隧道位于粉质黏土土层中，部分地段为回填土，地层松软，自稳能力差，施工中土体坍塌严重，存在着很大的安全隐患。为保证施工安全及施工的顺利进行，必须对此段进行开挖预加固处理。针对上述情况，本着技术可靠、施工可行、经济合理和对现况土体扰动小的原则，结合近年来注浆加固的成功经验，经研究决定采用二重管 A、C 液无收缩注浆加固的方法，对该段地基进行加固处理，增强地基的自稳性和抗压强度。

②冻结方法。冻结法是采用不掺外加剂的砂浆砌筑墙体，允许砂浆遭受一定程度的冻结，在不稳定含水地层中修建地下工程时，借助人工制冷手段暂时加固地层和隔断地下水的一种特殊施工方法，常用于竖井工程。采用冻结法施工时，须根据施工进度、冻土墙的需要强度、开挖顺序等，确定冻土墙的厚度、冻结管群的间距与行数，以及其长度、冻结顺序和解冻顺序等，从而选择必要的冻结设备，还须制订施工中的测定温度计划和测定点。根据测定结果，以连续或间断的供冷方式保持冻土墙的冻结。同时研究地层冻结时的膨胀和解冻时的下沉情况，预先制定测定方法和对策。

③悬吊方法。地铁多建于闹市区，周边建筑物、市政管线密集。受建设空间等多方面因素制约，基坑范围内管线不可能全部改迁，尤其是附属结构，多需采用悬吊保护。如何安全合理地将管线进行悬吊保护，既不影响管线的正常使用，又能使基坑工程顺利进行，是非常重要的问题。

（3）后期加固的措施有结构补强、喷涂、叠合板、粘钢板。

6.2.4.4 建筑物及管线的保护方法

对隧道及地下工程施工引起的损坏或影响的保护方法如下：

1. 积极保护方法

按照不同的工程地质和水文地质条件，做好盾构机选型、施工方案的综合比较、施工技术参数优化，精心设计，精心施工，使得对周围环境干扰最小，从而减少周围建筑物管理搬迁、加固维修的费用。

2. 工程保护方法

根据对地面沉降和土层扰动的预测，吸取同类工程经验教训，对各种在影响范围内的地面建筑和公用设施，具体分析，采取不同的方法。盾构和顶管施工应尽量避开建筑群，特别是高层建筑的桩基，因为土压平衡盾构及顶管的刀盘难以切割高层建筑的钢筋混凝土桩体，同时高层建筑进行基础托换也非常困难。对于那些对沉降很敏感又必须保护的建筑和设施，其基础（天然地基或桩基）底面下卧在基土扩散附加应力的有效范围，应离开隧道周围和上方土体受扰后的塑性区，以防塑性区土体的施工沉降和后期固结沉降引起建筑物不能承受的差异沉降。

地下管线在土体中，随着施工扰动而变形，各种管线能经受的扭曲变形程度不同，因此应对不同管线提出不同的保护方法。

建筑物的工程保护方法有地基托换、主体加固、隔水墙、保护墙、土壤加固、向加固基础底板进行预注浆加固、紧跟沉降发展跟踪注浆，以减少建筑物或构筑物沉降和不均匀沉降。对地下公用设施管线的保护方法主要有跟踪注浆地基加固或开挖暴露并悬吊保护。

6.3 前期工程施工安全管理

6.3.1 房屋拆迁工程施工安全管理

6.3.1.1 施工前的准备

拆迁工程开工前，必须向拆迁工程安全管理机构办理开工核准手续，经批准后开工：建设总部前期部项目业主必须准备相关资料，与施工单位共同向拆迁工程安全管理机构办理开工核准手续。

拆除工程的委托单位和承包单位在签订施工合同时，必须签订安全管理协议，明确双方的安全职责。

委托单位应向承包单位提供如下资料和情况，并进行书面交底：拆除工程的有关图纸和资料；拆除工程涉及区域内的地上、地下设施及隐蔽工程的分布情况。开工前，必须做好影响拆迁工程安全施工的各种管线（如水、电、煤等）的切断、移位工作。检查和对工作的完成情况进行签认。对管线切断、移位工作过程进行检查。

承包单位应全面了解拆除工程的图纸和资料，进行实地查勘，制订拆除方案，并按文明施工、市容、环保等规定编制施工组织设计，提出安全技术措施计划。施工组织设计由承包单位技术部门编制，经单位技术负责人审核同意。对特殊工程或采用特种作业方法的拆除工程，施工组织设计应报请其上级主管部门批准后方能施工，其施工方案及安全技术措施计划应报房产管理部门备案。

承包单位应根据各种拆除方法的规定，划定危险区域，做好警戒和警示标志。在居民密集点、交通要道附近施工，要采取可靠的安全防护措施。对特殊的工程或采用特种作业方法的拆除工程要制定应急救援预案，采取严密的防范措施，配备抢险救援的有关器材。对作业人员要做好安全教育、安全技术交底。同时，还要填写书面记录，凡特殊作业人员必须持证上岗。从事拆除工程的操作人员，应定期进行体格检查。其身体状况，必须符合有关作业管理的规定。

6.3.1.2 施工阶段的管理

拆除工程施工，应由专人管理，严格按照施工组织设计和安全技术措施计划进行。施工过程中，确需变更施工组织设计的，须报请原审批部门同意。

拆除工程作业一般应自上而下，按顺序进行。先非承重后承重结构；拆除栏杆、楼梯和楼板应与同层次整体拆除进度相配合。

禁止立体交叉拆除作业；拆除部分构件，应防止相邻部分发生坍塌；拆除危险部分之前，应采取相应的安全措施。

在居民密集点、交通要道进行拆除工程的施工脚手架须采用全封闭形式，并搭设防护隔离棚。脚手架应与被拆除物的主体结构同步拆下。作业人员应站在脚手架或其他稳固的结构部位上操作。不准在建筑物的屋面、楼板、平台墙体上聚集人群或集中堆放材料。

部分建设物或构筑物拆除时，对保留部分，应先采取相应的加固措施。在高处进行拆除工程，应设置垂直运输设备或流放槽，拆除物禁止向下抛掷；拆卸下的各种材料应及时清理，分别堆放在指定的场所。从事拆除作业的人员应戴好安全帽，高处作业时要系好安全带，进入危险区域应采取严格的防护措施。在进行管道拆除时，应查清管道中介质的种类、化学性质，采取中和、清洗等相应的措施。

遇有风力在六级以上、大雾天、雷暴雨、冰雪天等恶劣天气，影响施工安全时，禁止进行露天拆除作业。采用手工或机械作业法拆除时，必须遵守国家有关安全技术和机械设备管理的规定。采用爆破拆除作业时，必须严格按照中华人民共和国颁布的《爆破安全规程》进行。

6.3.1.3 安全文明施工管理

制定工地环境卫生制度及文明施工制度。施工单位根据各种拆迁方法的规定，划定危险区域，做好警戒和警示标志，并采取可靠的安全防护措施。

降低施工中产生的噪音和加强施工、运输过程中扬尘、滴漏管理的措施；现场材料堆放整齐、周围道路沟管畅通；严格执行门前“三包”制度。

拆迁工程现场挂牌施工。标牌上应标明工程项目名称、施工单位、项目负责人姓名、开（竣）工日期、监督电话号码、无重大事故计数牌等，标牌应设置在工地大门口醒目处；拆迁工程现场必须设置围栏。在市区主要路段、交通要道两侧，围栏高度不得低于2.5m，围栏应清洁整齐，无破损，不得有碍市容观瞻。

在市区主要干道两侧进行拆迁工程，施工脚手架必须采用全封闭形式，必要时应搭设防护隔离棚。

对特殊的工程或采用特种作业方法的拆迁工程应制订应急救援方案，采取严密防范措施，配备抢险救援的有关器材。

开工前负责对制度、措施的制定情况进行检查，拆迁过程中负责对施工和监理单位的制度和措施的执行进行督促和检查，对不认真执行的，应要求监理单位督促施工单位整改，对拒不整改的，应向上级汇报。

6.3.2 管线迁移安全管理

城市轨道交通工程管线迁移共涉及电力、给排水、燃气、公用和军用通信、交通信号等七大类管线、多家产权单位以及规划、城管等多个政府部门，任务重，困难多，协调难度大。为确保安全、科学、高效地开展轨道交通管线迁移工作，要做到以下几点：一是完成了管线详查，掌握了管线的第一手现状资料；二是统一筹划，统筹管线迁移的综合设计；三是要进一步明确工作职责，各管线产权单位为管线迁移的责任主体，负责管线迁改工程的安全、质量、进度及文明施工；四是要加快制定专项施工措施和应急预案，尽可能防范和减少突发事件的发生；五是要完善安全和文明施工措施，布置好围挡设施和必要的交通标志。

6.3.2.1 工程地质条件及现况管线调查

为有效防止在基坑开挖过程中损伤地下管线，必须对工程地质条件及现况管线进行仔细和认真的调查，根据调查情况制定有效的施工保护措施。

（1）必须先对工程地质条件进行勘察，由相关单位出具相应的工程地质勘察报告，作为基坑设计和施工的依据。

（2）基坑开挖范围内及影响范围内的各种管线、地面构筑物，施工前必须调查清楚。对于现况各种管线，建设单位必须提供有关资料，必要时向规划、管线管理单位询问，查阅有关专业技术资料，掌握管线的施工年限、使用状况、位置、埋深等，并请相关管理单位现场交底，必要时在管理单位的现场监护下进行坑探。

（3）对于资料反映不详，与实际不符或在资料中未反映管线的情况，必须采取雷达探测、坑探的方法进行查明，确定管线的位置、埋深和结构形式，查明管线的使用状况。

（4）对于基坑影响范围内的地面、地下构筑物必须查阅相关资料并现场调查，掌握结构的基础、结构形式等情况。

（5）将调查的管线，地面、地下构筑物的位置、埋深等实际情况按照比例标注在施工平面图上，作为制订地下管线保护方案的依据。

6.3.2.2 制定现况管线施工安全保护措施

必须根据管线调查情况，结合工程实际制定详细的施工安全保护措施，确保管线运营安全。

(1) 对于基坑开挖范围内的管线，与建设单位、规划单位和管理单位协商确定管线拆迁、改移和悬吊加固措施。

(2) 基坑开挖影响范围内的地下管线、地面构筑物、房屋的安全受施工影响，或其危及施工安全时，均应进行临时加固，经检查、验收，确认符合要求，并形成文件后，方可施工。

(3) 开工前，由建设单位召开工程范围内有关地上构筑物、地下管线、人防、地铁等设施管理单位的调查配合会，由产权单位指认所属设施及其准确位置，设明显标志。

(4) 在施工过程中，必须设专人对地下管线进行监测，随时检查、维护加固设施，保持完好，必要时进行沉降和变形观测并记录，确认安全，遇到异常情况，必须立即采取安全技术措施。

(5) 对于具有中、高度危险因素的地下管线、地面构筑物，必须制定应急预案和措施。

6.4 本章小结

城市轨道交通工程建设的安全风险管理贯穿于工程始末，本章从城市轨道交通工程的立项报批阶段、设计阶段、前期管线迁改和征地拆迁阶段详细叙述其存在的安全风险，如不高度重视这些安全风险，将为今后工程施工埋下安全隐患，因此对前期安全风险进行研究十分必要。

7 城市轨道交通工程建设施工阶段安全技术及管理

国内城市轨道交通工程多为地下工程，且大部分线路位于繁华的市区，与一般建筑工程相比，具有较强的特殊性和复杂性。这主要体现在几个方面：建设规模大、建设周期长，工程从开工到投入运营一般要四年至五年；大部分属于地下工程，作业空间有限，穿越地层跨度大，地质条件复杂多变，存在的安全风险具有很多不确定性；周边环境繁杂，城市轨道交通工程建设区域往往人口密集，地面交通繁忙，交通疏解困难，建/构筑物繁多，地下管线等设施密布；施工工法多，明/盖挖法、矿山法和盾构法等不同工法在城市轨道交通工程建设中普遍使用。本章从安全技术和管理的角度详细叙述了城市轨道交通工程建设施工阶段安全风险控制措施。

7.1 基本安全措施管理

7.1.1 开工前安全生产条件审查

综合工程施工安全事故诱因等安全生产法规的规定，对城市轨道交通建设施工企业安全生产许可应重点审查以下安全生产条件：

（1）建立、健全安全生产责任制，明确相关人员的岗位职责以及相关部门的管理职责，制定完备的安全生产规章制度（包括奖惩制度）。

（2）设置安全生产管理机构，企业和施工现场均配备专职安全生产管理人员，企业法人、项目经理和安全生产管理人员经培训考核合格。如广东省内施工企业的安全生产管理人员必须取得安全主任证书。

（3）特种作业人员经有关主管部门培训考核合格，取得特种作业操作资格证书。

（4）有完善的安全教育培训体系，对从业人员每年至少进行一次安全生产教育、培训，并经考核合格（如广东省内规定，从业人员必须经过培训考试合格，取得平安卡后方可上岗作业）。

（5）安全投入符合安全生产要求，保证本单位安全生产条件实施，编制安全生产投入计划，并建立安全投入台账，明确安全资金用途。

（6）制定合理、具体的安全操作规程，制定保障工程安全的技术措施，特别是针对特种作业制定安全操作规程。

（7）依法参加工伤保险，依法为施工现场从事危险作业的人员办理意外伤害保险，为从业人员缴纳保险费。

（8）有职业危害防治措施，并为从业人员配备符合国家标准或者行业标准的劳动防护用品。

（9）具有保证工人作业环境的安全性措施以及安全措施，安全设施要符合安全性规定。

(10) 针对安全设施、设备以及防护用品有一套系统完整的安全检查制度，对进入施工现场的机械设备有严格的安全性验收制度。

(11) 有完善的事故报告和处理机制，有安全生产事故应急救援预案、应急救援组织或者应急救援人员，配备必要的应急救援器材、设备，并定期进行救援演练。

(12) 有重大危险源检测、评估、监控措施。

(13) 法律、法规规定的其他条件（一般包括按规定足额缴纳安全风险抵押金，新出台的法律、法规规定的条件等）。

7.1.2 施工组织设计及专项施工方案

7.1.2.1 施工组织设计

施工组织设计是对施工活动实行科学管理的重要手段，具有战略部署和战术安排的双重作用。它体现了基本建设计划和设计的要求，提供了各阶段的施工准备工作内容，协调施工过程中各施工单位、各施工工种、各项资源之间的相互关系。

施工组织设计一般包括四项基本内容：①施工方法与相应的技术组织措施，即施工方案；②施工进度计划；③施工现场平面布置；④有关劳力，施工机具，建筑安装材料，施工用水、电、动力及运输、仓储设施等暂设工程的需要量及其供应与解决办法。前两项指导施工，后两项则是施工准备的依据。

施工组织设计的繁简，一般要根据工程规模大小、结构特点、技术复杂程度和施工条件的不同而定，以满足不同的实际需要。复杂和特殊工程的施工组织设计需较为详尽，小型建设项目或具有较丰富施工经验的工程则可较为简略。施工组织总设计是为解决整个建设项目施工的全局问题服务的，要求简明扼要，重点突出，要安排好主体工程、辅助工程和公用工程的相互衔接和配套。单位工程的施工组织设计是为具体指导施工服务的，要具体明确，解决好各工序、各工种之间的衔接配合，合理组织平行流水和交叉作业，以提高施工效率。施工条件发生变化时，施工组织设计须及时修改和补充，以便继续执行。

《建筑施工组织设计规范》(GB/T－50502－2009) 中对单位工程施工组织设计的概念进行了明确的定义：以单位工程为主要对象编制的施工组织设计，对单位工程的施工过程起指导和制约作用。

单位工程施工组织设计是一个工程的战略部署，是宏观定性的，体现指导性和原则性，是一个将建筑物的蓝图转化为实物的总文件，内容包含了施工全过程的部署、选定技术方案、进度计划及相关资源计划安排、各种组织保障措施，是对项目施工全过程的管理性文件。

单位工程施工组织设计应根据拟建工程的性质、特点及规模，同时考虑施工要求及条件进行编制。设计必须真正起到指导现场施工的作用，一般包括下列内容：

(1) 工程概况。主要包括工程特点、建筑地段特征、施工条件等。

(2) 施工方案。包括确定总的施工顺序及确定施工流向，主要分部分项工程的划分及其施工方法的选择、施工段的划分、施工机械的选择、技术组织措施的拟定等。

(3) 施工进度计划。施工进度计划主要包括划分施工过程和计算工程量、劳动量、机械台班量、施工班组人数、每天工作班次、工作持续时间，以及确定分部分项工程（施工过程）施工顺序及搭接关系、绘制进度计划表等。

（4）施工准备工作计划。主要包括施工前的技术准备，现场准备，机械设备、工具、材料、构件和半成品构件的准备，并编制准备工作计划表。

（5）资源需用量计划。包括材料需用量计划、劳动力需用量计划、构件及半成品构件需用量计划、机械需用量计划、运输量计划等。

（6）施工平面图。主要包括施工所需机械、临时加工场地、材料、构件仓库与堆场的布置及临时水网电网、临时道路、临时设施用房的布置等。

（7）技术经济指标分析。主要包括工期指标、质量指标、安全指标、降低成本等指标的分析。

7.1.2.2　安全专项施工方案

（1）施工单位根据环境条件、地质条件、设计文件等基础资料和相关工程建设标准，结合自身施工经验，针对各级风险工程编制安全专项施工方案，经施工单位技术负责人签认后，报监理单位审批。

（2）安全专项施工方案应包括：工程概况；工程地质、水文地质条件；风险因素分析；工程重、难点；施工方案和主要施工工艺；工程环境保护措施；监测实施方案；监控量测控制指标和标准（含阶段性控制值）；专项预案；应急预案；组织管理措施等。

（3）对深基坑支护与降水工程、地下暗挖工程和其他被认为有必要进行专家论证审查的危险性较大工程，施工单位尚应按照《危险性较大的分部分项工程安全管理办法》（建质〔2009〕87号）组织专家论证审查，提出书面论证审查意见，填写《危险性较大专家论证审查表》，并作为安全专项施工方案的附件。

（4）监理单位应主持开展对安全专项施工方案的审查，并根据工程风险级别的不同邀请不同的相关单位和人员参加。

（5）施工单位应根据审查意见修改、完善安全专项施工方案，报监理单位审批后方可正式施工，同时报建设单位备案。在施工过程中，施工单位应严格按照审查、完善后的安全专项施工方案组织施工。

（6）安全专项施工方案编审的管理程序如图7－1所示。

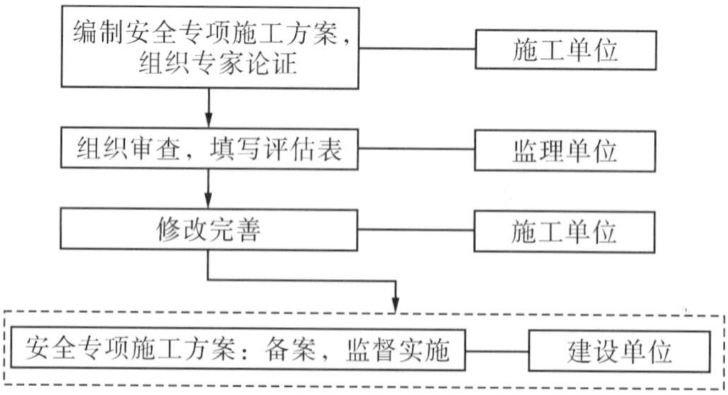

图7－1　施工准备期安全专项施工方案编审的管理流程

7.1.3 施工安全技术措施

施工安全技术措施是施工组织设计的重要组成部分，它是具体安排和指导工程安全施工的安全管理与技术文件，是针对每项工程在施工过程中可能发生的事故隐患和可能发生的安全问题的环节进行预测，从而从技术上和管理上采取措施，消除或控制施工过程中的不安全因素，防范事故发生。

建设工程项目在编制施工组织设计或施工方案的同时，应当根据建设工程的特点制定相应的安全技术措施，并按规定的管理程序组织实施。

1. 安全技术措施审批管理

(1) 一般工程安全技术措施（方案）由项目经理部专业工程师审核，项目经理部技术负责人审批，报企业安全管理部门备案。

(2) 重要工程安全技术措施（方案）由项目经理部技术负责人审核，企业技术、安全管理部门复核，由企业技术负责人员审批并在企业安全管理部门备案。

2. 安全技术措施变更管理

(1) 施工过程中如发生设计变更，原定的安全技术措施也必须作相应的变更，变更较大的应履行审批手续，否则不准施工。

(2) 施工过程中确实需要修改拟定的安全技术措施时，必须经编制人员同意，履行修改审批手续。

3. 安全技术交底

安全技术交底是指导操作人员安全施工的技术措施，是对工程项目安全技术方案的具体落实。安全技术交底一般由项目经理部技术管理人员根据分部分项工程的具体要求、特点和危险因素编写，是指令性文件，因而要求具体、明确、针对性强。安全技术交底应实行分级交底制度，并符合下述规定。

(1) 单位工程开工前，项目经理部技术负责人必须将工程概况、施工方法、施工工艺、施工程序、安全技术措施向承担施工的责任工长、专业队长、班组长和相关人员进行交底。

(2) 结构负责的分部分项工程施工前，项目经理部技术负责人应有针对性地进行全面、详细的安全技术交底。

(3) 项目经理部应保存双方签字确认的安全技术交底记录。

4. 安全技术交底的要求

(1) 项目经理部必须实行逐级安全技术交底制度，乃至向全体作业人员交底。

(2) 技术交底必须具体、明确，内容具有针对性。

(3) 应优先采用先进的安全技术措施。

(4) 由两个以上作业队伍和多工种进行交叉施工的工程应定期进行书面交底。

5. 安全技术交底主要内容

(1) 本工程项目的施工作业特点和危险点。

(2) 针对危险点的具体预防措施。

(3) 应注意的安全事项。

(4) 应遵守的安全操作规程和标准。

（5）发生事故后应及时采取的避难和急救措施。

7.1.4 安全生产风险抵押金、措施费

7.1.4.1 安全生产风险抵押金

安全生产风险抵押金是用于企业生产安全事故抢险、救灾和善后处理的专项资金。实行风险抵押金制度是强化企业安全生产意识，落实安全生产责任，保证生产安全事故抢险、救灾工作顺利进行的有效举措。在此参照广州市轨道交通工程建设安全生产风险抵押金管理办法进行介绍。

（1）城市轨道交通建设工程实施安全生产风险抵押金制度，在《施工承包合同》中予以明确。安全生产风险抵押金的金额为工程总值（合同价 + 变更费用 + 工料调差费用）的1%，并在每次计量支付时按照当期工程款的1%扣存。

（2）履行承包合同期间，发生一起一般生产安全事故的，扣罚施工承包商安全生产风险抵押金10万元人民币；一个自然年度（1月1日至12月31日，下同）内发生两起及以上一般生产安全事故的，从第二起事故起，每起扣罚施工承包商安全生产风险抵押金30万元；发生较大及以上生产安全事故的，每起扣罚施工承包商安全生产风险抵押金50万元。

（3）履行承包合同期间，未发生一般及以上生产安全事故的，安全生产风险抵押金在最后一次计量支付时全额退还。

（4）安全生产风险抵押金不足扣罚时，至扣罚全部安全生产风险抵押金为止。

7.1.4.2 安全防护、文明施工措施费用

安全防护、文明施工措施费用，是指按照国家现行的建筑施工安全、施工现场与卫生标准和有关规定，用于购置和更新施工安全防护用具及实施、改善安全生产条件和作业环境所需的费用。对安全防护和文明施工有特殊措施要求，未列入安全防护、文明施工措施项目清单内容的，可结合工程实际情况，依照平准的施工组织设计方案另行立项，一并计入安全防护、文明施工措施费用。对危险性较大工程，根据经专家认证审核通过的安全专项施工方案来确定安全防护、文明施工措施项目内容。

建设工程的施工企业应当按照以下范围实行安全生产措施：

（1）完善、改造和维护安全防护设施设备支出（不含“三同时”要求初期投入的安全设施），包括施工现场临时用电系统、洞口、临边、机械设备、高处作业防护、交叉作业防护、防火、防爆、防尘、防毒、防雷、防台风、防地质灾害、地下工程有害气体监测、通风、临时安全防护等设施设备支出。

（2）配备、维护、保养应急救援器材、设备支出和应急演练支出。

（3）开展重大危险源和事故隐患评估、监控和整改支出。

（4）安全生产检查、评价（不包括新建、改建、扩建项目安全评价）、咨询和标准化建设支出。

（5）配备和更新现场作业人员安全防护用品支出。

（6）安全生产宣传、教育、培训支出。

（7）安全生产适用的新技术、新标准、新工艺、新装备的推广应用支出。

（8）安全设施及特种设备检测检验支出。

（9）其他与安全生产直接相关的支出。

建设单位在编制工程预结算时，应当依照安全防护、文明施工暂行规定确定的费率，以及安全防护、文明施工措施项目清单内容，合理确定工程安全防护、文明施工措施费。

安全防护、文明施工措施费在招投标中，也明确规定了报价不应低于招标文件规定最低费用的90%，否则按废标处理。建设单位与施工单位应当在施工合同中明确安全防护、文明施工措施费项目总费用，费用预付、支付计划，以及使用要求、调整等条款。

工程总承包单位对建设工程安全防护、文明施工措施费用的使用负总责，总承包单位按规定及合同约定及时向分包单位支付安全防护、文明施工措施费用，总承包单位不按规定和合同约定支付费用，造成分包单位不能及时落实安全防护措施导致发生事故的，由总承包单位负主要责任。

建设单位未提交安全防护、文明施工措施费用支付计划作为确保工程安全的具体措施的，建设行政主管部门不予核发施工许可证。工程监理单位应当对施工单位落实安全防护、文明施工措施进行现场监理。

安全防护、文明施工措施费应实行专款专用，建议由建设单位安全管理部门审核后根据现场实际情况进行专款支付。

7.1.5 安全教育

7.1.5.1 安全教育的必要性

1. 安全教育是安全生产的基础工作

发生安全事故的因素很多，也比较复杂，但归结起来主要有两大因素，即间接因素和直接因素。直接因素是人、机、环境三者匹配方面的缺陷，间接因素是安全管理、安全教育方面的缺陷。事故间接因素是产生事故直接因素的原因，因此，事故间接因素是事故发生的根本因素。所以，加强安全管理和安全教育是实现安全生产的根本措施。

就事故直接因素而论，人、机、环境三者的匹配中应以人为主，其中人的因素所占比重最大。据国家权威部门统计，人的不安全行为占事故总数的76.6%。

在施工生产过程中，所有的不安全行为，客观上都表现为违章违纪行为。违章违纪包括两方面：一是操作人员违反操作规程或安全生产规章制度进行作业；二是管理人员违反安全生产规章制度指挥生产。导致违章操作的原因很多，主要原因是对安全生产的重要性认识不够，对安全管理、安全技术方面的知识掌握不够，要解决这两方面的问题，必须对从业人员进行安全教育。

安全生产教育工作是实现安全生产的一项重要基础性工作，通过安全知识和安全技能的教育，提高从业人员重视安全生产的自觉性、积极性和创造性，增强人的安全意识，激励从业人员自觉遵守安全生产规章制度，严格按操作规程施工，达到安全生产的目的。

2. 安全生产需要科学管理

随着我国社会主义经济建设的不断发展、施工技术的不断提高和科学技术的进步，建立和发展安全科研系统已成为迫切的任务。这就需要通过不同层次的安全教育培训，培养大批懂得安全管理、安全技术的高层次科技人才，不断推动安全生产的科学管理和技术进步，保证地铁工程建设健康发展。

3. 建筑业现状需要加大安全教育的力度

目前建筑业新建、扩建、改建的项目不断增加，建设规模越来越大，从业人员大量增加。在安全教育方面存在两大问题：一是高等教育中与建筑安全有关的安全技术教育和安全工程管理专业学科太少，从事安全管理的人员大多数接受的是非安全管理专业的教育；二是建筑业的操作人员受到的安全培训很少。而目前建筑业的基层操作人员多数是农民工，这部分人对安全生产知识知之甚少，自我安全防护能力差。

安全教育是提高全员安全素质、实现安全生产的基础。通过安全教育，提高企业各级生产管理人员和广大职工搞好安全生产工作的责任感和自觉性，增强安全意识，使他们掌握安全生产的科学知识，不断提高安全管理水平和安全操作水平，增强自我防护能力。

目前，施工企业在进行安全教育时往往只重视安全法规、规章制度、安全常识方面的教育和培训，实际上这只是安全教育的一个方面，是进行安全教育的第一步，尚不能达到安全教育的最终目的。从业者掌握了一般性的安全常识，对安全生产只停留在“知”的阶段，是收不到实际效果的。所以，安全教育不仅要解决“知”，而且要解决“会”的问题，使从业者系统地掌握安全管理的基本理论、安全操作技能，将掌握的知识运用到实际工作中去，这是安全教育的第二步。在此基础上还要经常进行安全教育，使从业者在思想上、安全知识操作技能方面处于良好状态，才能达到安全生产的目的。

4. 通过安全教育加强对安全生产的认识

“要我安全”还是“我要安全”，这是两种不同的观念。传统的安全管理，是以规章制度、责任制来规范人的行为，纯粹以奖罚手段来规范人的活动，对人的管理主要从“管”的角度出发。制度具有非完美性、非灵活性和强制性等缺点，因而造成了“我要安全”的局面。靠这种安全管理方式，能够起到监督、督促的作用，但不能充分调动和发挥从业者的自觉性。

所谓“我要安全”就是从业者能自觉规范自己的行为，自觉遵守安全规章制度，自觉执行安全操作规程。要实现“我要安全”，就必须提高职工的安全素质，必须对企业各级人员的安全教育常抓不懈。

所谓安全素质，大体包括安全意识、安全知识和安全技术。安全意识能够使主体不愿意受到伤害。当主体不愿意受到伤害时，就会积极去消除物的不安全状态，不作出人的不安全行为，就不会产生伤害，也不会发生事故。

7.1.5.2　安全教育的形式

1. 班前安全活动

施工班组应在每天施工前进行班组的安全教育和施工交底。班前安全交底由班组长负责进行，班前安全交底须做好记录。

2. 施工安全技术交底

在施工前，项目部安全技术人员必须对施工人员进行安全技术总交底，安全技术总交底必须采用书面形式进行。在分部分项施工之前，项目部安全技术人员必须对施工作业班组进行安全技术的交底，安全技术交底必须采用书面形式，并由施工人员签字确认。

3. 新工艺、新技术、新设备、新材料的科技讲座

在项目施工中推行新工艺、新技术、新设备、新材料的，必须由技术人员对施工人员进行关于安全、工艺的讲座。科技讲座必须有培训计划和培训考核。

4. 项目安全专项治理及安全案例讲座

施工单位每季度组织项目安全专项治理，对项目的安全检查通过安全例会的形式进行通报，项目要充分利用各种安全案例对施工人员进行安全教育，安全教育必须记录在案。

5. 新员工进单位、上岗前的安全教育和继续教育

新职工进单位、上岗前必须按照有关规定进行“安全三级教育”，“安全三级教育”的学时必须满足规定要求。特殊工种、特殊岗位人员的安全培训按有关规定进行，并建立教育档案。安全培训工作由人力资源部负责牵头，安全部门配合。

6. 年度的安全系列培训

在岗员工的安全继续教育每年至少要进行一次，并建立员工的安全教育档案。每年必须对分包单位进入现场的施工人员进行一次安全教育培训，安全教育培训的情况必须记录在案。按照广州市轨道交通工程建设的安全教育培训要求，施工单位必须每周对施工作业人员开展一次安全教育，监理单位必须每月对施工作业人员开展一次安全教育，建设单位业主项目工程师必须每季度对施工作业人员开展一次安全教育。

7.1.5.3 安全教育内容

安全教育的内容很广，主要包括思想、法制、安全生产知识、安全生产技能四个方面的教育。其中思想教育的目的是为安全生产奠定思想基础，通常从加强思想路线和方针政策教育以及劳动纪律教育两个方面进行；法制教育是定期和不定期地对全部从业人员进行法律知识、遵纪守法的教育，以杜绝违章指挥、违章作业问题的发生；安全生产知识教育是指全部从业人员必须接受安全知识教育和每年按规定的学时接受安全教育，所有员工必须具备相应的岗位安全基本知识，掌握项目的基本生产概况，施工（生产）工艺、方法，施工（生产）中的危险区域、危险部位、危险源、不安全因素及安全防护的基本知识；安全生产技能教育就是结合本工种或本专业的特点，进行安全操作、安全防护所必须具有的基本技能知识的教育，每个从业人员都要熟悉本工种、本岗位专业安全技术知识。此外，还有事故教育，即在开展安全生产教育中，可以结合典型经验和事故教训进行教育，宣传先进经验，事故教育可以使从业人员从事故教训中吸取有益的东西，防止今后类似事故发生。

7.1.5.4 城市轨道交通工程建设的安全教育

全国各地城市轨道交通工程建设项目有的在工点项目部设立了农民工业余学校，同时在农民工业余学校设置完善的组织架构，各施工单位选拔施工经验丰富、具有工程师以上技术职称的人员作为培训讲师，对项目部管理人员和农民工进行各种安全培训和技术交底，使其具备上岗操作的基本技能，保障施工安全。

为进一步增强安全教育培训的效果，提高从业人员的安全素质，广州市地下铁道总公司先后编制了《施工安全检查标准多媒体教材》和《地铁施工安全第一线》。《施工安全检查标准多媒体教材》以趣味的卡通风格、互动的 flash 菜单、真实的场景图像，通俗易懂地展现了施工安全检查专业标准。《地铁施工安全第一线》根据多年积累的施工安全管理经验，总结分析了历年来国内外所发生的事故教训，选取了高处坠落、物体打击伤害、坍塌伤害、触电伤害、起重伤害和轨道工程车辆伤害等六种城市轨道交通工程施工过程中最常发生的事故类型，通过实景拍摄和主持人分析对话，加工制成了一部专为农民工量身定做的教育专题片。上述两套教材为农民工提供了施工安全技能和素质，并得到了相关领导的高度评价和施工单位的一致好评。

建设单位各工点业主项目工程师必须每季度对农民工进行一次安全教育，监理单位监

理工程师必须每月对农民工进行一次安全教育，施工单位安全管理人员必须每周对农民工进行一次安全教育。

在各工点开工前，项目组织施工单位项目经理、项目总工程师、安全主任和监理单位的总监代表进行安全交底谈话，明确工程承包合同中的安全条款和城市轨道交通工程建设安全管理要求，强化项目负责人的施工安全意识。在施工过程中，发生安全事件/事故或存在较大安全隐患时，对施工单位项目经理和建设单位项目经理进行安全诫勉谈话，指出其存在问题，督促其整改。

7.1.6 文明施工管理

7.1.6.1 文明施工管理的要求

文明施工主要是指在工程建设实施阶段中，有序、规范、标准、整洁、科学的工程建设施工生产活动。施工现场的文明施工以安全生产为突破口，以质量为基础，以科学进步为重点，以节能为动力，狠抓“窗口”达标，把静态的工地和动态的管理有机结合起来，随着建设形势的发展，不断注入新的内容，使工程施工现场按科学发展的要求进行管理。

实践证明，文明施工在建设工程施工中的重要地位，得到了建设系统各级领导机关的充分肯定。《建筑施工安全检查标准》（JGJ59－99）中增加了文明施工检查评分这一内容。它对文明施工检查的标准、规范提出了要求，施工现场文明施工必须做好现场围挡、封闭管理、施工场地、材料堆放、现场宿舍、现场防火、治安综合治理、现场标牌、生活设施、保健急救、社区服务十一项内容，把文明施工作为考核安全目标的重要内容之一。这是对文明施工经验的总结归纳。

7.1.6.2 文明施工主要内容

文明施工是现代施工的重要标志，也是安全生产的重要组成部分，其涉及面之广、范围之大、内容之实，对加强现场管理，确保安全生产，提高施工企业生产效益，提高施工企业社会知名度起到积极的推动作用。

（1）场容必须规范化。施工场地总平面布局必须结合施工条件，根据批准使用的施工场地范围，按照施工方案和施工进度计划的要求，予以科学、合理的布置，首先要方便施工生产，确保安全与文明施工，同时要做到便于管理和使用。

（2）施工现场推行硬地化。施工现场的临时设施内外通道、室内地面、材料堆放场、加工厂、仓库地面等要求浇筑厚度不小于200mm、强度不低于C15的混凝土硬底，机动车通道的宽度不小于3.5m，其外侧设置排水沟、浆槽。上述以外的其他临时施工用地，可根据实际情况铺石粉、炉渣、砾石或作其他处理。

（3）施工现场采取封闭式管理。工期在半年以上的地铁工程必须采用砖墙围蔽，围墙统一采用砖砌24墙，墙柱高度2.5m，围墙高度2.3m～2.5m（含压顶）。砌筑围墙时必须砌筑基础底脚和墙柱，基础底脚埋地深度不小于50cm，墙柱与墙柱之间距离不大于3m，墙柱与墙体连接必须牢固、安全、可靠，外墙面要批荡抹光作刷白处理。围墙压顶及底脚涂料颜色为“地铁标准红色PANTONE RED 032 C”。

工期在15日以上（含15日）半年以下的地铁工程，必须采用装配式双面彩钢夹芯板。装配式双面彩钢夹芯板顶部的压顶横梁涂料颜色为“地铁标准红色PANTONE RED 032 C”。

工期在15日以下的地铁工程，其施工现场必须采用标准密扣式钢围栏进行围蔽。

（4）大门和门柱的颜色应与围蔽一致，大门上应标有企业标识，其高度与围墙相适应，宽度不得小于6m，材料统一采用镀锌2寸水管做架，双面铁板做面，红丹打底上油漆，焊接要平整、坚固、耐用。门口设保卫室，保卫人员要对出入人员及车辆进行登记。

（5）大门口（含工地所有车辆出入口）应设洗车台和沉淀池，用混凝土制成宽300mm、深400mm的沟槽，围成宽3m、长5m的洗车场地，设沉淀池和高压冲洗水枪，驶出车辆必须冲洗干净。

（6）施工现场门口右侧要张挂施工铭牌及“七牌一图”（工程概况、施工现场主要人员、消防保卫、安全生产、重大危险源公示、工程创优、文明施工标牌和总平面布置图）。材料堆放要按施工场地总平面图分类堆放整齐，用不同的颜色线划定，标识清楚。易燃易爆物分类、隔离存放。标牌要统一用广州市建委标定的式样，悬挂高度为1.2m。

（7）施工现场严格做到“六个100%”，即施工现场100%围蔽，工地砂土100%覆盖，工地路面100%硬化，拆除工程100%洒水压尘，出工地车辆100%冲净车轮车身，暂不开发的场地100%绿化。

（8）施工材料、机具等应按施工总平面图放置，并根据不同特点和性质，分类堆放整齐，挂牌标识。

（9）施工单位不得在围墙面、围护设施面和施工现场书写或悬挂商业性的宣传广告、标语、彩旗、气球、充气拱门等，保持简洁、整齐。

（10）施工现场建设材料和设备不得堆放在围墙外，如确需在围墙外占地堆放的，必须按有关规定办理手续，并设置临时围栏，一旦条件许可，材料和设备要转入临时施工用地内。材料堆放整齐，标识清楚，散料要砌池围筑，杆料要立杆设栏，块料要起堆叠放，堆放高度不得高于1.6m。

（11）施工现场内设置的临时设施（办公室、生活用房、仓库）统一采用新型装配式轻质防火板房，做到整齐、美观、减少二次污染，室内用白色，要求宽敞、通风、明亮、整洁，外墙四周应设散水或明沟，以利排水。

（12）施工现场必须道路畅通，设置连续、通畅的排水设施和其他应急设施。场地内不得有大面积积水、泥浆、污水。泥浆、废水必须经沉淀池沉淀及必要处理，未经处理禁止排入水道或河涌。废浆和淤泥必须使用封闭的专用车辆外运，按有关要求进行处理。

（13）施工现场办公区会议室的室内应在醒目处悬挂质量管理、文明施工、安全生产制度和组织机构框图、施工现场平面布置图。

（14）靠近生活区的工地，必须做好防尘和防噪音措施，使用的施工机具应选用声音较少的机械，如发电机及噪音较大的施工机具要配备消声设施。在施工噪声较大时，如砼浇筑，要与当地联系认可后定下具体方案和措施才能进行施工。

（15）除符合规定的装置外，不得在施工现场熔化沥青和焚烧油毡、油漆，不得使用有毒物体作燃料，亦不得焚烧其他可产生有毒有害烟尘和恶气味的废弃物，不得把这些废弃物作土方回填。

（16）建筑垃圾、废碎钢筋、木糠木屑、余泥渣土应在指定地点堆放，每日进行清理。高空施工的垃圾及废弃物应采用密闭式串筒或其他措施清理搬运。装载建筑材料、垃圾或渣土的车辆，应采取防止尘土飞扬、洒落或流溢的有效措施。

（17）在村民居住以及使用中的校舍的相邻区域进行爆破、打桩等施工作业前，施工单位应按规定向建设部门报告并应向城管部门申请批准，还应将作业计划、影响范围、程序及有关措施等情况，向受影响范围内的居民和院校通报说明，取得理解和配合。

（18）施工单位必须加强对施工现场历史文物、古迹、古树名木的保护，砍伐树木必须事先报经有关部门同意，上报主管部门批准。

（19）人数超过500人的施工现场，必须设立医疗室，其他施工现场必须设立有效的医疗急救箱，发现疫情必须及时向上级卫生防疫机构报告。

（20）施工现场应当落实各项除“四害”措施，严格控制“四害”孳生，无力自行落实除“四害”措施的，可委托社会服务机构代为处理。

（21）在基坑临边设置固定防护栏杆。防护栏杆采用Φ48mm的钢管，离基坑边不应小于50cm。栏杆设置应牢固、可靠，能经受任何方向的1 000N的外力，基坑防护栏杆上下各设一道横杆，上杆离地高度1.0m～1.2m，下杆离地高度0.5m～0.6m，挡脚板高度18cm～20cm，并经驻地监理验收后才可使用。

（22）结构施工脚手架的搭设或临边栏杆的防护，应采用合格密目式阻燃安全网封闭，要求平整、绷紧，密拼连接、整齐美观，不得漏挂、脱落。安全网应为100cm^2、不得小于2 000目的密目式绿色围护立网。鼓励围网封闭采用新式、美观、合格的材料。

7.1.7 临时用电安全

临时用电是指施工现场在施工过程中使用的电力，也是建筑施工过程的用电工程或用电系统的简称。一般施工现场的用电系统，属于电源中性点直接接地的220V/380V三相低压电力系统。施工单位应根据国家的有关标准、规范和现场的实际负荷情况，编制施工现场“临时用电施工组织设计”，并协助业主向当地电业部门申报用电方案。按照批复的方案及临时用电安全技术规范，进行设备、材料的采购和施工，对施工项目进行检查、验收，并向电业部门提供资料，申请送电。电业部门在检查、验收和试验后，送电开通。

7.1.7.1 临时用电管理

1．临时用电组织设计

（1）施工现场临时用电设备在5台及以上或设备总容量在50千瓦及以上者，应编制施工用电组织设计。

（2）施工现场临时用电组织设计应包括下列内容：

①现场勘测。

②确定电源进线、变电所或配电室、配电装置、用电设备位置及线路走向。

③进行负荷计算。

④设计配电系统。设计配电线路，选择导线或电缆；设计配电装置，选择电器；设计接地装置；绘制临时用电工程图纸，主要包括用电工程总平面图、配电装置布置图、配电系统接线图、接地装置设计图。

⑤设计防雷装置。

⑥确定防护措施。

⑦制定安全用电措施和电气防火措施。

（3）临时用电工程图纸应单独编制，临时用电工程应按图施工。

（4）临时用电组织设计及变更时，必须履行“编制、审核、批准”程序，由电气工程技术人员编制，经相关部门审核及具有法人资格的企业的技术负责人批准后实施。施工现场临时用电专项方案应报施工企业技术负责人进行审核签字，审核合格后，应由专业监理工程师审核、监理单位总监理工程师签字。

（5）变更用电组织设计时应补充有关图纸资料。临时用电工程必须经编制、审核、批准部门和使用单位共同验收，合格后方可投入使用。

2. 电工及用电人员

（1）电工必须通过国家现行标准考核合格后，持证上岗工作；其他用电人员必须通过相关安全教育培训和安全技术交底，考核合格后方可上岗工作。

（2）安装、巡检、维修或拆除临时用电设备和线路，必须由电工完成，并有人监护。电工等级应同工程的难易程度和技术复杂性相适应。

（3）各类用电人员应掌握安全用电基本知识和所用设备的性能，并应符合下列规定：

①使用电气设备前必须按规定穿戴和配备相应的劳动防护用品，并应检查电气装置和保护设施，严禁设备带“缺陷”运转。

②保管和维护所用设备，发现问题及时报告解决。

③暂时停用设备的开关箱时必须分断电源隔离开关，并应关门上锁。

④移动电气设备时，必须经电工切断电源并作妥善处理后进行。

3. 安全技术档案

（1）施工现场临时用电必须建立用电记录，并应包括下列内容：用电组织设计的全部资料；修改用电组织设计的资料；用电技术交底资料；用电工程检查验收表；电气设备的试验、检验凭单和调试记录；接地电阻、绝缘电阻漏电保护器漏电动作参数测定记录表；定期检（复）查表；电工安装、巡检、维修、拆除工作记录。

（2）安全技术档案应由主管该现场的电气技术人员负责建立与管理。其中“电工安装、巡检、维修、拆除工作记录”可指定电工代管。每周由项目经理审核认可，并在临时用电工程拆除后统一归档。

（3）临时用电工程应定期检查。定期检查时，应复查接地电阻值和绝缘电阻值。

（4）临时用电工程定期检查应按分部分项工程进行，对安全隐患必须及时处理，并应履行复查验收手续。

7.1.7.2 临时用电安全技术

1. 外电防护措施

（1）在建工程不得在外电架空线路正下方施工、搭设作业棚、建造生活设施或堆放构件、架具、材料及其他杂物等。

（2）在建工程（含脚手架）的外侧边缘与架空线路的边线之间必须满足以下安全操作距离，如表7－1所示。

表7－1 安全操作距离

	<1KV	1～10KV	35～110KV	220KV	330～500KV
最小安全操作距离	4m	6m	8m	10m	15m

（3）起重机的任何部位或吊物边缘与外电架空线路边缘应满足水平安全距离，如表7－2所示。

表7－2　水平安全距离

	<1KV	10KV	35KV	110KV	220KV	330KV	560KV
垂直距离	1.5m	3.0m	4.0m	5.0m	6.0m	7.0m	8.5m
水平距离	1.5m	2.0m	3.5m	4.0m	6.0m	7.0m	8.5m

（4）施工现场开挖沟槽边缘与外电埋地电缆沟槽边缘之间的距离不得小于0.5m。

（5）设备设施与外电距离达不到最小安全操作距离时，必须采取防护措施，设置屏障、遮拦、围栏或保护网等绝缘隔离防护措施，并应悬挂醒目的警告标志。

（6）当上一步的防护措施无法实现时，必须与有关部门协商，采取停电、迁移外电线路或改变工程位置等措施，未采取上述措施的严禁施工。

2. 配电线路

（1）架空电线必须架设在专用电杆上，不得架设在树木和脚手架上。

（2）电缆埋地敷设方式、深度应符合要求，经过道路及埋设时必须穿管保护。

（3）电缆架空敷设时应用绝缘子固定，高度应高于2.5m。建筑物内电缆沿墙水平敷设高度应高于1.8m。架空电线跨机动车道时，与地面距离应大于6m。

（4）需要三相四线配电的电缆线路必须使用五芯电缆。PE线颜色是绿、黄双色线，其截面不小于工作零线的截面，严禁混用。

（5）室内配线应用绝缘子固定，距地高度不低于2.5m，排列整齐。

3. 保护方式

（1）施工现场临时用电应采用TN－S系统，如图7－2所示，重复接地点不少于3处，保护零线每一处重复接地装置的接地电阻值应不大于10Ω。发电机组应采用电源中性点直接接地的三相四线制供电系统和独立设置TN－S接零保护系统，其工作接地电阻值应不得大于4Ω。PE线与N线必须分开，不得混接。

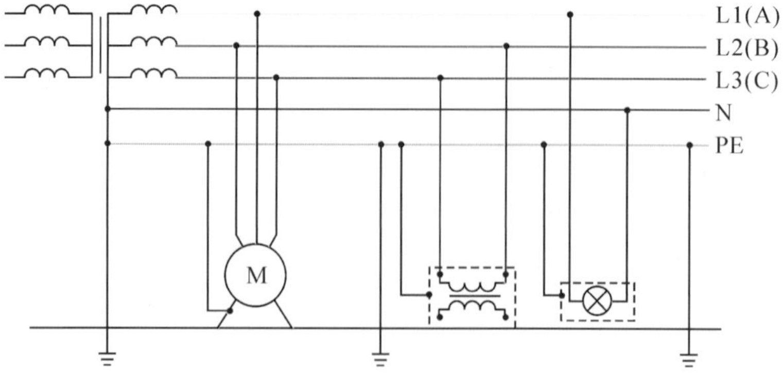

图7－2　TN－S系统结构原理

（2）高于建筑物的大型设备除做好重复接地外，还必须按照规定设置防雷接地装置，防雷接地电阻值应不大于30Ω。

4. 配电箱与开关箱

（1）施工现场临时用电必须符合三级配电两级保护的要求。三级配电即配备总配电箱、分配电箱、开关箱三类标准电箱。三类电箱中的各类电器应是合格品。两级保护即选取符合容量要求和质量合格的总配电箱和开关箱中的漏电保护器。

（2）配电箱内必须有总隔离开关和分路隔离开关。开关箱应做到“一机一闸一漏一箱”。分配电箱与开关箱的距离不得超过30m，开关箱与其控制的固定式用电设备的水平距离不宜超过3m。每台用电设备必须有各自专用的开关箱，严禁用同一个开关箱直接控制2台及2台以上用电设备（含插座）。开关箱中漏电保护器的额定漏电动作电流应不大于30mA，额定漏电动作时间应不大于0.1s。

（3）箱内电器完好可靠，回路标识明显，采用端子板接线，不得有外露带电体，进出线应从箱底下底面出入，进入配电箱的电源线不得采用插销连接。

（4）配电箱、开关箱应装设端正、牢固。固定式配电箱、开关箱的中心点与地面的垂直距离应为1.4m～1.6m。移动式配电箱、开关箱应装设在坚固、稳定的支架上。其中心点与地面的垂直距离宜为0.8m～1.6m。

（5）配电箱设置位置应符合规定要求，有足够两人同时工作的空间和通道。箱体应符合规定要求，有门有锁，有防雨防尘措施。

5. 现场照明

（1）照明回路必须具有单独的开关箱，配有漏电保护装置。

（2）灯具金属外壳必须作保护接零。室外220V灯具距地面不得低于3m，室内220V灯具距地面不得低于2.5m。钠、铊等金属卤化物灯具安装高度应不低于5m。

（3）照明器具、器材应无绝缘老化或破损。

（4）在隧道、潮湿场所或灯具离地面高度低于2.5m等场所的照明，电源电压不应大于36V；特别潮湿的场所、导电良好的地面照明，电源电压不得大于12V。

（5）隧道内应每50m配置自备电源的应急照明。

6. 变配电装置

（1）配电室应符合规定要求，配电室地面距天棚应不低于3m，配电屏（盘）操作通道宽度应符合规定要求。

（2）配电室门应向外开并配锁，应有防雨、水、雷和小动物出入等措施，通风良好。

（3）发电机组应采用三相四线制中性点直接接地系统，并独立设置，接地电阻应符合要求。

（4）发电机组与外电线路必须有联锁控制装置，不得同时使用。

7.1.8 施工设备安全

设备是施工企业的主体工具，是实现施工工艺的重要条件，是施工企业可持续发展的必备条件。施工设备的优劣，对施工进度、施工质量以及安全生产，均有重大的影响。

（1）对于新进场的机械设备，建立进场检查制度，检查设备的完好性、安全性、合格性、合法性。即机械设备必须是合法的生产厂家生产的，有出厂合格证，产品外观完好无缺、不变形，安全保护装置齐全。凡不符合这四项要求的，坚决拒绝进场。

（2）对大中型建筑机械设备，其安装与拆除一定要请有资质的专业安装、拆除队伍来进行施工，并有详尽的施工方案和有关上级部门的审批。

（3）安装好的机械设备在取得安检部门的检测合格证后方可运行工作。

（4）对现场的所有机械设备，要求操作工和维修工按规定做好日常的维修保养，并做好文字记录。特别是要重点检查各种安全保护装置，如物料提升机的安全停靠装置，工地上很多民工嫌其麻烦经常不用，甚至将其手柄绑住停用；层间安全门也是长期置于打开状态。这些要靠操作员和管理人员经常去检查、发现，以保证安全装置能发挥正常的作用。另外，要坚持安检制度，安检到期的设备一定要重新检测，不要认为能正常运行就可以不检测了。因为机械设备的内部损伤、钢结构的疲劳损坏不是肉眼可以看得出来的，目前的正常运行不能保证下次也能正常运行。

（5）需进行现场验收管理的主要施工机械一般包括盾构机及配套系统设备、起重设备、施工电梯、冲（钻）孔钻机、搅拌桩机、旋喷桩机、成槽机、高压喷射机、砼搅拌机、升降机及卷扬机、整体提升式脚手架和模板等自升式架设设施。

（6）施工单位在使用施工机械前，须自行组织有关单位进行验收并填写施工机械进场报验单，总监理工程师或总监理工程师代表组织专业监理工程师对报验资料进行审核，然后进行现场检查验收，必要时可进行试运转、检测等测试工作。验收要点包括生产许可证、产品合格证，租赁设备和旧设备还必须具备检测合格证明。

（7）施工机械应当按照施工总平面布置图规定的位置和线路设置，位置合理、固定牢固，不得任意侵占场内道路。

7.1.9　安全资料管理

1．施工现场安全资料管理的意义

施工现场安全资料管理是生产过程中对造成人身伤害以及事故隐患的要点进行记录和保存，是安全管理中一项非常重要的工作。

（1）有利于政府对建筑安全的管理，有利于企业和项目部对本身安全的管理，也有利于对事故预防和事故规律的研究。

（2）安全技术资料的产生是安全生产过程的产物和结晶，资料管理工作的科学化、标准化、规范化，可不断推进现场施工安全管理向更高的层次和水平发展，使施工现场整体管理更加科学化、标准化、规范化。

（3）安全技术资料的有序管理，是建筑施工实行安全报监制度，实行安全监督、分段验收、综合评价全过程管理的重要内容之一。

（4）建立健全正规的资料专业管理，保证了施工现场安全技术资料的原始性和真实性，对指导今后的工作以及领导工作的决策提供了依据。

（5）资料的有效保存为施工过程发生的伤亡事故处理提供了可靠的证据，并为今后的事故预测、预防提供可依据的资料。

2．安全资料管理基本要求

（1）建筑施工现场安全技术资料应由相关部门及安全技术操作责任人具体填写，并对记录的真实性负责。

（2）填写时应随工程进度及时整理，不得提前和推后。

（3）资料填写应做到项目齐全，内容准确真实、字迹工整、手续完备、不得漏项，并由项目安全资料管理人员签章入档，不合格资料严禁入档。

（4）各种资料要经工地安全资料员审查，审查合格后由工地安全资料员签章归档，工地安全资料员对资料的真实性实行监督。

（5）安全资料员应熟知国家和地方政府有关管理部门关于安全管理资料、施工现场安全检查、检测验收的标准、规范、规定和要求。

（6）已归档的资料除了受上级检查外，未经有关负责人同意，不得借阅他人，以免损失或损坏。

3．安全资料存档

施工单位、驻地监理部应按《广东省建筑施工安全管理资料统一用表》及有关法律法规、规范标准的要求建立健全安全管理资料。施工单位、驻地监理部门应报送建设单位工程管理部门备案的安全管理资料如表7－3所示。

表7－3　安全管理资料汇总表

序号	报表、资料名称	填报单位	报送时间
1	工程项目的总施工组织设计及审批表	施工单位	开工前
2	各分部分项工程施工组织设计（或施工方案）及审批表、专家组意见（规定要求范围内）	施工单位	该分部分项工程施工前
3	各专项安全技术措施（或组织设计或专项方案）及审批表、专家组意见（规定要求范围内）	施工单位	该措施实施前
4	重大危险源清单及针对重大危险源制定的专项措施	施工单位	开工后1个月内
5	事故应急救援预案（含各专业预案）	施工单位	开工后1个月内
6	施工企业的安全生产许可证、企业资质证书复印件	施工单位	开工后1个月内
7	项目经理证复印件，项目经理安全管理资格证复印件	施工单位	开工后1个月内
8	施工单位专职安全管理人员名册及安全管理资格证复印件	施工单位	开工后1个月内
9	监理专业安全管理人员名册及安全管理资格证复印件	驻地监理部	开工后1个月内
10	安全事故月报表	驻地监理部	驻地监理部每月28日前
11	安全措施费使用情况季报表	施工单位	每季度末月28日前
12	第三方监测报告	第三方监测单位	每月28日前
13	安全风险管理月报	安全风险咨询机构	每月28日前
14	事故、事件的详细经过及初步原因分析报告，事故结案后的事故调查报告书	施工单位	事故发生后的24小时内；结案后10天内
15	其他需要提交的安全方面的资料	有关单位	视具体情况而定

7.1.10 安全检查及监督考核

1. 安全检查的目的和意义

安全检查的目的在于发现不安全因素存在的状况，如机械、设施、工具等的潜在不安全因素状况、不安全的作业环境场所条件、不安全的作业职工行为和操作潜在危险，以采取防范措施，防止和减少建设工程伤亡事故的发生。

建设工程安全检查的意义在于通过检查减少建设工程安全事故的发生，提前发现可能产生事故的各种不安全因素，针对这些不安全因素，制定防范措施，最终保证建设工程在安全的状态下施工，保证作业人员的安全。

2. 安全检查的内容

对照建设部《建筑施工安全检查标准》，城市轨道交通工程建设与传统的建筑工程有一定的区别，就广州市地下铁道总公司制定的《广州市轨道交通工程施工安全检查评分标准》来说，其内容主要包括安全管理、文明施工、人工挖孔桩施工、钻（冲）孔桩施工、地连墙施工、基坑工程施工、模板工程、脚手架施工、隧道施工、盾构施工、钢结构与网架安装、轨行区管理、水上（水下）作业、“三宝”“四口”防护、爆破作业、施工用电、龙门架、塔吊、井架提升系统、起重吊装、施工机具等方面。

3. 安全检查的形式

安全检查的形式可分为日常性安全检查、专业性检查、季节性检查、节假日前后的检查和不定期的检查。

（1）主管部门检查。主管部门检查包括中央、国务院、各部委、省级、市级建设行政主管部门，省、市安全监督部门等对下属单位进行的安全检查。这种检查能够积极推动施工现场的安全管理。

（2）定期安全检查。定期安全检查属于全面性和考核性的检查，必须建立定期安全检查制度，每次检查按照事先计划的检查方式和内容进行，主要有周检、月检、季检、半年检、年检等。

（3）专业性检查。这类检查针对性较强，能有的放矢，对某专业存在的普遍性安全问题进行单项检查，对帮助提高某项专业安全技术水平有很大作用。针对城市轨道交通工程主要有临时用电、深基坑、隧道施工、高支模、高处作业、轨行区等专项检查。

（4）经常性检查。经常性检查主要是提高作业人员的安全意识，督促作业人员时刻牢记安全。主要包括：班组进行班前、班后的岗位安全检查；各级安全员及安全值班人员日常巡回安全检查；各级管理人员在检查生产的同时检查安全。

（5）季节性及节假日前后的安全检查。季节性安全检查是针对气候特点可能给施工安全和作业人员带来的危害而组织的安全检查，应根据当地的气候条件主要开展雨季汛期、防暑降温、防台风、冬季检查等。节假日前后检查是防止工人思想麻痹、纪律松懈等进行的检查，主要包括“五一”假期、“十一”假期、元旦、春节前后的检查等。

（6）临时性安全检查。同行业发生事故后为吸取教训、防止同类事故发生的检查等。

4. 安全检查的重点

（1）前期准备阶段安全检查的重点。检查施工组织设计及安全技术方案的完整性、针对性和有效性；检查用电、用水的牢固性、可靠性和安全性；检查目标、措施的前瞻性、合理性和可行性；检查安全责任制的职责、目标、措施落实的全面性；检查施工人员的上岗资质、务工手续的周密性。

（2）基础阶段安全检查的重点。检查手工人员的教育培训资料、分包单位的安全协议、人员证件资料；检查用水用电的安全度、机械设备的状况及检测报告；检查安全维护，基坑排水、维护的可靠性；检查安全维护、基坑排水、污染处理的落实；检查安保体系的安装状况和实施效果。

（3）施工阶段安全检查的重点。检查脚手架、登高设施的完整性；检查员工遵章守纪的自觉性、技术操作的熟练性；检查用水用电、机械设备状况的安全性；检查洞口临边的围挡、维护的可靠性；检查场地容貌、环境卫生、文明创建工作长效管理的有效性；检查危险源识别、告示及管理的针对性；检查动火程序、消防器材的管理、配置的严密性。

（4）装饰阶段安全检查的重点。检查场地容貌、环境卫生、文明创建工作常态管理的持久性；检查危险源识别、告示及管理的针对性；检查动火程序、消防器材、易燃物品管理的严密性；检查机械的安全性能和防着落、防触电措施的落实。

5. 监督考核

以广州市轨道交通工程建设为例。2009 年，广州市地下铁道总公司为防范重大及以上安全生产事故的发生，为轨道交通工程建设营造较好的安全氛围，制定了《广州市轨道交通工程施工安全检查评分标准》，检查内容涉及土建工程所有方面。

检查评分由业主组织若干检查评分小组，根据检查评分标准进行检查评分。每个项目每月检查一次。评分本着“实事求是、客观公正”的原则进行，检查结果与招投标资格直接挂钩。评分结果分为优秀、良好、合格和不合格四档。满分为 100 分，得分在 90 分及以上的，为优秀；得分在 80 分及以上、90 分以下的，为良好；得分在 70 分及以上、80 分以下的为合格；得分低于 70 分的，为不合格。

当一个施工承包商或监理单位在广州市轨道交通工程范围内承担多个标段（工地）的施工或监理任务时，按合同标段统计安全检查评分情况，但年度评分以该单位在广州轨道交通工程范围内所有项目中的最低得分作为评判依据。

对月度检查评分“不合格”和发生较大影响事件的施工承包商、监理单位，要对其施工承包商项目经理、分管安全副经理和监理单位总监、总监代表进行安全谈话，形成谈话内容纪要，并印发给参加谈话各方的上级主管单位。年度综合评分为“不合格”的施工承包商、监理单位，纳入广州市轨道交通工程不诚信行为记录，记录有效期为 1 年。

7.1.11 诚信评分管理

诚信评分管理的目的在于规范城市轨道交通工程建设各参建单位和个人从事工程建设活动的行为，提高工程建设管理水平。

工程建设参建单位和个人，是指参与城市轨道交通工程建设活动的参建商和从业人员，参建商指工程承包商、设备供应商、材料供应商、集成商及设计、咨询、监理、勘察、测量单位等与有合同关系的另一方。

参建单位和从业人员的不诚信行为，有违反法律、法规情况的报政府建设主管部门进行处罚，其余的将对其在一定时期内参与城市轨道交通工程建设单位管辖工程项目的投标进行限制性处罚，并抄报市政府建设行政管理部门等。

工程承包商（设备供应商、材料供应商、集成商参照执行）有以下情况的，视为不诚信行为：

（1）投标中串通投标、任意弃标、提供虚假资料的。

（2）中标后转包工程、非法分包工程的。

（3）因承包商责任造成工程出现重大（按国家相关规定）质量事故和一般死亡以上安全事故的。

（4）严重违反工程承发包合同、廉洁协议的。

（5）违反强制性规范标准进行施工、使用不合格建材或设备，造成严重损失的。

（6）拖欠农民工工资，造成不良后果的。

（7）发生基坑坍塌、隧道坍塌、高支撑或结构坍塌等虽无人员伤亡但造成较大社会影响的事故的。

（8）被政府部门公布（书面或政府网站公示）有不良记录的。

监理单位（材料服务商参照执行）有下列情况的，视为不诚信行为：

（1）投标中串通投标、任意弃标、弄虚作假、出借资质的。

（2）中标后转让监理业务的。

（3）未按施工图审查批准的设计文件以及施工图审查批准的设计变更文件对施工现场实施监理的。

（4）监理的工程由于监理工作未尽责或失误出现重大（按国家相关规定）质量事故和一般死亡以上安全事故的。

（5）违反强制性标准规定，使用或明示指定使用不合格建材的。

（6）不按照监理合同约定履行监理业务和法定职能或与承包单位串通为其谋取非法利益，而给建设单位造成损失的。

（7）被政府部门公布（书面或政府网站公示）有不良记录的。

（8）存在其他可能影响监理质量的违法违规行为的。

勘察、测量、设计、咨询、第三方监测单位有以下情况的，视为不诚信行为：

（1）未按照政府有关部门的批准文件要求进行勘察、设计的。

（2）在投标中串通投标、任意弃标、弄虚作假、出借证书图签的。

（3）勘察、设计中采用影响工程质量和安全，且没有经过鉴定和认证的新技术、新工艺、新材料的。

（4）勘察、设计文件在施工图审查批准时，经审查发现质量问题，进行两次以上（含两次）重大修改的。

（5）监测单位未按合同规定及时报警的。

（6）转借勘察、设计、监测资质的单位和无证勘察、设计、监测的个人。

（7）因设计原因造成第三者财产重大损失的。

（8）被政府部门公布（书面或政府网站公示）有不良记录的。

（9）存在其他可能影响工程勘察、设计、监测质量的违法行为的。

对具有不诚信行为的单位和个人将进行通报，并按情节轻重分别给予以下处罚：

（1）工程承包商（设备供应商、材料供应商、集成商参照执行）分别处以 6 个月至 2 年不得参与城市轨道交通工程建设单位管辖工程项目的投标；项目经理分别处以 6 个月至

2 年不得参与城市轨道交通工程建设单位管辖工程项目的投标。

（2）监理单位（材料服务商参照执行）分别处以 6 个月至 2 年不得参与城市轨道交通工程建设单位管辖工程项目的投标；总监理工程师分别处以 6 个月至 2 年不得参与城市轨道交通工程建设单位管辖工程项目的投标。

（3）勘察、测量、设计、咨询、第三方监测单位分别处以 6 个月至 2 年不得参与城市轨道交通工程建设单位管辖工程项目的投标；项目负责人分别处以 6 个月至 2 年不得参与城市轨道交通工程建设单位管辖工程项目的投标。

7.2 土建施工期安全管理

7.2.1 开工前调查报告

施工单位在进场后根据建设单位提供的地质、环境资料，在施工前应对场地内的工程地质、水文地质及施工影响区内的建（构）筑物和管线进行核查，向建设单位提交地质补勘报告、管线及周边环境调查报告、周边建（构）筑物调查报告。

7.2.1.1 施工中的地质工作

1．地质踏勘

（1）施工单位进场后，应对场地的地质情况进行踏勘。

（2）施工单位应认真阅读详细勘察报告，重点掌握场地地质条件和不良地质与特殊岩土等，结合施工组织设计分析施工中可能会遇到的工程地质问题并制定应对措施。如有疑义，可书面报监理单位，由监理单位按照相关管理程序组织处理，并报建设单位备案。

（3）由于城市轨道交通工程建设的岩土工程勘察与施工之间间隔的时间比较长，期间场地内的水文地质条件可能会发生变化，施工单位进场后重点掌握场地的地下水条件。

（4）地下水条件的踏勘可通过长期观测孔、调查或现场钻探等手段探察场地的地下水的水位、水力和水质变化情况，重点探察上层滞水的分布情况，上层滞水踏勘的重点部位一般为雨污水管线附近、绿地附近、化粪池附近等。

（5）城市轨道交通工程建设的岩土工程勘察在实施期间为了确保管线安全，一般不在管线部位实施钻探；管线附近的地层情况不明确，施工单位进场后应着重踏勘管线部位的地层分布情况。

（6）管线部位地层踏勘可采用人工挖探等手段探察管线部位的土层分布条件，重点查明回填土厚度、分布范围以及填土的成分、含水量、密实度等情况；同时调查管线的施工方法、施工年代、渗漏情况等。

（7）在以上重点踏勘的基础上，还应踏勘下列内容：

①当存在厚度较大的填土层时，探察填土层的厚度、分布范围及其成分组成、密实程度、含水量、有无空洞等。

②探察可能存在的障碍物（枯井、墓穴、菜窖、废弃管线、桩基础等）。

③如遇卵石地层，应调查卵石地层的最大颗粒直径及漂粒的含量，还应调查场地周边相同土层条件的维护结构体系和施工工艺等。

④应探察场地的历史变迁情况（原来是否为农药厂、化工厂、加油站、垃圾填埋场

等)。

⑤探察地层中是否存在有害气体。

2. 施工核查

(1) 施工开挖过程中应注意核查实际地质条件与勘察报告不一致的地方，并及时将情况反馈给设计和勘察单位。

(2) 施工开挖核查主要是从岩性、密实程度、夹层、岩层突变等方面核查地层情况，同时对土层开裂、坍塌、涌水等情况进行观察。

(3) 施工开挖核查的重点部位为出入口、马头门、隧道变断面、联络通道、基坑阳角、隧道拱顶等部位。

3. 超前探测

(1) 矿山法施工应利用小导管进行超前探测，可遵循“探 5 米，挖 3 米”的原则，并按照相关规范详细描述地层情况；重点注意填土、粉细砂、障碍物的分布以及土层含水量变化和地下水渗漏情况。

(2) 盾构法施工可利用装在盾构机端头部位的地质雷达进行超前探测和预报，重点探测预报盾构机前方的不明地下障碍物、孤石、漂石、软土、松散粉细砂、地下水等。

4. 施工验槽

(1) 施工单位基槽开挖时应按规定（0.1m ~ 0.2m）进行，严禁超挖和人工填补。

(2) 车站和明挖的隧道工程要进行验槽工作时，应在基地进行普遍钎探，并通知勘察单位和设计单位进行检验。当基地上层为厚层卵石层时则可不进行钎探。

(3) 开槽时遇枯井、墓穴、地下构筑物等应详细记录其位置、尺寸，验槽时协商处置措施。

(4) 发现文物应立即上报建设单位和文物部门。

(5) 由于基坑开挖、护坡桩施工、降水等原因造成土体流失形成孔洞时，必须使用天然级配砂石回填密实，杜绝后患。

7.2.1.2 施工阶段环境核查

1. 一般规定

(1) 施工阶段环境核查的目的是通过对施工影响区内的建（构）筑物和管线进行核查，查明邻近建筑物和地下设施的现状、结构特点以及其对开挖变形的承受能力，为评价施工对建（构）筑物及管线的影响并采取有效的预加固措施提供依据，为环境权属单位与施工单位之间的纠纷处理提供依据。

(2) 施工阶段环境核查的范围为施工影响区内的建（构）筑物和管线，一般不小于基坑周边 2 倍深度或隧道两侧 1.5 倍底板埋深。

(3) 施工阶段环境核查的方法以现场量测、探测和挖探为主。

2. 环境核查的内容

(1) 施工单位进场后应对照环境调查报告核查场地周边环境条件的变化情况，并对因环境变迁或设计变动而出现的新的环境调查对象进行重新调查。

(2) 对场地周边施工影响区的桥梁、建筑物等核查其使用现状、结构裂缝等病害，并做详细描述和拍照。

(3) 对于地表水体的淤泥厚度，应进行实地量测。

（4）施工调查应特别注意对地下管线和地下构筑物环境的调查，应做到“动土必挖”，对所有需要开挖的范围内的地下环境进行详细的调查和确认。

（5）采用现场量测确定各个环境对象与工程的准确位置关系。

（6）对于雨水、污水管线应重点核查管线中介质的填充情况、介质流量、介质的输送时间、管线的渗漏情况等，必要时应通过挖探加以验证。

（7）对自来水、燃气、供水、热力等压力管道应重点核查其工作压力及控制截门的位置。

（8）对地下构筑物重点核查构筑物的充水情况，尤其是化粪池等应重点核查其位置和渗漏情况。

（9）注意探查废弃的管线和地下工程，必要时开挖确认并妥善处置。

3. 环境核查成果资料

（1）施工阶段环境核查的成果资料包括文字报告、调查对象成果表、调查对象平面位置图、调查对象现场实测数据及影像资料等。

（2）文字报告应包括现场核查情况及各个环境对象与工程的确切位置关系。

（3）施工阶段环境核查报告应报建设单位备案，并反馈给设计单位。

4. 调查成果表格

详见本书附件表2、表3、表4。

7.2.2 地质灾害防治

地质灾害具有突发性、难以确定性、多变性及复杂性等特点，在风险管理中牵涉的因素很多，制约因素错综复杂，这些因素主要包括区域地质构造条件、环境地质条件、水文地质条件、地层岩性条件、植被条件、人类工程活动的程度、气象条件等。地质灾害防治必须从规划、地质勘察、选线开始，并贯穿规划、设计、施工各个阶段；对无法规避的地质灾害风险，应在工程设计各阶段对地质灾害防治的方法、措施进行严格审查。地质灾害防治的重点在施工阶段，不仅要严格监控各阶段施工对地质灾害防治的措施、方法的落实情况，而且要监控由于工程地质条件变化、施工条件变化所引起的防护措施的改变与落实。

地质灾害防治应贯彻以规避、预防工程地质灾害发生为主，以控制、治理工程地质灾害为辅的原则，提前设防、层层把控。地质灾害防治工作从以下几个方面开展：

（1）成立地质灾害防治小组，加强新线建设地质灾害危险性评估。将工程地质灾害危险性评估研究纳入可行性研究的重要组成部分，特别是在建设单位成立地质灾害防治小组后，进一步加强新线建设地质灾害危险性评估报告的分析、审查工作，使得新线建设地质灾害危险性评估贯穿规划、地质勘察、选线、设计、施工、工程验收各个阶段，最大限度规避地质灾害风险。

（2）根据工程地质类型和特征，从工程设计上事先提出、审查各类工程地质条件的地质灾害防治重点与主要措施。对区域性工程地质特点进行分析和研究，除在工程勘探、物探等前期勘察手段上采取有针对性的措施，力求勘察成果全面、真实反映工程地质特点外，还要根据工程地质特点，通过进行专项研究解决问题，并在初步设计文件中加以体现，指导施工。如广州市轨道交通二/八号线及三号线北延段工程经过石灰岩岩溶发育区，广州市地下铁道总公司对岩溶地质工程风险进行深入研究，在设计文件中体现研究成果并作出相应规定，有效地指导了工程施工，避免了地质灾害的发生。对于穿越东部花岗岩风化区、孤石群、地质破碎带等不良地质构造的线路，也都在设计阶段提出了针对性的处理措施。对设计单位提出的设计方案中预防可能发生的地质灾害的措施进行全面审查，尽可能规避风险的发生。

（3）完成在建线路“地质灾害防治”普查及在建线路地质灾害风险点登记工作。部署设计单位全面进行并完成在建线路“地质灾害防治措施”的普查工作。安排在建线路的施工单位全面完成“地质灾害防治状况”的普查工作。要求建设管理单位对各自管辖工点的地铁在建线路地质灾害风险点进行全面登记，同时要求了解、熟悉自己管辖项目的地质灾害风险，设计防治措施及应急方案。

（4）对工程地质风险进行分级管理，重点关注地质灾害易发、高危险工点的防治措施。根据在建线路地质灾害风险点登记表，在识别、判定的基础上对地质灾害风险进行分级，按管理职责分级防控，地质灾害防治小组主要关注地质灾害易发、高危险的工点，重点审查各工点设计、施工单位在上述工点所采取的防治措施的可行性与可靠性。如广州市轨道交通工程三号线燕塘站基岩裂隙突水的防治措施，五号线过内环高架桥的保护措施等。

（5）现场检查、督促各地质灾害易发工点采取的措施、实施处理方案，对地质灾害防控工作提出书面意见。工程地质灾害防治的重点在施工阶段，为此，地质灾害防治小组定期或不定期对全线特别是地质灾害易发工点进行现场检查，主要针对技术管理人员对地质灾害的理解与认识、设计方案的落实、施工采取的措施、存在的问题进行检查、了解和指导，提出专家意见和建议，在设计和施工过程中加以落实。

（6）对发生工程地质灾害的工点，发挥主导作用。及时组织工程建设参与各方落实应急处理预案，分析灾害发生原因，提出处理措施。如在广州市轨道交通工程六号线沙河站基坑突水灾害处理中，地质灾害防治小组从工程技术角度出发，在应急处理、原因分析及处理方案建议等方面发挥主导作用，提出了建设性的意见和建议，迅速控制了灾害的进一步发展，提出的处理方案和采取的措施取得了成功，为工程建设顺利推进提供了技术保障。

7.2.3 第三方安全风险监察管理（含第三方监测）

第三方安全风险监察管理是由建设单位组织，由除设计（勘察）单位、施工单位、监理单位外的第三方安全咨询单位，利用工程勘察、设计、施工和监测等基础资料，及时分析和判定工程项目施工过程的安全状态和可能出现的安全风险。而第三方监测单位主要实施工程结构、周边环境等的监测工程，并对监测数据进行汇总分析。

通过方案审查、现场巡查、监测数据分析、风险排查和风险动态评估等多种手段，实施第三方安全风险监察管理工作。其与施工现场进度紧密结合，准确性和时效性突出。同时通过第三方监测单位的监测，可以验证施工监测数据的有效性，并能对重大风险点实施重点监测。

第三方安全风险监察管理由有资质的咨询（第三方监测）单位负责实施。

第三方安全风险监察管理实施过程中所得出的安全风险管理建议，由建设单位相关部门组织设计、施工、监理等单位落实。

1. 管理职责

(1) 贯彻落实建设单位安全管理体系，并制定安全风险监察管理办法。

(2) 在项目管理小组领导下，负责实施管内线路第三方监测、安全风险监察管理，并接受项目管理小组的监督、检查和管理。

(3) 配备足够的专业技术人员和专家队伍。

(4) 参与管内线路相关安全专项方案和风险处置方案的评审。

(5) 负责整理、汇总和分析监测、巡视信息等，对施工阶段管内线路安全风险状况进行总体评价，初步判定安全风险状态，提供监控跟踪和风险控制的咨询意见，以有效指导施工。

(6) 定期编制管内线路施工阶段安全风险监察管理报告，上报项目管理小组。

(7) 配合建设单位组织协调对重大风险事件/事故的信息报送和加强监督、监察，组织、参与现场分析和专家论证。

(8) 定期编制第三方监测分析报告，并对施工方和第三方监测数据进行分析。

(9) 确保第三方监测数据和信息的及时、准确和真实、有效，对监控信息及预警信息（如监测预警）的完整性、可追溯性负责，必要时可提供有关机构评定和界定相关单位责任的依据。

2. 管理目标

采取“全面考虑、重点监控”的思路，健全和完善“工点—线路—线网”的安全管理链条和机制，对重大风险源进行安全风险监察管理，对症下药，防患于未然，从而实现安全快速推进城市轨道交通建设的目标。

通过对周边环境实施第三方监测，为建设单位及时提供可靠的数据和信息，对施工单位的施工监测数据进行监督、检验。

3. 管理范围

新建或在建城市轨道交通工程（含车站、区间及附属结构）土建施工阶段有关地质风险、环境风险和施工风险等方面的安全风险监察管理。

4. 管理依据

(1) 国家相关法律、法规。

(2) 行业规范和标准。

(3) 地方法规。

(4) 项目的有关技术文件和资料。

①岩土工程详细勘察资料。

②施工图设计说明及相关设计图纸。

③周边环境调查资料、保护方案。

④工程监测资料。

⑤工程施工过程资料。

⑥施工单位的人员、组织和设备状况。

5. 风险分级管理办法

(1) 对于一类工点实施重点监控，咨询（第三方监测）单位从风险评估力度、风险管理力度、监测力度等方面予以高度重视。

①一类工点是安全风险监察管理的重点，在实施安全风险监察管理的过程中，不得出现间断和严重滞后的现象。

②参加工点相关安全方案的研究、评审会。

③保证现场巡查的频次和观察到位，发现风险征兆应不定时巡查、观察、做好记录，并立即以口头、书面、信息管理平台等形式报告有关领导和部门。

④及时分析施工监测和第三方监测数据，不漏掉可疑测点；及时向有关领导和部门报告达到预警状态的监控点情况；进行原因分析，评估风险状态，提出处理建议。

⑤对于异常情况，应及时进行复查、分析、研究，预测发展趋势，并及时上报。

⑥与现场施工人员经常保持联系，掌握风险状况。

⑦积极配合并参与上级领导组织的各种与安全风险有关的会议，参与各项防治方案的研究拟定。

⑧从测点埋设数量、监测频度等方面，保持对一类工点的监测力度。

（2）对于二类及以下工点实施全面监控，但对于二类工点中的重大风险源（风险等级为五级的风险源），咨询（第三方监测）单位应予以重点关注。

①参加工点相关安全方案的研讨、评审会。

②对局部重点部位实施重点监测。

③以第三方监测数据分析、判断为主，按工点风险程度大小调整巡查频次。

④分析施工监测和第三方监测数据，不漏掉可疑测点。

⑤对于异常情况，及时进行复查、分析、研究，预测发展趋势，必要时及时上报；按实际情况，确定是否上升为一级工点进行管理。

（3）在执行过程中，视具体情况对某些工点划归的管理类别进行调整。

6. 信息报送制度

（1）信息报送范围。信息报送的相关单位有建设单位项目管理小组相关部门、咨询（第三方监测）单位、勘察单位、设计单位、施工单位、监理单位等。

（2）基础资料报送流程。在第三方安全风险监察管理项目实施前期和实施过程中，建设单位需提交给咨询（第三方监测）单位的基础资料包括安全管理体系现有资料、相关工程资料［如岩土工程勘察资料、设计图纸及总说明、施工组织设计（含专项施工方案）、沿线需要监测的重要建/构筑物、管线等环境的详细资料和图纸等］。

对于上述资料的报送，设计单位、施工单位和监理单位应首先提交给建设单位工程管理部门，由工程管理部门按规定转交咨询（第三方监测）单位。

（3）在第三方安全风险监察管理项目实施过程中，需进行风险管理事务信息的报送。风险管理事务信息主要指建设单位相关部门、设计单位、施工单位及监理单位以电话、传真、邮件、信息管理平台或书面等形式，通知咨询单位关于实施安全风险监察管理相关事务的信息。

这类信息的报送，建设单位相关部门可直接发送至咨询单位，但设计单位、施工单位、监理单位若发文实施相关风险管理事务（如召开与安全风险有关的例会、协调会等），则需主送建设单位安全风险项目管理小组相关部门，咨询单位则作为抄送单位接收报送信息。具体报送流程如图 7－3 所示。

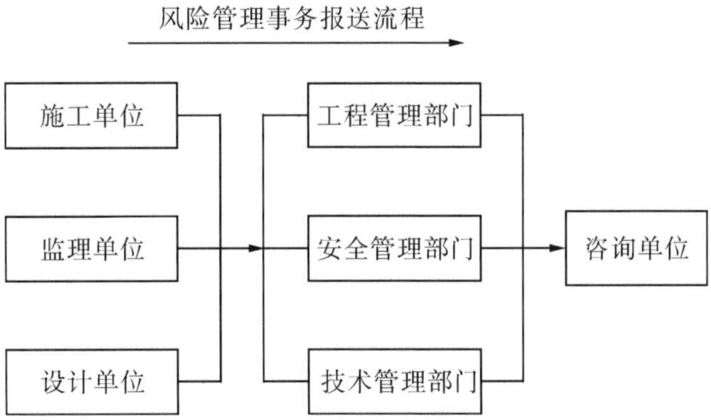

图 7－3　风险管理事务报送流程

（4）风险征兆快报报送流程。实施第三方安全风险监察管理过程中，若发现施工安全风险征兆时，咨询单位应及时以口头、电话、传真、邮件、信息管理平台或书面等形式报送相关单位，便于技术控制、及时处理，努力消除征兆和险情，使事态得到及时有效的控制，具体报送流程如图 7－4 所示。

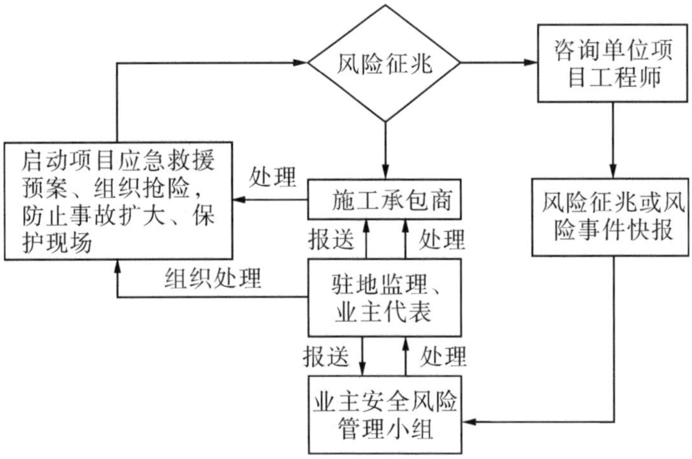

图 7－4　风险征兆快报报送流程

（5）安全风险监察管理月（周）报报送流程。实施第三方安全风险监察管理过程中，咨询单位需定期向项目管理小组报送安全风险监察管理月（周）报。具体报送流程如图 7－5 所示。

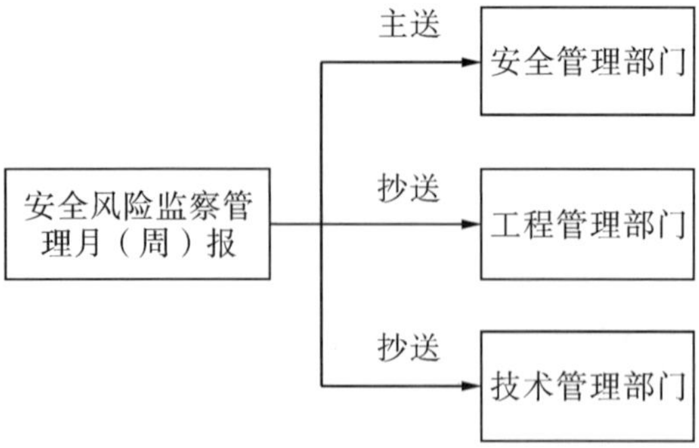

图 7－5　安全风险监察管理月（周）报报送流程

（6）第三方监测月（周）报报送流程。第三方监测单位实施监测过程中，需将监测数据汇总，形成第三方监测月（周）报，定期报送项目管理小组相关部门、咨询单位、施工单位和监理单位等。具体报送流程如图 7－6 所示。

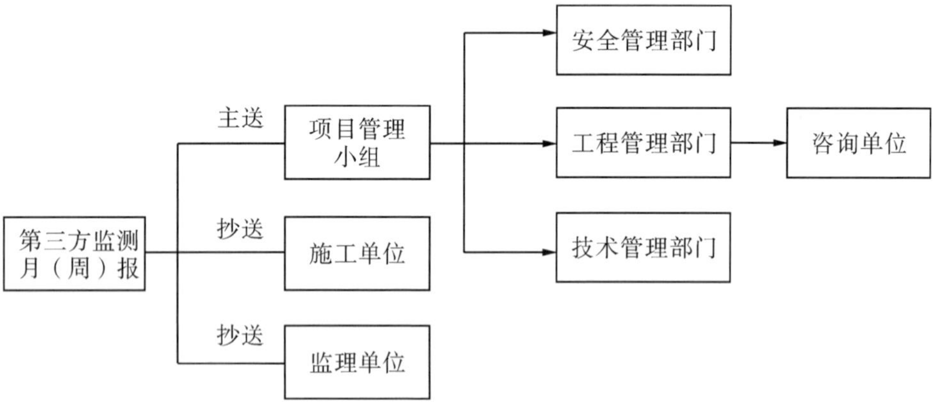

图 7－6　第三方监测月（周）报

7. 管理流程

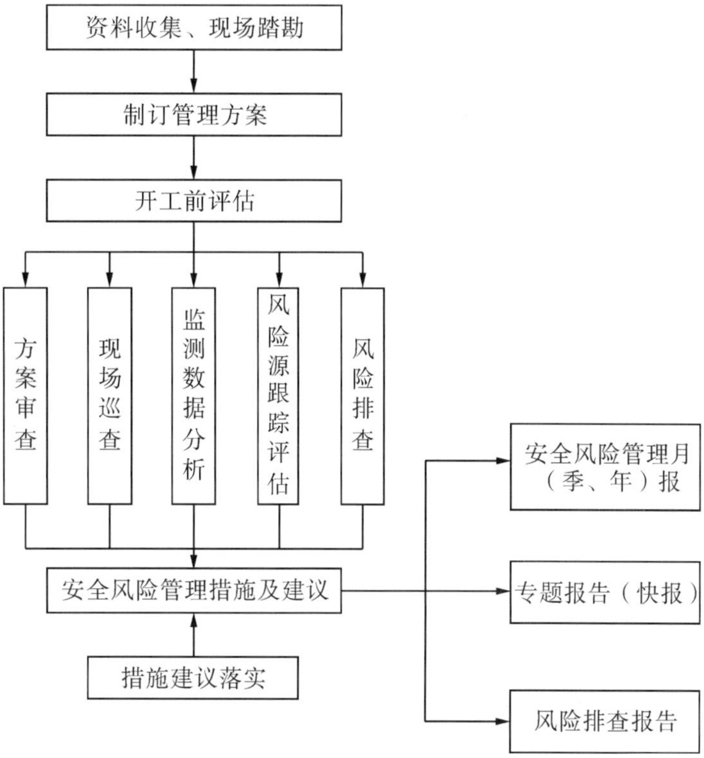

图7－7　第三方安全风险监察管理流程

8. 管理手段

（1）参与施工组织设计与专项安全方案审查。

对于一类工点，咨询单位参与监理组织的施工组织设计与专项施工方案审查，提出与安全风险有关的建议。

对于二类、三类工点，咨询单位将视工点情况，选择性地参与施工组织设计与专项安全方案审查会，提出相关建议。

（2）现场巡查与风险源跟踪、控制。咨询单位通过现场巡查，动态掌握风险源的状态和及时发现风险点，提出风险规避措施建议，提请有关方面实施控制，降低城市轨道交通工程施工安全风险。风险源跟踪与动态控制，尤其是对重大风险源的跟踪控制，是第三方安全风险监察管理的一项重点工作。

（3）第三方监测和监测数据分析。咨询（第三方监测）单位进行安全风险监察管理时，可针对周边环境变形实施第三方监测，并对第三方监测数据进行分析。主要从以下几个方面进行：

①编制第三方监测方案。

②第三方监测成果的规范化。

③参与分析两级监测数据（施工方监测与第三方监测）的不一致问题。

④第三方监测结果的分析与反馈。

（4）咨询单位通过施工工况、现场巡查结果和监测数据进行综合分析和趋势预测，根据设计文件和相关规定、标准判断风险状态。安全风险动态评估可采用安全风险征兆快报、专题报告或月报等多种形式。

7.2.4 安全风险排查

建设单位每年年初对所有在建工程以标段为单位开展风险排查工作，对排查出来的安全风险，组织设计、施工、监理单位制定风险控制措施和应急措施，编制《建设工程安全风险排查汇总》。根据风险分级标准确定工点风险等级，实行不同层面的控制（如广州市轨道交通工程建设实行三级控制，即总公司、总部、施工项目部），以增强对工程安全风险的预见性和超前性，随时掌握风险控制重点并有效管控风险，达到风险分层级管理的目的。

《建设工程安全风险排查汇总》从设计、施工、监理等方面提出了具体措施，根据提出的具体措施，要求施工、监理单位做好预防应对措施，避免重特大生产安全事故的发生。针对排查出的风险点，业主、施工方、监理方及时跟进工程建设施工进度，实现安全风险的动态管理和闭环管理。

7.3 城市轨道交通工程土建施工工法的选择

国内城市轨道交通工程车站、隧道建设过程中常使用的工法主要有明（盖）挖法、暗挖（矿山）法、盾构法，但各种工法有其相应的适用范围和优缺点，本节将对上述三种施工工法进行简单介绍，并详细叙述其在施工过程中存在的主要风险及相应的规避措施。

7.3.1 明（盖）挖法施工

浅埋地铁区间特别是地铁车站，经常采用明挖法或盖挖法施工，明挖法和盖挖法施工属于深基坑工程技术。由于地铁工程一般位于建筑物密集的地区，因此深基坑工程的主要技术难点在于对基坑周围原状土体的保护，防止地表沉降，减少对既有建筑物的影响。

7.3.1.1 明挖法施工工序

明挖法施工技术简单、快速、经济，常为首选方案。明挖法施工技术一般可分为四大步：围护结构施工→内部土方开挖→工程结构施工→管线恢复及覆土。

明挖法施工中围护结构的选择，应充分考虑地质条件的差异、围护结构的刚度以及对基坑防水的要求。围护结构可分为排桩围护结构（钢板桩、钻孔桩、水泥搅拌桩或劲性水泥土搅拌桩）、地下连续墙围护结构、土钉墙围护结构等。当侧压力比较小、基坑较浅时可以不设支撑，设置支撑还是采用锚杆等措施可根据当地已有的施工经验以及具体情况来定。内部土方开挖主要是采取分层、分块，同时考虑一定的空间及时间因素。对于地下水位较高的地区，土方开挖应注意因水土流失引起的支撑不平衡而导致的基坑坍塌或因水土流失引起的对周围环境的不利影响。内部结构的施工由下至上分步实施，最后施工防水层和上部覆土。

明挖顺筑法施工工序，可概括性描述如下：围护结构施工→内井点降水（或基坑底土体加固）→第一层开挖→设置第一层支撑→第 n 层开挖→设置第 n 层支撑→最底层开挖→

底板浇筑混凝土→最下层支撑拆除→内衬浇筑→自下而上逐步拆支撑→顶板混凝土浇筑。

7.3.1.2 盖挖法施工工序

在城市繁忙地带修建地铁车站时，往往占用道路，影响交通。当地铁车站设在主干道上，而交通不能中断，且须满足一定交通流量要求时，可选用盖挖法。按主体结构的施工顺序，盖挖法可分为盖挖顺作法、盖挖逆作法和盖挖半逆作法。

1. 盖挖顺作法

盖挖顺作法是在地表作业完成挡土结构后，以定型的预制标准覆盖结构（包括纵、横梁和路面板）置于挡土结构上维持交通，往下反复进行开挖和加设横撑，直至设计标高。依序由下而上，施工主体结构各防水措施，回填土并恢复管线路或埋设新的管线路。最后，视需要拆除挡土结构的外露部分并恢复道路。

盖挖顺作法主要依赖坚固的挡土结构，根据现场条件、地下水位高低、开挖深度以及周围建筑物的邻近程度，选择钢筋混凝土钻（挖）孔灌注桩或地下连续墙。对于饱和软弱地层，应以刚度大、止水性能好的地下连续墙为首选方案。

2. 盖挖逆作法

如果开挖面大、覆土浅、基坑周围建筑物很近，为尽量防止因开挖基坑而引起邻近建筑物的沉陷，或需及早恢复路面交通，可采用盖挖逆作法施工。

盖挖逆作法的一般施工步骤为：先在地表向下做基坑的围护结构和中间桩柱，和盖挖顺作法一样，基坑围护结构多采用地下连续墙或帷幕桩，中间支撑则多利用主体结构本身的中间立柱降低工程造价。随后即开挖表层土至主体结构顶板底面标高，利用未开挖的土体作为土模浇筑顶板。顶板可以作为一道强有力的横撑，以防止围护结构向基坑内变形，待回填土后将道路复原，恢复交通。以后的工作都是在顶板覆盖下进行，即自上而下逐层开挖并建造主体结构直至底板，主体结构的现浇梁板也是以土模浇筑的。

3. 盖挖半逆作法

盖挖半逆作法类似于逆作法。盖挖半逆作法与逆作法的区别仅在于顶板完成及恢复路面后，向下挖土至设计标高后浇筑底板，再依次序向上逐层浇筑侧墙、楼板。在半逆作法施工中，一般都必须设置横撑并施加预应力。

采用逆作法和半逆作法施工时都要注意混凝土施工缝的处理问题，由于它是在上部混凝土到达设计强度后再接着往下浇筑的，而混凝土的收缩机析水，施工缝处不可避免地会出现 3mm ~ 10mm 宽的缝隙，将对结构的强度、耐久性和防水性产生不良影响。

7.3.1.3 排桩围护结构

基坑开挖时，对不能放坡或由于场地限制不能采用搅拌桩围护、开挖深度在 6m ~ 10m 的基坑，则可采用排桩围护。

排桩围护结构（又称帷幕桩围护结构）是地铁基坑开挖施工中经常采用的形式。构成排桩的基本桩单元，可以是钢板桩、钻孔桩、水泥搅拌桩或劲性水泥土搅拌桩（SMW）等。

排桩围护结构按排列密度可分为以下三类：

（1）柱列式排桩围护。当边坡土质较好、地下水位较低时，可利用土拱作用，以稀疏钻孔灌注桩或孔桩支挡基坑。

（2）连续排桩围护。当土质较软不足以形成土拱时，应采用连续密排桩。密排的钻孔桩可以互相衔接，或在桩身混凝土强度尚未形成时，在相邻桩之间做一根素混凝土树根桩把钻孔桩排联结起来。也可以采用劲性水泥土连续搅拌桩（SMW）、钢板桩、钢筋混凝土板桩等。

（3）组合式排桩围护。当地下水位较高、开挖深度大，且对周围土体位移要求十分严格时，可采用钻孔灌注桩与搅拌桩或 SMW 防渗墙等组合的形式。

按基坑开挖深度及支挡结构受力情况，排桩围护可分为以下三种：

（1）无支撑（悬臂）围护结构。当基坑开挖深度不大时，即可利用悬臂作用挡住墙后土体。

（2）单支撑结构。当基坑开挖深度较大时，不能采用无支撑围护结构，可以在围护结构顶部附近设置一单支撑（或锚杆）。

（3）多支撑结构。当基坑开挖深度较深时，可设置多道支撑，以减少挡墙的内力。

1．钢板桩围护结构

钢板桩用于地铁开挖的深基坑支护，虽不甚普遍，但不失为一种施工简单、投资经济的支护方法。它曾在沿海城市（如上海、天津等地）修建地下铁道时，在地下水位较高的基坑中采用较多。钢板桩的缺点是柔性大，如用于深基坑支护应设多道支撑（或锚杆）。一般认为开挖深度超过 7m 的软土地层不宜采用此法。

图 7－8　钢板桩施工

2．钻孔灌注桩围护结构

钻孔灌注桩围护常用作地铁基坑开挖中的围护结构，钻孔灌注桩成孔分为干作业和湿作业。干作业成孔施工，即无泥浆非循环钻进法，适用于地下水位低于桩底的一般黏性土、砂土及人工填土基；湿作业成孔施工，是指利用钻机水下钻孔，同时借助泥浆护壁、携渣的成孔施工。此法适用于一般黏性土、淤泥和淤泥质土、砂性土和碎石类土，尤其适用于地下水位较高的土层。湿作业法的成孔机械有冲击钻机、冲抓钻机及正、反循环旋转钻机等，可用在不同的土层中。

图 7－9　旋挖钻机成孔

图 7－10　人工挖孔桩

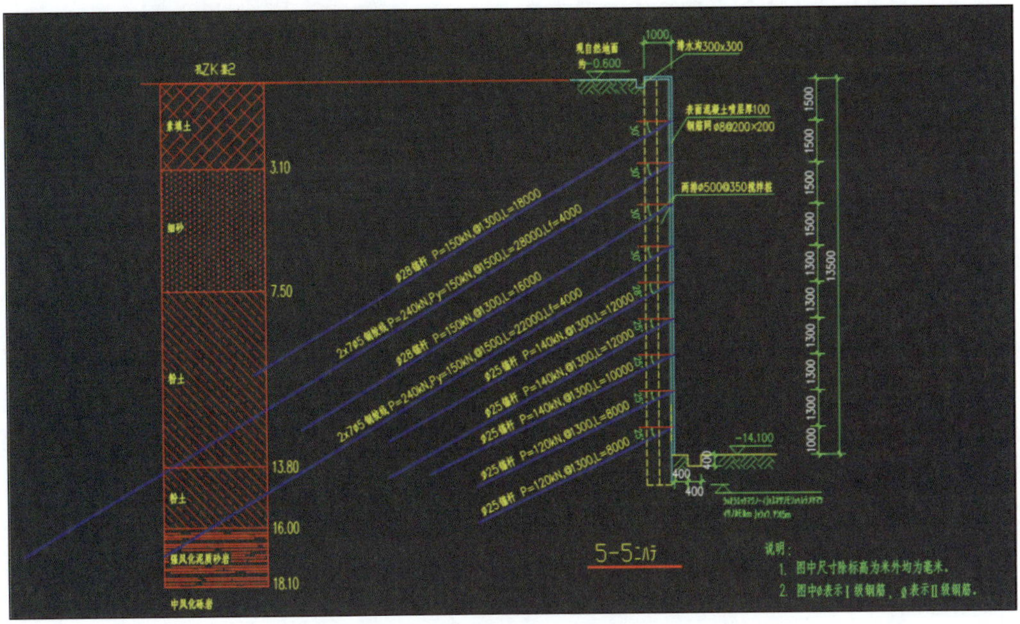

图 7－11　钻孔桩加锚杆及锚索支护结构图

3. 人工挖孔桩围护结构

人工挖孔桩是依靠人力挖掘成孔的桩，在作为基坑支护时，是依靠多个桩组成桩墙而起挡土作用的。人工挖孔桩的优势主要表现在：开挖机具简单，不受设备和工作面限制，可在若干个孔同时开工；无振动、无噪声，对周围环境不会产生污染，成桩质量好，桩底干净，持力层清楚；对邻近结构和地下设施的影响小，场地干净，适用于建筑物拥挤的地区；对劳动力相对廉价的地区，较为经济。

人工挖孔桩适用于作业条件差、安全性差的情况，但在富水砂层地区要慎用。

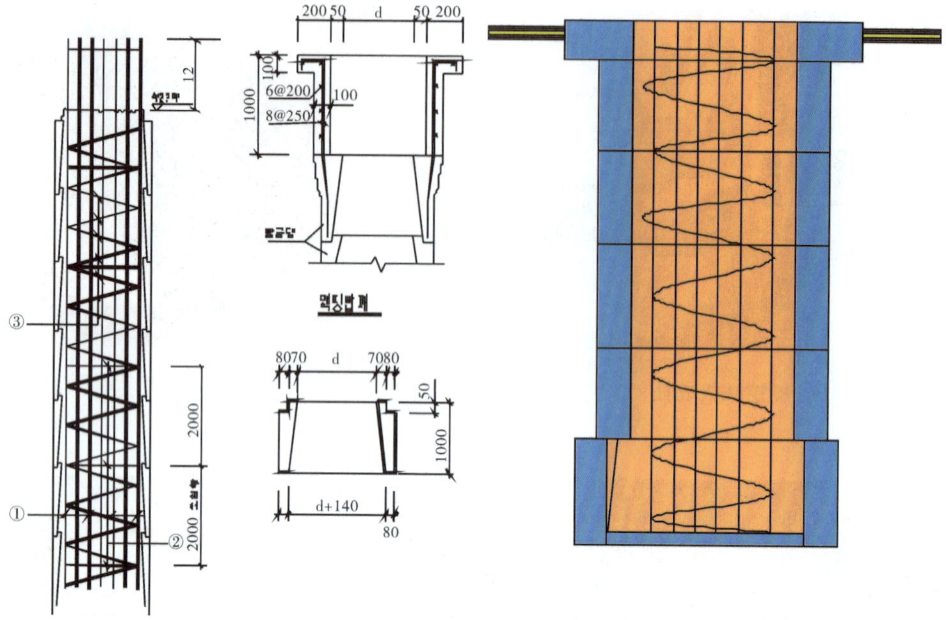

图 7-12　人工挖孔桩示意图

4. 水泥土深层搅拌桩支护结构

水泥土深层搅拌桩是利用水泥、石灰等材料作为固化剂，通过深层搅拌机械将软土和固化剂（浆液或粉体）强制搅拌，利用固化剂和软土之间所产生的一系列“物理—化学”反应，使软土硬结成具有整体性、稳定性和一定强度的桩体。

水泥土深层搅拌桩最适用于饱和软黏土，包括淤泥、淤泥质土、黏土和粉质黏土等。加固深度从数米至 50m ~ 60m，国内深度最大为 15m ~ 20m。一般认为对含有高岭石、多水高岭石与蒙脱石等黏土矿物的软土加固效果较好；对含有伊里石、氯化物等黏性土以及有机含量高、酸碱度（pH 值）较低的黏性土的加固效果较差。

水泥土深层搅拌桩支护结构不透水，不设支撑，基坑能在敞开的条件下开挖，使用的材料仅是水泥而已，因此具有较好的经济效益，深受欢迎。水泥土深层搅拌桩的主要特点是抗拉强度低，因而常排列成格栅形式，成为重力坝式挡墙，或在其中插入型钢加压改良。

5. 劲性水泥土连续搅拌桩支护结构

劲性水泥土连续搅拌桩支护结构，又称 SMW，它是在水泥土搅拌桩中插入型钢或其他芯型形成的同时具有承力与防渗两种功能的围护形式。

“SMW”也称为“地下连续壁工法”，它采用一轴或多轴的搅拌桩机对孔内被切削、扰动的土体加入硬化剂（水泥、石膏等）进行充分的搅拌，并插入型钢待其硬化后，形成一连续的、具有一定刚度的、可以隔水的地下连续墙体。

劲性水泥土搅拌桩连续墙具有如下优点：占用场地小、施工速度快、施工过程中对周边建筑物及地下管线影响小，耗用水泥、钢材少，造价低。

SMW 的使用以水泥土深层搅拌桩为基础，因此凡是适合应用水泥土深层搅拌桩的场合都适合使用 SMW，特别是以黏土和粉质土为主的软土地区。SMW 适用的基坑深度与施工机械有关。国内一般在基坑开挖深度 6m ~ 10m 时采用，国外已有开挖深度为 20m 的例子。经过不断的工程实践，它极有可能逐步代替钻孔灌注桩围护，在某些工程中也有可能代替地下连续墙。

7.3.1.4 地下连续墙围护结构

地下连续墙是连续构筑在地下的一道钢筋混凝土墙。其技术是根据打井和石油钻井用膨润土泥浆护壁以及水下混凝土施工方法的应用而发展起来的。由于地下连续墙具有挡土、防水抗渗及承重等功能，故其在我国地铁的深基坑工程中得到广泛的应用。

地下连续墙有以下优点：可减少工程施工时对环境的影响；防水抗渗性能好；地下连续墙刚度大，能承受较大的侧压力；适用于多种地基条件，除溶岩地质外可适用于各种地质条件，在承受水头很高的砂砾石层采取措施后，也能采用；在建（构）筑物密集地区也可以施工，对邻近建筑物及基础不产生影响，实践中距建（构）筑物基础 1m 左右就可以顺利施工；地下连续墙适宜顺作、逆作施工相结合，既可用于超深围护结构，也可用于主体结构。

地下连续墙施工也有以下缺点：施工后对废泥浆要进行处理，管理不善时会造成现场泥泞，同时还会对地基及地下水造成污染；墙面虽可保证垂直度，但比较粗糙，经常需要再做一层内衬墙；造价较高，若结合工程实际，使其既作为临时围护抗渗漏，又作为地下永久结构，则将降低工程造价。

地下连续墙施工，大致要经过筑导墙、吊放接头管、吊放钢筋笼、灌筑水下混凝土及拔出接头管成墙等环节。其工艺流程参见图 7 – 13。

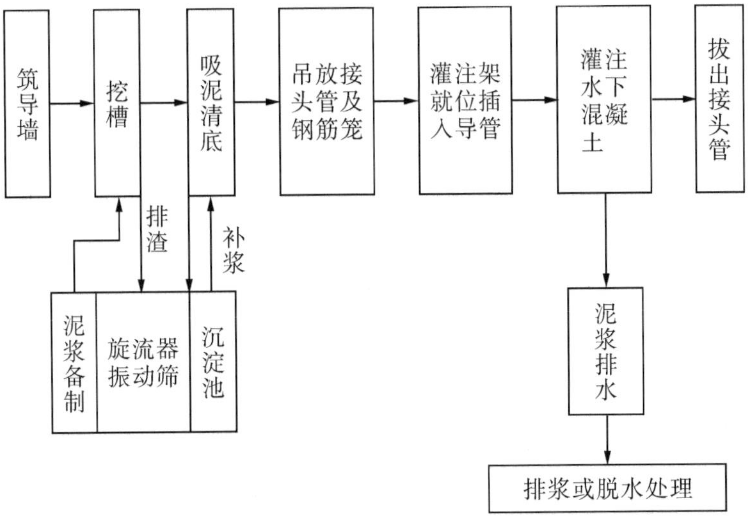

图 7 – 13 地下连续墙施工工艺流程

7.3.1.5 土钉墙支护结构

土钉墙支护是指在基坑开挖过程中，将土钉置入原状土体中，并在支护面上喷射钢筋混凝土面层，通过土钉、土体和喷射的混凝土层的共同作用，形成土钉墙支护结构。土钉墙支护适用于地下水位以上或经过人工降水后的黏性土、粉土、杂填土及非松散砂土和卵石土等。对于淤泥土及饱和软土应采用复合型土钉墙支护。

图 7－14　深度达 14.4m 的基坑采用土钉加锚喷支护

土钉墙支护利用置入土层中的土钉，弥补天然土体抗拉、抗剪强度的不足，约束土体变形，并与土体共同承担外荷载。在土体进入塑性变形阶段后，发生的应力重分布使得土钉承受更大的力，而喷射混凝土面层调节支挡结构表面的应力分布体现整体作用。土钉墙的破坏有内部稳定破坏（或称局部滑动面破坏）和外部稳定破坏（或称整体滑移与倾覆破坏）。可见，土钉墙破坏具有明显的平移和转动性质，类似于重力式挡墙。

土钉墙支护中喷射混凝土面层的作用，除了可以稳定开挖面上的局部土体外，还可以防止土钉崩落和受到侵蚀。

土钉墙支护有以下几个特点：

（1）土钉墙支护是通过土钉与周围土体接触形成的复合体。在土体发生变形的条件下，通过土钉与土体接触面上的黏结力或摩擦力，使土钉被动受拉，并通过受拉工作面给土体约束加固，提高整体的稳定性和承载能力，增强土体的变形的延性。

（2）土钉墙是原位土中的加筋技术，是从上至下的开挖过程中将土钉置入土中，形成以土钉与它周围加固了的土体为一体的类似重力式挡土墙结构。

（3）土钉墙支护是边开挖边支护，流水作业，不占独立工期，施工快捷。

（4）设备简单，操作方便，施工所需场地小。

（5）土体位移小，采用信息环施工，发现墙体变形过大或土质变化时，可及时修改、加固或补救，确保施工安全。

土钉墙支护的一般施工顺序为：开挖一定的深度→在开挖面上设置一排土钉（各排之间错位成梅花形布置）→注浆、喷射混凝土面层；继续向下开挖一定深度，并重复上述步骤，直至达到所需的深度，有时根据需要，还应喷射第二层混凝土面层。

7.3.1.6　明（盖）挖法工程施工风险

1. 围护结构施工风险

地下连续墙是城市轨道交通建设工程常见的围护结构形式，主要有地下连续墙、钻（冲）孔灌注桩和人工挖孔桩等类型。

（1）地下连续墙施工风险。

①岩溶发育区施工引起坍塌。

②软土、砂层中进行地下连续墙施工，可能出现槽壁坍塌或缩颈现象。

③墙体混凝土浇筑过程中操作不当可能会出现墙体断裂、墙体夹泥等现象。

④钢筋笼吊装风险。
⑤混凝土浇筑过程中可能会出现钢筋笼变位、上浮等情况。
⑥墙体嵌岩深度不足可能会导致围护结构变形过大。
⑦槽段定位偏差和垂直度控制得不好，易出现结构侵陷、槽段间接缝不实的现象。
⑧成槽过程中引起周边地表及建（构）筑物沉降、变形。
（2）钻（冲）孔灌注桩施工风险。
①岩溶发育区施工引起坍塌。
②在砂层、软土中施工容易引起缩颈、坍塌。
③钢筋笼吊装风险。
④成桩过程中垂直度控制得不好，易导致桩体开叉或围护结构侵陷的现象。
⑤围护桩嵌固深度不足或桩长不足，易导致基底隆起、支护变形失稳。
⑥混凝土浇筑过程中操作不当可能引起桩体断裂、桩体夹泥等现象。
（3）人工挖孔桩施工风险。
①软弱地层中成孔，易引起孔壁坍塌，甚至影响施工人员人身安全。
②钢筋笼吊装风险。
③有毒气体、触电、坍塌、高处坠落等风险。

2. 土方开挖施工风险

（1）周边建（构）筑物及地表沉降风险。
（2）周边管线沉降、开裂风险。
（3）基坑周边超载，引起围护结构变形。
（4）岩溶发育区土方开挖，引起涌水、坍塌。
（5）断裂破碎带区域土方开挖，引起涌水、坍塌及建（构）筑物沉降。
（6）软弱地层中土方开挖，引起坍塌、围护结构变形。
（7）砂层、富水磁层中土方开挖，引起围护结构渗漏，影响周边环境。
（8）开挖面坡度控制不好，易导致坍塌。
（9）爆破震动引起周边变形地表沉降。
（10）施工组织不合理、安排不当或受周边特殊环境制约，如运渣设备下基坑，导致支撑架设不及时，引起围护结构变形。

图7－15 周边环境（高压线塔）基础隆起

图7－16 基坑开挖面坍塌，支撑体系破坏

3. 支撑体系施工风险

（1）支撑体系尤其是钢支撑架设不及时，易增大围护结构变形的风险。

（2）钢支撑安装、拆除过程中形成的稳定性风险。

（3）围檩压坏、扭曲、断裂形成的风险。

（4）施工过程中支撑被撞弯、断裂、失稳形成的风险。

（5）临时中立柱及其与支撑连接处遭破坏，引起围护结构变形。

图7－17　钢支撑架设不及时，围护结构变形大

图7－18　支撑环梁开裂

4. 拉锚体系施工风险

（1）锚固体周边水土条件的变化，可能会导致锚杆（或锚索）的抗拔力减弱，从而导致围护结构变形过大。

（2）锚杆（或锚索）与锚头、锚头与围檩之间的连接失效，将导致围护结构失效，从而产生过大变形。

图7－19　风井基坑拉锚体系围护结构变形大

5. 土钉墙施工风险

（1）墙后水土条件的变化（如土体含水量增大、土体遇到软化等），可能会导致土钉的抗拔力减弱，从而导致土钉墙产生过大变形。

（2）施工质量等原因导致土钉失效、土钉边坡整体失稳。

6. 辅助工法施工风险

明（盖）挖基坑辅助工法主要为围护结构施工的止水帷幕、围护结构接缝间止水以及土体加固等措施。常见的有水泥土搅拌法、高压喷射注浆法、灌浆法等。

（1）施工控制不当等引起桩身质量差、止水帷幕失效的风险。

（2）对于土体加固搅拌桩，若成桩质量较差，易导致加固效果达不到要求。

（3）灌注压力过大导致附近地面隆起、变形和开裂，导致附近地下管线错位、拉断等。

7. 基坑降排水施工风险

（1）降排水施工。

水力坡降过大、抽排砂层地下水时砂层流失，易发生管涌、流砂、支护结构变形失稳及引起周边建（构）筑物沉降。

（2）雨季施工。

①长时间、大量降雨易引起围护结构变形。

②基坑开挖面土体被雨水长期浸泡，易导致开挖面滑移、坍塌。

③脚手架、塔吊等高大设备基础受雨水浸泡软化，易导致基础沉降变形、设备倾覆、失稳。

图7－20　雨季施工，基底隆起

图7－21　雨季施工，基坑坍塌

7.3.2　暗挖（矿山）法施工

暗挖（矿山）法施工是在特定条件下，不挖开地面和修筑衬砌结构的隧道施工法。早期的隧道暗挖施工采用传统的矿山法，即以人力开挖、小型机械开挖、钻爆等方式开挖，根据围岩稳定情况，在横断面上采用分部开挖，在纵断面上采用正台阶开挖或反台阶开挖；在支护手段上，采用圆木、型钢、钢轨等形成支架，对开挖面形成强力支撑。

7.3.2.1　暗挖（矿山）法施工选取

暗挖（矿山）法施工常用的开挖方法大致可分为全断面法、台阶法和分部开挖法三大类。

1. 全断面法

全断面法即全断面开挖法，是指按设计开挖面一次开挖成形。全断面开挖有较大的工作空间，适用于大型配套机械化施工，因单工作面作业，便于施工组织管理，所以一般尽量采用全断面开挖法。但全断面法开挖面大，围岩相对稳定性降低，且每个循环工作量相对较大，因此要求具有较强的开挖、出渣能力和相应的支护能力。

采用全断面开挖时应注意以下事项：

（1）摸清开挖面前方的地质情况，随时准备好应急措施（包括改变施工方法），以确保施工安全。尤其要注意突然发生的地质条件恶化，如地下泥石流。

（2）各工序使用的机械设备力求配套，以充分发挥机械设备的使用效率和使各工序之间协调进行，在保证隧道稳定安全的条件下，提高施工速度。

（3）在软弱破碎围岩中使用全断面法开挖时，应加强对辅助施工方法的设计和作业的检查，以及对支护后围岩的量测与监控。

2. 台阶法

台阶法适用于围岩条件较好及小断面隧道。台阶法分为预留核心土台阶法和不预留核心土台阶法，对于松散的强风化岩层，上台阶开挖采用四周开挖预留核心土的方式，如图7－22所示；开挖较为坚硬的岩层需要爆破施工时，则将上台阶整个断面爆破，不留核心部分。

台阶开挖法可以有足够的工作空间和相当的施工速度，但上下部作业有干扰。台阶开挖虽会增加对围岩的扰动次数，但台阶有利于开挖面的稳定。尤其是上部开挖支护后，下部作业就较为安全，但应注意下部作业对上部稳定的影响。

台阶开挖应注意以下事项：

（1）台阶长度要适当。按台阶长短可分为长台阶、短台阶、微台阶三种。选用何种台阶，应根据两个条件来确定：其一是初期支护形成闭合断面的时间要求，围岩稳定性愈差，闭合时间要求愈短；其二是上半断面施工时开挖、支护、出渣等机械设备所需的空间大小的要求。

（2）解决好上、下半断面作业的相互干扰问题。微台阶基本上是合为一个工作面同步掘进；长台阶工作面基本上拉开，工作面之间干扰较小；而短台阶工作面之间干扰较大，要注意作业组织。对于长度较短的隧道，可将上、下半断面贯通后，再进行下半断面施工。

（3）下半断面开挖时，应注意上半断面的稳定。若围岩稳定性较好，则可以分段按顺序开挖；若围岩稳定性较差，应缩短下半断面掘进循环进尺；若稳定性更差，则可以左右错开，或先挖中槽后挖边帮。

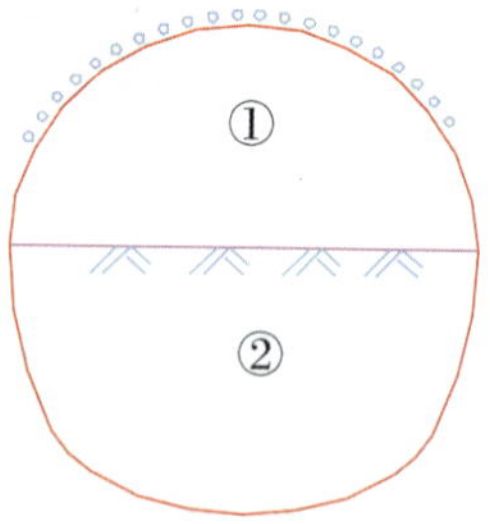

图7－22　台阶法

3. 分部开挖法

分部开挖法是将隧道断面分部开挖逐步形成，且一般将某部超前开挖，主要有CD法、CRD法、双侧壁导坑法、联拱隧道中洞法等。

（1）CD法、CRD法。

它们都适用于地质条件比较软弱的或是大断面的隧道。CD法是采用以型钢支撑和喷射混凝土的中隔壁把隧道两侧分隔再进行开挖的方法。CRD 法则是采用以中隔壁和临时仰拱把隧道断面从上下、左右分别分隔再进行开挖的方法，是在地质条件要求分部开挖并及时封闭的条件下采用的。CRD 法和 CD 法的区别是 CRD 法有型钢喷砼临时仰拱封闭，而 CD 法则没有要求。

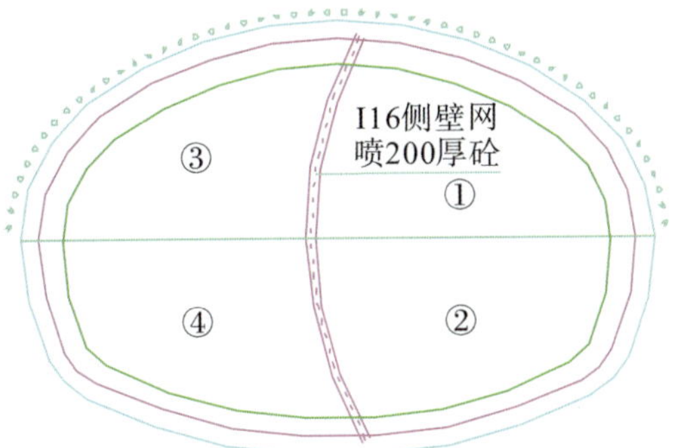

图 7－23　CD 法

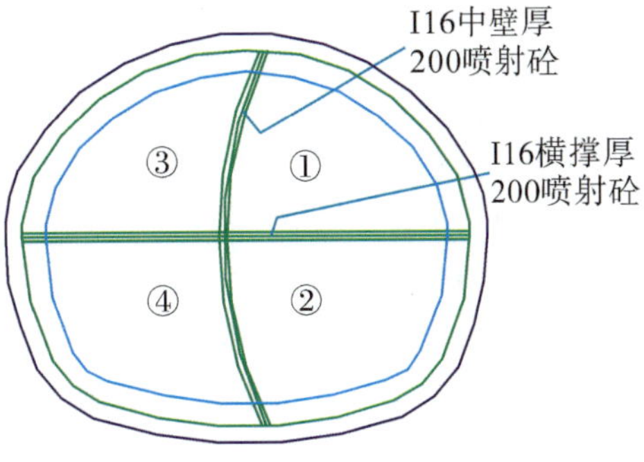

图 7－24　CRD 法

图 7－25　台阶法施工现场

图 7－26　CRD 法施工现场

（2）双侧壁导坑法。

该工法适用于浅埋大跨度隧道，地表下沉量要求严格，围岩条件特别差时配合辅助施工方法采用。该工法的优点是施工安全可靠，但施工速度较慢，造价较高。

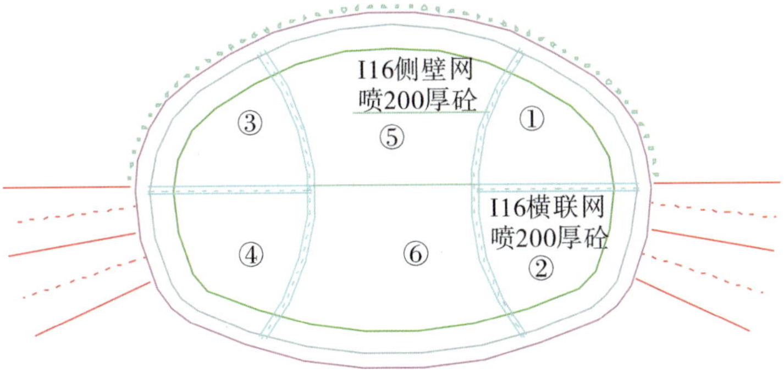

图 7－27　双侧壁导坑法

分部开挖时应注意以下事项：

①因工作面角度，相互干扰大，应注意组织协调，实行统一指挥。

②由于多次开挖对围岩的扰动大，不利于围岩的稳定，应特别注意加强对爆破开挖的控制。

③应尽量创造条件，减少分部次数，尽可能争取用大断面开挖。

④凡下部开挖，均应注意上部支护或衬砌的稳定，减少对上部围岩及支护、衬砌的扰动和破坏，尤其是在边帮部位开挖时。

实践证明，选择合理的施工方法，可以安全地建设隧道，并将地表沉降控制在设计要求范围内。因此，选择一种合理的施工方法是工程成功的关键。从国内外现有工程实践和实验研究的情况来看，其工法选择的顺序为：正台阶法→上台阶设临时仰拱闭合法→CD工法→CRD 工法→眼镜工法。从安全的角度看，顺序正好相反。在工程实践中，应根据地质条件、断面大小、地面环境等因素从工法的可实现性、工期、安全性、适应性、技术性和经济性六个方面综合考虑来选择施工方法。

大断面车站开挖方法的选择，受地表沉陷影响较大，变大跨为小跨可减少地表沉陷，避免两个洞室同步掘进，能防止较大应力集中产生；开挖分块越多，扰动地层次数增多，地表沉陷就越大；一次支护及时，开挖支护封闭时间越快地表沉陷就越小。在采用正确施工方法和辅助施工措施后，可以达到安全、经济、快速施工的目的。

（3）联拱隧道中洞法。

联拱隧道中洞法适用于土类—软岩类的地质条件较好且施工受地下水影响较少的地下工程项目。

①施工工艺流程。拱部超前支护→中墙上寻洞开挖及临时支护→中墙下导洞开挖及临时支撑→施作中墙钢筋混凝土及临时支撑→左右侧断面上台阶开挖及临时支撑→左右侧断面下台阶开挖及临时支撑→施作钢筋混凝土二次衬砌。

②操作要点。中洞临时支护参数：混凝土 C25，厚 250mm；小导洞部位设 22 格栅钢架，间隔 50mm；钢筋网采用直径为 6mm 钢筋，间距采用 150mm×150mm；上下导坑距离保持 60m~80m 为宜。要待中洞一衬结构混凝土强度达到设计强度的 70% 后，才进行两侧洞施工。隧道初期支护及二次衬砌背后均回填注浆，注浆管预埋，注浆压力要适当控制。隧道底板的回填层混凝土与仰拱混凝土一起施工。

土方开挖时，中洞按“小分块、短台阶、早成环、环套环”的原则，采用竖向留坡、

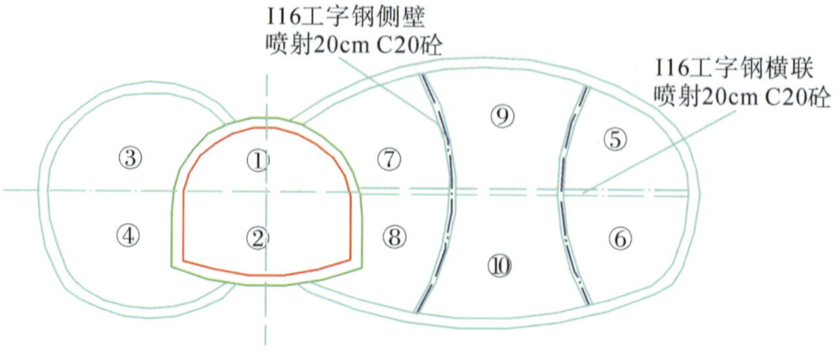

图 7-28　联拱隧道中洞法

纵向错台的施工方法完成中洞施工，两侧洞同步采用正台阶法自上而下分步掘进成环，不必纵向错台。中洞上半断面宜采用环形开挖，尽可能保留核心土，下半断面开挖时，边墙宜采用单侧或双侧交叉开挖，仰拱应尽快开挖，缩短全断面封闭时间。

隧道开挖采用短台阶法施工，初衬支护边随土方开挖边支护，根据隧道新奥法设计原理，遵循“超前护顶、短开挖、强支护、二次衬砌紧跟”的支护原则，每次开挖核心土和进尺应严格遵循“小于1m”的挖土原则，在纵向保持核心土和下台阶及仰拱土体的距离，确保隧道开挖的稳定、安全。

7.3.2.2　设计、施工基本原则

设计、施工时要坚持“十八字”方针，即管超前、严注浆、短开挖、强支护、快封闭、勤量测。

①管超前。管超前可缓解开挖引起的工作面前方和正上方土柱的压力，缓解围岩松弛和预防坍塌。

②强支护。浅埋暗挖法既认为初支是柔性的，又特别强调初支是强大的，它应该承受全部的基本荷载，变形控制标准不仅由支护结构本身决定，而且往往受制于地面环境的要求。

③勤量测。其作用不言而喻，量测应纳入工序管理，真正实现工程内而不仅仅是工程间的信息化动态设计。

7.3.2.3　暗挖（矿山）法施工风险

城市轨道交通建设工程中，区间隧道、折返线、停车线、联络通道、出入口、辅助线及特殊地质区段隧道等工程的施工方法多采用矿山法，车站站台层隧道有时也采用矿山法施工。相对于明（盖）挖法和盾构法施工，采用矿山法施工的工程具有相对较大的风险。

1. 地质因素引起的施工风险

地质条件是造成矿山法施工工程出现风险的内在因素。轨道交通建设工程沿线地质条件复杂，岩溶、断裂等不良地层以及砂层、残积层等地层广泛分布，这些不利条件均给矿山法施工带来很大的困难。

（1）断裂带引起的风险。

①因断裂带透水性较好，在隧道掘进过程中可能出现涌水、塌方。

②断裂带处岩石破碎，易导致隧道因基底承载力差异过大而出现不均匀沉降和破坏隧道主体结构的风险。

（2）溶（土）洞引起的风险。在存在溶（土）洞的地层中进行矿山法施工，极易发生涌水、冒顶、坍塌的风险，造成人员伤亡、周边环境变形甚至被破坏。

（3）残积土层引起的风险。该层土遇水易于软化崩解，造成开挖面坍塌及渗水等风险。

（4）砂层引起的风险。矿山法隧道施工时遇砂层，易引起流砂、隧道坍塌的风险，造成地表沉陷。

（5）地下水引起的风险。地下水位较高、地下水和地表水体联系紧密等，均会给矿山法隧道施工带来诸多困难，如残积土软化崩解、漏水漏砂甚至淹没隧道、地表及建（构）筑物沉降等。

（6）可燃及不明有害气体风险。可燃及不明有害气体的存在，易导致窒息、爆炸等风险。

2. 施工及其引起的环境风险

由于施工工艺及措施的落实程度及完备程度、管理水平差异大，矿山法施工的地下工程风险较多。同时，工程周边建（构）筑物、地下管线等，均给工程施工造成不利影响。

（1）矿山法施工方法选择的风险。

实践证明，选择合理的矿山法施工，可以安全地建设隧道，并将各种施工风险控制在要求范围内。从国内外现有工程实际和实验研究的情况来看，基于经济性及工期考虑，其工法选择的顺序为：正台阶法→上台阶设临时仰拱闭合法→CD 工法→CRD 工法→眼镜工法。从安全性角度考虑，顺序正好相反。在城市轨道交通建设实践中，应根据地质条件、断面大小、地面环境等因素，从工法的可实现性、工期、安全性、适应性、技术性和经济性六个方面综合考虑，选择施工方法。

第一，台阶法。

①台阶长度过大，初期支护得不到闭合，而在围岩稳定性差的情况下，可能出现隧道收敛变形大，初期支护侵陷。

②当隧道在硬岩中掘进时，采用爆破法施工对底层的扰动大，引起围岩、土体的破坏，从而导致地层变形大，建（构）筑物沉降、倾斜、开裂。

第二，CD 工法和 CRD 工法。

①围岩较差处，隧道开挖后未及时对开挖面进行初喷，易出现坍塌。

②初期支护格栅钢架架设不及时，易导致开挖面出现坍塌。

③初期支护格栅钢架架设后，拱脚未垫实或锁脚锚杆失效，易导致初期支护变形大。

④超前小导管或径向注浆失效，地层加固或止水效果不好，易导致围岩尤其是砂层渗漏而坍塌，引起地表沉降。

⑤CD 工法的临时支撑、CRD 工法的支撑和临时仰拱架不及时，易引起地表沉降。

⑥支撑和临时仰拱架不规范，节点连接不合理，易导致支撑和临时仰拱失效。

⑦开挖过程（如放炮、机械开挖等）易导致 CD 工法的临时支撑、CRD 工法的支撑和临时仰拱破坏、失效。

⑧CD 工法、CRD 工法各分部之间的台阶过长，初期支护不能尽快封闭成环，易引起地表沉降。

⑨初期支护背后注浆不及时，不能尽快填充初期支护背后空洞和止水，易加剧围岩的水土流失，产生沉降变形。

第三，中洞法。

①当围岩条件为硬岩时，开挖爆破震动对围岩和结构产生多次扰动，致使围岩进一步弱化，同时爆破震动可能导致初期支护和开挖轮廓面脱离以及初期支护开裂等现象。

②主洞开挖大部分在导洞开挖松动范围内，且在单侧施工过渡到双侧施工时结构承受较大的偏心荷载。

③中洞法施工的隧道往往跨度都比较大，拱部较为平缓，在外力作用下支护本身产生一定的变形。

④在破碎的软弱围岩中开挖时，放坡较缓致使封闭成环的时间长，初期支护背后回填注浆时间拖后，致使围岩和结构变形增大。

⑤隧道开挖后，未及时对开挖面进行初喷，易出现坍塌。

⑥初期支护格栅钢架架设不及时的时候，易导致围岩变形、开挖面坍塌。

⑦初期支护格栅钢架架设后，拱脚未垫实或锁脚锚杆失效，易导致初期支护变形大。

⑧超前小导管或径向注浆失效，地层加固或止水效果不好，易导致围岩尤其是砂层出现渗漏、坍塌，进而引起地表沉降。

⑨一般情况下中洞按 CRD 工法施工，而当 CRD 工法的临时支撑和临时仰拱架设不及时的时候，易导致支护结构变形、地表沉降。

第四，中洞法 + 双侧壁导坑。

①由中洞的衬砌先施工，其二衬的防水均是在中洞和两侧与侧壁洞外防水相接的。因此，在侧壁洞开挖时，必须注意对中洞的外防水进行保护，若在开挖施工时有损坏，必须进行及时的修补，以保证防水施工的施工质量。

②中洞法向双侧壁导坑法转换时，必然导致周边围岩应力场变化不均，局部出现偏压现象。

③隧道开挖后，未及时对开挖面进行初喷，易出现坍塌。

④初期支护格栅钢架架设不及时，易导致开挖面出现变形、坍塌。

⑤初期支护格栅钢架架设后，拱脚未垫实或锁脚锚杆失效，易导致初期支护变形大。

⑥超前小导管或径向注浆失效，地层加固或止水效果不好，易导致围岩尤其是砂层出现渗漏、坍塌，进而引起地表沉降。

⑦支撑和临时仰拱架不规范，节点连接不合理，易导致支撑和临时仰拱失效。

⑧开挖过程（如放炮、机械开挖等）易导致支撑和临时仰拱破坏、失效。

⑨开挖过程中各分部之间的台阶过长，初期支护不能尽快封闭成环，易出现变形沉降。

⑩初期支护背后注浆不及时，不能尽快填充初期支护背后空洞和止水，易加剧围岩的水土损失，产生沉降变形。

（2）竖井施工风险。

①锁口圈施工。竖井采用钢格栅喷锚施工法施工，边挖边支，施工时竖井壁底部悬空，即使采用分区开挖，井壁也是部分悬空的，因此竖井的重量以及作用于其上的井架荷载由锁口圈以及井壁的摩擦力来承担。故锁口圈的大小以及其下卧层的性质就成为影响竖井沉降的主要因素之一。

②竖井施工。竖井和明（盖）挖基坑类似，采用的围护结构如果不适用于场地地层，或者施工中存在较大的质量问题，在竖井施工过程中会出现较大的风险，如围护结构变形较大、漏水、漏砂等，并同时影响到周边的环境。

③竖井中马头门的施工。暗挖竖井中马头门是暗挖风险较大的部位。因此，施工时应采取加固措施和其他措施避免风险。

（3）联络通道施工风险。

在以往的城市轨道交通工程施工中，联络通道施工往往是重大的风险点。从力学分析角度看，此处土体的应力状态由二维变为一维，土体的传递路径削弱很大，如不采取土体加固措施，部分土体将处于承载力极限状态。因此，当联络通道所处地质条件不好时，在设计阶段往往采取一定的措施加固地层或改变开挖方法，避免重大风险。

（4）正线隧道施工风险。

①爆破开挖带来的风险。由于爆破过程产生强大的冲击波，对岩层产生扰动，弱化岩层，同时影响周围建（构）筑物，加剧其沉降、变形；当爆破参数选取不当、炮眼布置和装药量没有按设计要求时，会造成隧道超挖、欠挖、隧道成型质量差等问题。

②非对称开挖引起偏压风险。高窄、大跨度断面的暗挖施工易受其他因素影响产生偏压事故。

③变断面开挖的风险。变断面暗挖隧道，尤其是线路叉线、渡线、折返线的断面存在较大的风险，在计算暗挖各个工况时，现有的分析手段很难分析变断面暗挖时围岩的真实应力和变形状态。在地层较差处，对变断面暗挖处的土体一般采用小导管、大官棚前加固。

④拱脚或拱顶失稳的施工风险。钢格栅接头连接质量是最不容易被发现的薄弱环节，在围岩质量差的隧道中，钢格栅接头会引起拱脚失稳。

⑤台阶长度的选取带来的风险。实践证明，台阶的长度过短或过长均不利于开挖面的稳定：台阶长度过短，易导致开挖面顶部甚至整个上部台阶开挖面的坍塌；台阶长度过长，则开挖面到支护闭合形成的距离越长，围岩的变形释放量越大，相应的地表沉降量越大，引起地面相邻建筑物的开裂甚至损坏。因此，应坚持早支护，尽快施作临时仰拱，促使断面早封闭成环。从开挖到最后全断面封闭成环所需时间的长短，应是判断浅埋暗挖工法优劣的主要标准。早知会可抑制地层的过大变形。

⑥上下重叠及小净距隧道施工的风险。

a．在两洞非常接近的情况下，两洞之间的围岩稳定性受到影响。

b．当两洞间距加大时，其相互位置关系也从正上方偏移到侧上方，两洞将受到偏压的影响。

c．施工上洞仰拱需爆破时，下洞已完成的二衬砌将受到爆破震动的影响。

⑦盾构隧道扩挖。

a．当前期盾构隧道施工存在线性偏位，防水要求和管片结构强度不能达标时，会给后期的扩挖带来超挖量大、接缝处止水困难以及地层沉降大变形等不良现象。

b．由于扩挖在建成的隧道内开挖土体，这将改变隧道的受力状态，导致隧道局部卸载、偏压，从而引起结构的变形过大。

c．扩挖过程中，随着内部土方的开挖，整体结构会产生上浮现象，不仅影响到结构的安全性，而且对施工造成安全隐患。

d．大面积的扩挖施工风险极大，包括施工过程中保持隧道的整体稳定性和隧道的有效排水，如果施工处理不当，容易出现地层的不均匀沉降，导致地面建筑物的沉降、倾斜、变形过大。

⑧穿越施工。

矿山法施工不可避免地将扰动地下岩体并波及地表，形成施工沉降槽。施工沉降槽可能严重影响地表沉降和塌陷，从而导致地面各类既有建（构）筑物破损，地下既有轨道交通线、各类管线的损坏。

当新建隧道下穿过邻近地面建（构）筑物时，由于地层的垂直位移（沉降）和水平位移，可能会对地面建（构）筑物产生一定程度上的损害。因此，首要问题就是控制地层的位移。更为重要的原因是，地下水的大量流失易造成土层固结沉降，进而引起建（构）筑物沉降。

⑨施工引起的建（构）筑物风险。

a. 隧道开挖过程中出现水土流失现象，造成地层损失或土层固结沉降，进而影响到地面建（构）筑物。

b. 隧道初期支护不及时，使周边围岩变形，造成地层沉降，影响到地面建（构）筑物。

图 7－29　矿山法隧道侧厂房开裂

图 7－30　断裂带附近隧道掌子面大量积水

7.3.3　盾构法施工

盾构法是利用盾构机在地面以下暗挖隧道的一种施工方法。盾构机是一种集开挖、支护、推进、衬砌等多种作业功能于一体的大型暗挖隧道施工机械。现代盾构机的自动化程度越来越高，就像是一个能够自如地在地下打洞造壳的“地老鼠”。从世界范围看，盾构法隧道施工技术正朝长距离、大直径、大埋深、复杂断面和高度自动化的方向发展。在这方面处于领先地位的是日本和欧洲。盾构法主要用于软弱、复杂等地层的地铁隧道施工。盾构法施工有以下优点：

（1）地面作业很墒（除竖井外），隐蔽性好，因振动引起的环境影响小。

（2）隧道施工的费用和技术难度基本不受覆土深度的影响，适宜于建造深埋隧道。

（3）穿越河底或海底时，不影响通航，也不受气候的影响。

（4）穿越地面建筑群和地下管线密集的区域时，对周围环境影响较小；自动化程度高、劳动强度低、施工速度快。

盾构法施工存在的缺点则有：

（1）施工设备费用较高。

（2）覆土较浅时，地表沉降较难控制。

（3）施作小曲率半径隧道时掘进较困难。

盾构隧道的基本断面形状是圆形，因圆形断面抵抗地层中的土压力和水压力效果较好，衬砌拼装方便，构件通用性强，易于更换，因而被广泛应用。

盾构施工总体流程如图 7－31 所示。

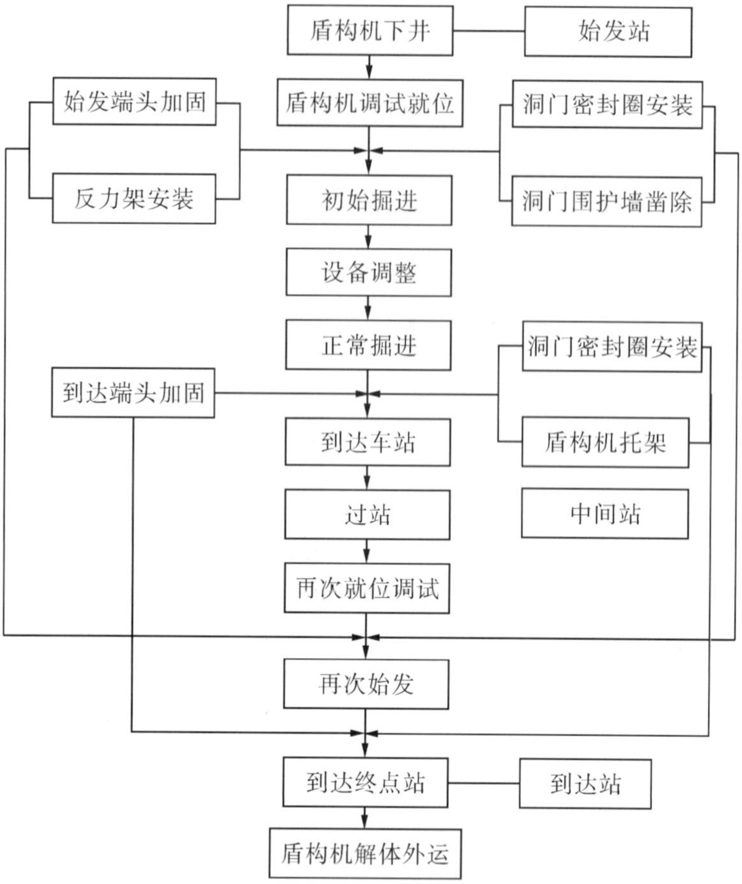

图 7－31　盾构施工总体流程图

7.3.3.1　盾构施工工法的选取

目前，我国广泛用于城市轨道交通工程区间施工的盾构机主要有泥水加压盾构机和土压平衡盾构机。下面对这两种盾构机的功能和使用范围进行简单介绍。

1. 泥水加压盾构机

泥水加压盾构机由盾壳、开挖机构、推进机构、送排泥浆机构、拼装机构、附属机构等组成，其主要结构如图 7－32 所示。泥水加压盾构机使用原理为：在开启刀盘转动的同时，向开挖面送入泥水，使泥水和进入泥水中的土混合，形成高浓度的泥水，以平衡开挖面的压力；此后，根据开挖面的土压，控制泥水室中排出去的泥浆量和泥浆浓度。当盾构机向前推进到一个衬砌环宽度后，跟进拼装管片，进入下一个施工循环。

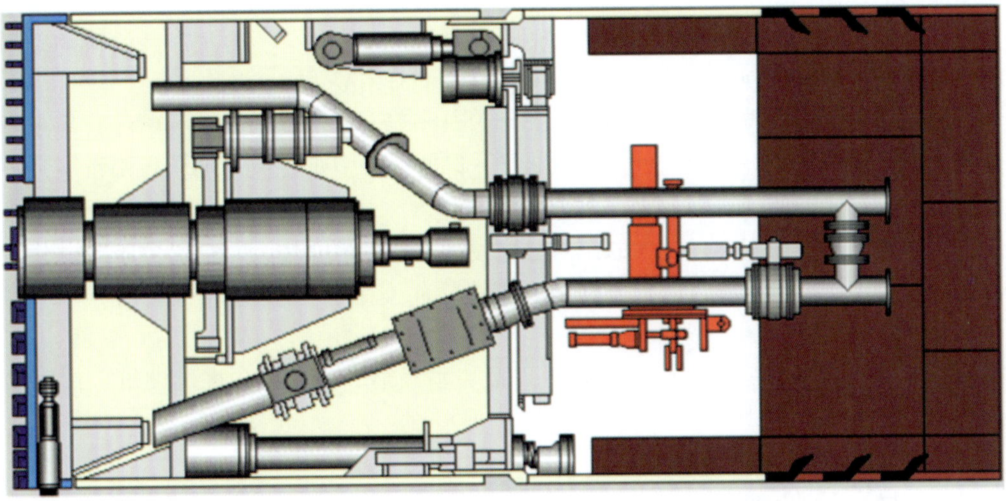

图 7－32　泥水加压盾构机

泥水加压盾构机施工工作过程为：开启刀盘驱动液压马达，驱动转鼓并带动切削刀盘转动；开启送泥泵，将一定浓度的泥浆经送泥压管压入泥水室中；再开启盾构千斤顶，使盾构机向前推进，此时切削刀盘上的切削刀便切入土层，切下的土渣和地下水顺着刀槽流入泥水室中，土渣经刀盘与搅拌器的搅拌而形成浓度更大的泥浆；随着盾构机不断推进，土渣量不断增加，泥水不断注入，泥水室内的泥浆压力逐渐增大，当泥水室的泥浆压力足以抵抗开挖面的土压力与地下水压力时，开挖面就能保持相对的稳定而不致坍塌，只要控制进入泥水室的泥水量和渣土量与从泥水室中排出去的泥浆量相平衡，开挖工作就能顺利进行；当盾构机向前推进到下一个衬砌环宽度后，即可进行拼装衬砌；将缩回的千斤顶继续伸出，重新推进，进行下一工序；从泥水室排出的浓泥浆经排泥管及碎石机，由排泥泵运至地面泥水处理设备进行泥水分离处理，被分离出的渣土运至弃渣场，处理后的泥水再送入泥水室继续使用。

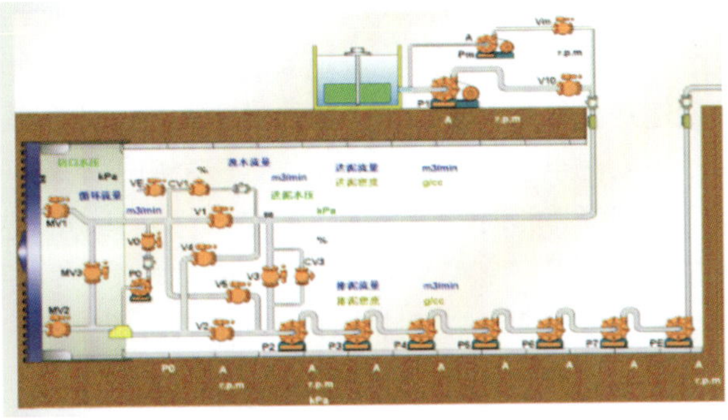

图 7－33　泥水输送系统

图 7－34　泥水分离设备

泥水加压盾构机适用范围较大，多用于含水率较高的砂质、砂砾石、江河、海底等特殊的超软弱地层中。它能获得其他类型的盾构机难以实现的较小的地表沉陷与隆起。由于开挖面泥浆的作用，刀具和切削刀盘的使用寿命相应延长。泥水加压盾构机土渣的排出方式为浓泥浆输出，泥浆输送管道较其他排渣设备结构简单方便。泥水加压盾构机的操作控制亦比较容易，故施工现场与沿途隧道十分干净，而且不受土渣污染。

泥水加压盾构机也有以下缺点：由于切削刀盘和泥水室泥浆的阻隔，不能直接观察到开挖面的工作情况，对开挖面的处理和故障的排除都十分困难；泥水加压盾构机必须有泥水分离设备配套才能使用，而泥水分离设备结构复杂，规模较大，尤其是在黏土层中进行开挖时，泥水分离更加困难；庞大的泥水分离设备占地面积亦较大，难以用于市内建筑物稠密区；泥水加压盾构机在目前各类盾构机中是最为复杂的，也是价格最贵的。

2. 土压平衡盾构机

土压平衡盾构机主要由盾壳、刀盘、刀盘驱动马达、土仓壁、推进油缸、螺旋输送机、管片拼装机、管片、皮带等组成，如图 7－35 所示。

图 7－35　土压平衡盾构机内部构造

土压平衡盾构机的基本原理是：由刀盘切削土层，切削后的泥土进入土腔，在控制土腔内的泥土与开挖面压力取得平衡的同时，通过螺旋输送机将土腔内的泥土排出，在排土量与出土量取得平衡的状态下，进行连续出土。

土压平衡盾构机的工作过程为：开启液压马达，驱动转鼓带动切削刀盘旋转，同时开启盾构机千斤顶，将盾构机向前推进；土渣被切下顺着刀槽进入泥土仓；随着盾构千斤顶的不断推进，切削刀盘不断地旋转切削，经刀槽进入泥土仓的土渣不断增加，这时开启螺旋输送机，调整闸门开度，使土渣充满螺旋输送机；当泥土仓与螺旋输送机中的土渣积累到一定数量时，开挖面被切下的土渣经刀槽进入泥土仓内的阻力加大，当这个阻力足以抵抗土层的土压力和地下的水压力时，开挖面就能保持相对稳定而不致坍塌，这时只要保持从螺旋输送机与泥土仓中输送出去的土渣量同切削下来流入泥土仓中的土渣量相平衡，开挖工作就能顺利进行。土压平衡盾构机就是通过土压管理来保持土压力或土渣量的相对平衡与稳定进行工作的。

土压平衡盾构机的优点为：能适应较大的土质范围与不同的地质条件，用于黏结性、非黏结性，甚至还有石块、砂砾石、有水与无水等多种复杂的土层中；土压平衡盾构机无泥水处理设备；施工速度较快；比泥水加压盾构机价格便宜；能获得较小的沉降量；可实现自动控制与远距离遥控操作。

土压平衡盾构机也有以下缺点：由于有隔板将开挖面封闭，不能直接观察到开挖面变化情况，开挖面的处理和故障排除较为困难；切削刀头、刀盘盘面磨损较大，刀头寿命比泥水盾构机刀头寿命短，要求刀头的耐磨性高。

7.3.3.2 盾构法施工

盾构法施工的主要工序有盾构机的出发与到达、土体开挖与推进、衬砌拼装与防水等。

1. 盾构机的出发与到达

盾构机出发前，首先要正确地安装就位，使之贯入围岩并沿着规定的路线，周密地进行推进。进出洞前，均要保证不能给竖井的挡土结构背面、周围路面、埋设物等带来不良影响。出发是指使用安装在竖井内临时组装的管片、反力架等设备，把盾构机置于座架上推进，从出发口处贯入至围岩，沿着规定的线路开始推进的一系列作业。

盾构机出发作业的安装施工要点如下：

（1）盾构机的安装。所谓安装是指把盾构机组装在竖井内设置的座架上，进入设定的位置，设定位置是以设计的中心位置及高度为主，经过若干修正而求出的。所谓修正，是指在软弱围岩中贯入时考虑到盾构机下沉，事先留出一些富余量（数厘米左右）抬高后组装。

图 7－36　盾构机安装

（2）反力架设备。该设备主要是以临时组装的管片和型钢为主材，为保证其能承受必需的推力，须具有充足的强度和不发生有害变形的刚度。临时组装的管片需要确保临时安装时的形状，以免给其后组装的正式管片的组装精度带来不良影响。

（3）出发口。出发口的开口作业引起围岩坍塌的危险较大，所以，必须按小分片拆除临时挡土墙体，在盾构机前面进行及时支护等方法，施工要迅速而慎重地进行，通常在靠近出发口处设置入口密封圈或浇筑洞口混凝土，以确保施工的可靠性和安全性。在设置入口密封圈时，需要充分注意其材质、形状和尺寸等。

（4）出发方法。须考虑土质、地下水、盾构机型、作业环境等条件。出发的方法很多，这些方法有的单独使用、有的并用，不论哪种情况，都必须以上述条件为基础，根据安全性、经济性、工程进度等来决定。在出发时，因采用的盾构机型式、出发方法等的不同，遇到的问题也有所不同。一般来说，拆除临时墙会遇到存在障碍物，压力舱内土砂塞舱，从盾构机和竖井间的空隙流出土砂、涌水等问题，对此，应准确加以防范。

（5）到达。到达是指把盾构机推进到竖井的到达面为止，而后从事先准备的井口把盾构机拉出到竖井内，或者推进到到达面为止。

为确保顺利到达，需要研究的问题有：到达部分附近的地层是否需要预加固及设置出口密封圈；盾构机位置测量方法和隧道内外的联络方法；减慢推挤速度，采用微速推进的开始位置；采用泥水加压盾构时泥水加压的开始位置；竖井到达面的开挖方法及其开始时间；防止土、砂从盾构机主体和到达面的空隙流入或涌入的对策；到达部分附近的壁后注浆方法；把盾构机拉出竖井内时的盾构机承台等临时设备等。

2. 土体开挖与推进

盾构机在开挖与推进过程中须注意以下事项：

（1）正确选择推进千斤顶的个数和配置，以确保所需的推力。

盾构机是在千斤顶的推力作用下前进的。合理地使用盾构千斤顶，对正确地沿预定的线路推进至关重要。推进方向是由采用的推力、施加的位置来决定的，必须事先考虑曲线、坡度等来选择千斤顶的个数和位置。也有时，在曲线、坡度、蛇行修正等场所，只用单侧千斤顶推进。通过考虑这些因素决定千斤顶的单体推力、个数、配置及一定的富余量。

推进时所需的推力会由于围岩条件（粒度组成、围岩强度、密实度、地下水压）、盾构型式、超挖量、有无蛇行修正、隧道曲率半径、坡度等情况而有所不同。以不对管片产生不良影响为基础，注意始终使用适当的推力。

（2）不得破坏开挖面的稳定。

一方面，闭胸式盾构机要同时进行开挖和推进。要确定开挖面的稳定，避免发生过量取土和压力舱内堵塞，就得使开挖和推进速度相协调。另一方面，敞胸式盾构机要根据围岩的情况，开挖后立即突进或与开挖同时推进，以免开挖面发生破坏。管片组装完成后，要尽快地进行开挖、推挤，而且要尽量减少开挖面的暴露时间。

（3）不得损坏管片等后方结构物。

推进时，最好在考虑了管片强度的基础上，尽量减小每台千斤顶的推力。为了减小每台千斤顶的推力，尽量使用更多的千斤顶来产生所需的推力。在曲线部分、坡度变化部分、蛇行修正部分等不得使用部分千斤顶时，也要注意尽量使用多个千斤顶。

当需采用的推力可能损坏管片等后方结构物时，必须对管片进行加固。不得已时，闭胸式盾构机可使用全面外扩或部分外扩式超挖刀进行超挖；而敞胸式盾构机可在确保开挖面稳定的基础上进行超前开挖。

（4）尽量防止横向、纵向和转动偏差的发生。

在盾构机推进时，要正确掌握盾构机的位置和方向，同时，使推力作用在适当的位置。当盾构机通过曲线部分或坡度变化部分或进行蛇行修正时，可使用部分千斤顶。为使得盾构机中心线和管片面尽量正交，在推进时可采用锥形管片或锥形管片环。

盾构机的横向偏差、纵向偏差、转动偏差，往往是由围岩阻力、千斤顶操作误差、盾构机的机构特性、土质变化、管片刚度、测量误差等综合因素引起的。要根据通过测量取得的数据，提前进行修正。

由于软弱地基或管片的结构等原因，盾构机发生前端低头时，对闭胸式盾构机来说，一般是对下侧的千斤顶加朝上的力矩，同时向前推进；而对于敞胸式盾构机来说，一般采用在盾构机前端底部浇筑混凝土、化学加固等方法进行地基改良，或在盾构机前面底部加上抗力板等方法来推进。

另外，敞胸式盾构机在方向急剧变化时，对于可进行超前开挖的土质，有时也采用先进行超前开挖再进行推进的方法。对于长径比较大的盾构机，因为难以弯曲，可借用反力板辅助。

蛇行修正最好尽早进行，趁蛇行最小时进行修正。急剧的方向修正往往会增加相反一侧的蛇行量，造成在盾尾内组装管片的困难，最好考虑在较长的区间内逐渐地进行修正。在推进过程中，土质突变经常是导致蛇行运动的原因，故应对土质的变化予以关注。

横向、纵向和转动偏差要用测锤、倾斜仪、回转罗盘、经纬仪等来检测并适当选定千斤顶来进行修正。对于闭胸式盾构机，转动偏差多通过改变刀盘的旋转方向，施加反向的扭转力矩进行修正，转动偏差的发生会导致施工效率下降。

3. 衬砌拼装与防水

软土层盾构法施工的隧道，多采用预制拼装衬砌形式，少数采用复合式衬砌或挤压混凝土整体式衬砌。

预制拼装衬砌通常由称作“管片”的多块弧形预制构件拼装而成，为闭合拼装方便，通常将管片分成 A、B 和 K 三种类型，K 形管片又有半径方向插入和纵向插入之分。衬砌环的拼装程序有“先环后纵”和“先纵后环”两种。先环后纵是拼装前缩回所有千斤顶，将管片先拼装成圆环，然后用千斤顶使拼好的圆环沿纵向已安好的衬砌靠拢连接成洞，此法拼装，环面平整，纵缝质量好，但可能造成盾构机后退。先纵后环拼装时只缩回该管片部分的千斤顶，其他千斤顶则轴对称低支撑或升压，所以可有效地防止盾构机后退。

图 7－37　盾构隧道施工管片

图 7－38　成型盾构管片隧道

含水土层中盾构法施工，其钢筋混凝土管片支护除应满足强度要求外，还应解决防水问题。管片拼接缝是防水的关键部位，目前多采用纵缝、环缝设防水密封垫的方式。防水材料应具备抗老化性能，在因承受各种外力而产生往复变形的情况下，应有良好的黏着力、弹性复原力和防水性能。特种合成橡胶比较理想，实际应用较多。

衬砌完成后，盾尾与衬砌间的建筑空隙需及时充填，通常采用壁后注浆，以防止地表沉降，改善衬砌受力状态，提高防水性能。

衬砌拼装系统最常用的是杠杆式拼装器，由举重臂和驱动部分组成。

4. 盾构法施工的一般步骤

（1）在盾构法隧道的起始端和终端各建一个工作井。

（2）盾构机在起始端工作井内安装就位。

（3）依靠盾构机千斤顶推力（作用在已拼装的衬砌环和工作井后壁上），将盾构机从起始工作井的墙壁开孔处推出。

（4）盾构机在地层中沿着设计轴线推进，在推进的同时不断出土和安装衬砌管片。

（5）及时向衬砌背后的空隙注浆，防止地层移动和固定衬砌环位置。

（6）施工过程中，适时施作衬砌防水。

（7）盾构机进入终端工作井后拆除，如施工需要，也可穿越工作井向前推进。

7.3.3.3 盾构法工程施工风险

对于国内城市轨道交通建设工程而言，最常见的隧道直径一般为6.5m。目前，盾构工法已成为国内城市部分轨道交通区间隧道施工的首选方法。与其他工法相比较，盾构法施工安全，质量易于控制，作业环境好，对环境影响小，施工速度快，机械化程度高。

虽然盾构工法存在诸多的优点，但由于地下工程自身的复杂性和不可完全预见性，在盾构法施工实践中，依然暴露出一些问题，对施工自身与工程环境造成了不良后果，给国家和人民的生命、财产造成了一定损失。

1. 地质因素引起的施工风险

（1）软硬不均地层盾构施工风险。

①刀具偏磨严重。

②盾构在上软下硬地层中掘进，开挖面上部“软地层”较易切削进入土体，而下部较硬岩体不易破碎。此时，往往会使上部水土流量损失，特别是当上部地下水丰富，且地层为砂层等第四系土层时，这种现象尤易发生。

③盾构的掘进姿态较难控制，尤其是上部地层，会加剧水土流失，且管片拼装质量差，易损坏。

（2）岩溶区盾构施工风险。

①工程地质勘查的准确性与可靠性风险。

②溶洞加固的可靠性风险。

③溶洞区盾构施工的环境风险。

图7-39 刀具磨损严重

图7-40 岩溶区盾构施工引起地面塌陷

（3）砂层盾构施工风险。

①地层扰动或渗流造成砂土的液化。

②盾构掘进中，易出现喷涌。

③砂土流失引起较大的地表沉降。

（4）淤泥质地层施工风险。

在盾构施工中，因淤泥质土层强度低、灵敏度高的特点，很易受施工扰动，并导致上部土体向开挖面运动，造成地面的大面积沉降。因此，在该类地层的施工中，更多选择泥水加压盾构机。泥水加压盾构机较土压平衡盾构机能更好地保持开挖面的平衡，减少施工引起的地层沉降问题，但由于淤泥土层自身的特点，当盾构切口水压不稳定、盾构密封失效、盾构姿态控制不佳、二次注浆不及时或注浆量不足等情况出现时，仍然会造成该地层出现较大的沉降。

（5）断裂破碎带盾构施工风险。

①盾构在断裂破碎带中掘进易引起突涌、坍塌、沉降。

②岩性和强度突变。

（6）存在花岗岩球状风化体的区域的盾构施工风险。

①刀具损坏严重，频繁换刀。

②孤石排除困难。

（7）硬岩地层盾构施工风险。

①盾构掘进困难。

②刀具磨损严重，开仓换刀作业频繁。

③盾构机体“卡”在岩层中。

2. 施工及其引起的环境风险

（1）盾构机端头加固风险。

盾构机端头出现塌方、涌水、涌砂，导致周围地层变形、地表沉降，进而危及周边建（构）筑物及管线安全。

图 7－41　水平钻孔后盾构井端头漏水漏砂严重

（2）盾构穿越水道风险。

①盾构选型风险。

②刀盘刀具适应性风险。

③盾构密封失效。

④掘进面失稳风险。

⑤隧道上浮风险。

⑥盾构掘进造成江堤及河床地层不均匀沉降的风险。

（3）盾构小半径曲线施工风险。

①小半径曲线盾构隧道施工轴线比较难控制。

②盾构掘进时，纠偏量较大，易产生较大错台，且对土体扰动的增加易引发较大沉降量。

③复合地层施工盾构机“卡”在岩体中。

④管片裂缝、管片防水破坏。

（4）接近重叠隧道盾构施工风险。

①偏压问题。

②管片横向变形和纵向变形加大，威胁结构安全和使用功能。

③隧道间隙土体受到频繁扰动，导致地表沉降过大。

④后行隧道对先行隧道的影响具有超前和滞后两个特性，应格外引起施工单位注意。

⑤盾构管片配筋的问题。

（5）盾构大纵坡掘进施工风险。

①隧道内运输设备或发生溜车事故，造成人员伤亡。

②开挖面失稳而发生涌水、喷泥事故，在下坡段因土仓压力控制不当，在土仓内滞留部分土体而结成泥饼。

③盾构在陡坡段时，千斤顶推力设置不当，使盾构严重偏离轴线。

④壁后注浆不及时造成地表沉降过大，造成周边建（构）筑物或地下管线破裂。

（6）可燃及不明有害气体。

可燃及不明有害气体的存在，易导致窒息、爆炸等事故。

7.3.3.4 特殊地段及特殊地质条件的针对性施工措施

1. 浅覆土层施工

（1）为减少施工对环境的影响，可采取地层加固、地面建（构）筑物保护措施。

（2）应事先制定相应的措施，以克服因覆土荷载小而导致的盾构抬头。

2. 小半径曲线施工

（1）必须根据地层条件、超挖量、壁后注浆、辅助工法等制订小半径曲线施工方案和安全施工措施，并注意防止推进反力引起隧道变形、移动等。

（2）使用超挖装置时，应将超挖量控制在施工需要的最小范围内。

（3）壁后注浆应选择体积变化小、早期强度高、速凝型的注浆材料。

（4）应增加施工中线、水平测量的频率，并定期检测洞内控制点。

（5）在施工过程中应采取措施防止后配套车架脱轨或倾覆。

（6）为防止由转弯部分超挖引起的地层松动和地层抗力增大，可考虑选择合适的辅助工法进行地层加固。

（7）应注意把盾尾间隙的变化控制在允许的范围内。

3. 大坡度区段施工

在大坡度进行盾构施工时，易造成成环隧洞浮动，盾构在上坡时容易发生“上抛”现象，盾构后配套容易发生脱落，运输机车容易发生溜车事故。可采取以下针对性措施：

（1）每环推进结束后，必须拧紧当前环管片的连接螺栓，并在下环推进时进行复紧，避免作用于管片的推力产生的垂直分力引起成环隧洞浮动。

（2）盾构上坡推进时，盾构很容易发生“上抛”现象。调整盾构，向上纠偏0.2%左右，调整好土仓（泥水）压力设定值，以切口土体不隆起或少隆起为佳。

（3）在选择运输设备和安全设施时，必须考虑大坡度区段施工的安全，对牵引机车进行必要的牵引计算，并考虑一定的余量。施工中可采用大吨位电机车作为水平运输的牵引动力，并要求具有安全可靠的制动装置；同时，编组列车的管片车及砂浆也安装制动装置；隧洞运输轨道在盾构后配套及在盾构内设置安全可靠的制动装置。

（4）上坡时应加大盾构下半部推进千斤顶的推力，这样可以有效控制盾构的方向。对后方台车，要采取防止脱滑的措施。

（5）同步及即时注浆时宜采用收缩率小、早期强度高的浆液。

（6）在急下坡始发与到达时，基座应有防滑移安全措施。

（7）在大坡度区段，地层的水土压力随着推进而时刻变化，因此开挖面压力也必须根据水土压力进行适当调整，特别是下坡时，由于压力舱内的开挖土砂有可能出现滞留而不能充分取土，必须慎重管理开挖土量。

4．地下管线施工

根据管线制造材料、接口构造、管节长度等不同情况，地下管线大致可分为刚性管线和柔性管线两种。它们对于隧道施工中不可避免的地层沉降的反应是不同的。对于刚性管线来说，当地层移动时，主要考虑的是是否引起管道的断裂破坏；而对于柔性管线来说，地层移动造成的影响则主要是管线接头的断裂或泄漏引起的破坏。

（1）在施工前，必须详细查清沿线受施工影响的范围内地下各种管线的分布、管线类型、允许变形值等情况，分析预测地层隆陷对管线的影响，并在施工中加强监测。针对不同的管线及其与隧道的不同位置关系，采取合理的保护措施。

（2）对重要管线和施工中难以控制的管线施工前，应根据不同情况采用迁移、加固措施。当施工前预测和施工中监测分析确认某些重要管线可能受到损害时，将根据地面条件、管线埋深条件等采用临时加固、悬吊或管下地基注浆等保护方案。加强与有关管线单位的协同合作，顺利完成对管线的调查与保护工作。

（3）盾构掘进时应及时调整掘进速度和出土量，从而减少地表的沉降和隆起，及时对环形空隙进行充填，并且做好二次补压浆工作。

（4）加强地面沉降监测，尤其要对重要的沉降敏感的管线（如混凝土管、煤气管等）布点监测并及时分析评估施工对管线的影响，根据施工和变位情况调节观测的频率，及时反馈指导施工。

（5）在盾构进入管线区以前，将已通过段所得到的地层变形实际监测成果作为基础，再次对管线区内的地面沉降作出进一步预测，以便准确反映实际情况并据此作出正确的管线保护方案。

5．地下障碍物处理

（1）地下障碍物处理前，必须查明障碍物具体位置和实物，制订处理方案，以确保施工安全。

（2）地下障碍物的处理一般遵循提前从地面采取措施处理的原则。如确需在盾构掘进过程中进行处理，必须充分研究可行性与对策。

（3）从地面拆除地下障碍物时，可选择合适的辅助工法，拆除后要妥当地进行回填。

（4）在盾构掘进过程中拆除障碍物时，可选择带压作业或地层加固方法。

（5）在开挖面的狭小空间内，安全地进行障碍物的切断、破碎、拆除、运出作业，应尽量控制地层的开挖面以保障开挖面的稳定。

6. 穿越建（构）筑物施工

在隧道施工过程中，由于开挖破坏了地层的原始应力状态，这将引起地层的移动，而地层移动的结果又必将导致不同程度的地面沉降，当沉降差异过大时，建（构）筑物就会遭到损坏。对于天然浅基础建（构）筑物，沉陷引起的建（构）筑物的差异沉降（倾斜）较大时，建（构）筑物被破坏的可能性也大。对桩基础建（构）筑物的保护主要是对处于松动圈和塑性区的桩基加以适当保护。因此，在施工前应详细查清施工影响范围内的建（构）筑物及其基础状况，在施工中加强监测，对其安全性作出判断，有针对性地采取主动措施加以必要的保护。

盾构施工前必须对可能穿越的建（构）筑物进行调查，并根据以往的工程经验，预计施工对建（构）筑物的影响，必须有针对性地制订保护方案，采取保护措施，周密地进行管理，控制地表变形。对在施工影响范围内（左右线、中线两侧各 30m）的所有地面建（构）筑物包括高架桥、人行天桥、地下通道、地下商场等进行调查，调查的重点是四层（含四层）以上的建筑物，尤其是位于隧道上方距左右线隧道断面 15m 范围内的业主未提供详细资料的建（构）筑物要详细调查清楚，对已有资料的要进一步核实，对未有资料的要全面调查。

施工对建（构）筑物的影响主要取决于地层变形特征，根据不同地质和埋深条件，以及施工引起的地层变形及其对建筑物的影响的不同，采取必要的加固与保护方案。

（1）对天然浅基础建（构）筑物应加强建（构）筑物变形监测分析，加强地表隆陷监测及其对施工的反馈指导；严格规范控制盾构掘进机的工况选择、转换和操作控制，及时注浆充填环形间隙，减少地层损失，控制地表隆陷。

（2）对深桩基础建筑物，结合以往的成功实例和国内外的经验，盾构法隧道施工引起的松动圈厚度一般不超过 2. 5m。桩底距隧道 2. 5m 范围内的桩基采取洞内径向注浆加固桩基底部地层，以保护和提高桩基承载力。对距隧道 2. 5m ~ 4. 0m 范围内的桩基，以洞内径向注浆加固桩底地层为备用方案，将施工监测分析结果报业主和工程师批准后实施。

以建（构）筑物调查结果和量测结果为基础，对施工前和施工初期引起的地层沉降及其对建筑物的影响进行精确预测。

在施工期间严格控制盾构掘进机的工况和操作参数以减少地层损失，及时向环形间隙填充注浆，减少地层变形，使管片衬砌尽早支撑地层以控制围岩的松弛和塑性区的扩大。

对地表沉降和建（构）筑物变形进行严密监测，对所有受影响的建筑物进行布点监测，对楼房再增加倾斜监测，并及时分析反馈。同时，利用实测数据进一步修正完善地表沉降和建（构）筑物变形的预测结果，对可能引起有害变形的建筑物作出早期预警并制定应急措施以及确定备用方案的实施与否。

7. 小净距隧道施工

（1）施工前，应根据隧道所处的地质条件、盾构形势、隧道断面大小、两条隧道之间的相对位置与距离，预计施工对已建隧道的影响和平行隧道掘进时的互相影响，并采取相应的施工措施以减少对邻近隧道的影响。

（2）施工过程中，应控制掘进速度、土仓压力、出土量、注浆压力等以减少对邻近隧道的影响。

（3）对加固盾构隧道间的土体、加固已有建（构）筑物的地基和两条隧道，应错开施工等辅助施工措施以防止地层的松动和盾构隧道的变形。

8. 穿越江河地段

（1）穿越江河地段施工应特别重视详细查明地层条件和河流情况，制定可靠的施工措施。

（2）穿越江河施工时，必须选择合理的盾构设备类型。

（3）施工过程中，应确保开挖面的稳定，防止地层坍塌，防止突水突泥。

（4）现场必须准备足够的防排水设备与设施。

（5）必要时，对水滴地层进行预加固处理。

（6）采取措施防止对岸堤、周边结构物产生影响。

（7）特别注意观察、防止泥浆和添加材料的泄漏与喷出；特别注意观察与解决管片的变形和隧道上浮问题。

9. 砂卵石及大孤石地段

（1）施工前，应根据砾石粒径、含量和施工长度及出渣设备能力等因素，选择盾构的刀盘形式和刀具配制方式、数量；合理设计盾构刀盘，确保刀盘有足够的强度和刚性，使之不会变形，并根据不同地质状况选用不同的布刀方式；设计宽大的并列式双室人仓，并考虑超前加固措施及盾构姿态控制措施。

（2）采用土压平衡盾构时，应根据螺旋输送机出渣情况，做好渣土改良工作。

（3）采用泥水平衡盾构时，根据砾石含量和粒径选择破碎方法或输送泵。

（4）加强超前地质预报，根据前期的地质勘查资料，通过地质调查结合超前地质钻探，进一步确定可能有孤石的位置，以便提前采取有效措施。在有孤石的地段进行预先加固，在常压下开仓处理。

10. 穿越复杂地层施工

（1）穿越复杂地层地段，应优先选择使用复合式盾构进行施工。

（2）综合考虑所穿越地段地质条件，合理选择盾构刀具形状和配置，以适应前方地层的掘进。

（3）合理选择适当时机和地点，及时更换刀具或改变其配置，以适应前方地层的掘进。

（4）根据开挖面地质条件预测预报信息，调整掘进参数和壁后注浆参数，以确保开挖面的稳定和掘进速度。

（5）根据开挖面地质条件，及时调整土压平衡压力，及时决定是否采用渣土改良或及时调整渣土改良参数。

7.3.3.5 关键节点工程风险评估

随着城市轨道交通线网的建设，周边环境日趋复杂，以广州市轨道交通工程建设为例，其面临的关键节点包括盾构相邻叠穿越工程、盾构穿越重要河流工程、盾构穿越干线铁路工程、盾构穿越地下桩基工程、盾构穿越重要管线工程。这些关键节点工程中自身潜在风险事故众多，而且与已“服役”的工程相互影响，极可能会遇到大量的难以预见的重大风险。一旦发生事故，不但会导致重大经济损失和人员伤亡，还会间接造成其他影响乃至恶劣的社会影响。

1．盾构相邻叠穿越工程风险规避措施

（1）在盾构进入叠交穿越施工时，严格控制盾构机掘进参数，确保同步注浆效果。主要施工参数包括土仓压力、推进速度、螺旋输送机转速、推力、盾构姿态、同步注浆参数，各项掘进参数的设定要根据地层情况、埋深以及现场监测数据分析、反馈、确定。

（2）施工过程中要严格控制注浆参数（浆液配比、注浆速率、注浆压力），详细认真地进行记录；工程中所用水泥要进行复检，合格后才可投入使用，其他材料均需要有合格证；严格执行浆液配比；严格控制注浆压力和注浆速率，注浆过程中发现串浆要及时停注，并进行二次注浆。

（3）随着隧道水平投影间距的不断减小，分阶段、分计划、逐渐降低推进速度和推力，尽量避免施工对先建隧道产生过大的附加应力。

（4）严格管理渣土，做到不超挖、不过量出渣，掘进过程中注意改良渣土性能，提高渣土的止水性。

（5）为提高同步注浆浆液的止水性和强度，控制先建隧道位移，并根据隧道之间的净间距变化情况，适当缩短浆液胶凝时间，施工过程注浆压力不宜过高，变化不宜过快，幅度不宜过大。

（6）施工过程中坚持信息监测和反馈制度，并将监测信息及时反馈给现场施工负责人和主要施工岗位。

2．盾构穿越重要河流工程风险规避措施（以穿越珠江水域为例）

（1）在工程勘测设计过程中，要做好地质、水文勘测工作。在勘测过程中要深入细致地工作，查明地质、水文条件，为工程设计提供可靠的基础资料。工程设计要与环境相协调，要与场地的地形、地质条件相适应，地质条件决定工程规模和具体形式，扎实做好勘测设计技术工作，对于管线勘测也要同样做到万无一失。

（2）防止出现喷涌的措施。

①螺旋输送机出口设置喷涌设施，发生涌水时及时关闭螺旋输送机处，将水堵在盾构外。

②提高掘进控制水平，及时调整土仓压力，确保土压平衡，同时采取措施防止拼装管片时盾构后退，保证工作面的土体稳定。

③适时调整掘进参数，防止出现过大的方向偏差，同时使岩石得到充分的切削，避免大的岩块堵塞螺旋输送机。

④掘进过程中向土仓内注入泥水和泡沫，防止螺旋输送机堵塞和水涌入隧道。

⑤对地表和建（构）筑物连续监测，及时注浆充填管片与地层之间的环形间隙，控制地表沉陷。

⑥控制同步注浆压力，避免浆液漏入盾尾；及时在尾刷处注油脂。

（3）进入江底掘进以前，全面检查盾构机掘进姿态，及时进行纠偏调整。在江段掘进时，加强掘进姿态监测及管片选型工作，减小管片接缝错台，保证较好的隧道线形，提高隧道防水质量。在江底段掘进时，根据开挖面的水土压力，及时调整油缸推力及推进速度，保持土仓土压稳定，避免因刀盘推力波动过大对地层造成严重扰动。

（4）盾构推进对河道防汛设施以及周围地面发生沉降的规避，主要是依靠调整好盾构机姿态，加强监测与管理，合理设定施工推进参数，采用信息化施工来实现。

3. 盾构穿越干线铁路工程风险规避措施（以穿越武广铁路为例）

（1）在盾构推进穿越铁路前，应该及时与铁路部门联系，积极配合铁路部门的工作，在穿越过程中共同做好全程监控和应急情况的处理。在穿越施工前，可以请专业地下勘探部门采用地质雷达对穿越地段做详尽细致的地下勘探，彻底摸清地下障碍物的分布情况，排除穿越过程中的意外因素。

（2）盾构法施工过程中产生地面的隆起和沉降是必然的，可以通过合理地选择施工方案和精心施工、精心进行土体预加固处理、合理设定目标土压力、精心调整控制盾构姿态、均衡施工、做好盾构停推时的准备工作、采用同步注浆和多次补浆技术、加强地表变形监测、采用信息化施工等综合控制技术，将盾构法施工对土体的扰动降低到最低的水平，从而实现在不影响铁路正常安全运营的情况下穿越重要铁路干线。

（3）为保证铁路运营安全，在盾构穿越武广铁路时，需要对武广铁路地基进行加固。在翔实准确的地质勘探的基础上，要依据具体的地质情况考虑对列车荷载的影响，选择合理的地基加固方案。在施工中要严格按照方案和地基加固操作规程施工，防止由于地基加固不当造成地表隆沉，影响铁路安全。同时要注意防止地面施工机械和人员侵入铁路限界，影响铁路正常运营。

4. 盾构穿越重要管线工程风险规避措施

排污工程与居民生活息息相关，如排污管线破裂，污水将四处横溢，不但影响交通，而且气味难闻，造成空气污染，且污水中细菌没有经过处理，可能造成病菌蔓延，对居民身体造成严重影响。污水管线破坏之后，对城市排污能力造成很大的影响，造成严重的经济损失。所以对该合流污水管线需采取保护措施。我们采取的措施主要有以下几点：

（1）在工程勘测设计过程中，要做好地质、水文勘测工作，在勘测过程中要深入细致地工作，查明地质、水文条件，扎实做好勘测设计技术工作。

（2）根据经批准的线路设计施工图和定位条件，详细地进行地下管线定线测量，对其功能、材料、管径大小、接缝处的位置、轴线走向、埋置深度及是否有损坏情况等作详细描述。

（3）在施工前准确掌握管道在地下的轮廓、位置、轴线走向和有无影响高压喷浆正常施工的严重断裂和局部塌落孔洞，已有资料是否满足施工要求；在管道加固过程中严格控制施工参数，例如注浆压力、比重、高压水的压力与流量、高压气体的压力与流量、喷浆时的提升速度与角度等，对加固区域地表起伏情况进行严密监测，将管道在施工时受到破坏的可能性降至最低。

（4）确保盾构掘进穿越管线时前后20m范围内盾尾没有漏浆，如果发生漏浆应及时采取措施加以消除；地面沉降每0.5小时或情况正常下每1小时观测一次，根据周围环境和土体中应力监测点的监测结果随时调整盾构机正面土压力、掘进速度、注浆量、注浆压力等施工参数设定，减少对周围土体的扰动；盾构推进速度放慢，控制在5mm～10mm之间，减少对周围土体的拖带；盾构推进完成后及时对管片外壁进行二次注浆。

（5）在穿越管线时，要以推进速度和出土量为控制的主要参数，在吨位脱离内衬后，以注浆为主要控制参数，在施工过程中把握好这些原则，将地表的一些信息反馈到推进工作室，同时加强地表沉降监测。

7.4 高架桥工程施工

近年来，城市轨道交通发展迅速，而线路高架化，即轨道交通的线路尽可能多地采用高架形式，可以有效克服地下水位高、土质差等自然条件对地下线路建设和使用带来的不利因素，也可以有效降低造价和运营费用及缩短工期。但是在高架线路的建设中，土建施工所占的周期长、投资大，而且是施工风险比较集中的阶段，尤其应引起足够重视。

7.4.1 高架区间工程

区间一般高架桥梁的方案有如下内容：

（1）孔跨选择。经济跨径在30m左右，特殊地段可根据实际情况确定。一般地段采用简支梁，有特殊要求的地段采用连续梁。

（2）梁型选择。对于线间距小于5m的一般区段，如施工条件允许，可选用现浇的单箱单室双线箱梁；对于线间距大于5m的路段，可比较选用现浇的单箱多室箱梁及现浇或预制的单箱单室单线箱梁；对于需要大跨径跨越的道路或河流，可比较选用钢筋混凝土结合梁或预应力混凝土连续梁。

（3）墩型选择。一般在区段内采用圆弧倒角的独墩桩。

（4）基础方案。通常情况下采用桩基础，桩的形式采用PHC预制管桩或钢筋混凝土预制方桩。距既有建（构）筑物较近的地段宜选用钻孔灌注桩，桩径以不小于800mm为宜。

一般高架桥梁路段风险包括以下几种：

1. 现浇筑应力箱梁施工风险

（1）风险辨识。

箱梁在现浇施工中容易出现的风险事故如图7－42所示。

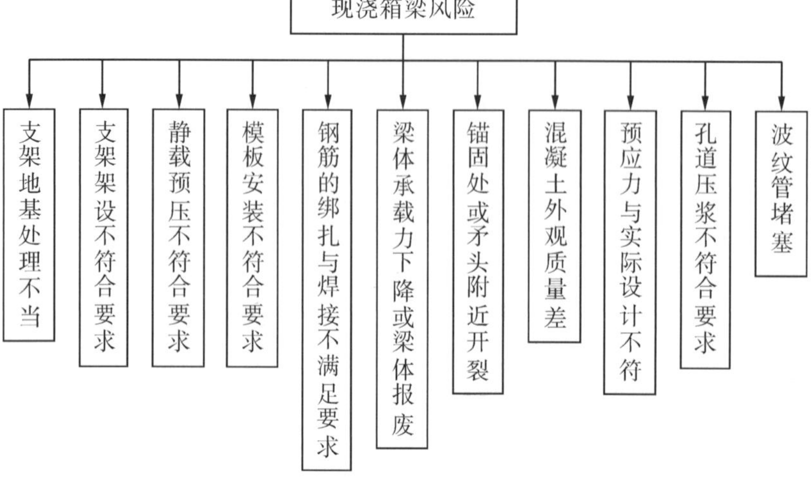

图7－42　现浇箱梁风险

（2）风险分析。

现浇箱梁在施工过程中引发的风险事故及其可能原因如表7－4所示。

表7－4 现浇箱梁风险事故及其产生的可能原因

编号	风险事故	可能原因
1	支架架设不符合要求	未按要求进行安装操作
2	静载预压不符合要求	设计考虑不足 施工操作不当或出现问题未及时处理
3	模板安装不符合要求	地基承载力不足 接缝不严密甚至错台
4	钢筋的绑扎与焊接不满足要求	钢筋搭接长度不够或接头位置不符 钢筋间距不符合要求 焊接长度或焊接方式不符 焊接时烫伤钢筋致使钢筋截面减小
5	梁体承载力下降或梁体报废	梁体在施工中或施工完后出现裂缝
6	锚固处或矛头附近开裂	锚垫板下混凝土未夯实 锚垫板下钢筋设计不合理
7	混凝土外观质量差	模板安装质量差 混凝土的浇筑及振捣不当 浇筑方法不当 模板与钢筋间的隔离失效
8	预应力与实际设计不符	波纹管定位不牢固甚至破损 锚垫板错位 漏浆堵孔
9	孔道压浆不符合要求	孔道压浆工艺和材料未得到足够重视
10	波纹管堵塞	施工操作不当

2. 预制预应力箱梁施工风险

（1）风险辨识。

箱梁在预制、运输和吊装施工过程中可能遇到的风险如图7－43所示。

（2）风险分析。

预应力与设计值不符合锚固处或矛头附近开裂两个事故可参考现浇箱梁相应分析。其余风险事故及可能原因见表7－5。

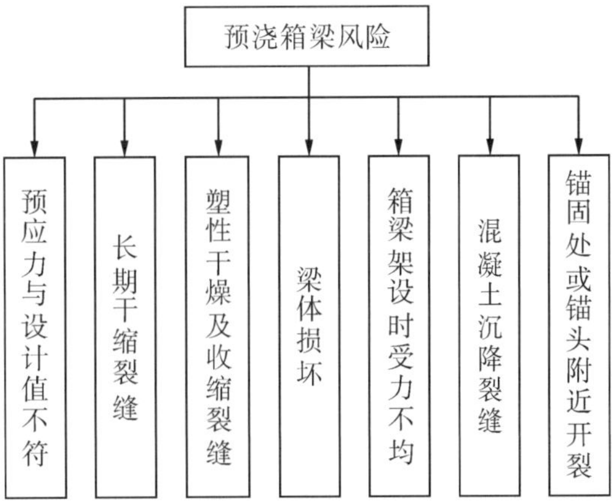

图7－43 预浇箱梁风险

表 7－5　预浇箱梁风险事故及其发生的可能原因

编号	风险事故	可能原因
1	长期干缩裂缝	混凝土成形后养护不当 采用泥沙量大的细砂、粉砂浇筑混凝土 混凝土过振
2	塑性干燥及收缩裂缝	混凝土未覆盖，体积急剧收缩 水泥用量过大，砂砾径太细 混凝土水灰比过大 模板没湿润
3	梁体损坏	梁体受力与其结构不符合
4	箱梁架设时受力不均	梁体尺寸的误差 梁底预埋钢板施工误差 墩台垫石标高设置误差 架设时干硬性砂浆铺垫误差
5	混凝土沉降裂缝	箱体不均匀沉降

3. 桥墩施工风险

（1）风险辨识。

桥墩采用双线独柱墩及单线独柱墩；在线间距变化区段，配合双箱单室双线箱梁，采用双线双柱墩。其在施工过程中可能遇到的风险如图 7－44 所示。

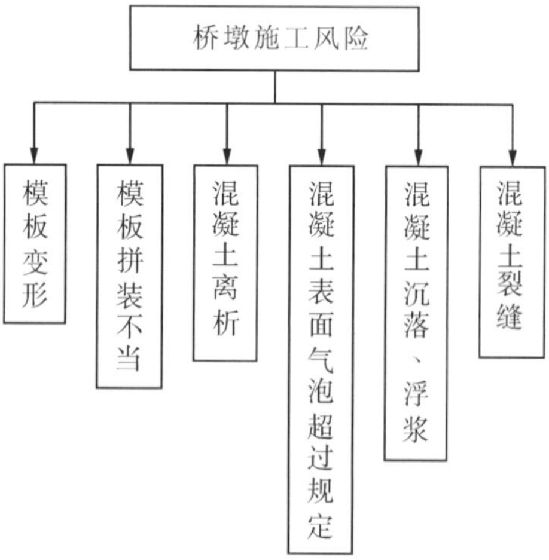

图 7－44　桥墩施工风险

（2）风险分析。

桥墩在施工过程中可能遇到的风险事故及其发生的可能原因如表 7－6 所示。

表 7 –6　桥墩施工风险事故及其发生的可能原因

编号	风险事故	可能原因
1	模板变形	模板刚度不够
2	模板拼装不当	模板接缝处理不当 模板中线及垂直度不符合要求
3	混凝土离析	材料及配合比不当
4	混凝土沉落、起泡，表面浮浆	振捣控制不当
5	混凝土裂缝	混凝土配合比不当 温度变化 混凝土收缩 约束条件的影响 混凝土拆模时间不当 混凝土养护不当

4. 桥墩基础（PHC 打入桩）施工风险

（1）风险辨析。

桥墩基础采用桩基础形式，采用 ϕ600mmPHC 预制管桩，双线桥墩采用 9 根桩，桩长 35m ~ 40m；单线桥墩采用 4 根桩，桩长 35m ~ 40m。

PHC 打入桩在施工过程中，可能遇到的风险事故如图 7 –45 所示。

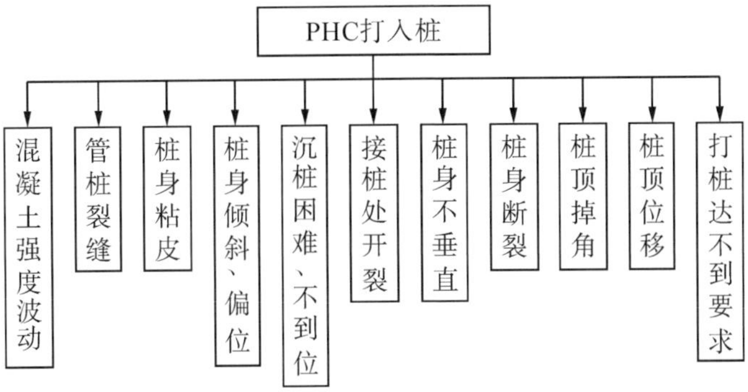

图 7 –45　PHC 打入桩施工风险

（2）风险分析。

PHC 打入桩在施工过程中可能遇到的风险事故及其发生的可能原因如表 7 –7 所示。

表 7 –7　PHC 打入桩施工风险事故及其发生的可能原因

编号	风险事故	可能原因
1	管桩自身质量	减水剂、水泥强度、石子粒径、水泥用量及砂率等引起混凝土强度波动 变形引起管桩裂缝

（续上表）

编号	风险事故	可能原因
2	桩身倾斜、偏位	脱模剂质量差、停放时间过短等造成桩身粘皮 打桩顺序不当 沉桩速度过快
3	桩身不垂直	打桩时偏心
4	接桩处开裂	沉桩速度过快
5	沉桩困难、不到位	沉桩不连续 打桩顺序不当 穿越的土层结构不稳定
6	桩身断裂	桩身在制作时弯曲超过规定 桩入土后遇到坚硬的障碍物 两节或多节桩施工时产生了弯曲
7	桩顶掉角	预制混凝土质量控制不严 桩顶或桩顶与桩帽接触面不平 桩顶衬砌损坏
8	桩顶位移	桩入土后遇到坚硬的障碍物 两节或多节桩施工时产生了弯曲 群桩施工时打桩引起的孔隙水压力使相邻桩偏向一侧或浮起
9	打桩达不到要求	勘探有误 穿越的土层结构不稳定

5. 一般高架桥梁路段主要节点桥梁

本小节主要从高架桥梁穿越重要道路研究各关键节点工程的施工环境、工艺、质量和安全等方面可能存在的风险事故，并提出了具体的控制建议和措施。

（1）风险辨识。

对穿越道路施工过程中可能存在的风险事故进行辨识，其中主要的风险源于三个方面，即高架结构施工、工程结构施工、穿越过程中对道路的影响，具体风险辨识如图7－46所示。

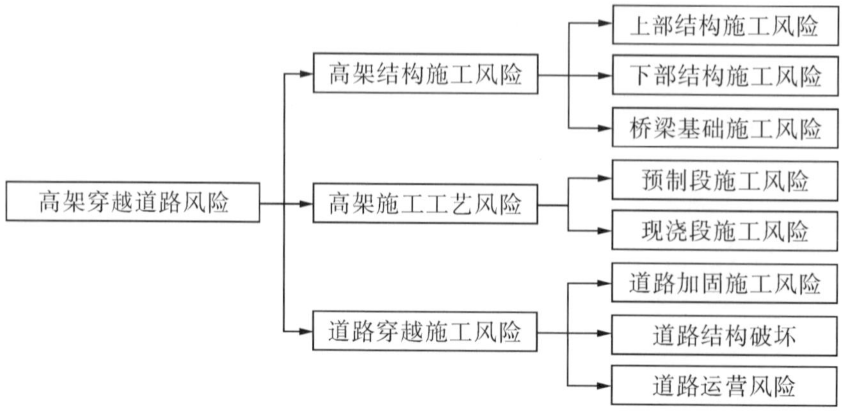

图7－46　高架穿越道路施工风险

（2）风险分析。

高架跨越道路工程的设计及施工等都存在大量技术难点，选择施工设计方案的合理性对工程的造价、工程施工难度、建成后的车辆行驶安全性、舒适性和经济性等都有直接影响。

①上部结构施工风险。

上部结构施工中存在许多风险因素，如高架施工时要使用大型起重机，由于吊运箱梁及其他构件，如果起重机操作不当或发生故障，极易发生起重机吊钩吊物坠落事故，具体可能出现的风险事故如图 7－47 所示。

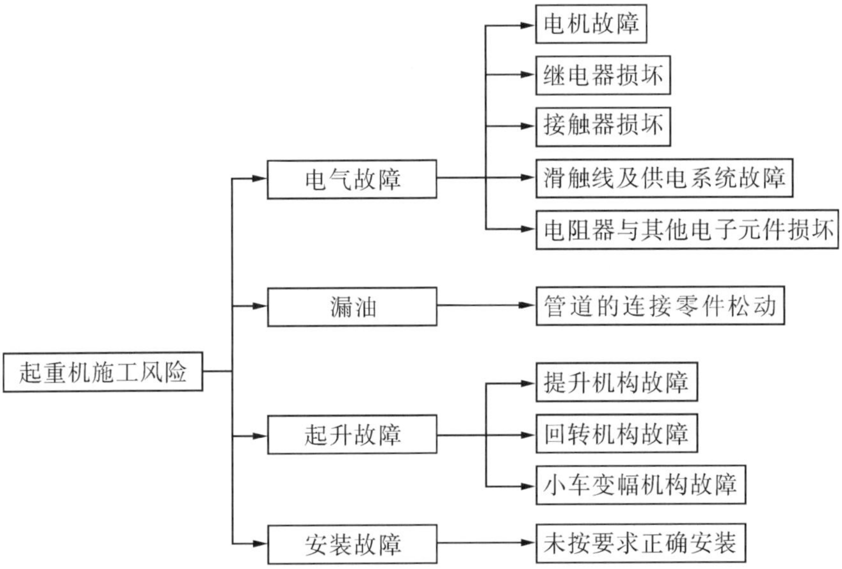

图 7－47　起重机施工风险

在上部结构施工中，如连续钢构箱梁每联采用分段浇筑、逐段张拉、按序合拢（先边跨后中跨分步合拢），浇筑合拢段时很可能没有严格按设计要求的加载程序进行施工，或预应力钢筋张拉顺序不合理，导致施工质量差。

在支架施工过程中，支架形式选择不当或支架荷载设计取值不当等都将导致支架超载预压时挠度过大，或混凝土浇筑施工中支架结构的破坏；支架标高调整不当，将导致各杆件不均匀受力而遭破坏，或结构不能达到预定高度。

②下部结构施工风险。

下部结构施工中同样存在许多风险因素，如高架跨越段采用 Y 形桥墩或矩形双柱墩时，桥墩上立柱为斜立柱，如果施工前临时拉杆刚度不够，或斜立柱浇筑时的模板刚度不足，都会导致施工精度不足，影响桥墩的使用。桥墩施工时，由于端头锚具位于立柱与下盖梁的连接节点，与立柱纵筋有很大的冲突，处理不好易导致结构开裂。上盖梁与立柱的节点、下盖梁与立柱的节点没有局部加强，也会导致节点被破坏。

③桥梁基础施工风险。

高架段基础一般采用桩基施工，采用该施工工艺可能存在的风险事故，主要是施工中可能出现的断桩、浇筑混凝土质量差、钢筋笼制作和下放过程中的事故等。桥梁桩基施工中可能出现的风险事故如图 7－48 所示。

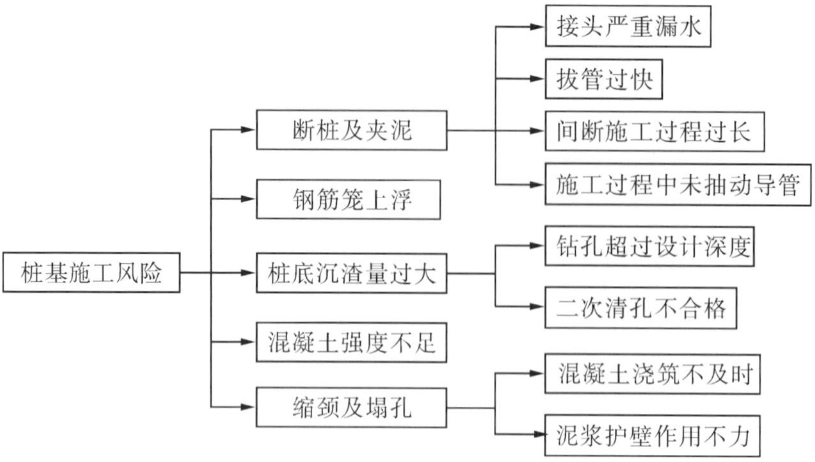

图 7－48　桩基施工风险

④预制段施工风险。

第一，混凝土构件预制风险。

a. 混凝土的供料、拌制、运输和浇筑风险。混凝土的供料、拌制和运输出现事故，如预先搅和，混凝土坍落度波动很大，混凝土出现卸料、泵送或振捣困难；混凝土配合比不正确，混凝土硬化时出现干缩裂纹；混凝土的振捣不结实，结构中出现大量气泡，表面产生麻面或气孔。

b. 预制构件施工风险。构件中钢筋或模板定位不正确，钢筋绑扎不牢固引起结构尺寸不正确；预应力钢筋张拉时出现断丝事故，或者预应力放张偏早引起部分混凝土出现开裂。

第二，预制梁的安装风险。

预制梁的主要安装方法如图 7－49 所示。其中，可能存在的主要风险有吊装和架设施工风险、机械设备施工风险、人员操作失误风险。

⑤现浇段施工风险。

第一，高架桥梁支架和模板施工风险。

a. 支架和拱架设计荷载有误或者安装不正确，螺栓、拉杆或撑木绑扎不牢固，支架受荷后出现大变形或挠屈，引起支架发生倾倒或坍塌事故。

b. 在道路施工中进行桥梁上部结构施工，对道路的运营有直接影响，可能导致多种安全事故发生。同时，支架的视觉阻挡可能引起撞架坍塌事故。

c. 在河道施工的支架，容易受到洪水和漂流物以及船只的影响，发生多种安全事故。同时，河道的水流随季节性变化，容易发生洪水冲垮事故。

d. 支架出现不均匀沉降导致浇筑混凝土出现损坏。

e. 模板或支架拆卸风险。模板支架拆除时间过早，或者拆除顺序有误，导致结构受力不均匀，从而引发坍塌、开裂事故。

第二，混凝土施工风险。

a. 混凝土的供料、拌制、运输和浇筑风险。混凝土的供料、拌制和运输出现事故，

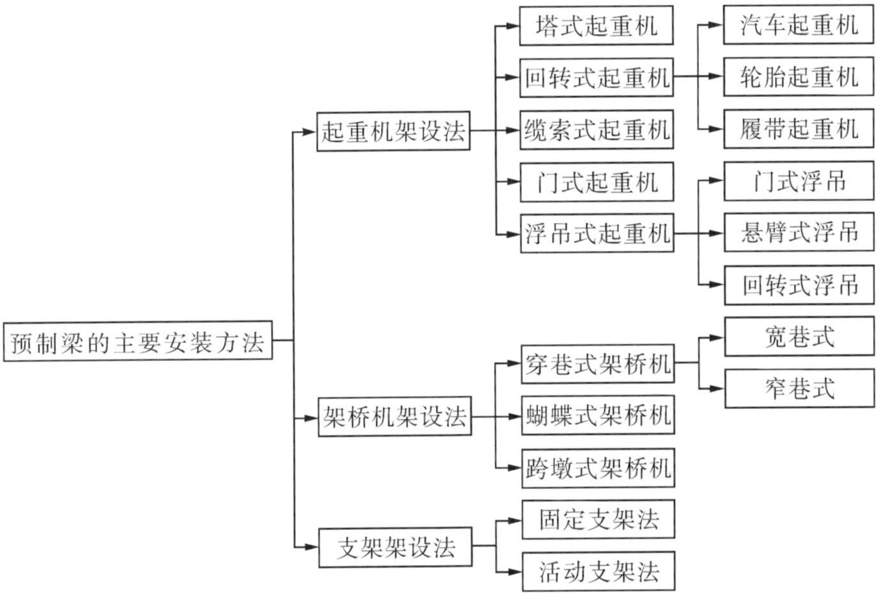

图7－49 预制梁的主要安装方法

如预先搅和，混凝土坍落度波动很大，混凝土出现卸料、泵送或振捣困难；混凝土配合比不正确，混凝土硬化时出现干缩裂纹；混凝土的振捣不结实，结构中出现大量气泡，表面产生麻面或气孔。

b. 施工工作缝风险。施工中需要预先设置一些工作缝，工作缝的位置设置不正确，施工填筑过早。

c. 大跨径分段混凝土施工工艺风险。大跨径混凝土结构施工一般采用分段施工，一种方式是水平分层浇筑，另一种方式是分段施工浇筑。由于施工工艺控制不当，可能引起结构出现开裂等损坏。

⑥道路加固施工风险。

工程中对已有道路的加固方式是采用高压旋喷桩加固路堤，其中许多方面需注意。桥墩开挖施工前一定要按设计要求和环境、地质条件确定土体加固的项目、方法和要求，并进行路基加固效果检测。旋喷注浆技术适用的地层主要是软弱底层、残积层以及人工填土层，但对于砾石直径过大且含量过多的砾石层及含有大量纤维质的腐殖土底层，旋喷注浆效果较差，所以施工前要进行详细的地质勘察。在高压旋喷注浆操作过程中，旋喷前检查高压设备和管路系统，保证压力和流量满足设计要求，注浆管及喷嘴内没有杂物，注浆接头的密封圈密封性完好。在插管和喷射过程中，喷嘴一定不能被堵塞，喷射时钻杆的旋转和提升要连续，否则将出现断桩、缩径及塌孔等现象。喷射过程中要做好压力、流量和冒浆量的量测工作。

⑦道路结构破坏风险。

地基处理不当或桥墩施工产生的地面沉降不均匀，将导致路面出现车辙、开裂、隆起甚至路面板断裂等，影响道路行车安全。大型施工机械也会将路面压坏。高速公路车辆行驶速度及行车密度均很大，对高架桥墩及道路加固的影响也相应较大，在动荷载作用下路面更容易产生不均匀沉降，导致高架桥墩结构变形，影响工程的使用。

⑧道路运营风险。

由于高架桥墩施工引起高速公路不均匀沉降或开裂，由此引起的线路不平顺可能导致路面结构被破坏，车辆行驶时司机难以把握，易产生交通事故。

7.4.2 高架车站工程

高架车站有两种形式：站桥合一和站桥分离。站桥合一是把桥墩作为房屋框架结构的一部分，框架纵、横梁对桥墩均能起到约束作用，减少了桥墩计算高度，柱网简单，降低了线路标高和建筑标高，可节省工程造价。但站桥合一没有现行统一的规范和标准可循，设计时必须对不同的构建采用不同的规范，结构计算也颇为复杂。

7.4.2.1 房屋框架结构施工风险

1. 风险辨识

高架车站结构为现浇钢筋混凝土框架结构，其在施工中可能遇到的风险如图 7 – 50 所示。

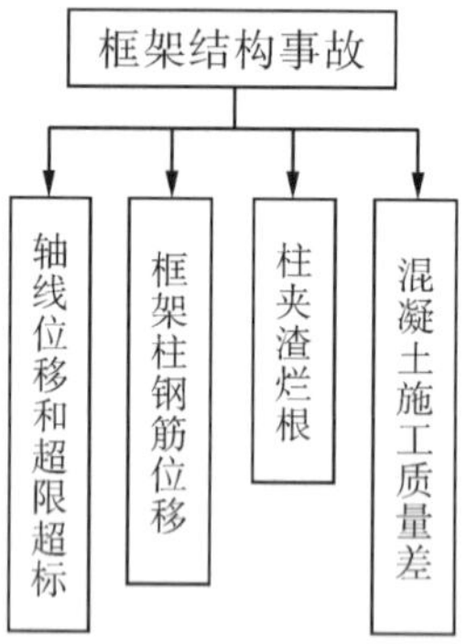

图 7 – 50　房屋框架结构事故

2. 风险分析

房屋框架结构在施工过程中可能遇到的风险事故及其发生的可能原因如表 7 – 8 所示。

表 7 – 8　房屋框架结构施工过程风险事故及其产生的可能原因

编号	风险事故	可能原因
1	轴线位移和超限超标	定位放线不准确 施工不当造成误差累积
2	框架柱钢筋位移	穿板梁时上部未绑扎箍筋框柱 混凝土浇筑时下料多、过厚、不匀 振捣时间长 振捣中未及时调整钢筋偏移

(续上表)

编号	风险事故	可能原因
3	柱夹渣烂根	未在楼板上做找平层或加标准框架模 地面垃圾未清除干净 振动棒长度不到位
4	混凝土施工质量差	配合比控制不当 振捣不实、过振、漏浆、跑模 养护不当

7.4.2.2 钢屋架屋顶施工风险

1. 风险辨识

高架车站施工的主要风险是钢屋架屋顶施工过程中可能遇到的风险，如图 7 – 51 所示。

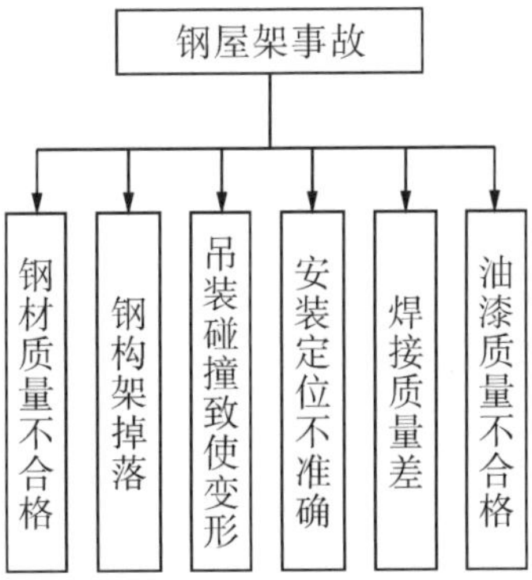

图 7 – 51　钢屋架事故

2. 风险分析

钢屋架构件产生破坏的原因通常在于吊装所走路线不满足构件重量、长度、高度的要求，起重机械或临时支撑不适配，安装顺序不当，原材料把关不严。现场工作人员操作不合格也是致险因素之一。

7.4.3 风险规避措施

采取风险规避措施的目的是减小风险事故发生的概率和降低损失。由于高架段风险事故较多，为了突出重点，本节只选取风险等级较高的风险事故，提出风险规避措施。

7.4.3.1 桥墩施工风险规避措施

（1）为保证在混凝土浇筑过程中模板不变形，要保证模板高度。

（2）对墩身顶层基础进行水准测量，在最下层模板节与顶层基础之间填砂浆进行找平，以保证墩身模板垂直。用水准仪对最下层模板节顶部进行水准测量，检查合格后才允许继续安装，加固模板。墩身及顶帽模板一次立模到顶，安装加固完成后，利用经纬仪测量检查模板的垂直度及中线。用水准仪检查模板高度，确保模板各部分尺寸均符合相关标准要求。

（3）优化配合比，控制混凝土的水灰比及坍落度。在振捣时，振捣棒不能接触模板表面，边振捣边用橡胶锤轻轻敲击模板，以减少混凝土气泡的形成。

（4）优化施工工艺。墩身混凝土的拆模时间应在混凝土强度超过设计强度 80% 时进行，保持养护湿度。

7.4.3.2　PHC 打入桩施工风险控制措施

（1）保证管桩自身质量，避免为在管桩施工过程中造成桩身破损埋下隐患。

（2）控制好打桩顺序，采用“S”形的打桩顺序能较合理地解决这一问题，减小挤压效应。打桩时严格控制打桩速度。

（3）对场地进行认真的平整压实，避免在施打过程中因震动而使桩架产生不均匀沉降，导致桩机不垂直。在打桩过程中桩身始终要保持垂直，送桩杆应和桩身在同一中心线上，桩插入时的垂直偏差不得超过 0.5%。在沉桩时控制成桩垂直度偏差不超过 1%。

（4）为防止桩身断裂，施工前应对桩位下的障碍物清理干净，必要时对每个桩位用钎探了解。对桩构件要进行检查，发现桩身弯曲超过规定或桩尖不在桩纵横轴线上的不宜使用。在打桩过程中，如发现桩不垂直应及时纠正，桩打入一定深度发生严重倾斜时，不宜采用移架方法来校正。接桩时，要保证上、下两节桩在同一轴线上，接头处应严格按照操作要求执行。桩在堆放、吊运过程中，应严格按照有关规定执行，发现桩开裂度超过有关验收规定时不得使用。

（5）为防止桩顶掉角，在制作桩时，要振捣密实，桩顶的加密箍筋要保证位置准确；桩成型后要严格加强养护。打桩前应对桩构件进行检查，检查桩顶有无凹凸现象，机顶面是否垂直于轴线，桩尖有否偏斜，不符合规范要求的桩不宜使用。检查桩帽与桩的接触面处是否平整，如不平整要进行处理后才能施工。打桩时稳桩要垂直，桩顶要有衬垫，如衬垫失效或不符合要求时要更换。

（6）为防止接桩处开裂，接桩前，对连接部位上的杂质、油污、水分等必须清理干净，保证连接部件清洁。检查连接部件是否牢固、平整、符合设计要求，如有问题，必须进行修正后才能使用。接桩时，两节桩应处于同一轴线上，焊接预埋件应平整，焊缝应饱满连续。

7.4.3.3　钻孔灌注桩施工风险控制措施

（1）施工平台机应严格按照要求安装，确保钻机架的稳定；严格制作，确保护筒坚实，不漏水；采取稳定护筒内水头的措施。

（2）钻孔时应尽量做到一气呵成，避免中间停钻；清孔时，保证钻孔内必要的水头高度，保证清孔后泥浆密度、黏度等其他性能指标符合要求。

（3）安装钻机时要使转盘、底座水平，起重轮滑缘、固定钻杆的卡孔和护筒中心三者在一条竖直线上，并经常检查纠正；及时、不断地检查校正钻杆是否弯曲，接头是否不正。

（4）钻孔过程中应注意及时焊补钻锥；缩孔产生后，应在该处吊住钻锥，上、下反复扫孔扩大桩径。

（5）当出现黏糊钻、埋钻现象时，应认真检查计算泥浆稠度、钻渣进出口、钻杆内径大小、排渣设备，同时控制适当的进尺；为防止掉钻现象，施工中注意经常检查钻具、钻杆联结装置，卡钻时应设有保护绳方能适度强提，严防钻头空打；为防止钻杆折断，应选择合适的钻孔直径，避免把地质或水文地质钻探小孔径的钻杆作为大孔径的钻孔桩来使用；不使用弯曲严重的钻杆。

（6）当导管接头不严，水从接头或焊缝中流入，或导管提升过猛，或测探错位，导管低口超出原混凝土面。抵扣涌入泥水时，应视具体情况，拔换原导管插入续灌。

（7）为防止卡管，在灌注前应仔细检修灌注机械，并准备备用机械，发生故障立即调换备用机械；控制混凝土的配合比和坍落度。

（8）为防止埋管，施工中应严格控制，埋管深度不得超过6m，在导管上端装设附着式振捣器，每隔数分钟振捣一次，使导管周围的混凝土不致过早地初凝，首批混凝土掺入缓凝剂，加快灌注速度，事先应检查导管接头螺栓是否稳妥，提升导管时不可猛拔。

（9）为防止断桩、夹泥，清孔时应彻底控制好灌注时间。对已发生或估计可能发生断桩、夹泥的桩，应采用地质钻机钻芯取样，进行深入的探查以判明情况。必要时可采用压入水泥浆补强的方法。

7.5 土建重点各分部分项工程安全技术及管理

根据住房与城乡建设部《关于印发〈危险性较大的分部分项工程安全管理办法〉的通知》（建质〔2009〕87号）要求，施工单位应当在危险性较大的分部分项工程施工前编制专项方案；对于超过一定规模的危险性较大的分部分项工程，施工单位应当组织专家对专项方案进行论证。危险性较大的分部分项工程范围主要有：基坑支护、降水工程；土方开挖工程；模板工程及支撑体系；起重吊装及安装拆卸工程；脚手架工程；拆除、爆破工程；其他。

按照《中华人民共和国建筑法》、《建设工程安全生产管理条例》的相关规定，各分部分项工程施工前应编制专项施工方案，经施工单位技术负责人、总监理工程师签字后实施，对施工作业人员进行安全技术交底。

7.5.1 基坑支护与降水工程

随着我国经济建设和城市建设的快速发展，在城市狭窄场地施工地铁车站时需要挖较深的基坑，这些基坑开挖深度常达5m～15m。而且在大多数情况下都不允许放坡大开口，开挖施工难度较大。为了防止基坑开挖造成邻近建（构）筑物地基沉降、倾斜、开裂或侧向位移，或管线出现开裂漏气、漏水或妨碍交通运输，影响居民正常生活等问题的出现，保证工程安全顺利施工，常常需要在深基坑的四周设置一种特殊的临时性辅助结构物——支护，用它来维持天然地基土的平衡状态，既可以保证邻近建（构）筑物和地下、地上设施及道路交通的正常安全使用，又能使基坑土方可以垂直开挖，不用放坡，为基础施工提供广阔的空间，同时减少大量土方开挖量和劳动力，加快工程进度。

7.5.1.1 深基础土壁支护类型

1. 选择支护类型和方案的要求

（1）确保基坑围护体系能起到挡土作用，基坑四周边坡保持稳定。

（2）确保基坑四周相邻的建（构）筑物、地下管线、道路的安全，在基坑上方开挖及地下工程施工期间，不因土体的变形、沉陷、坍塌或位移而受到危害。

（3）在有地下水的地区，通过排水、降水、截水等措施，确保基坑工程施工在地下水位以上进行。

2. 深基坑支护的设置原则

（1）要求技术先进、结构简单、因地制宜、就地取材。

（2）尽可能与工程永久性挡土结构相结合，作为结构的组成部分或材料能够部分回收，重复使用。

（3）受力可靠，能确保基坑边坡稳定，不给邻近已有建（构）筑物、道路及地下设施带来危害。

（4）保护环境，保护施工安全。

（5）经济上合理。

此外，基坑支护结构设计与施工时还要收集工程地质与水文地质资料、基础类型、基坑开挖深度、降排水条件、场地周围环境及地下管线状况、周围环境对基坑侧壁位移的要求、基坑周边荷载、施工季节、支护结构适用期限等因素。

3. 支护结构按其工作基理和围护墙的形式分类

基坑支护结构一般要承受土压力和水压力，起到挡土和挡水的作用，一般情况下围护结构和止水帷幕共同形成止水体系。但尚有两种情况，一种是止水帷幕自成止水体系，另一种是围护结构本身也起止水帷幕的作用，如水泥重力式挡墙和地下连续墙等。围护结构分类如图 7－52 所示：

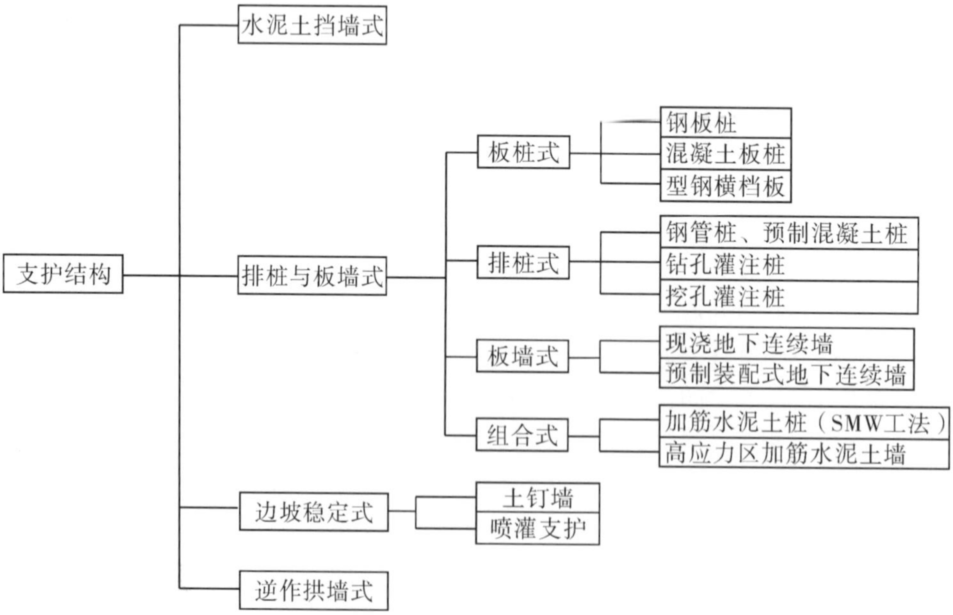

图 7－52　围护结构分类

4. 深基础土壁支护的安全要求

深基础土壁支护施工过程常遇到挡土结构超规定位移、管涌及流砂、塌方等现象。为防止这些现象的产生，施工中须提出以下的安全要求：

（1）支护结构挡土桩截面及入土深度应严格计算，防止漏算桩顶地面推土、行驶机械、运输车辆、堆放材料等附加荷载；灌注桩与阻水旋喷桩间必须严密结合，使之形成封闭止水幕，阻止桩后土在动水压力作用下大量流入基坑；基坑开挖前应将整个支护系统暴露土层，锚杆、桩顶圈梁等施工完成，挡土桩应达到强度，以保证支护结构的强度和整个刚度，减少变形；锚杆施工必须保证质量，锚杆深入到可靠锚固层内；施工时，应加强管理，避免在支护结构大量堆载和停放挖土机械及运输机械；基坑开挖前应进行降水，以减少桩侧土压力和水压力渗入基坑，使桩产生位移。

（2）加强地质勘查，探明土质情况；挡土桩宜穿透底部粉细砂层；当挡土桩间存在间隙，应在背面设旋喷桩、止水桩挡水，避免出现流水缺口，造成水土流失，涌入基坑；桩嵌入基坑底的深度应经计算确定；土颗粒的浸水密度应大于桩侧土渗动水压力；止水桩应与挡土桩相切，保持紧密结合，以提高支护刚度和起到帷幕墙的作用；施工中应先采用井点或深井对基坑进行有效降水；大型机械行驶及机械开挖应防止损坏给排水管道，发现破裂应及时修复。

（3）挡土桩设计应有足够的强度、刚度，并用顶部圈梁连成整体；土层锚杆应深入到坚实土层内，并灌浆密实；挡土桩应有足够入土深度，并嵌入到坚实土层内，保证支护的整体稳定性；基坑开挖前应先采用有效降水方法，将地下水降到开挖基底 0.5m 以下；支护结构应一次施工完成，防止随挖随支护，特别要按设计规定程序施工，不得随意改变支护结构的受力状态或在支护结构上随意增加支护设计未考虑的大量施工荷载。

7.5.1.2 基坑支护

开挖后，如果边坡土体中的剪应力大于土体具有的抗剪强度，则边坡会互动失稳。而风化气候影响使土体土质疏松，黏土因为水浸而产生润滑作用，细砂、粉砂土因受震动液化，土体上有堆载、动荷载，因雨水使土体含水量自重增加，这些外界因素都会造成土体抗剪强度下降，边坡失稳而下滑。因此，为使开挖的基坑边坡稳定不下滑，本节从支护施工措施、支护材料等角度提出安全要求。

图 7－53 混凝土支护

图 7－54 钢支撑支护

（1）支撑应挖一层支撑好一层，并严密顶紧，支撑牢固，严禁一次将土挖好后再支撑。

（2）挡土板或桩板与坑壁的填涂要分层回填夯实，使之严密接触。

（3）埋深的锚位需要以挖沟方式埋设，沟槽尽可能小，不得采取将土方全部挖开，埋设拉锚后再回填的方式，这样会使土体固结状态遭受破坏。拉锚安装后要预拉紧，预紧力不小于设计计算值的5%～10%，每根拉锚松紧程度应一致。

（4）施工中应经常检查支撑和观测邻近建筑的情况，如发现支撑有松动、变形、位移等情况，应及时加固或更换，加固方法有打紧受力较小部分的木契和增加立柱及横撑等。如换支撑时，应先加新支撑，后拆除旧支撑。

（5）支撑的拆除应按回填顺序依次进行。多层支撑应自下而上逐层拆除，拆除一层，经回填夯实后，再拆上层。拆除支撑时，应注意防止附近建筑物或构筑物产生下沉和遭到破坏，必要时采取加固措施。

（6）土质均匀且地下水位低于基坑地面标高时，其挖方边坡可能成直立壁而不加支撑。挖方深度应根据土质确定，但不宜超过下述规定：密实、中实的砂土和碎石土（充填物为砂土）1m；硬塑、可塑的轻亚黏土及亚黏土1.25m；硬塑、可塑的黏土和碎石类土（充填物为黏性土）1.5m；坚硬的黏土2m。基坑挖好后，应及时进行地下结构和安装工程施工，在施工过程中，应经常检查坑壁的稳定情况。

（7）地质条件良好、土质均匀且地下水位低于基坑标高时，挖方深度在5m以内不加支撑的边坡的最陡坡度应根据相应标准确定。

（8）基坑需设置坑壁支撑时，应根据开挖深度、土质条件、地下水位、施工方法、相邻建筑和构筑物等情况进行选择和设计。支撑必须牢固可靠，确保安全施工。坑壁支撑有钢（木）支撑、钢（木）板桩、钢筋混凝土护坡桩和钢筋混凝土地下连续墙。

（9）采用钢（木）坑壁支撑时，应随挖随撑、支撑牢固。施工中应经常检查，如有松动、变形等现象时，应及时加固或更换。在雨期或化冻期，更应加强检查。

（10）采用钢（木）板桩、钢筋混凝土预制桩或灌注桩作坑壁支撑时，应符合下列规定。

①应尽量减小打桩时产生的震动和噪声对邻近建筑物、构筑物、仪器设备和城市环境的影响。

②桩的制作、运输、打桩或灌注桩的使用要求应以国家标准《建筑地基与基础工程施工质量验收规范》为准。

③当土质较差，开挖后土可能从桩间挤出时，宜采用齿合式板桩。

④在桩附近挖土时应防止桩身受到损伤。

⑤采用钢筋混凝土灌注桩时，应在桩的混凝土强度达到设计标号后，方可挖土。

⑥拔除桩后的孔穴应填实。

（11）采用钢（木）板桩、钢筋混凝土桩作坑壁支撑并加设锚杆时，应符合下列规定。

①锚杆宜采用螺纹钢筋，使用前应清除油污和除锈。

②锚固段应设置在稳定性较好的土层或岩层中，长度应经计算确定。

③钻孔时不得损坏已有的管沟、电缆等地下埋设物。

④施工前应做抗拔试验，测定锚杆的抗拔拉力。

⑤锚固段应用水泥沙井灌注密实。

⑥应经常检查矛头紧固和锚杆周围的土质情况。

(12) 采用钢筋混凝土地下连续墙作坑壁支护时，其施工和验收要求应按照国家标准的有关规定执行。

7.5.1.3 降水工程

1. 深基坑降水

当在地下水位以下含水丰富的土层开挖大面积深基坑时，由于坑内外水位差很大，利用一般明沟方法排水，较易产生大量的地下涌水，难以排干，而且当透水层为粉土类、砂石类时，还会出现严重的翻浆、冒泥流砂等破坏现象，有时还会使边坡和坑壁失稳或附近地面出现塌陷，严重影响邻近建筑物的安全。

一般采用人工降低地下水位方法施工，即采用各类井点降低地下水位。井点排水法是在基坑开挖前，沿开挖基坑的四周或一侧、二侧、三侧埋设一定数量深于坑底的井点滤水管或管井，以总管连接或直接与抽水设备连接从中抽水，使地下水位降落到基坑底0.5m～1.0m 以下，以便在无水干燥的条件下开挖土方和进行基础施工。

此法可防止地下水因渗漏而产生流砂的现象发生。同时由于减小或消除动水压力，提高边坡稳定性，边坡可放坡，可减少土方开挖量。此外，井点降水可大大改善施工操作条件，避免水下作业，方便施工，提高工效，加快工程进度，提高工程质量。但井点降水设备一次性投资较高，运转费用较大，施工中应合理布置和适当安排工期，以减少作业时间，降低排水费用。

井点降水方法的种类很多，主要根据水文地质情况、现场条件、施工特点，如水的补给源、井点布置形式、要求降水深度以及邻近建筑管线情况、工程特点、场地及设备条件、施工技术水平等情况，进行对经济技术及节能等综合因素的比较，可选用一种或两种，或井点与明排综合使用。

2. 施工地表、地下水控制

土方开挖中遇到地表水和地下水，它们渗入基坑对基坑施工造成不便，同时对基土的浸泡、对边坡稳定的破坏使该方面的施工成为湿润土地段土方开挖中需要实施的一项工作。湿润土地段土方开挖应根据施工现场的水文地质条件、施工条件、地区工程经验等综合条件进行分析，施工时要注意以下几点：

(1) 选择正确的降水方法。降水方法有明沟降水、轻型井点、喷射井点、电渗井点以及深井井管等，其使用条件如表 7-9 所示。采用不同的降水方法，可以在相同的降水时间内获得不同的降水深度，达到施工的目的。在选择降水方法时，必须通过地质勘察报告了解地下水位的标高，从而掌握本工程基底标高和地下水位的关系，确定降水的深度，正确选择降水方法。

(2) 降水系统施工完成后，应进行试运行运转，如果发现抽出的是混水或无抽水量的情况，很有可能是降水系统失效，应采取措施使其恢复正常，如没有恢复的可能应予以报废，另行设置新的井管。

(3) 降水与排水同样需要进行质量控制，如排水沟的坡度，当排水不畅时，水可能会四溢，一旦进入基坑内，经过水浸的土的承载能力会极大降低；井点的间距如果太大，直接的后果是水位不易降低，达不到降水的目的。

表7－9　地下水控制方法的使用条件

方法名称		土类	渗透系数(m/d)	降水深度(m)	水文地质特征
集水明排		填土、粉土、黏性土、砂土	7～20.0	<5	土层滞水或水量不大的潜水
降水	真空井点		0.1～20.0	单级<5 多级<20	
	喷射井点		0.1～20.0	<20	
	管井	粉土、砂土、碎石土、可溶岩、破碎带	1.0～200.0	>5	含丰富的潜水、承压水、裂隙水
截水		黏性土、粉土、砂土、碎石土、岩溶土	不限	不限	
回灌		填土、粉土、砂土、碎石土	0.1～20.0	不限	

3. **雨季施工**

土方施工应尽量在雨季前完成，如雨季施工，则应配有一定的安全措施，保证工程质量与安全，如施工场地配有水泵等排水系统。雨季施工的施工方法及安全要求如下所述：

（1）雨季施工的工作面不宜太大，应逐段、逐片地分期完成。重要的或特殊的土方工程，应尽量在雨季前完成。

（2）雨季施工不仅有保证工程质量和安全的技术措施，还应积极关注天气变化。

（3）雨季施工前，应对施工现场原有排水系统进行检查、疏通和加固等，必要时增加机械排水设施，保证水流畅通。在施工场地周围应防止地面水流入场内。

（4）雨季施工时，应保证现场运输道路畅通，必要时对路面采取防滑措施。

（5）雨季开挖基坑时，应注意边坡稳定。必要时适当放缓边坡坡度或设置支撑，施工时应加强对边坡和支撑的检查。

（6）雨季开挖基坑时，应在坑外侧围以土堤或沙包，以防止地面水流入坑内。

7.5.2　土方工程开挖

7.5.2.1　土方开挖

深基坑挖土是基坑工程的重要部分，直接影响着工程质量和进度。基坑的土方开挖工艺主要分为放坡挖土、中心岛（墩）式挖土、盆式挖土和逆作法挖土。放坡挖土无支护结构，其余三种皆有支护结构。采取哪种形式，主要根据基坑的深浅、围护结构的形式、地基土岩性、地下水位及渗水量、开挖设备及场地大小、周围环境等情况来决定。

1. **放坡开挖**

放坡开挖是最经济的挖土方案。当基坑开挖深度（软土地区挖深不超过4m，地下水位低的土质较好的地区挖深亦可较大）、周围环境又允许，经验算能确保土坡的稳定性时，均可采用放坡开挖。

开挖深度较大的基坑，当采用放坡挖土时，宜设置多级平台分层开挖，每级平台的宽度不宜小于1.5m。

放坡开挖要验算边坡稳定，可采用圆弧滑动简单条分法进行验算。对于正常固结土，可用总结应力法确定土体的抗剪强度，采用固结快剪峰值指标。至于安全系数，可根据土层性质和基坑大小等条件来确定。采用简单条分法验算边坡稳定时，对土层性质变化较大的土坡，应分别采用各土层的重度和抗剪强度，当含有可能出现流砂的土层时，宜采用井点降水等措施。

对土质较差且施工工期较长的基坑，对边坡宜采用钢丝网水泥喷浆或用高分子聚合材料覆盖等措施进行护坡。

坑顶不宜堆土或存在堆载（材料或设备），遇有不可避免的附加荷载时，在进行边坡稳定性验算时，应计入附加荷载的影响。

在地下水位较高的软土地区，应在降水达到要求后再进行土方开挖，宜采用分层开挖的方式进行开挖，分层挖土厚度不宜超过 2.5m，挖土时要注意保护工程桩，防止碰撞或因挖土过快、高差过大使工程桩受侧压力而倾斜。

如有地下水，放坡开挖应采取有效措施降低坑内水位和排除地下水，严防地表水渗入或坑内排出的水倒流回基坑。

基坑采用机械挖土，坑内应保留 200mm ~ 300mm 厚基土，用人工清理整平，防止坑底土扰动。待挖至设计标高后，应清除浮土，经验收合格后，及时进行垫层施工。

2. 中心岛（墩）式挖土

中心岛（墩）式挖土，适用于大型基坑，支护结构的支撑形式为角撑、环梁式或边桁（框）架式，中间具有较大空间，此时可利用中间的土墩作为支点搭设栈桥。挖土机可利用栈桥下到基坑挖土，运土的汽车亦可利用栈桥进入基坑运土，这样可以加快挖土和运土的速度。中心岛（墩）式挖土，中间土墩的流土高度、边坡的坡度、挖土层次与高差都要经过仔细研究确定。由于在雨季易遇到大土墩边坡易滑动的现象，必要时边坡需加固。

挖土亦分层开挖，多数是先全面挖去第一层，然后中间留置部分土墩，周围部分分层开挖。开挖多用反铲挖土机，必须与支护结构的设计工况一致。要遵循开槽支撑、先撑后挖、分层开挖、严禁超挖的原则。

挖土时，除支护结构设计允许外，挖土机和运土车辆不得直接在支撑上行走和操作。

为减少时间效应的影响，挖土时应尽量缩短围护墙无支撑的暴露时间。一般对一级、二级基坑，每一工况挖至规定标高后，钢支撑的安装周期不宜超过一昼夜，混凝土的完成时间不宜超过两昼夜。

土方挖至设计标高后，对有钻孔灌注桩的工程，宜边破桩头边浇筑垫层，尽可能早一些浇筑垫层，以便利用垫层对围护墙起支撑作用，以减少围护墙的变形。

挖土机挖土时严禁碰撞工程桩、支撑、立柱和降水的井点管。分层挖土时，层高不宜过大，以免土方侧压力过大使工程桩变形倾斜，这在软土地区尤为重要。

同一基坑内当深浅不同时，土方开挖宜先从浅基坑处开始，如条件允许时可待浅基坑处底板浇筑后，再挖基坑较深处的土方。

3. 盆式挖土

盆式挖土是先开挖基坑中间部分的土，周围四边留土坡，土坡最后铲除。这种挖土方式的优点是周边的土坡对围护墙有支撑作用，有利于减少围护墙的变形。其缺点是大量的土方不能直接外运，需集中提升后装车外运。

盆式挖土周边留置的土坡宽度、高度和坡度的大小均应通过稳定验算确定。如留得过小，对围护墙支撑作用不明显，则失去盆式挖土的意义。如坡度太陡边坡不稳定，在挖土过程中可能失稳滑动，不但失去对围护墙的支撑作用、影响施工，而且有损于工程桩的质量。

盆式挖土需设法提高土方上运的速度，这对加速基坑开挖起很大作用。

7.5.2.2 土方开挖安全技术

1. 一般安全要求

（1）土方施工前，必须查明地下有无埋藏物。如有，相关管理单位清除完毕后，方可开挖。

（2）开挖基坑，根据设计文件或施工规范放坡、分层开挖。

（3）开挖基坑时，严禁掏土。

（4）人工挖土、多人操作时相互间应保持安全距离。

（5）设置上下爬梯，供作业人员上下。

（6）基坑周围2m内，不得堆放土、料和机具设备。

（7）距离构筑物较近时，开挖基坑前对构筑物进行防护后，方可进行开挖。施工过程中，应设施工防护人员进行监控，观察土体和路基边坡的稳定。

（8）基础、边墙、墩台身施工完毕，拆除加固支撑时，应自上而下、逐段逐层进行。

2. 安全施工要点

（1）提出合理的开挖程序及开挖施工参数。这是确保基坑稳定和控制基坑变形符合设计要求的关键，其基本要求为：

①有支护（锚拉）的基坑要分层开挖，分层数为基坑所设支撑道数加一。每挖一层及时加好一道支撑或设好一道锚杆。当采用土钉墙或喷锚网支护方案时，应按设计每挖一层土做一层支护、随挖随支护。

②有内支撑的基坑，每层土的开挖，对同时开挖的部分，其位置和深度，应以保持对称为原则，防止基坑支护结构承受偏载。

③保证支撑、围檩或拉锚的施工质量，科学组织、精心施工。

④规定施工场地、土方、材料、设备的堆放场地及数量，限定基坑旁边的超载。

⑤确保排水、堵水及降水的措施，严防围护墙体发生水土流失而导致基坑失稳。

⑥合理确定地基加固的范围、质量要求及检验方法。

⑦选择满足出土数量和时间要求的开挖设备、运输车辆及道路和堆放条件。

⑧提出监测设计，落实按监测信息指导施工防止事故的方案。

（2）考虑时空效应的开挖及支撑施工。基坑开挖的几何尺寸（长、宽、高）和挡墙开挖部分的无支撑暴露时间，与基坑围护墙体和坑周地层位移有明显的相关性。这里反映了基坑开挖的时空效应的规律。考虑时空效应的开挖及支撑施工应根据下述因素进行：

①基坑规模、几何尺寸、围护墙体及支撑结构体系的布置。

②基坑地基加固和施工条件。

③选择基坑分层、分块、对称、平衡限时开挖和支撑的顺序，并确定各工序的时限。

④在施工方案中对如下施工参数进行规定：a. 开挖分层的层数，每层分部开挖的数量；b. 分部开挖的时间限制；c. 分部开挖后，完成支撑的时间限制；d. 支撑预加轴力

(采用钢支撑时); e. 当采用盆式开挖时，其贴靠挡土墙的支撑土堤的每步开挖宽度和高度; f. 每步开挖所暴露的部分墙体，在开挖卸载后无支撑的暴露时间、暴露的宽度和高度。

3. 易出现的问题及应变处置措施

(1) 围护结构出现渗水、漏泥或开挖面以下出现冒水，应变处置措施有:

①采取止水堵漏措施。

②发现薄弱环节，及时采取加固措施。

(2) 土方开挖不均衡，支撑施工不及时致使支护系统受力和变化速率过大，应变处置措施有:

①加快开挖和支撑的施工进度，增加支撑预加轴力的次数。

②调整开挖及支撑施工次序，减小每步开挖的空间尺寸，使基坑受载均衡。

(3) 围护结构刚度、强度不足，变形过大，应变处置措施有:

①增加临时斜撑、角撑。

②对支撑加设预紧力。

③加强支撑的竖向间距。

④在坑内堆载或坑周卸载。

(4) 基坑隆起过大，应变处置措施有:

①在最下层开挖时，采取分块挖、分块浇筑垫层混凝土，以控制墙体位移。

②采用中心岛法挖土。

③超前在坑底进行块凝压力注浆。

④压载。

(5) 支撑支柱桩不均匀沉降或上浮，应变处置措施有:

①在支撑上加载或卸载。

②设置临时拉系构件，以使支撑稳定。

③设立竖向十字撑。

④调整立柱上支托支撑的支托构件标高。

(6) 支撑因截面不足，有压损可能，应变处置措施有:

①在竖向及水平向增设支撑。

②加固支撑。

(7) 支撑下垂、挠曲变形，应变处置措施有:

①对杆件进行加固，设置临时拉系构件，以缩短构件的长细比。

②必要时增设水平向和竖向支撑。

③地面上对称卸载，坑内堆载。

(8) 支护体系及土体变化速率突增，基坑有失稳可能，应变处置措施有:

①放水回灌。

②对基坑进行局部乃至全部回填。

③在采取以上措施，土体得到临时稳定后，立即进行地基或支撑加固。

7.5.3 模板工程与支撑体系

模板工程是混凝土结构工程施工中的重要组成部分，在城市轨道交通建设工程中，模板及支撑系统是作为临时施工设施，而不是作为工程结构来考虑的。模板工程在混凝土结构施工成本和劳动量中占有较大比重。据资料统计，在一般梁板、框架和板墙结构中，模板工程成本占总成本的30%，劳动量占28% ~45%。据有关部门的不完全统计，模板工程引发的安全事故占混凝土工程整个工程事故的70%。

模板按材料分类有木模板、钢模板、钢木模板、木胶合板模板、竹胶合板模板、铝合金模板、塑料板、魄力钢模板等；按结构的类型分类有基础模板、柱模板、梁板模板、楼梯模板、墙模板、壳模板、烟囱模板等。

7.5.3.1 模板安装

1. 模板安装前的准备工作

（1）模板工程施工方案已编制完毕，并经审查批准，审批手续应齐全。复查模板工程设计与施工说明中的荷载、计算方法、节点构造是否符合实际情况，安装拆除方案是否合理。

（2）对作业人员进行安全技术交底，详细说明较大模板工程的施工程序、安全技术措施、安全操作要求、应急处置及安全方法措施，并填写安全交底记录。

（3）平整搭设场地，清除杂物，并使排水畅通；当在模板支架基础下设置基础、管沟时，在模板拆除前不应开挖，否则必须采取加固措施。

（4）认真检查模板、支撑等构件型号、尺寸及材质是否符合要求，对不符合要求的应及时更换，并将不能使用的从现场清除。

（5）做好模板的定位放线、标高测量、找平、模板定位等准备工作。

（6）支撑支柱的地基应满足承载的要求，场地应事先整平夯实，并做好防水、排水设施。

（7）竖向模板安装的地面应平整垫实，采取可靠的定位措施，按施工设计要求预埋支撑锚固柱。

（8）采取预组装模板施工时，预组装工作应在组装平台或经平整处理的场地上进行，并按要求逐块检查后进行试吊。

2. 模板安装的要求

（1）模板安装必须按模板的施工设计进行，严禁任意变动。

（2）现浇钢筋混凝土梁、板，当跨度大于4m时，模板应起拱；起拱高度可为全跨长度的1/1 000 ~3/1 000。

（3）高度超过4m，安装和拆除钢模板，周围应设安全网或搭设脚手架和加设防护栏杆。

（4）安装高度在2m以上的模板，应搭脚手架，并设防护栏杆，防止上下在同一垂直面操作。支设高度在3m以上的模板，四周应设斜撑，并应设立操作平台。

（5）操作人员等必须走人行梯道，严禁利用模板支撑攀登上下，不得在墙顶、独立梁及其他高处狭窄而无防护的模板上行走。

（6）模板安装时，上下应有人接应，随装随运，不得抛掷。

（7）支撑不得搭在脚手架上。

（8）模板上有预留孔洞者，应在安装后将洞口盖好。

（9）垂直吊运大块或整体模板时，竖向吊运应不少于两个吊点，水平吊运应不少于四个吊点。必须使用卡环连接，并应稳起稳落，待模板就位连接牢固后，方可拆除卡环。

（10）如支撑呈一定角度倾斜，应采取可靠措施确保支点稳定，支撑底脚必须有可靠的防滑移措施。

（11）梁、板安装上层支撑时，在梁、板上不得有施工荷载，支撑的位置必须准确。安装后给支撑或连接件的荷载不应超过其允许值。

（12）预拼装组合钢模板采用整体吊装方法时，应注意以下两点：

①拼装完毕的大块模板或整体模板，吊装前应按设计规定的吊点位置，先进行试吊，确认无误后，方可正式吊运安装。

②安装整块柱模板，不得用注资钢筋代替临时支撑。

（13）在架空输电线路下面安装组合钢模板时，吊机起重臂、吊物、钢丝绳、外脚手架和操作人员等与架空线路的最小安全距离应符合要求。如不符合要求时，要停电作业；不能停电时，应有隔离防护措施。

（14）基础及地下工程模板安装之前，必须检查基坑土壁边坡的稳定状况，基坑上口边缘1m以内不能堆放模板及材料，向槽（坑）内运送模板构件时，严禁抛掷。

（15）遇上六级及六级以上的大风时，应暂停室外的高空作业。

（16）作业人员必须戴好安全帽，高空作业人员必须系上安全带进行加固。

（17）在浇筑混凝土过程中必须对模板进行监护，仔细观察模板的位移、变形情况，发现异常时必须及时采取稳固措施。当模板变位较大，可能倒塌时，必须立即通知现场作业人员离开危险区域，并及时报告上级。

3．模板支架安装的要求

模板支撑系统是保证模板系统安全的重要组成部分，因此模板支撑除保证单根立柱具有足够的承载力和稳定性外，尚应保证支撑系统具有良好的稳定性。模板支架立杆的构造应符合下列规定。

（1）每根立杆底部应设置底座或垫板，以加大立杆底部面积，减小基层结构的局部压应力。

（2）必须设置纵、横向扫地杆，以防止立杆在施工过程中因桩基产生位移而失稳。扫地杆安装应满足以下要求：

①纵向扫地杆应采用直角扣件固定在距底座上部不大于200mm处的立杆上。

②横向扫地杆应采用直角扣件固定在紧靠纵向扫地杆下方的立杆上。

③当立杆基础不在同一高度上时，必须将高处的纵向扫地杆向低处延长两跨与立杆固定，高低差不应大于1m。

（3）脚手架底层步距不应大于2m。

（4）立杆接长除顶层顶部外，其余各层各步必须采用对接扣件连接。

（5）支架定杆应竖直设置，2m高度的垂直允许偏差为15mm。

（6）在支架立杆根部设可调整底座，其伸长度超过300mm时，应采取可靠措施固定。

（7）当梁模板支架立杆采用单根立杆时，立杆应设在梁模板中心线处，其偏心距离不应大于25mm。

（8）当高度大于5m时，宜选用桁架支模或多层支模。当采用多层支架支模时，支架的横垫板应平整，支柱应垂直，上下层支柱应在同一竖向中心线上。所有垂直支架柱应尽量保证其垂直，其垂直允许偏差：当高度不大于 5m 时，为 6mm；当高度大于 5m 时，为 8mm。

（9）模板及其支架在安装过程中，必须采取有效的防倾覆临时固定设施。

（10）满堂模板支架的支撑设置应符合下列规定。

①满堂模板支架四边与中间每隔四排支架立杆应设置纵向横刀撑，由底至顶连续设置。

②高于 4m 的模板支架，其两端与中间每隔四排立杆从顶层开始向下每隔两步设置一道水平剪刀撑。

（11）剪刀撑的构造规定。

①每道剪刀撑跨越立杆的根数宜按表 7－10 中的规定确定，每道剪刀撑宽度不应小于 4 跨，且不应小于 6m，斜杆与地面的倾角宜在 45°～60°。

表 7－10　剪刀撑跨越立杆的最多根数

剪刀撑斜杆与地面的倾角	45°	50°	60°
剪刀撑跨越立杆的最多根数	7	6	5

②高度在 24m 以下的单、双排脚手架，均必须在外侧立面的两端各设置一道剪刀撑，并应由底至顶连续设置。高度在 24m 以上的双排脚手架应在外侧立面整个长度和高度上连续设剪刀撑。

③剪刀撑斜杆的接长宜采用搭接。

④剪刀撑斜杆应用旋转扣件固定在与之相交的横向水平杆的伸出端或立杆上，旋转扣件中心线支柱点的距离不宜大于 150mm。

7.5.3.2　模板拆除

模板拆除的一般要求有以下几点。

（1）拆除模板前，必须有模板工程拆除的专项方案。拆除前施工单位要提出拆模申请报告单，经审查批准后，方可进行拆模作业。

（2）拆除时混凝土的强度应符合设计要求，当设计无要求时，应符合下列规定。

①非承重的侧模板，包括梁、柱、墙的侧模板，只有混凝土强度能保证其表面及棱角不因拆除模板而受损坏（混凝土强度≥$1N/mm^2$）时，方可拆除。

②承重模板，包括梁、板等水平构件的底模，应达到表 7－11 中的规定，方可拆除。

表 7－11　现浇混凝土结构拆模时混凝土应达到的强度

构件类型	构架跨度/m	达到设计的混凝土立方体抗压强度标准值的百分率/%
板	≤2	≥50
	>2，≤8	≥75
	>8	≥100

（续上表）

构件类型	构架跨度/m	达到设计的混凝土立方体抗压强度标准值的百分率/%
梁、拱、壳	≤8	≥75
	>8	≥100
悬臂构件	—	≥100

（3）后张预应力混凝土结构或构件模板的拆除，侧模应在预应力张拉前拆除，其混凝土强度达到侧模拆除要求即可，底模必须在预应力张拉完毕时方能拆除。

（4）拆模的顺序和方法。应按照后支先拆、先支后拆的顺序；先拆非承重模板，后拆承重的模板及支撑。

（5）严禁使用大面积拉、推的方法拆模，必须按规定程序拆除撑杆、模板和支架。拆除的模板向下运送传递，要上下呼应。

（6）拆模作业时，必须设警戒区，严禁下方有人进入。作业人员必须站在平稳、牢固、可靠的地方，保持自身平衡，不得猛撬，以防失稳坠落。

（7）拆除大型孔洞模板时，下层必须支搭安全网等可靠防坠落措施。

（8）拆模高处作业，应配置等高用具或搭设支架，必要时应系好安全带。

（9）拆下的模板不准随意向下抛掷，应及时整理。

（10）拆模间歇时，应将已活动的模板、牵杠、支撑等运走或妥善堆放，防止因踏空、扶空坠落。

（11）拆模必须一次拆清，不得留下无撑模板。拆下的模板要及时清理，堆放整齐。混凝土板上的预留孔，应在制订施工方案时就做好技术交底，以免操作人员从空中坠落。

（12）拆模板时，作业人员要站立在安全地点进行操作，防止上下同时操作，操作人员要主动避让吊物。

（13）安全梯不得缺挡，不得垫高。安全梯上端应绑牢，下端应有防滑措施，人字梯底角必须拉牢，严禁两名以上作业人员在同一梯上作业。

（14）拆除大模板必须设专人指挥，模板工与起重机驾驶员应协调配合，做到稳起、稳落、稳就位。在起重机臂回转范围内不得有无关人员。

（15）严禁使用吊车直接吊除没有撬松动的模板，吊运大型整体模板时必须拴结牢固且吊点平衡，吊装、运大钢模板时必须用卡环连接，就位后必须拉牢固方可卸除吊钩。

（16）使用吊装机械拆模时，必须服从信号工统一指挥，必须待吊具挂牢后方可拆除支撑。模板、支架落地放稳后方可拆钩。

7.5.4 起重吊装作业

随着轨道交通建筑行业的不断发展，起重吊装工程越来越多，尤其是大型起重吊装工程，如基坑围护结构施工的钢筋笼吊装，盾构隧道施工时盾构机的吊装、管片吊装等。由于起重吊装工程引发的伤亡事故已成为建筑行业“四大伤亡”事故之一，事故一旦发生易造成群死群伤，究其原因，主要是施工方案及施工过程中安全防护措施不到位。因此，必须了解起重机具备的基本性能，吊装作业安全技术、安全管理的基本方法和要求。

城市轨道交通工程建设中的吊装作业主要包括车站围护结构施工时的钢筋笼吊装、盾构隧道施工时的盾构机吊装。

图 7－55 钢筋笼吊装

图 7－56 盾构机吊装

7.5.4.1 钢丝绳

钢丝绳是起重吊装中的主要绳索，它具有强度高、弹性大、韧性好、耐磨、能承受冲击荷载等优点，且磨损后外部会产生许多毛刺，容易检查，便于预防事故。

结构吊装中常用的钢丝绳是由六束绳股和一般绳芯捻成的。钢丝绳按其捻制方法分为右交互捻、左交互捻、右同向捻、左同向捻四种。

1. 钢丝绳的报废

钢丝绳使用一定时间后，就会产生断丝、腐蚀和磨损现象，其承载能力降低。一般规定钢丝绳在一个节距断丝的数量超过表 7－12 的数据时就应当报废，以免造成事故。

表 7－12 钢丝绳报废标准（一个节距内的断丝数）

采用的安全系数	钢丝绳种类					
	6×19		6×37		6×61	
	交互捻	同向捻	交互捻	同向捻	交互捻	同向捻
6 以下	12	6	22	11	36	18
6～7	14	7	26	13	38	19
7 以上	16	8	30	19	40	20

当钢丝绳表面的锈蚀或磨损使钢丝绳直径显著减少时，应将表 7－12 报废标准按表 7－13给定的系数折减，并按折减后的断丝数报废。

表 7－13 钢丝绳锈蚀或磨损时报废标准的折减系数

钢丝绳表面锈蚀或磨损量（%）	10	15	20	25	30～40	大于 40
折减系数	0.85	0.75	0.70	0.60	0.50	报废

2. 钢丝绳固定的安全要求

钢丝绳采用钢丝绳夹固定与连接，用钢丝绳夹将钢丝绳末端或将两根钢丝绳固定在一起，为保证固定或连接处的安全，应注意以下问题：

（1）钢丝绳夹的间距一般为钢丝绳直径的6～8倍。U形螺栓在钢丝绳的尾段上。

（2）每一连接处所需钢丝绳夹的最少数量根据钢丝绳的直径确定，但不得少于3根。

（3）绳夹正确布置时，固定处的强度至少为钢丝绳自身强度的80%，绳夹在实际使用中受载1～2次后，螺母要进一步拧紧。

（4）离套环最近处的绳夹应尽可能地紧靠套环，紧固绳夹时要考虑每个绳夹的合理受力，离套环最远处的绳夹不得首先单独紧固。

（5）为了方便检查接头，可在最后一个夹头后面约500mm处再安一个夹头，并将绳头放出一个“安全弯”。当接头的钢丝绳发生滑动时，“安全弯”即被拉直，应立即采取措施。

3. 钢丝绳的安全使用

为了保证钢丝绳使用安全，必须在选用、操作和维护方面满足下列要求。

（1）选用钢丝绳要合理，不准超负荷使用。

（2）经常保持钢丝绳清洁，定期涂抹无水防锈油或油脂。钢丝绳使用完毕，应用钢丝刷将上面的铁锈、污垢刷去，不用的钢丝绳应进行维护保养，按规格分类放在干净的地方。露天存放的钢丝绳应在下面垫高，上面加盖防雨布罩。

（3）钢丝绳在卷筒上缠绕时，要逐圈紧密地排列整齐，不要错叠或离缝。

（4）钢丝绳解开使用时，应按正确方法进行，以免钢丝绳产生扭结。钢丝绳切断前应在切口两侧使用细钢丝捆绑，以防切断后绳头松散。

（5）钢丝绳穿过滑轮时，滑轮槽的直径应比绳的直径大1mm～2.5mm。滑轮槽过大，钢丝绳容易压扁，过小则容易磨损。滑轮的直径不得小于钢丝绳直径的10～12倍，以减小绳的弯曲应力，禁止使用轮缘磨损的滑轮。

（6）应定期对钢丝绳加润滑油（一般是工作时间四个月左右加一次）。

（7）在使用中，如绳股间有大量的油挤出，表明钢丝绳的荷载已相当大，这时必须加强检查，防止因钢丝绳断裂而发生安全事故。

7.5.4.2 吊装工具

1. 吊钩

（1）吊钩的危险断面和报废标准。吊钩的危险断面是指吊钩承载时弯曲应力最大的截面处，该处弯矩最大。吊钩底部断面受剪切应力，吊钩的背弯部受弯曲应力最大（内侧受拉、外侧受压），吊钩上部受拉应力。当其中机械的吊钩出现下列情况之一时应立即更换。

①表面有裂纹、破口，开口度比原尺寸增加15%。

②危险断面及钩颈有永久变形，扭转变形超过10°。

③挂绳处断面磨损超过原高度10%。

④挂绳处断面磨损超过原厚度50%，芯轴（销子）磨损超过其直径的3%～5%。

（2）吊钩在使用中的安全装置。起重吊装作业中，由于挂钩时马虎或吊索间的角度过大，起吊中容易造成脱钩，所以吊钩上应装有防止脱钩的安全保险装置。

2. 卡环

卡环又称卸甲、卸扣，用于吊索和吊索或吊钩和构件吊环之间的连接，由弯环与销子两部分组成。

7.5.4.3 起重机安全管理

（1）起重机的基础必须能承受工作状态和非工作状态下的最大荷载，并应满足起重机稳定性的要求。

（2）起重机在输电线路附近作业时，应采取安全保护措施。起重机与架空输电线路间的安全距离应符合施工现场外电线路安全距离的要求。

（3）起重机使用的钢丝绳的结构、形式、规格和强度要符合该机型的要求。

（4）转移工地重新安装的垂直运输机械，在交付使用前，应按有关标准进行试验、检验，并对各安全装置的可靠度及灵敏度进行测试，确认符合要求后方可投入运行。试验资料应纳入该设备安全技术档案。

（5）除按规定允许载人的施工升降机外，其他起重机严禁在提升和降落过程中载人。

（6）每班作业前，起重机司机应对制动器、钢丝绳及安全装置进行检查，各机构进行空载运行，发现不正常时，应予排除。

（7）起重机司机开机前，必须鸣铃示警。

（8）须按照垂直运输机械出厂说明书规定的技术性能、使用条件正确操作，严禁超载作业或扩大作业范围。

（9）起重机处于工作状态时，严禁进行保养、维修及人工润滑作业。必须进行维修作业时，应在醒目位置挂警示牌。

（10）作业中起重机司机不得擅自离开岗位或交给非本机的司机操作，工作结束后应将所有控制手柄扳至零位，断开主电源、锁好电箱。

（11）维修更换零部件应与原垂直运输机械零部件的材料、性能相同；外购件应有材质、性能说明；材料不得降低原设计规定的要求；维修后，按相关标准要求试验合格；机械维修资料应纳入该机设备档案。

（12）起重机启动前重点检查项目是否符合《建设机械使用安全技术规程》（JGJ33－2001）的要求。

7.5.4.4 吊装作业安全技术

吊装作业是指建筑施工中结构安装和设备安装工程。由于起重吊装作业是专业性较强且危险性较大的工作，稍有疏忽就易发生伤亡事故，因此进入起重吊装阶段，应严格按照审定的吊装施工方案组织施工。任何人不得随意变更施工方案，如有特殊情况需变更施工方案的，必须按原审批程序逐步进行。

1. 吊装作业一般要求

（1）起重机。应根据建筑工程结构的跨度、吊装高度、构件重量、作业条件和现有起重机类型、起重机的起重量、起升高度、工作半径、起重臂长度等工作参数选择起重机。

（2）吊点的确定。

①当采用一个吊点起吊时，吊点必须定在构件中心上，使吊点与构件中心的连线和构件的横截面垂直。

②当采用多个吊点起吊时，应使各吊点、吊索拉力的合理作用点置于构件的中心以上，使各吊索的交汇点（起重机的吊钩位置）与构件的重心的连线和构件的支座面相垂直。

多吊点起吊法尽量不要采用，因为多设吊点虽然等于给构件增加支点，可以分散起吊力，却给施工带来很多麻烦，因此一般采用两点起吊。物件长度大时最好采用横吊梁。横吊梁使用简便、安全可靠，既能承受倾斜吊装所产生的水平分力，使物件不会出现变形，同时还可缩短起吊钢丝绳的长度。

③在吊构件时，吊点位置应采用原结构设计的吊耳起吊，如果吊运的构件没有吊耳，可根据设备的形状选择起吊点，并通过调整吊点，使吊点与物体重心在同一垂直线上。

④平吊长形构件时，两个吊点的位置应在距重心相等的两端，吊力的作用线应通过重心，竖吊构件的吊点位置应在重心上端。

⑤吊运方形物件时，四根吊索应拴在构件重心的四边起吊。

⑥细长构件吊点位置的确定如下：

a. 两个吊点。吊装作业中一般不宜对细长物体采用单点起吊，应采用两点起吊，每个吊点分别距杆件各端0.21L（L为构件长度）。

b. 三个吊点。首先标出两端吊点位置（0.13L），然后把两个吊点间的距离等分，即可得出第三个吊点的位置，也就是中间吊点的位置。

c. 四个吊点。先标出两端吊点位置（0.1L），再将两个吊点间的距离三等分，即可得出中间两个吊点的位置。

（3）吊钩。吊钩是起重机械上的主要组成部分。吊钩有单钩、双钩两种形式，钩挂质量在80t以下时常使用单钩形式，双钩用于80t以上的大型起重机。吊钩除要承受吊物的重量外，还要受到起升和制动时产生的冲击荷载，因此对吊钩的制作材料有很高的要求，该材料必须具有较高的机械强度和冲击韧性，所以选用经锻打等热处理加工的20号优质碳素钢。

（4）吊索。吊索钢丝绳应选用6×19或6×37型钢丝绳制作。常用的吊钩为环式，两端绳套采用编插而成，编插长度不得小于钢丝绳直径的20倍，并不得短于300mm。目前已有一种新的加工方法，即固接钢丝绳接头，它是采用铝合金套管将要固接的钢丝绳穿在里面，经专用压力机压接而成，相当牢固。

2. 吊装作业安全管理

（1）大型起重吊装工程，必须编制专项施工方案，制定相关的安全保证措施，并对作业人员进行安全技术交底。盾构机的吊装和桥梁梁板拼装必须符合相关要求。

（2）起重吊装操作人员、指挥人员、司索工必须持证作业。

（3）起重吊装作业人员交班前对设备进行检查，保证各部件安全可靠。

（4）操作人员必须严格按照安全操作规程和“十不准吊”的规定，不得超载吊装，起重臂起落范围和回转半径内无人作业，不得斜拉斜吊，起吊物体上无零散物品。起吊重物不得长时间悬挂空中，停止吊装后，起重臂应放下。

（5）吊钩严禁补焊，无裂纹破损，保险扣完好。

（6）钢丝绳应具有质量证明文件，钢丝绳应无扭结、弯折、变形的现象。

（7）吊装作业期间必须有专人指挥，有专门通信设备和统一的信号。

7.5.5 脚手架工程

脚手架是建筑施工中必不可少的临时设施。比如浇筑混凝土、墙面的抹灰、结构构件的安装等，都需要在起边旁搭设脚手架，以便在其上进行施工操作、堆放施工用料和必要时的短距离水平运输。

脚手架虽然随着工程进度而搭设，工程完毕就拆除，但它对建筑施工进度、工作效率、工程质量以及工人的人身安全有直接影响。如果脚手架搭设不及时，势必会拖延工程进度；脚手架搭设不符合施工需要，工人操作就不方便，质量得不到保证，工效也提不高；脚手架搭设不牢固，不稳定，就容易造成施工中的伤亡事故。因此，对脚手架的选型、构造、搭设质量等绝不可疏忽大意、轻率处理。

1. 脚手架种类

随着建筑施工技术的发展，脚手架的种类也越来越多。从搭设的材质来看，不仅有传统的竹、木脚手架（目前建筑施工中已经基本不使用竹、木脚手架），还有钢管脚手架。钢管脚手架中又分扣件式、碗扣式、门式、工具式；按搭设的立杆排数，可分单架、双排架和满堂架；按搭设的用途，可分为砌筑架、装修架；按搭设的位置，可分为外脚手架和内脚手架。

2. 脚手架的作用和基本要求

（1）脚手架的作用。脚手架既要满足施工需要，又要为保证工程质量和提高工效创造条件，同时还应为组织快速施工提供工作面，确保施工人员的人身安全。

（2）脚手架的基本要求。脚手架要有足够的牢固性和稳定性，保证在施工期间对所规定的荷载或在其后条件的影响下不变形、不摇晃、不倾斜，能确保作业人员的人身安全；要有足够的面积满足堆料、运输、操作和行走的要求；构造要简单，搭设、拆除和搬运要方便，使用要安全。

3. 脚手架的材质和规格

（1）木质、竹质材料的材质和规格（省略）。

（2）钢管的材质和规格。钢管应采用符合现行国家标准《直缝电焊钢管》（GB/T13793－1992）或低压流体输送用焊接钢管（GB/T3091－2001）中规定的3号普通钢管。其质量应符合国家标准《碳素结构钢》（GB/T700－1998）中Q235－A级钢的规定。钢管的尺寸应按标准选用，每根钢管的最大质量不应大于25kg，钢管的尺寸为ϕ48mm和ϕ51mm×3mm，最好采用ϕ48mm×3.5mm的钢管。

（3）扣件。扣件式钢管脚手架的扣件，应采用可锻铸铁制作的扣件，其材质应符合现行国家标准《钢管脚手架扣件》（GB15831－1995）的规定。采用其他材料制作的扣件，应经试验证明其质量符合该标准的规定后，才能使用。扣件的螺杆拧紧扭力矩达到65N/m时不得发生破坏，使用时扭力矩应在40N/m～65N/m之间。

（4）钢脚手架。材质应符合现行国家标准《碳素结构钢》（GB/T700－1998）中Q235－A级钢的规定。

4. 脚手架的设计

脚手架的设计应根据脚手架的用途（承重、装修），在建工程的高度、外形及尺寸等要求，来设计立杆的间距、大横杆的间距及连墙件的位置等，并且计算各种杆件的应力在这种情况下能否满足要求，如不满足，可再调整立杆间距、大横杆间距和连墙件的位置等。

由于扣件式钢管脚手架在工程建设中使用较为普遍，以下重点讲述。

脚手架上的施工荷载一般情况下是通过脚手架传递给小横杆，由小横杆传递给大横杆，再由大横杆通过扣件传递给立杆，最后通过立杆底部传递到地基上。

（1）施工荷载值。承重架定为 3 000N/m^2、装修架为 2 000N/m^2。

（2）恒、活荷载。恒载（永久荷载），主要指脚手架结构自重；活载，主要指脚手架板上的堆砖（或混凝土、模板和安装件等）、运输车辆（包括所装物件）和作业人员等荷载以及风荷载。

5. 扣件式钢管脚手架的设计计算

（1）荷载。荷载包含 3 个内容，即荷载分类、荷载取值、荷载组合。

（2）扣件式脚手架的计算步骤、计算内容、计算公式，参照相关书籍。

（3）扣件式钢管脚手架的构造。

①基本构造。扣件式脚手架由钢管和扣件组成，有单排架和双排架两种。立杆、大横杆、小横杆三杆的交叉点成为主节点。主节点处立杆和大横杆的连接扣件与大横杆和小横杆的连接扣件的间距应小于 15cm。在脚手架使用期间，主节点处的大、小横杆，纵、横向扫地杆及连墙件不能拆除。

②大横杆、小横杆、脚手架。

a. 大横杆。大横杆可设置在立杆内侧，其长度不能小于 3 跨，大小和等于 6m；大横杆用对接构件接长，也可采用搭接。

b. 小横杆。小横杆的构造应符合下列规定：主节点处必须设置一根小横杆，用直角扣件扣接且严禁拆除；作业层上非主节点处的小横杆，宜根据支撑脚手架的需要等间距设置，最大间距不应大于纵距的 1/2。

c. 脚手板。当使用冲压钢脚手架时，双排脚手架的横向水平两杆两端均采用直角扣件固定在打横杆上；单排脚手架的小横杆的一段，应用直角扣件固定在大横杆上，另一段应插入端内，插入长度不应小于 180mm。

脚手板的设置应符合下列规定：作业层脚手板应铺满、铺稳；冲压钢脚手板，应设置在三根小横杆上。当脚手板长度小于 2m 时，可采用两根小横杆支撑，但应将脚手板两端与其可靠固定，严防倾翻。脚手板的铺设可采用对接平铺，亦可采用搭接铺设。脚手板对接平铺时，接头处必须设两根小横杆，脚手板外伸长度应取 130mm ~ 150mm，两块脚手板外伸长度的和不应大于 300mm。脚手板搭接铺设时，接头必须支在小横杆上，搭接长度应大于 200mm，其伸出小横杆的长度不应小于 100mm。

③立杆。每根立杆底部应设置底座，座下再设垫板。

a. 脚手架必须设置纵、横扫地杆。纵向扫地杆应采用直角扣件固定在距离底座上不大于 200mm 处的立杆上。横向扫地杆亦采用直角构件固定在紧靠纵向扫地杆的位置上。当立杆基础在不同高度上时，必须将高处的纵向扫地杆向低外延长两跨与立杆固定，高低差不应大于 1m。靠近坡底上方的立杆轴线到边坡的距离不应小于 500mm。

b. 脚手架底层的步距不应大于 2mm。

c. 立杆必须与连墙件和建（构）筑物可靠连接。

d. 立杆接长除顶层顶部可采用搭接外，其余各层必须采用对接扣件连接。

e. 立杆上的搭接扣件应交错布置：两根相邻立杆的接头不应设置在同步内，同步内隔一根立杆的两个相隔接头在高度方向错开的距离不宜小于 500mm；各接头中心至主节点的距离不宜大于步距的 1/3。

f. 搭接长度不应小于1m，应采用不少于两个旋转扣件固定，墙部扣件盖板的边缘至杆端间距不应小于100mm。

④连墙件。连墙件数量的设置除应满足设计要求外，尚应符合表7-14中的规定。

表7-14 连墙件设置标准

	脚手架高度	竖向间距	水平间距	每根连墙件覆盖面积/m^2
双排	≤50m	3h	$3l_a$	≤40
	>50m	2h	$3l_a$	≤27
单排	≤24m	3h	$3l_a$	≤40

注：h为步距；l_a为纵距

a. 宜靠近主节点设置，偏离主节点的距离不应大于300mm。

b. 连墙件应从底层第一步大横杆开始设置，当该设置有困难时，应采用其他可靠措施固定。

6. 脚手架的使用与管理

（1）搭设作业脚手架以及作为模板支撑系统的脚手架，必须在施工前单独编制安全专项施工方案（包括验算说明），专项施工方案中应包括脚手架拆除的方案和措施，严格执行审批程序。施工过程中严格按方案实行。

（2）开工前施工承包单位项目部必须对作业人员进行专项安全技术交底。搭设人员应有相应的资质。监理应组织对脚手架搭设的验收，具有量化的验收内容。

（3）在脚手架上同时进行多层作业时，各作业层之间应设置可靠的防护棚，以防止上层坠物伤及下层作业人员。

（4）拆除脚手架时，施工区域应设置硬质封闭围挡及醒目警示标志，并派专人监管。在恶劣的气候条件下，严禁进行拆除作业。作业人员应站在稳定的结构或脚手架上操作，应从上至下、逐层拆除、分段进行，不得垂直交叉作业，严禁立体交叉作业，不得将构件向下抛掷。

7.5.6 拆除工程

7.5.6.1 一般安全要求

（1）拆除工程施工区应设置硬质围挡，围挡高度不得低于1.8m，非施工人员不得进入施工区。当临街的被拆除建筑与交通道路的安全距离不能满足要求时，必须采取相应的安全隔离措施。

（2）应检查建筑物内各类管线情况，确认全部切断后方可施工。在拆除工程作业中发现不明物体时，应停止施工，采取相应的应急措施，保护现场并应及时向有关部门报告。

（3）拆除施工采纳的脚手架、安全网，必须由专业人员搭设。由有关人员验收合格后，方可使用。拆除施工严禁立体交叉作业。水平作业时，各工位间应有一定的安全距离。

（4）安全防护设施验收时，应按类别逐项查验，并应有验收记录。

（5）作业人员必须配备相应的劳动保护用品，并应准确使用。施工场所设置相关的安全标志。

7.5.6.2 拆除工程安全技术要点

1. 人工拆除

（1）当采用手动工具进行人工拆除建筑时，施工程序应从上至下，分层拆除，作业人员应在脚手架或稳固的结构上操作，被拆除的构件应有安全的放置场所。

（2）拆除施工应分阶段进行，不得垂直交叉作业。作业面的孔洞应封闭。

（3）人工拆除建筑墙体时，不得采用掏掘或推倒的方法。楼板上严禁多人聚集或堆放材料。

（4）拆除建筑的栏杆、楼梯、楼板等构件时，应与建筑结构整体拆除进度相配合，不得先行拆除建筑的承重梁、柱，应在其所承载的全部构件拆除后，再进行拆除。

（5）拆除横梁时，应确保其下落有效操纵时，方可切断两端的钢筋，逐端缓慢放下。

（6）拆除柱子时，应沿柱子底部剔凿出钢筋，使用手动倒链定向牵引，采用气焊切割柱子三面钢筋，保留牵引方向正面的钢筋。

（7）拆除管道及容器时，必须查清其残留物的种类、化学性质，采取相应措施后，方可进行拆除施工。

（8）楼层内的施工垃圾，应采用封闭的垃圾道或垃圾袋运下，不得向下抛掷。

2. 机械拆除

（1）当采用机械拆除建筑时，应从上至下、逐层、逐段进行；应先拆除非承重结构，再拆除承重结构。对只进行部分拆除的建筑，必须先将保留部分加固，再进行分离拆除。

（2）施工中必须由专人负责监测被拆除建筑的结构状态，并做好记录。当发现有不稳定状态的趋势时，必须停止作业，采取有效措施，消除隐患。

（3）机械拆除时，严禁超载作业或任意扩大使用范围，供机械设备使用的场所必须兼具足够的承载力。作业中不得同时回转、行走。机械不得带故障运转。

（4）当进行高处拆除作业时，对较大尺寸的构件或沉重的材料，必须采用起重机具及时吊下。拆卸下来的各种材料应及时清理，分类堆放在指定场所，严禁向下抛掷。

（5）拆除框架结构建筑时，必须按楼板、次梁、主梁、柱子的顺序进行施工。

（6）桥梁、钢屋架拆除应符合下列规定：

①先拆除桥面的附属设施及挂件、护栏。

②按照施工组织设计选定的机械设备及吊装方案进行施工。不得超负荷作业。

③采用双机抬吊作业时，每台起重机载荷不得超过同意载荷的80%，且应对第一吊进行试吊作业，作业过程中必须保持两台起重机同步作业。

④拆除吊装作业的起重机司机，必须严格执行操作规程。信号指挥人员必须按照现行标准《起重吊运指挥信号》（GB5082－1985）的规定作业。

⑤拆除钢屋架时，必须采用绳索将其拴牢，待起重机吊稳后，方可进行气焊切割作业。吊运过程中，应采用辅助绳索控制被吊物，使之处于正常状态。作业人员使用机具时，严禁超负荷使用或带故障运转。

3. 爆破拆除

（1）爆破拆除工程应根据周围环境条件、拆除对象类别、爆破规模，及按照现行国家标准《爆破安全规程》分为A、B、C三级。爆破拆除工程设计必须经当地有关部门审核，做出安全评估批准后方可施行。

（2）从事爆破拆除工程的项目经理部，必须持有所在地有关部门核发的《爆炸物品使用许可证》，承担相应级别或低于企业级别的爆破拆除工程。爆破拆除设计人员应具有承担爆破拆除作业范围和相应级别的爆破工程技术人员作业证。从事爆破拆除施工的作业人员应持证上岗。

（3）对于爆破拆除需采用的爆破器材，必须向当地有关部门申请《爆破物品购买证》，到指定的供应点购买。严禁赠送、转让、转卖、转借爆破器材。

（4）运输爆破器材时，必须向所在地有关部门申请领取《爆破物品运输证》。应按照规定路线运输，并应派专人押送。

（5）爆破器材临时保管地点，必须经当地有关部门批准。严禁同室保管与爆破器材无关的物品。

（6）爆破拆除的预拆除施工应确保建筑安全和稳定。预拆除施工可采用机械和人工方法拆除非承重的墙体或不影响结构稳定的构件。

（7）爆破时应限制一次同时爆破的用药量。建筑爆破拆除施工时，应对爆破部位进行覆盖和遮挡防护，覆盖材料和遮挡设施应牢固可靠。

（8）爆破拆除应采用电力起爆网路和非电导爆管起爆网路。必须采用爆破特用仪表检查起爆网路电阻和起爆电源功率，并应满足设计要求；非电导爆管起爆应采用复式交叉封闭网路。爆破拆除工程不得采用导爆索网路或导火索起爆方法。

（9）装药前，应对爆破器材进行性能检测。试验爆破和起爆网路模拟试验应选择安全部位和场所进行。

（10）爆破拆除工程施行时应在当地政府主管部门领导下成立爆破指挥部，并应按设计确定的安全距离设置警戒。

4. 静力破碎拆除

（1）采用静力破碎作业时，灌浆人员必须戴防护手套和防护眼镜。孔内注入破碎剂后，严禁人员在注孔区行走，并应保持一定的安全距离。

（2）静力破碎剂严禁与其他材料混放。

（3）在相邻的两孔之间，严禁钻孔与注入破碎剂施工同步进行。

（4）拆除刁吐构筑物时，应了解刁吐构筑物情况，切断进入构筑物的管线。

（5）建筑基础破碎拆除时，挖出的土方应及时运出现场或清离工作面，在基坑边缘1m内严禁堆放物料。

（6）破碎时发生异常情况，必须停止作业。查清原因并采取相应措施后，方可继续施工。

7.6 机电系统工程施工期安全管理

城市轨道交通的机电系统主要包括供电、通信、信号、环境控制、给排水和消防、防灾预警、自动售票等子系统。机电系统涉及专业多且复杂，在此就安全管理没有过多进行描述，重点介绍机电系统工程施工期间轨行区作业、工程调度、车站装修地盘等安全管理的要点。

7.6.1 轨行区作业安全管理

（1）进入轨行区的单位和个人必须严格执行轨道交通工程运输管理相关制度，实行消点制度，服从联合调度的统一指挥。各施工单位必须指派一名有资格的专职安全管理人员负责监督本标段在整个施工时间内的安全生产。

（2）轨行区内的各分项分部工程必须严格按规范标准和设计、施工方案进行施工，一切设备、设施（包括临时设施）必须安装牢固、可靠。

（3）进入轨行区必须遵守如下安全规定：

①必须按照联合调度办公室的统一安排进行施工，不得无计划、无施工许可进入线路区间、车站轨行区。

②办理施工许可凭证后，从规定的出入口进出工地，不得单独进入线路区间、车站轨行区。

③除了指定的施工范围，未经许可不得进入其他施工单位施工地点或区域。

④不得对工作地点构成干扰，不得未经批准而以任何方式更改或干扰设备装置的正常运行和测试。

⑤除了行车有关人员，其他人员未经授权不得登乘工程机车、轨道车，严禁攀爬运行中的机车车辆。

⑥禁止吸烟、酗酒。

⑦严禁躺在道床上及轨旁设备设施上休息。

⑧未经驻地监理工程师或项目工程师许可，不得使用任何易燃、易爆物品。

⑨不得在钢轨上进行非工作性质的行走。

⑩不得在相隔不足20米的车辆间或车辆与车挡间工作或穿行，除非已确定车辆不会移动及不会进行调车作业。

⑪在线路或其附近工作或行走时，应穿着反光衣。

⑫在折返线附近施工时要加倍小心和保护道岔设备，工作完毕后，必须清理线路上的工具和杂物，尤其要清除在道岔尖轨与基本轨之间的杂物，确保道岔的清洁。

⑬未经允许不得移动停在线路上的车辆和不得撤除车辆的防溜措施。

⑭严禁使用道床或钢轨做垫板，严禁在垫板上进行剧烈的击打。

⑮严禁未按规定时间在非指定区域内搭设施工脚手架。

⑯严禁向其他施工单位的施工区域丢扔污物、垃圾等。

⑰严禁任何人未经领导小组、调度办公室许可拆卸道岔设备。

⑱严禁任何人未经调度办公室的许可移动停在道岔区附近的机车车辆。

⑲在轨道上使用的各种运输工具必须安装可靠的止轮装置并有明显的单位标识。

⑳在轨行区使用梯子（含竹梯、木梯、金属梯等）进行作业时，当工程车来临前需将梯子放倒并放置在轨道两侧，不得侵入行车限界。

7.6.2 工程调度安全管理

各施工承包商项目经理应对本单位或工点的施工与运输安全负责，并承担领导责任。

各施工承包商项目经理可以授权工点的负责人带领施工队施工，使该工点负责人成为该工点的安全主管。各项目的总监理工程师对该单位工程的安全负有监督、管理的责任。

安全主管的职责包括：每次进入轨行区施工前先在集合地点清点人数，做好施工前的安全教育与准备工作；确认是在批准的时间、在指定的区域内施工，凭联合调度批准的许可证率队进场；安全主管在施工前应负责对各种安全保护措施进行安排和检查，并与计划（调度）室保持联络；负责指定区域的施工安全，确保其属下人员和自身的人身安全；负责事故紧急处理的指挥、报告；在每次撤离指定区域前负责指挥撤除保护措施、进行清道和施工场地的清洁，确保站台、横通道内各项临时设施、机具、材料的堆放不侵入行车限界且稳固，并确认其属下已携同设备全部撤离工点、轨道畅通。

（1）施工单位进入指定施工作业区域的凭证为工程车运输及施工作业许可证或进场作业许可证（如供电系统已送电，施工单位在进入轨行区前必须与电力调度确认接触网/接触轨已停电或已停电挂好地线，方可凭两证与变电所/轨行区作业申请表进入作业区域）。

（2）施工单位需通过车站或铺轨基地等进入施工作业区域的，施工负责人须向属地管理单位出示由地铁建设事业总部签发的有效的广州地铁工地出入证，以证明自己有资格负责一个施工队伍。

（3）各施工承包商进入区间作业必须先通知管理该区段的调度室值班人员，由调度室值班人员安排进入区间和撤出，然后调度室值班人员向联合调度按阶段汇报区间施工安排情况。

（4）在作业过程中应及时进行预报、确报。如因工点离车站较远或施工条件较复杂而需要提前预报、确报时，工点负责人应事先与前方站调度室值班员或驻站联络员（或防护员）商定明确，并通知全体防护人员及施工人员。工地防护员发出预报、确报信号的同时，应加强警戒，注意瞭望，监视来车。在任何情况下，如施工地点的停车防护信号尚未撤除或待避工作尚未做好而列车临近时，防护员应及时向列车显示停车手信号，使列车停车。但最多不能使列车在该指定区域停车超过 20 分钟。

（5）完工后，工点负责人必须通知相关的计划/调度室，由计划/调度室向联合调度汇报工作完成情况，并且确保所有人员及设备已撤离指定区域，而且所有的保护安排也已经撤除，并办理消点登记手续，然后在 48 小时内向联合调度递交书面消点通知。

（6）对于需要将指定区域移交其他施工承包商进行下道工序施工的，需先办理轨道出清和消点手续，注销许可证，再进行移交。

（7）对于非连续 24 小时工作的项目，施工承包商每天必须向联合调度办理注销手续。

（8）对于连续 24 小时施工的项目，施工承包商可以在该项目施工完毕后向联合调度办理注销手续。

（9）当发出停工命令时，施工人员应即时撤除妨碍行车的一切障碍物，并迅速到安全地点待避。工点负责人确认安全或确认线路已达到放行列车的条件后，方可通知防护员撤除停车防护。

（10）使用停车信号防护的施工地点，在撤除停车信号后，如列车需减速通过施工地点时，在列车开来一端的防护员应用黄色灯光接车。

（11）安全要求。

①工点负责人应派人在作业区域的起点、终点以外 50 米处各设置带红白相间条纹的

反光标志或标志牌或红色闪光灯作为停车防护信号，该标志应设置于线路两钢轨之间或两侧。工点负责人确认防护员已设好停车防护后，才能发出施工命令。施工工地未按规定设置防护的，不准开工，并不得擅自变更防护办法。

②在使用拖车、梯子和其他大型设备之前，或在已带电的设备附近工作时，施工承包商必须获得工程运输管理领导小组的同意。严禁使用金属梯子。

③所有在轨道附近工作的人员必须戴安全帽，穿结实的鞋子和醒目的衣服。在地面的轨道上工作时，施工承包商安全防护员必须拿信号旗。在隧道内工作时，施工承包商安全防护员必须拿手电筒站在工程车开来方向的轨道区域的一端警告标志处。

④在未得到工程运输管理领导小组的允许下，不得在指定区域安装脚手架。不能在正线的轨道上（接触网已被使用的情况下）使用脚手架和升降台，除非已确认切断牵引电流，接触网设备已被绝缘。这些脚手架必须在接通牵引电流之前拆除。

⑤工点负责人如发现施工地点有妨碍行车安全的异常情况时，除采取紧急措施消除故障外，应立即显示停车信号和通知驻站联络员转告联合调度暂不放行列车。

⑥施工承包商在高架车站轨行区进行钢结构施工时，必须在轨行区施工区域上部安装防护网及佩戴安全防护用品，防止高空坠物伤人。

⑦各施工使用的平板小车和梯车必须有制动装置，并设置专人防护。

⑧供电三轨系统已送电的，下轨行区前必须先向电力调度确认停电后方可进入轨行区。

7.6.3 车站装修地盘安全管理

车站土建工程移交后，工程移交运营单位前，车站装修、设备安装工程施工单位为场地管理单位，对车站范围内的场地管理负总责。

（1）有偿保证其他施工单位现场生活区、作业区水通和电通。

（2）对所有进出车站范围施工现场的人员进行登记管理，非施工人员不得擅自进入施工现场。

（3）在施工现场建立和执行防火管理制度，配备符合消防要求的消防设施。

（4）组织车站范围内各有关单位进行安全检查，落实整改措施，消除安全隐患。

（5）车站范围内其他施工单位（简称其他施工单位，下同）进入车站范围内施工，应与场地管理单位签订《车站施工现场安全生产管理协议书》，服从场地管理单位的统一管理。

①其他施工单位施工过程中，在生产安全、文明施工方面，必须服从场地管理单位的统一监管和协调。

②开工前，向场地管理单位提交开工报告、施工组织设计方案、消防及临时用水施工方案、临时用电施工方案、生产安全事故应急预案等。

③在各自工程范围内，做到文明施工，垃圾及时清理，不得漏散在施工范围之外的其他公共地方。单项工程完成后，应当拆除有关临时设施，做到“工完料净、场地清”。

④现场施工用电应当符合规范要求，需增加用电负荷的，应向场地管理单位提出申请，经允许后方可使用。

⑤施工现场的危险区域应当设置明显的安全警示标志。

（6）车站范围内两个以上施工单位在同一作业区域内进行交叉作业时，应明确各自的管理职责和应当采取的措施。

（7）以“谁施工、谁负责”为原则，其他施工单位发生安全生产事故（件），应及时、如实按程序向场地管理单位汇报，承担主体责任；场地管理单位负有监管责任。进入车站作业的各方应严格执行广州市轨道交通建设工程车站场地管理有关规定。

7.7 本章小结

本章详细介绍了城市轨道交通工程建设各施工阶段的安全技术及管理的重点内容，其中轨道交通工程建设中的土建工程是最大的施工风险期，且施工工法多，明（盖）挖法、矿山法和盾构法等不同工法在城市轨道交通工程建设中被普遍使用。本章从安全技术和管理的角度详细叙述了城市轨道交通工程建设施工阶段安全风险控制措施。同时也介绍了具有广州地铁特色的安全管理手段，如工程建设开工前组织施工、监理进行安全谈话，进行安全文明施工验收等安全管理手段。

8　工程竣工验收阶段安全管理

8.1　竣工验收阶段风险管理

城市轨道交通工程土建、机电施工完成后，即竣工验收阶段，施工单位应进行风险管理总结，提交风险管理文档，并经监理审核。风险管理文档作为工程竣工交验的文件，具体提交的内容包括如下几个方面：

（1）风险管理阶段性报告及专项报告。

（2）工程风险源清单。

（3）工程重大风险的处置措施和事故预案。

（4）风险事故的发生时间、地点、原因分析、损失情况和采取的处理措施。

（5）处置措施的事实责任人、时间和控制效果。

8.2　试运营前安全评价

城市轨道交通工程在开通试运营前，建设单位必须取得政府部门的安全专项开通意见书，工程方可投入试运营。即建设单位委托第三方咨询单位（选取信誉好、技术水平高，具有甲级资质的安全评价单位）开展工程投入试运营前的安全评价工作，为政府部门出具开通意见书以供参考，也为工程试运营提供安全保障。目前，北京、广州、深圳、南京等第一批批复轨道交通建设的城市首先开展了试运营前安全评价工作。

依据国家有关法律、法规和技术标准、规范，对城市轨道交通工程进行试运营前安全评价，可以确保工程建设项目中的安全设施与主体工程同时设计、同时施工、同时投产使用，可以有效辨识生产过程中存在的危险、有害因素的种类、分布及危险、有害程度，并提出合理可行的安全技术措施和管理措施，为城市轨道交通工程建设单位的安全管理及事件/事故的预防提供依据，并为安全生产监督管理部门实行安全监察提供依据。试运营前安全评价主要采用安全检查表、现场测试及车站人员安全疏散模拟计算和分析评价等评价方法。试运营前安全评价的主要内容见表 8－1。

试运营前安全评价作为安全专项验收的必备条件，是安全专项验收的重要依据，是不可或缺的工作之一。针对试运营前安全评价中检查出来的现场隐患，组织相关单位或部门进行整改，并对整改结果进行回复，保证评价结果的落实。试运营前安全评价达到了提高工程安全化水平、有效辨识和分析运营风险的目的。

表 8－1　试运营前安全评价主要内容

序号	评价项目	主要评价内容
1	各系统安全分析评价	供电系统安全检查表评价
		机电系统安全检查表评价
		消防系统与管理评价
		线路及轨道安全检查表评价
		通信设备安全检查表评价
		信号设备安全检查表评价
		环境与设备监控系统安全检查表评价
		自动售检票系统安全检查表评价
		车辆系统安全检查表评价
		土建安全检查表评价
		外界环境安全检查表评价
2	常规防护设备设施评价	安全标识的设置评价
		防护栏杆安全防护设备设施检查表评价
		高处坠落安全防护设备设施安全评价
		机械伤害安全防护设备设施安全评价
		屏蔽门安全防护设备设施安全评价
3	防火防爆安全措施评价	建筑防火安全措施评价
		易燃易爆场所安全措施评价
		蓄电池安全措施评价
		气瓶间安全措施评价
		电缆防火措施评价
4	电气安全措施评价	牵引、降压变电所安全评价
		接触网系统安全评价
		电力监控系统安全评价
		防雷接地、杂散电流防护安全评价
5	特种设备及强制检测设备检查评价	电梯安全检查评价
		起重设备安全检查评价
		机动车辆安全检查评价
		压力容器安全检查评价
		强制性检测设备安全检查评价
6	安全运营管理评价	安全生产管理组织机构
		安全生产管理制度
		特殊情况运营组织
		特种作业人员培训
		日常安全管理
		运营组织方案
		事故应急救援预案

9 城市轨道交通工程安全生产应急与救援管理

9.1 应急救援体系

9.1.1 应急管理相关概念

应急管理是指政府、部门、单位等组织为有效地预防、预测突发事件的发生，最大限度减少其可能造成的损失或者负面影响，所制定的应急法律法规、应急预案以及建立健全应急体制、应急处置及相关计划方案的日常运作维护等方面工作的统称。

突发事件是指可能造成重大的人员伤亡、财产损失、生态环境破坏和其他严重危害，影响、威胁局部区域或者全国经济社会稳定和政治安定的事件。

应急预案又称应急计划，是针对可能的重大事故（件）或灾害，为保证迅速、有序、有效地开展应急与救援行动、降低事故损失而预先制订的有关计划或方案。它是在辨识和评估潜在的重大危险、事故类型、发生的可能性及发生过程、事故后果及影响严重程度的基础上，对应急机构职责、人员、技术、装备、设施（设备）、物资、救援行动及其指挥与协调等方面预先做出的具体安排。应急预案明确了在突发事故发生之前、发生过程中以及结束之后，谁负责做什么，何时做以及相应的策略和资源准备等。

应急演练是根据应急预案，组织相关机构团体和人员针对假设突发事件，对各自职责和任务的排练活动进行检验、演习。演练的目的是通过演练及时发现预案和程序的缺陷，了解应急资源的适用情况，改善各部门、人员之间的协调状况，提高应急人员的技术水平和熟练程度，提高其应急反应的能力。因此，应急演练是检验、评价和提高应急能力的一个重要手段。

9.1.2 应急救援的基本任务及特点

1. 应急救援的基本任务

应急救援的总目标是通过有效的应急救援行动，尽可能地降低事故的后果，包括人员伤亡、财产损失和环境破坏等。应急救援的基本任务包括下述几个方面：

（1）立即组织营救受害人员，组织撤离或者采取其他措施保护危害区域内其他人员。抢救受害人员是应急救援的首要任务。

（2）迅速控制事态，并对事故造成的危害进行检测、监测，测定事故的危害区域、危害性质及危害程度，及时控制住造成事故的危险源是应急救援工作的重要任务。特别是对发生在城市或人口稠密地区的建设工程事故，应尽快组织抢险队伍与事故单位技术人员一起及时阻止事态继续恶化，最大限度地控制事故对社会的影响。

（3）消除危害后果，做好现场恢复。针对事故对施工作业人员和周围环境等造成的现实危害和可能的危害，迅速采取封闭、隔离等措施，防止对人的继续危害和对环境的影响。及时清理废墟和恢复基本设施，将事故现场恢复至相对稳定的基本状态。

（4）查清事故原因，评估危害程度。事故发生后应及时调查事故发生的原因和事故性质，评估事故的危害范围和危险程度，查明人员伤亡情况，做好事故调查。

2. 应急救援的特点

事故往往具有发生突然、危害范围广的特点。因此，为尽可能降低重大事故的后果及影响，减少重大事故所导致的损失，应急救援行动必须迅速、准确和有效。所谓迅速，就是要求建立快速的应急响应机制，能迅速、准确地传递事故信息，迅速地调集所需的大规模应急力量和设备、物资等资源，迅速地建立起统一指挥与协调系统，开展救援活动。所谓准确，要求有相应的应急决策机制，能基于事故的规模、性质、特点、现场环境等信息，正确地预测事故发展趋势，准确地对应急救援行动和战术进行决策。所谓有效，主要指应急救援行动的有效性，它很大程度上取决于应急准备的充分与否，包括应急队伍的建设与训练，应急设备（施）、物资的配备与维护，预案的制定与落实，以及有效的外部增援机制等。

9.1.3 事故的应急管理

尽管事故的发生具有突发性和偶然性，但事故的应急管理不只限于事故发生后的应急救援行动。应急管理是对事故的全过程管理，贯穿于事故发生前、中、后的各个过程，充分体现了“预防为主、常备不懈”的应急思想。应急管理是一个动态的过程，包括预防、准备、响应和恢复四个阶段。尽管在实际情况中，这些阶段往往是交叉的，但每一阶段又构筑在前一阶段的基础上，因而预防、准备、响应和恢复的相应关联，构成了事故应急管理的循环过程。

1. 预防

在应急管理中预防有两层含义：一是事故的预防工作，即通过安全管理和安全技术等手段，尽可能地防止事故的发生，实现本质安全；二是在假定事故必然发生的前提下，通过预先采取的预防措施，以缓和或降低事故的影响或后果的严重程度。从长远看，低成本、高效率的预防措施是减少事故损失的关键。

2. 准备

应急准备是应急管理过程中一个极其关键的过程。它是针对可能发生的事故，为迅速有效地开展应急救援行动而预先所做的各种准备，包括应急体系的建立、有关部门和人员职责的确定、预案的编制、应急队伍的建设、应急设备（施）与物资的准备和维护、预案的演练、与外部应急力量的衔接等，其目标是保持各等级事故应急救援所需的应急能力。

3. 响应

应急响应是在事故发生后立即采取的应急与救援行动，包括事故的报警与通报、人员的紧急疏散、急救与医疗、消防和工程抢险措施、信息收集与应急决策以及外部求援等。尽可能地抢救受害人员，保护可能受威胁的人群，尽可能控制并消除事故。

4. 恢复

恢复工作应在事故发生后立即进行，首先应使事故影响区域恢复到相对安全的基本状态，然后恢复到正常状态。要求立即进行的恢复工作包括事故损失评估、原因调查、清理废墟等。在短期恢复工作中，应避免出现新的紧急情况。长期恢复包括重建和受影响区域的重新施工，在长期恢复工作中，应汲取事故和应急救援的经验教训，开展进一步的预防工作和减灾行动。

9.1.4 建设工程事故应急救援体系的建立

9.1.4.1 建设工程事故应急救援体系的基本构成

由于在建设工程中潜在的事故风险多种多样，所以相应每一类事故灾难的应急救援有可能千差万别，但其基本应急模式是一致的。构建应急救援体系，应贯彻顶层设计和系统论的思想，以事件为中心，以功能为基础，分析和明确应急救援工作的各项需求，在应急能力评估和应急资源统筹安排的基础上，科学地建立规范化、标准化的应急救援体系，保障各级应急救援体系的统一和协调。

不管是政府管理部门，还是施工企业，一个完整的应急救援体系应由组织体制、运作机制、法制基础和保障系统四部分组成，如图 9 – 1 所示。

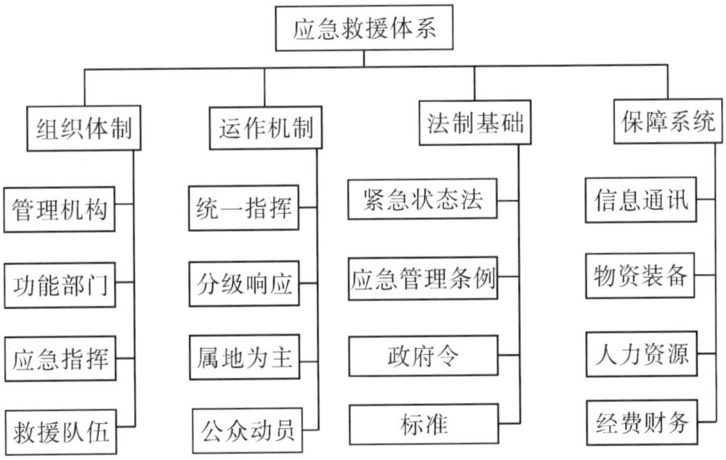

图 9 – 1 应急救援体系基本框架结构

1. 组织体制

建设工程应急救援体系组织体制包括管理机构、功能部门、应急指挥、救援队伍。管理机构，是指维持应急日常管理的负责部门，如政府行政主管部门；功能部门包括与应急活动有关的各类组织机构，如消防、医疗机构等；应急指挥是在应急预案启动后，负责应急救援活动场外与场内的指挥系统；救援队伍则由专业人员和有关志愿人员组成。

2. 运作机制

应急救援活动一般分为应急准备、初级响应、扩大应急和应急恢复四个阶段，应急机制与这四个阶段的应急活动密切相关。应急运作机制主要由统一指挥、分级响应、属地为主和公众动员这四个基本机制组成。

统一指挥是应急活动的最基本原则，一般可分为集中指挥与现场指挥，或场外指挥与场内指挥等。无论采用哪种指挥系统，都必须实行统一指挥的模式，无论应急救援活动涉及单位的行政级别高低和隶属关系不同，都必须在应急指挥部的统一组织协调下行动，有令则行，有禁则止，统一号令，步调一致。

分级响应是指在从初级响应到扩大应急的过程中实行的分级响应的机制。扩大或提高应急级别的主要依据是事故灾难的危害程度、影响范围和控制事态能力。影响范围和控制事态能力是“升级”的最基本条件。扩大应急救援主要是提高指挥级别、扩大应急范围等。

属地为主强调“第一反应”的思想和以现场应急、现场指挥为主的原则。

公众动员机制是应急机制的基础，也是整个应急体系的基础。

3．法制基础

法制建设是应急体系的基础和保障，也是开展各项应急活动的依据。与应急有关的法规可分为四个层次：由立法机关通过的法律，如《中华人民共和国突发事件应对法》、公民知情权法和紧急动员法等；由政府颁布的规章，如应急救援管理条例等；包括预案在内的以政府令形式颁布的政府法令、规定等；与应急救援活动直接有关的标准或管理办法等。

4．保障系统

列于应急保障系统第一位的是信息与通讯系统，构筑集中管理的信息通讯平台是应急体系最重要的基础建设。应急信息通讯系统要保证所有预警、报警、警报、报告、指挥等活动的信息交流快速、顺畅、准确以及信息资源共享；不但要保证有足够的物资与装备，而且还要实现快速、及时供应到位；人力资源保障包括专业队伍的加强、志愿人员以及其他有关人员的培训教育；应急财务保障应建立专项应急科目，如应急基金等，以保障应急管理运行和应急反应中各项活动的开支。

9.1.4.2　建设工程事故应急救援体系响应机制

建设工程事故应急救援体系应根据事故的性质、严重程度、事态发展趋势和控制能力实行分级响应机制，对不同的级别，相应明确事故的通报范围，应急中心的启动程度，应急力量的出动，设备、物资的调集规模，疏散的范围，应急总指挥的职位等。典型的响应级别通常可分为三级：

1．一级紧急情况

一级紧急情况即建设工程发生事故，必须利用所有政府有关部门及一切资源的紧急情况，或者需要各个部门同外部机构联合起来处理的各种紧急情况，通常要宣布进入紧急状态。在该级别中，做出主要决定的通常是紧急事务管理部门。现场指挥部可在现场做出保护生命和财产以及控制事态所必需的各种决定。解决整个紧急事件的决定，应该由紧急事务管理部门做出。

2．二级紧急情况

二级紧急情况即建设工程发生事故，需要两个或更多个部门响应的紧急情况。该事故的救援需要有关部门的协作，并且提供人员、设备或其他资源。该级响应需要成立现场指挥部来统一指挥现场的应急救援行动。

3．三级紧急情况

三级紧急情况即建设工程发生事故，能由一个部门运用正常可利用的资源处理的紧急情况。正常可利用的资源指在政府行政部门权力范围内通常可以利用的应急资源，包括人力和物力等。必要时，该部门可以建立一个现场指挥部，所需的后勤支持、人员或其他资源增援由本部门负责解决。

轨道交通建设工程根据自身特点，按照事故（事件）的可控性、严重程度和影响范围，可将响应级别分为四级。Ⅰ级响应行动由国家城市地铁事故灾难应急领导小组组织实施；Ⅱ级响应行动由省城市地铁事故灾难应急领导小组组织实施；Ⅲ级响应行动由市地铁事故灾难应急领导小组组织实施；Ⅳ级响应行动由建设单位组织实施应急救援。超出本级应急处理能力时，报请上一级应急机构启动上一级应急预案。当进入Ⅳ级响应行动以上的响应行动时，建设单位按照预案全力以赴配合救援，并及时向市政府应急领导小组报告救援工作进展情况。

Ⅰ级响应：导致30人以上死亡（含失踪），或者危及50人以上生命安全，或者100人以上中毒（重伤），或者直接经济损失1亿元以上的；需要紧急转移安置10万人以上的；超出省级人民政府应急处置能力的；跨省级行政区域、跨领域（行业和部门）的；国务院领导认为需要国务院或建设部响应的。

Ⅱ级响应：导致10～29人死亡（含失踪），或危及30～49人生命安全，或者50～99人中毒（重伤），或者直接经济损失5 000万元以上、1亿元以下的；超出市人民政府应急处置能力的；跨市（地）级行政区域的；省（区、市）人民政府认为有必要响应的。

Ⅲ级响应：导致3～9人死亡（含失踪），或危及10～29人生命安全，或者30～49人中毒（重伤），或者直接经济损失较大的；市人民政府认为有必要响应的。

Ⅳ级响应：1～2人死亡（含失踪）或3～9人重伤，或直接经济损失100万元以上、1 000万元以下，一条或多条线路全线停运6小时以上、12小时以下的事故；发生危及1～9人生命安全的事件；中断正线行车30分钟后无法恢复正常运营，须请求社会救援的行车事故；地铁结构开裂、位移、坍塌、淹浸、突水、有毒有害气体、缺氧等危及生命安全，须请求社会救援的事件；因爆炸、投毒、跳轨、恐吓、聚众闹事等影响地铁正常的工程施工和运营，须请求政府有关部门处理的治安事件；发生与建设单位有关的群众集体上访（5人以上），或越级到省、市政府上访，游行示威和其他影响社会稳定的事件；因食物引起的集体中毒、中暑等事故造成或可能造成一人以上死亡或地铁乘客中出现患非典型肺炎、鼠疫、霍乱、肺炭疽及其他易扩散、流行的传染病人，可能引发对社会、市民造成危害的事故；建设单位认为有必要启动本应急响应的其他事件。

9.1.4.3 建设工程事故应急救援体系响应程序

建设工程事故应急救援系统的应急响应程序按过程可分为接警、响应级别确定、应急启动、救援行动、应急恢复和应急结束等几个过程，如图9－2所示。

1. 接警与响应级别确定

接到事故报警后，按照工作程序，对警情作出判断，初步确定相应的响应级别。如果事故不足以启动应急救援体系的最低响应级别，响应关闭。

2. 应急启动

应急响应启动后，按所确定的响应级别启动应急程序，如通知应急中心有关人员到位、开通信息与通信网络、通知调配救援所需的应急资源（包括应急队伍和物资、装备等）、成立现场指挥部等。

3. 救援行动

有关应急队伍进入事故现场后，迅速开展事故救援、警戒、疏散、人员救助、工程抢险等有关应急救援工作，专家组为救援决策提供建议和技术支持。当事态超出响应级别无

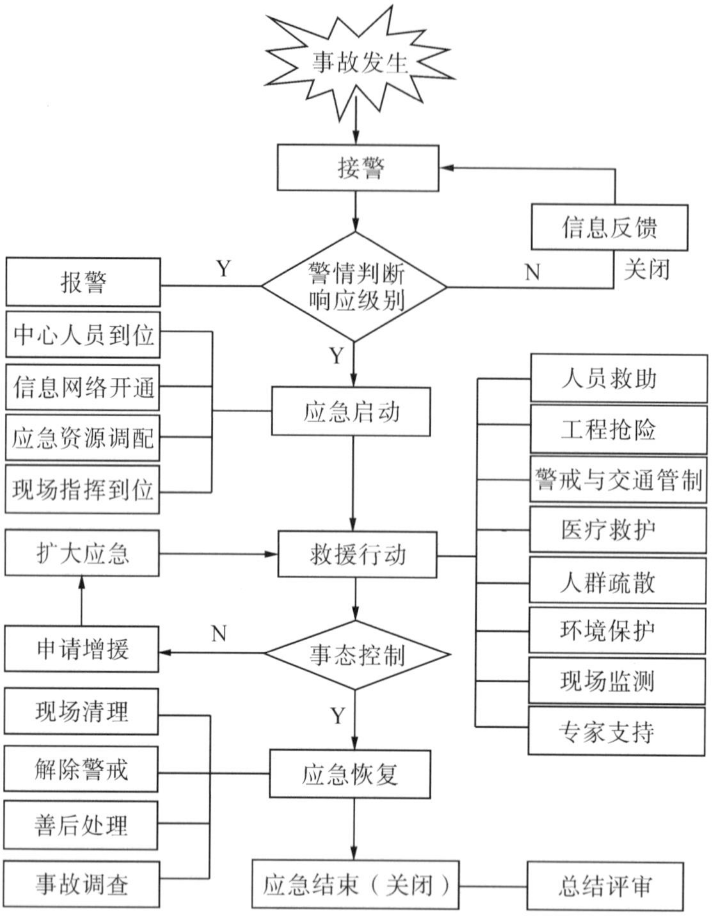

图 9－2　重大事故应急救援响应程序

法得到有效控制时，向应急中心请求实施更高级别的应急响应。

4. 应急恢复

救援行动结束后，进入临时应急恢复阶段。该阶段主要包括现场清理、人员清点和撤离、警戒解除、善后处理和事故调查等。

5. 应急结束

执行应急关闭程序，由事故总指挥宣布应急结束。

9.1.4.4　现场指挥系统的组织结构

重大事故的现场情况往往十分复杂，且汇集了各方面的应急力量与大量的资源，应急救援行动的组织、指挥和管理成为重大事故应急工作所面临的严峻挑战。应急过程中存在的主要问题有：①太多的人员向事故指挥官汇报；②应急响应的组织结构各异，机构间缺乏协调机制，且术语不同；③缺乏可靠的事故相关信息和决策机制，应急救援的整体目标不清或不明；④通信不兼容或不畅；⑤授权不清或机构对自身现场的任务、目标不清。

对事故态势的管理方式决定了这个应急行动的效率。为保证施工现场应急救援工作有序实施，必须对事故现场的所有救援工作实施统一的指挥和管理，即建立事故指挥系统，形成清晰的指挥链，以便及时地获取事故信息，分析和评估事态，确定救援的任务目标，决定如何实施快速、有效的救援行动和保护生命的安全措施，指挥和协调各方救援力量的行动，高效地利用可获取的资源，确保应急决策的正确性和应急行动的整体性、高效性。

现场应急指挥系统的结构应当在紧急事件发生前就已建立，预先对指挥结构达成一致意见，将有助于保证应急各方明确各自的职责，并在应急救援过程中更好地履行职责。现场指挥系统模块化的结构由指挥、行动、策划、后勤以及资金（行政）五个核心应急响应职能组成，如图 9－3 所示。

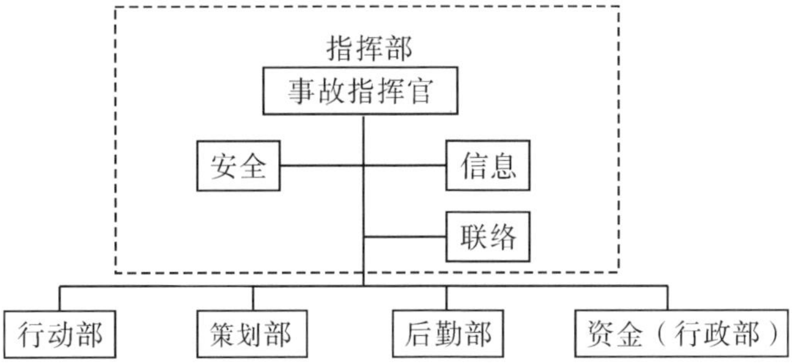

图 9－3　现场指挥系统结构

1. 事故指挥官

事故指挥官负责现场应急响应所有方面的工作，包括确定事故目标及实现目标的战略，批准实施书面或口头的事故行动计划，高效地调配现场资源，落实保障人员安全与健康的措施，管理现场所有的应急行动。事故指挥官可将应急过程中的安全问题、信息收集和发布以及与应急各方的通信联络分别指定相应的负责人，如信息负责人、联络负责人和安全负责人。各负责人直接向事故指挥官汇报。其中，信息负责人负责及时收集、掌握准确、完整的事故信息，包括事故原因和大小、当前的形势、使用的资源以及其他综合事故信息，并向新闻媒体、应急人员及其他相关机构和组织发布事故的有关信息；联络负责人负责同有关支持和协作机构联络，包括到达现场的上级领导、地方政府领导等；安全负责人负责就可能遭受的危险或不安全情况提供及时、完善、详细、准确的危险预测和评估，制定向事故指挥官建议的确保人员安全和健康的措施，从安全方面审查事故行动计划，制订现场安全计划等。从分级管理的角度，根据事故等级，事故指挥官可以由政府分管领导、企业分管领导担任。

2. 行动部

行动部负责所有主要的应急行动，包括消费与抢险、人员搜救、医疗救治、疏散与安置等。所有的战术行动都依据事故行动计划来完成。

3. 策划部

策划部负责收集、评价、分析及发布事故相关的战术信息，准备和起草事故行动计划，并对有关的信息进行归档。

4. 后勤部

后勤部负责为事故的应急响应提供设备、设施、物资、人员、运输、服务等。

5. 资金（行政）部

资金（行政）部负责跟踪事故的所有费用并进行评估，承担其他职能未涉及的管理职责。

事故现场指挥系统模块化结构的一个最大的优点是允许根据现场的行动规模，灵活运用指挥系统相应的部分结构，因为很多的事故可能并不需要启动策划、后勤或资金（行政）模块。需要注意的是，对没有启用的模块，其相应的职能由现场指挥官承担，除非指挥官指定给某一负责人。当事故规模进一步扩大，响应行动涉及跨部门、跨地区或上级救援机构加入时则可能需要开展联合指挥，即由各主要有关部门代表成立联合指挥部，该模块化的现场系统则可以很方便地扩展为联合指挥系统。

9.2 城市轨道交通工程应急救援预案的策划与编制

9.2.1 应急预案的作用

应急预案在应急系统中起着关键作用，它明确了在突发事故发生前、发生中以及结束之后，谁负责做什么、何时做，以及相应的策略和资源准备等。它是针对可能发生的重大事故及其影响和后果的严重程度，为应急准备和应急响应的各个方面所预先做出的详细安排，是开展及时、有序和有效的事故应急救援工作的行动指南。

1. 应急预案在应急救援中的重要作用

（1）应急预案明确了应急救援的范围和体系，使应急准备和应急管理不再是无据可依、无章可循。

（2）制定应急预案有利于做出及时的应急响应，降低事故的危害程度。

（3）应急预案成为各类突发重大事故的应急基础。通过编制基本应急预案，可保证应急预案足够灵活，对那些事先无法预料到的突发事件或事故，也可以起到基本的应急指导作用，成为开展应急救援的“底线”。在此基础上，可以针对特定危害，编制专项应急预案，有针对性地制定应急措施，进行专项应急准备和演练。

（4）当发生超过应急能力的重大事故时，便于与上级应急部门相协调。

（5）有利于提高风险防范意识。

2. 策划应急预案时应考虑的因素

策划应急预案时应进行合理策划，做到重点突出，反映主要的重大事故风险，并避免预案相互孤立、交叉和矛盾。策划建设工程安全生产事故应急预案时，应充分考虑下列因素：

（1）工地重大危险分部分项工程的辨识和识别，包括重大危险源分部分项工程的数量、种类及分布情况，重大事故隐患排查情况等。

（2）本地区的地质、气候、水文等不利的自然条件（如地震、洪水、台风等）及其影响。

（3）本地区以及国家和上级机构已制定的应急预案的情况。

（4）功能区布置及相互影响情况。

（5）周边重大危险可能带来的影响。

（6）国家及地方相关法律、法规要求。

9.2.2 应急预案的层次

一个城市的轨道交通建设工程，通常会存在多种潜在的事故类型，例如坍塌、火灾、涌水涌砂、建筑物沉降变形、触电、气体中毒等。因此，在建设城市轨道交通应急救援体系时，必须进行合理策划。既要做到重点突出，准确反映城市轨道交通的主要重大事故风险，又要合理地组织各类预案，避免各类预案间相互孤立、交叉和矛盾，使任何可能发生的事故局部化，尽可能地消除、减少事故造成的人员伤亡和财产损失。

基于可能面临多种类型的突发重大事故或灾害，为保证各种类型预案之间的整体协调性和层次，并实现共性与个性、通用性与特殊性的结合，以及对应急预案合理划分层次，是将各种类型应急预案有机组合在一起的有效方法。城市轨道交通建设工程应急救援体系的建设，从保证预案文件体系的层次清晰和开放性角度考虑，可分为三个层次，即综合预案、专项预案和现场预案。

1. 综合预案

综合预案相当于总体预案，从总体上阐述预案的应急方针、政策、应急组织结构及相应的职责，以及应急行动的总体思路等。通过综合预案，可以很清晰地了解应急的组织体系、运行机制及预案的文件体系。更重要的是综合预案可以作为应急救援工作的基础和“底线”，对那些没有预料到的紧急情况也能起到一般的应急指导作用。

2. 专项预案

专项预案是针对某种具体的、特定类型的紧急情况，如施工现场触电事故、坍塌事故、中毒事故、火灾事故等的应急而制定的。

3. 现场预案

现场预案是在专项预案的基础上，根据具体情况而编制的。它针对特定的具体场所（即以现场为目标），通常是该类型事故风险较大的场所或重要防护区域等所制定的预案，如坍塌事故专项预案编制的某高大模板支撑体系坍塌的应急预案等。现场应急预案的特点是针对某一具体场所的该类特殊危险及周边环境情况，在详细分析的基础上，对应急救援中的各个方面做出具体、周密而细致的安排，因而现场预案具有更强的针对性和对现场具体救援活动的指导性。

现场预案的另一种特殊形式为单项预案。单项预案可以是针对高风险的建设施工或维护活动（如人口高密度区建筑物的定向爆破、生命线施工维护等活动）而制订的临时性应急行动方案。随着这些活动的结束，预案的有效性也随之终结。单项预案主要是针对临时行动中可能出现的紧急情况，预先对相关应急机构的职责、任务和预防性措施做出的安排。

9.2.3 应急预案的基本结构

综合预案、专项预案和现场预案由于各自所处的层次和适用的范围不同，其内容在详略程度和侧重点上也会有所不同，但都可以采用相似的基本结构，如采用基于应急任务或功能的“1 +4”预案编制基本结构，即应急预案 = 基本预案 +（应急功能附件 + 特殊风险管理 + 标准操作程序 + 支持附件）。

1. 基本预案

基本预案是应急预案的总体描述，主要阐述应急预案所要解决的紧急情况，应急的组织体系、方针，应急资源，应急的总体思路，并明确各应急组织在应急准备和应急行动中的职责以及应急预案的演习与管理等规定。

2. 应急功能附件

应急功能附件是在各类重大事故应急救援中通常都要采取的一系列基本应急行动和为任务而编写的计划，如指挥、控制、警报、通信、人群疏散、人群安置、医疗等，并应明确每一应急功能针对的形势、目标、负责机构、支持机构、任务要求、应急准备和操作程序等。

3. 特殊风险管理

特殊风险管理是在对城市轨道交通系统进行安全评价的基础上，针对每一种可能发生的重大风险事故，明确其相应的主要负责部门、有关支持部门及其相应的职责，并为该类专项预案的制定提出特殊的要求和指导意见。

4. 标准操作程序

标准操作程序用于规定应急预案没有给出的每一任务的实施细节，各个应急部门必须制定相应的标准操作程序，为组织或个人提供履行应急预案中规定的职责和任务时所需的详细指导。标准化操作程序应保证与应急预案的协调一致。

5. 支持附件

支持附件主要包括应急救援有关支持保障系统的描述及相关附图表，如城市轨道交通系统主要危险有害因素登记表、重大事故影响范围预测分析、应急机构及人员通信联络方式、消防设施分布、疏散线路图、媒体联络方式、相关医疗单位分布图、交通管制范围图等。

9.2.4 应急预案的核心要素及编制要求

应急预案是整个应急管理体系的反映，它不仅包括事故发生过程中的应急响应和救援措施，而且还包括事故发生前的各种应急准备和事故发生后的紧急恢复，以及预案的管理与更新等。因此，一个完整的应急预案按相应的过程可分为六个一级关键要素，包括方针与原则、应急策划、应急准备、应急响应、现场恢复以及预案管理与评审改进。

六个一级要素之间既相对独立，又紧密联系，从应急的方针、策划、准备、响应、恢复到预案的管理与评审改进，形成了一个有机联系并持续改进的体系结构。根据一级要素中所包括的任务和功能，其中应急策划、应急准备和应急响应三个一级关键要素可进一步划分成若干个二级小要素。所有这些要素即构成了事故应急预案的核心要素。这些要素是事故应急预案编制所应当涉及的基本方面，在实际编制时，可根据职能部门的设置和职责分配等具体情况，将要素进行合并或增加，以便于组织编写。

1. 方针与原则

应急救援体系首先应有一个明确的方针和原则作为指导应急救援工作的纲领。方针与原则反映了应急救援工作的优先方向、政策、范围和总目标，如保护人员安全优先，防止和控制事故蔓延优先，保护环境优先。此外，方针与原则还应体现事故损失控制、预防为主、常备不懈、统一指挥、高效协调以及持续改进的思想。

2. 应急策划

应急预案是有针对性的，具有明确的对象，其对象可能是某一类或多类可能的重大事故类型。应急预案的制定必须基于对所针对的潜在事故类型有全面系统的认识和评价，识别出重要的潜在事故类型、性质、区域、分布及事故后果。同时，根据危险分析的结果，分析应急救援的应急力量和可用资源情况，并提出建设性意见。在进行应急策划时，应当列出国家、地方的相关法律法规，以作为制定预案、开展应急工作的依据和授权。应急策划包括危险分析、资源分析和法律法规要求三个二级要素。

（1）危险分析。危险分析的最终目的是要明确应急的对象（可能存在的重大事故）、事故的性质及其影响范围、后果严重程度等，为应急准备、应急响应和减灾措施提供决策指导依据。危险分析包括危险识别、脆弱性分析和风险分析。危险分析应根据国家和地方有关的法律法规要求，根据具体情况进行。

（2）资源分析。针对危险分析确定主要危险，明确应急救援所需的资源，列出可用的应急力量和资源，包括：各类应急力量的组成及分布情况；各种重要应急设备、物资的准备情况；上级救援机构或周边可用的应急资源。通过资源分析，可为应急资源的规划和配备、与相邻地区签订互助协议和预案编制提供指导。

（3）法律法规要求。有关应急救援的法律法规是开展应急救援工作的重要前提保障。应急策划时，应列出国家、省、地方涉及应急的各部门的职责要求以及应急预案、应急准备、应急救援的法律法规文件，以作为预案编制和应急救援的依据和授权。

3．应急准备

应急预案能否在应急救援中成功地发挥作用，不仅仅取决于应急预案自身的完善程度，还取决于应急准备的充分与否。应急准备应当依据应急策划的结果开展，包括各应急组织及其职责权限的明确、应急资源的准备、公众教育、应急人员培训、预案演练和互助协议的签订等。

（1）机构与职责。为保证应急救援工作的反应迅速、协调有序，必须建立完善的应急机构组织体系，包括城市应急管理的领导机构、应急响应中心以及各有关机构部门等。在应急救援中承担任务的所有应急组织应明确相应的职责、负责人、候补人及联络方式。

（2）应急资源。应急资源的准备是应急救援工作的重要保障，应根据潜在事故的性质和后果分析，合理组建专业和社会救援力量，配备应急救援中所需的消防手段、各种救援机械和设备、监测仪器、堵漏材料、交通工具、个体防护设备、医疗设备和药品、生活保障物资等，并定期检查、维护与更新，保证其始终处于完好状态。另外，对应急资源信息应实施有效的管理与更新。

（3）培训、教育和演练。为全面提高应急能力，应急预案应对公众教育、应急培训和演练作出相应的规定，包括内容、计划、组织与准备、效果评估等。

施工作业人员的自我保护意识和能力是减少重大事故伤亡不可忽视的一个重要方面。作为应急准备的一项内容，应对施工作业人员的日常教育作出规定，尤其是在重大危险源周边施工的人群，使他们了解潜在危险的性质和危害，掌握必要的自救知识。了解预先指定的主要及备用疏散线路和集合地点，了解各种警报的含义和应急救援工作的有关要求。

应急培训的基本内容主要包括基础培训与训练、专业训练、战术训练及其他训练。基础培训与训练的目的是保证应急人员具备良好的体能、战斗意志和作风，明确各自的职责，熟悉工地潜在重大危险的性质、救援的基本程序和要领，熟练掌握个人防护装备和通信装备的使用等；专业训练关系到应急队伍的实战能力，训练内容主要包括专业常识、抢运和现场急救等技术；战术训练是各项专业技术的综合运用，使各级指挥员、救援人员具备良好的组织指挥能力和应变能力；其他训练应根据实际情况，有选择地开展，以进一步提高救援队伍的救援水平。

预案演练是对应急能力的综合检验。应急演练包括桌面演练和实战模拟演练，组织应急各方参加的预案训练和演习，使应急人员进入“实战”状态，熟悉各类应急处理和各个应急行动的程序，明确自身的职责，提高协同作战的能力。同时，应对演练的结果进行评估，分析预案存在的不足，并予以改进和完善。

（4）互助协议。当有关的应急力量与资源相对薄弱时，应事先寻求与邻近区域签订正式互助协议的机会，并做好相应的安排，以便在应急救援中及时得到外部救援力量和资源的援助。此外，也可与社会专业技术服务机构、物资供应企业等签署相应的互助协议。

4. 应急响应

应急响应包括应急救援过程中一系列需要明确并实施的核心应急功能和任务，这些核心功能具有一定的独立性，但相互之间又密切联系，构成了应急响应的有机整体。应急响应的核心功能和任务包括接警与通知、指挥与控制、警报和紧急公告、通信、事态监测与评估、警戒与治安、人群疏散与安置、医疗与卫生、公共关系、应急人员安全、消防和抢险等。

（1）接警与通知。准确了解事故的性质和规模等初始信息，是决定启动应急救援的关键。接警作为应急响应的第一步，必须对接警要求作出明确规定，保证迅速、准确地向报警人员询问事故现场的重要信息。接警人员接到报警后，应按预先确定的通报程序，迅速向有关应急机构、政府及上级部门发出事故通知，以采取相应的行动。

（2）指挥与控制。重大事故的应急救援往往涉及多个救援机构，因此，对应急行动的统一指挥和协调是应急救援有效开展的关键。因此，应建立分级响应、统一指挥、协调和决策程序，以便对事故进行初始评估，确认紧急状态，迅速有效地进行应急响应决策，建立现场工作区域，确定重点保护区域和应急行动的优先原则，指挥和协调现场各救援队伍开展救援行动，合理高效地调配和使用应急资源。

（3）警报和紧急公告。当事故可能影响到周边地区，对周边地区的公众可能造成威胁时，应及时启动警报系统，向公众发出警报，同时通过各种途径向公众发出紧急公告，告知事故性质、对健康的影响、自我保护措施、注意事项等，以保证公众能够及时做出自我防护响应。决定实施疏散时，应通过紧急公告确保公众了解疏散的有关信息，如疏散时间、线路、随身携带物品、交通工具及目的地等。

（4）通信。通信是应急指挥、协调及与外界联系的重要保障，在现场指挥部、应急中心、各应急救援组织、新闻媒体、医院、上级政府和外部救援机构等之间，必须建立畅通的应急通信网络。这部分应说明主要通信系统的来源、使用、维护以及应急组织通信需要的详细情况等，并充分考虑紧急状态下的通信能力和保障，并建立备用的通信系统。

（5）事态监测与评估。事态监测与评估在应急救援和应急恢复决策中具有关键的支持作用。在应急救援过程中必须对事故的发展态势和影响及时进行动态监测，建立对事故现场及场外进行监测和评估的程序。其中包括由谁来负责监测与评估活动、监测仪器设备及监测方法、监测点的设置、监测点的现场工作和报告程序等。

（6）警戒与治安。为保障现场应急救援工作的顺利开展，在事故现场周围建立警戒区域，实施交通管制，维护现场治安秩序是十分必要的。其目的是防止与救援无关的人员进入事故现场，保障救援队伍、物资运输和人群疏散等的交通畅通，并避免发生不必要的伤亡。此外，警戒与治安还应该协助发出警报、紧急疏散现场、清点人员、传达紧急信息、执行指挥机构的通告、协助事故调查等。对危险物质事故，必须列出警戒人员有关个体防护的准备。

（7）人群疏散与安置。人群疏散是减少人员伤亡扩大的关键，也是最彻底的应急响应。应当对疏散的紧急情况和决策、预防性疏散准备、疏散区域、距离、线路、运输工具、安全庇护场所以及回迁等做出细致的规定和准备，应充分考虑疏散人群的数量、所需的时间和可利用的时间、风向等环境变化，以及老弱病残等特殊人群的疏散等问题。对已实施临时疏散的人群，要做好临时生活安置，保障必要的水、电、卫生等基本条件。

（8）医疗与卫生。对受伤人员采取及时有效的现场急救以及合理地转送医院进行治疗，是减少事故现场人员伤亡的关键。在该部分应明确针对可能的重大事故，为现场急救、伤员运送、治疗及健康监测等所做的准备和安排，包括：可用的急救资源列表，如急救中心和现场急救人员的数量；医院的列表，如医院的数量、分布、治疗能力等。

（9）公共关系。重大事故发生后，不可避免地会引起新闻媒体和公众的关注。因此，应将有关事故的信息、影响、救援工作的进展等情况及时向新闻媒体和公众进行统一发布，以消除公众的恐慌心理，控制谣言，避免公众的猜疑和不满。该部分应明确信息发布的审核和批准程序，保证信息发布的统一性；指定新闻发言人，适时举行新闻发布会，准确发布事故信息，澄清事故传言；为公众咨询、接待、安抚受害人员家属做出安排。

（10）应急人员安全。重大事故尤其是涉及危险物质的重大事故的应急救援工作危险性极大，必须对应急人员自身的安全问题进行周密的考虑，包括安全预防措施、个体防护等级、现场安全监测等，明确应急人员进出现场与紧急撤离的条件和程序，保证应急人员的安全。

（11）消防和抢险。消防和抢险是应急救援工作的核心内容之一，其目的是尽快地控制事故的发展，防止事故的蔓延和进一步扩大，从而最终控制住事故，并积极营救事故现场的受害人员，尤其是涉及火灾的事故，其消防和抢险工作的危险性巨大。该部分应对消防和抢险工作的组织、相关消防抢险设施、器材和物资、人员的培训、行动方案以及现场指挥等做好周密的安排和准备。

5. 现场恢复

现场恢复可称为紧急恢复，是指事故被控制住后进行的短期恢复，从应急过程来说意味着应急救援工作的结束，进入到另一个工作阶段，即使现场恢复到一个基本稳定的状态。大量的经验教训表明，在现场恢复的过程中仍存在潜在的危险，如余烬复燃、受损建筑倒塌等，所以应充分考虑现场恢复过程中可能的危险。该部分主要内容应包括：宣布应急结束的程序；撤离和交接程序；恢复正常状态的程序；现场清理和受影响区域的连续检测；事故调查与后果评价等。

6. 预案管理与评审改进

应急预案是应急救援工作的指导文件，具有法规权威性，所以应当对预案的制定、修改、更新、批准和发布做出明确的管理规定，并保证定期或在应急演习、应急救援后对应急预案进行评审，针对实际情况以及预案中所暴露的缺陷，不断地更新、完善和改进。

9.3 应急救援行动

应急救援行动指在紧急情况发生时，即发生火灾、爆炸和坍塌等重大事故时，为及时营救人员、疏散撤离现场、减轻事故后果和控制灾情而采取的一系列抢救援助行动。

9.3.1 各相关单位在应急救援行动中的职责

一旦发生轨道交通安全生产事故，政府各相关部门和生产经营单位应当立即组织和参与抢险救灾工作。

（1）安全生产综合监督管理部门或政府行政主管部门。在地方政府的统一领导下，综合组织协调事故救援工作，调度各部门、各方面力量和救援设备物资，保证救援工作及时、顺利进行。

（2）公安部门。负责控制施工现场，禁止无关人员进入危险区域和事故现场；负责相关人员的疏散和撤离；确定死亡人员姓名和身份；防止和处理事故现场可能发生的刑事案件。

（3）消防部门。切断火源，控制和扑灭火灾。

（4）卫生机构。包括医院、毒物中心、医疗救援中心等，负责抢救事故受伤人员。有的事故还需要消毒，防止毒物扩散。

（5）新闻单位。客观、准确地对事故以及抢险救援进展情况进行报道，防止虚假新闻和新闻炒作，保持正确的舆论导向。

（6）生产经营单位。要在向上级报告的同时，立即组织力量进行抢险救灾，采取有效措施防止事故扩大，防止发生“二次事故”。要保护好事故现场，不得故意破坏现场、毁灭证据。

9.3.2 应急救援行动的一般程序

1. 事故发生区

事故现场负责人应采取以下行动：

（1）掌握情况。不论事故现场是何种局面，必须掌握的情况有：事故发生时间与地点；种类、强度；事故现场伤亡情况，现场人员是否已安全撤离；是否还在进行抢险活动；有无其他险情伴随的可能性；危及周边环境的可能性及危害程度等。

（2）报告与通报。在基本掌握事故情况，并判明或已经发现事故危及周边环境时，应立即向各有关部门进行如下报告：①报告负责周边环境应急工作的市或区的应急指挥中心；②上报本系统直接领导部门；③根据事故的严重程度及情况的紧急程度，按预案规定的应急级别发出警报。

（3）组织抢救与抢险。制止危害扩散最有效的措施是迅速消除事故源，制止事故扩展。同时，事故发生单位最熟悉事故现场情况，懂得抢险方法，必须第一时间组织抢险救援。事故发生单位要迅速集中抢险力量和未受伤的岗位职工，投入先期抢险，这包括：①抢救受伤害人员和在危险区的人员，将伤员迅速转移至安全地点；②控制现场、灭火、隔离危险区等；③清点撤出现场的人员数量；④组织力量消除堵塞，为前来应急救援的队伍创造条件。

2. 应急指挥中心（部）

（1）值班员的行动：①记录事故发生区报告的基本情况；②按预案规定，通知指挥部所有人员到达集中地点，并规定到达时限；③报告市（区）行政当局值班室；④根据情况的危急程度，或按预案规定通知各应急救援组织做好出动准备。

（2）指挥组的行动：①根据事故发生区报告的情况，指示安全技术人员进行危害估算；②会同专家咨询组判断情况，研究应急行动方案，并向总指挥提出建议，其主要内容包括对事故危害后果及可能发展趋势的判断，应急的等级与规模，需要调动的力量及其部署，公众应采取的防护措施，现场指挥机构开设的必要性、开设的地点与时间；③按总指挥的指令调动并指挥各应急救援组投入行动；④开设现场指挥机构。

（3）其他有关组织的行动：①专家咨询组进行技术判断及力量使用估计，会同指挥组向总指挥提供建议的内容；②安全评价组根据事故发生区报告的基本情况，进行事故后果评价及扩散趋势预测，向指挥组作出技术报告；③各保障组做好后援准备；④各应急救援专业组织按指挥组指令投入行动。

9.3.3 应急救援行动的主要原则

（1）遇到突发险情时，现场负责人能作出正确判断和决策。当发现事故有发展扩大趋势时，应立即向指挥部和有关部门汇报或报警，指挥部门接到报告后应根据情况立即启动应急预案。

（2）及时警戒，疏散人群，防止事故进一步扩大。对危险区域实行安全警戒，封闭道路交通，紧急疏散警戒区域内的群众和车辆。

（3）发挥互助优势，查找原因，正确施救。

（4）救援物资能随时调用，专人管理。

（5）安全事故应急救援必须及时、迅速、合理、科学。

9.4 应急救援培训与演练

为提高应急救援人员的技术水平与救援队伍的整体能力，实现事故救援行动快捷、有序、有效进行，需要经常性地开展应急救援培训与演练，并使之成为救援队伍的一项日常性工作。应急救援培训与演练应以加强基础、突出重点、边练边战、逐步提高为原则，达到锻炼和提高队伍在突发事故情况下的快速抢险堵源、及时营救伤员、正确指导和帮助群众防护或撤离、有效消除危害后果、开展现场急救和伤员转送等应急救援技能与应急反应综合素质，有效降低事故危害，减少事故损失。

9.4.1 应急培训

应急培训是应急救援行动成功的前提和保证。通过培训可以发现应急救援预案的不足和缺陷，并在实践中加以补充和改进；可以使事故涉及的应急队员、事故当事人等都能了解一旦发生事故，他们应该做什么、能够做什么、如何去做以及如何协调各应急部门人员的工作等。

应急培训要按人员类别、实际水平分别设计。对参与应急行动的所有相关人员进行最低程度的应急培训，要求应急人员了解和掌握如何识别危险、如何采取必要的应急措施、如何启动紧急警报系统、如何安全疏散人群等基本操作。同时，应急队员还应就可能暴露的化学、物理伤害以及放射性和病菌感染等各种特殊伤害接受培训。具体培训中，将应急人员分为不同水平，每种水平均有相应的培训要求。

9.4.2 应急演练

应急预案的演练是检验、评价和保持应急能力的一个重要手段。其重要作用突出体现在：可在事故真正发生前暴露预案和程序的缺陷，发现应急资源的不足（包括人力和设备等）；改善各应急部门、机构、人员之间的协调；增强公众应对突发重大事故救援的信心和应急意识；提高应急人员的熟练程度和技术水平，进一步明确各自的岗位与职责；提高各级预案之间的协调性，提高整体应急反应能力。

9.4.2.1 演练的类型

可采用不同规模的应急演练方法对应急预案的完整性和周密性进行评估，如桌面演练、功能演练和全面演练等。

1. 桌面演练

桌面演练是指由应急组织的代表或关键岗位人员参加的，按照应急预案及其标准工作程序，讨论紧急情况时应采取的行动的演练活动。桌面演练的特点是对演练情景进行口头演练，一般是在会议室内举行。其主要目的是锻炼参演人员解决问题的能力，以及解决应急组织相互协作和职责划分的问题。

桌面演练一般仅限于有限的应急响应和内部协调活动，应急人员主要来自本地应急组织，事后一般采取口头评论形式收集参演人员的建议，并提交一份简短的书面报告，总结演练活动和提出有关改进应急响应工作的建议。桌面演练方法成本较低，主要为功能演练和全面演练做准备。

2. 功能演练

功能演练是针对某项应急响应功能或其中某些应急响应行动举行的演练活动，主要目的是针对应急响应功能，检验应急人员以及应急体系的策划和响应能力。例如，指挥和控制功能的演练，其目的是检测、评价多个政府部门在紧急状态下实现集权式运行和响应的能力，演练地点主要集中在若干个应急指挥中心或现场指挥部，并开展有限的现场活动，调用有限的外部资源。

功能演练比桌面演练规模要大，需动员更多的应急人员和机构，因而协调工作的难度也随着更多组织的参与而加大。演练完成后，除采取口头评论形式外，还应向地方提交有关演练活动的书面汇报，提出改进建议。

3. 全面演练

全面演练指针对应急预案中全部或大部分应急响应功能，检验、评价应急组织应急运行能力的演练活动。全面演练一般要求持续几个小时，采取交互方式进行，演练过程要求尽量真实，调用更多的应急人员和资源，并开展人员、设备及其他资源的实战性演练，以检验相互协调的应急响应能力。与功能演练类似，演练完成后，除采取口头评论、书面汇报外，还应提交正式的书面报告。

应急演练的组织者或策划者在确定采用哪种类型的演练方法时，应考虑以下因素：

（1）应急预案和响应程序制定工作的进展情况。

（2）面临风险的性质和大小。

（3）现有应急响应能力。

(4) 应急演练成本及资金筹措情况。

(5) 有关政府部门对应急演练工作的态度。

(6) 应急组织投入的资源状况。

(7) 国家及地方政府部门颁布的有关应急演练的规定。

无论选择何种演练方法，应急演练方案必须与辖区重大事故应急管理的需求和资源条件相适应。

9.4.2.2 演练的参与人员

应急演练的参与人员包括参演人员、控制人员、模拟人员、评价人员和观摩人员。这五类人员在演练过程中都有着重要作用，并且在演练过程中都应佩戴能表明其身份的识别符。

1. 参演人员

参演人员是指在应急组织中承担具体任务，并在演练过程中尽可能对演练情景或模拟事件做出真实情景下可能采取的响应行动的人员，相当于通常所说的演员。参演人员所承担的具体任务主要包括：

(1) 救助伤员或被困人员。

(2) 保护财产或公众健康。

(3) 获取并管理各类应急资源。

(4) 与其他应急人员协同处理重大事故或紧急事件。

2. 控制人员

控制人员是指根据演练情景，控制演练时间进度的人员。控制人员根据演练方案及演练计划的要求，引导参演人员按响应程序行动，并不断给出情况或信息，供参演的指挥人员进行判断、提出对策。其主要任务包括：

(1) 确保规定的演练项目得到充分的演练，以利于评价工作的开展。

(2) 确保演练活动的任务量和挑战性。

(3) 确保演练的进度。

(4) 解答参演人员的疑问，解决演练过程中出现的问题。

(5) 保障演练过程的安全。

3. 模拟人员

模拟人员是指在演练过程中扮演、代替某些应急组织和服务部门，或模拟紧急事件、事态发展的人员。其主要任务包括：

(1) 扮演、替代正常情况或响应实际紧急事件时应与应急指挥中心、现场应急指挥所相互作用的机构或服务部门。由于各方面的原因，这些机构或服务部门并不参与此次演练。

(2) 模拟事故的发生过程，如释放烟雾、模拟气象条件、模拟坍塌等。

(3) 模拟受害或受影响人员。

4. 评价人员

评价人员是指负责观察演练进展情况并予以记录的人员。其主要任务包括：

(1) 观察参演人员的应急行动，并记录观察结果。

(2) 在不干扰参演人员工作的情况下，协助控制人员确保演练按计划进行。

9.4.2.3 演练实施的基本过程

由于应急演练是由许多机构和组织共同参与的一系列行为和活动，因此，应急演练的组织和实施是一项非常复杂的任务，建立应急演练策划小组（或领导小组）是成功组织开展应急演练工作的关键。策划小组应由多种专业人员组成，包括来自公安、消防、医疗急救、应急管理等部门的人员，以及新闻媒体、企业的代表等。为确保演练的成功，参演人员不得参加策划小组，更不能参与演练方案的设计。

综合性应急演练的过程可划分为演练准备、演练实施和演练总结三个阶段，各阶段的基本任务如图 9 –4 所示。

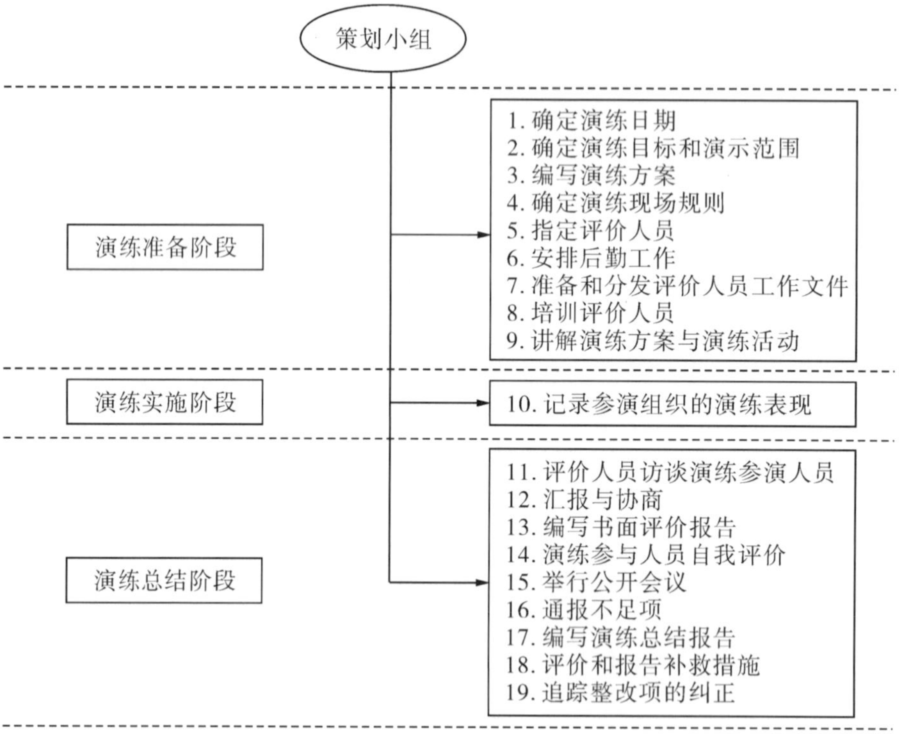

图 9 –4　综合性应急演练实施的基本过程

9.4.2.4　演练结果的评价

应急演练结束后应对演练的效果做出评价，并提交演练报告，详细说明演练过程中发现的问题。按照对应急救援工作及时有效性的影响程度，将演练过程中发现的问题分为不足项、整改项和改进项。

1. 不足项

不足项指演练过程中观察或识别出的应急准备缺陷，可能导致在紧急事件发生时，不能确保应急组织或应急救援体系有能力采取合理应对措施，保护公众的安全与健康。不足项应在规定的时间内予以纠正。演练过程中发现的问题确定为不足项时，策划小组负责人应对该不足项进行详细说明，并给出应采取的纠正措施和完成时限。应急预案编制要素包括：职责分配、应急资源；警报、通报方法与程序；通信；事态评估；公众教育与公共信息；保护措施；应急人员安全和紧急医疗服务等。

2. 整改项

整改项指演练过程中观察或识别出的、单独不可能在应急救援中对公众的安全与健康造成不良影响的应急准备缺陷。整改项应在下次演练前予以纠正。在以下两种情况下，整改项可列为不足项：一是某个应急组织中存在两个以上整改项，共同作用可影响保护公众安全与健康的能力的；二是某个应急组织在多次演练过程中，反复出现前次演练发现的整改项问题的。

3. 改进项

改进项是指应急准备过程中应予以改善的问题。改进项不同于不足项和整改项，它不会对人员安全与健康产生严重的影响，应视情况予以改进，不一定要求予以纠正。

9.5 应急救援预案检查表

制定应急救援预案的目的是快速、有序、高效地控制紧急事件的发展，将事故损失降至最低程度。为了保证应急救援预案的完善，应建立应急救援预案检查表，以核实应急救援预案内容是否全面、系统、可靠和可行。着重做好以下检查：

（1）是否编制了综合性应急救援预案，预案是否包括预防、预备、响应和恢复等内容？

（2）若没有综合性预案，是否有专项事故应急程序，如火灾、爆炸、泄漏事故应急程序等？

（3）应急救援预案的内容是否符合相关安全法律、法规和标准的要求？

（4）应急救援预案是否经最高管理层授权发布实施，是否有实施日期？

（5）应急救援预案是否与企业重大危险源、设备、设施、场所及其风险相适应？

（6）应急救援预案是否包括目录表、变更记录、目的、企业简介、名词和术语定义、发放表等？

（7）所有相关人员是否都可获得应急救援预案？

（8）是否建立了应急响应（反应）机构？

（9）下述职责是否定义清楚，并落实到相关人员？

①应急救援预案管理。

②应急指挥。

③支持、协调。

④应急救援预案和程序的维护。

⑤定期危险评估。

⑥培训、训练和演习。

⑦重要设备及其维护清单。

⑧专项事故应急响应职责。

⑨与场外应急救援预案的协调。

（10）应急救援关键职位及其替补人员、职责和指挥系统是否清楚明确？

（11）应急救援预案是否进行并建立在风险评价基础上，是否确认了潜在紧急情况及其重要对策？

（12）是否包括定期应急能力测试、训练、演习内容，是否规定通过测试、评估来纠正和完善应急救援预案？

（13）是否定义并建立了不同应急响应级别的应急救援预案？

（14）应急组织机构是否与正常生产经营组织机构协调？

（15）应急救援预案中是否重点论述了人员安全、危险控制及减少损失的优先原则？

（16）应急救援预案中是否包括下述信息发布文件？

①应急救援预案简介。

②安全、环保方针。

③对社区、政府的贡献。

④企业年报或财务情况介绍。

⑤事故（事件）或危险。

⑥生产工艺（设施）、安全措施描述。

⑦产品。

⑧安全记录。

（17）应急救援预案中是否包括应急前、应急中和应急后负责公共关系的部门、职责和人员？

（18）媒体和信息发布负责人是否培训合格，是否有应急信息发布和管理程序？

9.6 本章小结

随着我国有关制定事故应急预案要求的法律、法规相继颁布实施，各城市轨道交通工程建设单位已严格落实应急预案编制工作，表明了城市轨道交通工程建设单位对事故应急救援预案制定工作的重视及风险意识的增强。

在建立城市轨道交通建设工程应急救援体系时，必须进行合理策划。既要做到重点突出，准确反映城市轨道交通工程的主要重大事故风险，又要合理地组织各类预案，避免各类预案间相互孤立、交叉和矛盾，使任何可能发生的事故局部化，尽可能地消除、减少事故造成的人员伤亡和财产损失，尽快恢复交通。

应急管理是一个动态的过程，包括预防、准备、响应和恢复四个阶段。一个完整的应急救援体系应由组织体制、运作机制、法制基础和应急保障系统四部分组成。应急救援活动一般可划分为应急准备、初级反应、扩大反应和应急恢复四个阶段。应急机制与这些应急活动密切相关。应急机制主要由统一指挥、分级响应、属地为主和公众动员四个基本机制组成。

城市轨道交通建设工程应急救援体系的建设，从保证预案文件体系的层次清晰和开放性角度考虑，可分为三个层次，即综合预案、专项预案和现场预案。综合预案、专项预案和现场预案由于各自所处的层次和适用的范围不同，其内容在详略程度和侧重点上也会有所不同，但都可以采用相似的基本结构，如采用基于应急任务或功能的“1 +4”预案编制基本结构，即应急预案 = 基本预案 + （应急功能附件 + 特殊风险管理 + 标准操作程序 + 支持附件）。

一个完整的应急预案按相应的过程可分为六个一级关键要素，包括：方针与原则；应急策划；应急准备；应急响应；现场恢复；预案管理与评审改进。

应急培训是应急救援行动成功的前提和保证。应急预案的演练是检验、评价和保持应急能力的一个重要手段。应急演练主要有桌面演练、功能演练和全面演练三种类型。建立应急演练策划小组（或领导小组）是成功组织开展应急演练工作的关键。综合性应急演练的过程可划分为演练准备、演练实施和演练总结三个阶段。应急演练结束后应对演练的效果作出评价，并提交演练报告，详细说明演练过程中发现的问题。

为了保证应急救援预案的完善，应建立应急救援预案检查表，以核实应急救援预案内容是否全面、系统、可靠和可行。

10　城市轨道交通控制保护区安全管理

10.1　城市轨道交通控制保护区定义

城市轨道交通控制保护区，指地下车站与隧道结构外边线外侧50m内，地面和高架车站以及线路轨道结构外边线外侧30m内，出入口、通风亭、车辆段、控制中心、变电站、集中供冷站等建（构）筑物结构外边线外侧10m内，过江隧道两侧各100m范围内的区域。软土、砂土、溶洞、高含水率等地质条件特殊的地段，其范围可以适当扩大。

10.2　城市轨道交通控制保护区条例的规定

在城市轨道交通控制保护区内进行下列活动的，有关行政管理部门依照法律、法规进行行政许可时，应当书面征求城市轨道交通经营单位的意见。城市轨道交通经营单位应当在有关行政管理部门规定的期限内给予书面答复：

（1）建造、拆卸建（构）筑物。

（2）取土、地面堆载、基坑开挖、爆破、桩基础施工、顶进、灌浆、锚杆作业。

（3）修建塘堰、开挖河道水渠、采石挖砂、打井取水。

（4）敷设管线或者设置跨线等架空作业。

（5）在过江隧道段疏浚河道。

（6）其他可能危害城市轨道交通设施的作业。

不需行政管理部门行政许可的，作业单位应当在施工前书面告知城市轨道交通经营单位。作业单位在城市轨道交通控制保护区内进行以上所列活动的，应当会同城市轨道交通经营单位制定城市轨道交通设施保护方案。

城市轨道交通经营单位可以进入作业单位的施工现场查看，发现作业单位的施工活动危及或者可能危及城市轨道交通设施安全的，可以要求作业单位停止作业并采取相应的安全措施。作业单位拒不采纳的，城市轨道交通经营单位应当报告市建设行政主管部门。市建设行政主管部门应当对城市轨道交通经营单位报告的情况进行核查并依法处理。

城市轨道交通项目竣工验收后，城市轨道交通经营单位应当及时向市城市规划行政管理部门移交城市轨道交通电缆管线资料。市城市规划行政管理部门应当建立可共享的城市轨道交通电缆管线档案管理系统，并在对有关工程进行行政许可时提出保护城市轨道交通电缆的施工要求。

10.3 城市轨道交通建设期控制保护区的安全管理

10.3.1 控制保护区内进行工程作业的限制性规定

（1）禁止损害、毁坏城市轨道交通设施的工程作业。

（2）禁止作业中出现危害城市轨道交通安全的下列行为：

①在轨道上放置、丢弃障碍物，向城市轨道交通列车、机车、维修工程车等设施投掷物品。

②在城市轨道交通的地面线路轨道上擅自铺设平交道口、平交人行道。

③损坏轨道、隧道、车站、车辆、电缆、机电设备、路基、护坡、排水沟等设施。

④在城市轨道交通过江隧道控制保护区内的水域抛锚、拖锚。

⑤在城市轨道交通地面线路或者高架线路轨道两侧修建妨碍行车瞭望的建（构）筑物或者种植妨碍行车瞭望的树木。

⑥故意干扰城市轨道交通专用通信频率。

⑦其他危害城市轨道交通安全的行为。

10.3.2 控制保护区内工程作业的安全监督

10.3.2.1 城市轨道交通保护机构

针对控制保护区工程作业，可专门设置保护机构，职责如下：

（1）负责办理保护区范围内非城市轨道交通建设项目的审查工作（包括受理、协调、技术审查、发文、结案、归档等）；当涉及与城市轨道交通工程功能的共享共用时，协助主办部门做好相关协调工作。

（2）对有必要进行城市轨道交通结构变位监测的请审项目，负责审查监测方案、监测单位，复核分析评估监测结果。

（3）负责保护区范围内的巡检，检查和处理影响城市轨道交通设施安全的有关活动，做好周报、月报、年报工作。

（4）纠正保护区范围内的违规行为，组织或配合对事故的调查处理，必要时协助城市轨道交通相关部门进行索赔。

（5）执行城市轨道交通设施保护事故处理工作程序。

（6）建立城市轨道交通设施保护数据库和城市轨道交通设施保护档案。

城市轨道交通保护机构的工作主要分为项目审查、项目监控、线路巡检、事故处理、资料管理五大类。

1. 项目审查

（1）审查程序：受理→审查与回复→结案。

（2）项目请审文件清单。

项目业主向城市轨道交通保护机构进行项目规划（设计）请审和项目施工（作业）请审时，必须提供下列文件（均须加盖项目业主公章确认）。

项目规划（设计）请审文件包括：

①项目规划（设计）请审函。

②项目规划（设计）阶段的图纸、文字说明，以及有关主管部门的批文。

③项目与城市轨道交通设施的平面位置关系图（用地形图标示、有电子文件）、立面关系图。

④项目规划（设计）阶段的地质勘察资料。

⑤因项目性质而必需的设计计算书。

⑥需要向城市轨道交通方说明的其他资料。

项目施工（作业）请审文件包括：

①项目施工（作业）请审函。

②施工图阶段的设计图纸、文件（若与项目规划/设计请审时的施工图相比无变化可不提供，但须事先文字声明），包括地形图标示的项目总平面布置图（标出与城市轨道交通的位置关系）、建筑平剖面图、结构图、基础（围护结构、基坑开挖）图等。

③有地形图标示的项目总平面布置的电子文件（标出与城市轨道交通的位置关系）。

④项目施工组织设计（作业方案）有关内容，包括：施工（作业）概况，开工、竣工时间，施工（作业）计划网络图，施工（作业）组织总平面布置图，对城市轨道交通设施安全的影响分析及其保护、应急补救措施，安全监测方案（包括安全警戒控制值）等，并附必要的计算资料。

⑤施工图阶段的地质勘察资料。

⑥需要向城市轨道交通方说明的其他资料。

2. 项目监控

项目监控实行分组管理、分级监控、主管工程师负责制。城市轨道交通保护机构根据工作需要，组成由主管工程师任组长，专业工程师、助理工程师和巡检员参加的若干工作组，对请审项目实施监控。

监控项目分为三级：

①一级监控项目：审查意见中强制要求对城市轨道交通结构进行变位监测的请审项目。

②二级监控项目：审查意见中没有强制要求对城市轨道交通结构进行变位监测，但有其他强制性要求的请审项目。

③三级监控项目：一、二级监控项目之外的所有其他项目。

（1）一级监控项目的监控。

①主管工程师组织审查监测方案、监测单位。

②主管工程师组织专业工程师或助理工程师、巡检员做好巡检、监控工作，监督项目业主落实监测方案、按规定的频度提供阶段监测数据及分析结论，最后一次监测数据应包括最终监测结果报告。

③主管工程师组织复核分析评估监测结果，必要时及时发出整改通知。

④对其他强制性要求按二级监控项目的监控执行。

（2）二级监控项目的监控。

①主管工程师负责组织专业工程师或助理工程师、巡检员做好巡检、监控工作，对审查意见的执行情况进行跟踪检查，重点督促项目业主落实强制性要求。

②巡检过程中发现问题及时报告，主管工程师组织复核分析评估，必要时及时发出整改通知。

③对其他非强制性要求按三级监控项目的监控执行。

(3) 三级监控项目的监控。

专业工程师或助理工程师组织巡检员做好日常巡检工作，跟踪检查已经审查确认的施工方案的执行情况，实时评估其对城市轨道交通设施安全的影响。

(4) 建立城市轨道交通设施保护安全隐患分析制度。

在加强项目监控的基础上，城市轨道交通保护部每季度组织一次安全检查并召开分析会，对城市轨道交通保护区内的安全隐患做到及时发现、及时处理。自身不能处理的要及时向总公司与政府有关部门报告。

3. 线路巡检

(1) 巡检职能。

线路巡检工作主要包括发现、协调、监督、执法、记录等职能。

(2) 巡检范围。

城市轨道交通保护工作线路巡检范围即城市轨道交通控制保护区定义的范围，包括运营线路和建设线路。

(3) 巡检方法。

①城市轨道交通保护工作巡检采取重点巡检和日常巡检相结合的方法，重点巡检由工程技术人员负责，日常巡检由巡检员负责。

②巡检过程中，若发现城市轨道交通保护区范围内未经请审的非城市轨道交通建设项目，巡检人员要及时制止，发出《城市轨道交通保护区工程项目送审通知函》，并及时向上级及有关人员报告，进行跟踪。

③巡检过程中，巡检人员在城市轨道交通保护区范围内发现其他违反当地相关制度的情况要及时制止。本部门不能解决的，及时向政府有关职能部门报告处理。

(4) 巡检频度。

①部门领导组织城市轨道交通设施安全大检查，每季度不少于一次。

②主管工程师对各自负责的城市轨道交通保护区范围内一级监控项目的巡检，每两周不少于一次；对二级监控项目的巡检，每月不少于一次。

③专业工程师或助理工程师对各自负责的城市轨道交通保护区范围内一级监控项目的巡检，每周不少于一次；对二级监控项目的巡检，每两周不少于一次；全面检查每月不少于一次。

④巡检员对各自负责的城市轨道交通保护区范围内所有监控项目的巡检，每周不少于一次。

(5) 巡检报告。

①建立巡检照片档案。以线路为单位建立巡检照片档案；巡检员按分工负责范围，分别负责巡检照片档案的建立与维护；巡检员在每周巡检过程中，对每个工点以及需要记录的事件，至少实拍一张照片存入巡检照片档案库。

②建立项目监控制度。主管工程师负责《设施保护工点监控记录卡》的建立；巡检员负责填写及跟踪记录；监控工作结束由巡检员提出申请，主管工程师审核并组织填写监控

小结，报部门领导审批；结案后一个月内由主管工程师负责将本案记录卡资料整理后送交资料管理员归档。

③建立城市轨道交通保护工作报告制度。

巡检工作周报：每周报告一次，一般情况下本周报告在下周二前发出；由巡检员拟稿，助理工程师或专业工程师汇稿，主管工程师核稿，经部门领导审核后，公司分管领导签发；资料管理员负责送签、发文及归档。

巡检工作月报：每月报告一次，一般情况下当月报告在下月第一周发出；每月末主管工程师负责整理分管线路当月的工作月报，并及时交由指定的主管工程师汇总，部门领导审核，公司分管领导签发；资料管理员负责月报的送签、发文与归档。

巡检工作年报：每年报告一次，一般情况下当年报告在次年 1 月 20 日前发出；每年年底主管工程师负责整理分管线路当年的工作年报，并及时交由指定的主管工程师汇总，部门领导审核，公司分管领导签发；资料管理员负责年报的送签、发文及归档。

4．事故处理

（1）城市轨道交通保护工作紧急事故处理按公司应急救援工作程序执行。

（2）城市轨道交通保护工作非紧急事故处理执行以下工作程序：

①在获得事故发生的报告和消息后，立即报告公司、相关部门，与主要相关部门一起立即赶赴现场，控制事态发展。

②配合事故调查小组进行事故调查，记录（包括影视记录）城市轨道交通设施受损范围和损失情况，分析事故发生原因与责任，提出处理意见。

③在监控下，由事故责任者直接或委托第三方实施经城市轨道交通方同意的事故纠正、修复方案。

④协助相关部门向事故责任者索赔。

⑤主管工程师负责落实相关资料的归档工作。

5．资料管理

（1）建立城市轨道交通保护工作资料数据库。

①工作资料数据库纳入公司档案管理系统统一管理。

②工作资料为永久性资料，按收发文号和分类立卷，实行纸质、电子资料对应、并存的归档原则。

③工作资料包括函、工作联系单、会议纪要、监测报告、跟踪记录卡、巡检照片、周报、月报、年报等。

④按公司有关规定向公司提交归档资料。

（2）采取共享或自建形式建立与城市轨道交通设施保护有关的城市轨道交通工程、技术资料数据库。

10.3.2.2　其他相关要求

作业单位在城市轨道交通控制保护区内进行工程作业的，应当会同城市轨道交通经营单位制订城市轨道交通设施保护方案。

城市轨道交通经营单位可以进入作业单位的施工现场查看，发现作业单位的施工活动危及或者可能危及城市轨道交通设施安全的，可以要求作业单位停止作业并采取相应的安全措施。作业单位拒不采纳的，城市轨道交通经营单位应当报告市建设行政主管部门。市建设行政主管部门应当对城市轨道交通经营单位报告的情况进行核查并依法处理。

10.3.3 控制保护区内事件（故）的处理

损害城市轨道交通设施、危害城市轨道交通安全构成治安违法的，由公安部门依照《中华人民共和国治安管理处罚法》的有关规定给予行政处罚；构成犯罪的，依法追究刑事责任。

作业单位在城市轨道交通控制保护区内施工，未制订、实施城市轨道交通设施保护方案或者拒绝城市轨道交通经营单位进入施工现场查看的，由市建设行政主管部门责令改正；因此造成安全事故的，依法承担法律责任。

损害轨道交通设施事件（故）的法律责任及经济责任均由事件（故）造成方承担。

10.4 城市轨道交通运营期控制保护区的安全管理

轨道交通运营期控制保护区内工程作业活动的安全管理除应参照建设期的管理办法执行外，还应考虑轨道交通车辆运行、设备运转、车站及隧道内运营环境（水浸、水淹、火花、烟雾、粉尘、异味及有害气体等影响运营环境的情况）及轨道交通设施内工作人员、乘客安全等因素，加强控制保护区内作业的安全管理。

10.5 本章小结

对于建设期、运营期的控制保护区安全管理，应以不影响城市轨道交通设施结构安全、设备正常运转及人员安全为原则。保护区内的工程作业应在有充分依据确保上述原则的前提下进行，对城市轨道交通设施结构、设备、人员（乘客）造成不利影响的工程作业，其全部责任由工程作业方承担。

11　城市轨道交通工程建设安全生产事故调查与处理

11.1　安全生产事故统计及分析

近年来，随着城市化进程驶入快车道，汽车工业高速发展，城市地面交通正经受着前所未有的考验，拥堵成为全国各大、中城市交通的常态，各大城市都力求通过发展轨道交通这种运量大、环保、准时、便捷的城市基础设施建设，缓解日益严重的交通压力，并推进城市地下空间的开发与利用，促进城市经济的快速发展。

在这股建设浪潮中，由于工程快速推进，主观上设计、施工安全管理存在薄弱环节，客观上地质条件差、勘探手段受限、拆迁进度缓慢，导致出现如杭州地铁一号线湘湖站“11・15”坍塌重大事故、北京地铁十号线苏州街站“3・28”坍塌较大事故等一系列安全生产事故。惨痛的教训促使我们不断反省，进一步提高安全管理水平，为下一步的建设提供安全保障。本章对广州地铁历年来的安全生产事故进行了统计、分析，希望对广大同行能有一些借鉴意义。

11.1.1　广州地铁历年来安全生产事故统计

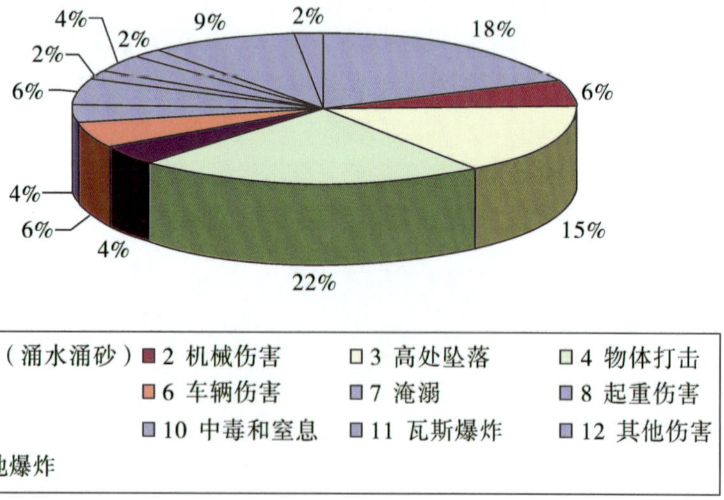

图 11－1　广州市轨道交通工程建设历年事故统计

11.1.2　安全生产事故分析

从数据统计来看，近年来安全生产事故呈现以下特点：

(1) 从事故总量及事故的级别来看，近年事故总量、较大安全生产事故起数逐年下降，反映出随着社会的发展进步，人们对安全生产的重视程度和安全生产意识有了较大提高，安全生产的投入有了大幅度提升，安全管理水平有所提高。

（2）从事故分布的种类来看，物体打击、坍塌和高处坠落三类常见的建筑工程事故所占的比重最大，分别达到22%、18%和15%，占到事故总量的55%，反映出各有关单位对施工现场的安全管理仍处于较为粗放和原始的阶段。

（3）从事故受害者的角度来分析，大部分受害者都是新进场作业的人员，且未接受安全技术交底教育，安全生产意识和技能较差，不能适应安全生产的要求。

（4）由于近年来对较大风险施工项目的管理控制力度较强，而对一些细小的违章作业关注不足，导致发生了一些“意外”的安全生产事故，安全管理精细化水平有待进一步提高。

（5）从事故发生所在的工序来看，由于近年来线路地下化的趋势加快，地下施工过程中，发生了一系列如中毒和窒息、放炮、瓦斯爆炸、坍塌等事故，且事故数量增长较快。

11.1.3 事故发生的原因

无论在发展中国家还是在发达国家，建筑业都是一个重要的工业部门，然而各国建筑业的安全水平却又不约而同地要低于所有工业部门的平均安全水平。因此，世界各国包括政府、研究机构和企业界，都在努力将安全科学与建筑业的许多特点相结合，应用安全科学的原理和方法，改进和指导工程建设过程中的安全技术和安全管理，达到减少人员伤亡和避免经济损失的目的。

建筑业之所以成为一个危险的行业，与建筑业本身的如下一些特点有关：

（1）建设工程是一个庞大的人机工程，在项目建设过程中，施工人员与各种施工机具和施工材料为了完成一定的任务，既各自发挥自己的作用，又必须相互联系、相互配合。这一系统的安全性和可靠性不仅取决于施工人员的行为，还取决于各种施工机具、材料以及建筑产品（统称为物）的状态。一般说来，施工人员的不安全行为和物的不安全状态是导致意外伤害事故造成损害的直接原因。而建设工程中的人、物以及施工环境中存在的导致事故的风险因素非常多，如果不能及时发现并且排除，将很容易导致安全事故。

（2）工程项目的施工具有单件性的特点。单件性是指没有两个完全相同的建设项目，不同的建设项目所面临的事故风险的多少和种类都是不同的，同一个建设项目在不同的建设阶段所面临的风险也不同。建筑业从业人员在完成每一件建筑产品（房屋、桥梁、隧道等设施）的过程中，每一天所面对的都是一个几乎全新的物理工作环境。在完成一个建筑产品之后，又不得不转移到新的地区参与下一个建设项目的施工。因此，不同工程项目在不同施工阶段的事故风险类型和预防重点也各不相同。项目施工过程中层出不穷的各种事故风险是导致建筑事故频发的重要原因。

（3）工程项目施工还具有离散性的特点。离散性是指建筑产品的主要制造者——现场施工工人，在从事生产的工程中，分散于施工现场的各个部位，尽管有各种规章和计划，但他们面对具体的生产问题时，仍然不得不依靠自己的判断作出决定。因此，尽管部分施工人员已经积累了许多工作经验，但还是必须不断适应一直在变化的人—机—环境系统，并且对自己的作业行为作出决定，从而增加了建筑业生产过程中工作人员采取不安全行为或者工作环境的不安全因素导致事故的风险。

（4）建设项目施工大多在露天的环境中进行，所进行的活动必然受到施工现场的地理条件和气象条件的影响。例如，在现场气温极高或者极低、现场照明不足（如夜间施工）、下雨或者大风等条件下施工时，工人生理或者心理容易疲劳，注意力不集中，易造成事故发生。

（5）工程建设往往有多方参与，管理层次比较多，管理关系复杂。仅现场施工就涉及业主、总承包商、分包商、供应商和监理等各方。安全管理要做到协调管理、统一指挥，需要先进的管理方法和能力，而目前很多项目的管理仍未能做到这点。因此，人的不安全行为、物的不安全状态以及环境的不安全因素往往相互作用，构成导致安全事故的直接原因。

（6）目前建筑业仍属于劳动密集型产业，技术含量相对偏低，建筑工人的文化素质较低。大量的没有经过全面职业培训和严格安全教育的劳动力涌向建筑业成为施工人员。一旦管理措施不当，这些工人往往成为建筑安全事故的肇事者和受害者，不仅为自己和他人的家庭带来巨大的痛苦和损失，还给建设项目本身和全社会造成许多不利的影响。

（7）建筑业作为一门传统的产业部门，许多相关从业人员对于安全生产和事故预防的错误观念由来已久。由于大量的事件或者错误操作并未导致伤害或者财产损失事故，而且同一诱因导致的事故后果差异很大，不少人认为建筑安全事故完全是由一些偶然因素引起的，因而是不可避免的。由于没有从科学的角度深入地认识事故发生的根本原因并采取积极的预防措施，因而造成了建设项目安全管理不力、发生事故的可能性增加。此外，传统的建设项目三大管理，即工期、质量和成本，是项目生产人员主要关注的对象，在施工过程中，往往为了达到这些目标而牺牲安全管理。再加上目前建筑市场竞争激烈，一些承包商为了节约成本，经常削减用于安全生产的支出，更加剧了安全状况的恶化。

尽管以上几点都是建筑业所固有的、导致事故频发的一些因素，但理论和实践都证明，只要树立正确的安全观念，采取科学的安全管理措施，依然能够在建筑工地营造一个安全的工作环境。

为了对工程建设安全事故采取有效的预防措施，首先必须深入了解和认识事故发生的原因。每一起事故的发生，尽管或多或少都存在偶然性，但却无一例外地都有着各种各样的必然原因。因此，预防和避免事故的关键，就在于找出事故发生的规律，识别、发现并且消除导致事故的必然原因，控制和减少偶然原因，使发生事故的可能性降到最低。

人们对安全事故进行了深入研究，形成了 Heinrich 事故致因理论（多米诺骨牌事故理论）、人机工程学的事故致因理论、事故倾向性理论（The Accident-Proneness Theory）、目标—自由—警惕性理论（The Goals-Freedom-Alertness Theory）、调整压力理论（The Adjustment-Stress Theory）、“精神分散”理论（The Distractions Theory）和事故链理论（The Chain of Events Theory）、能量意外释放理论、轨迹交叉理论、系统安全理论等一系列理论。

事故致因理论的发展虽还很不完善，还没有给出针对事故调查分析和预测预防方面的普遍和有效的方法。然而，对事故致因理论的深入研究，必将在安全管理工作中产生以下深远影响：①从本质上阐明事故发生的机理，奠定安全管理的理论基础，为安全管理实践指明正确的方向；②有助于指导事故的调查分析，帮助查明事故原因，预防同类事故的再次发生；③为系统安全分析、危险性评价和安全决策提供充分的信息和依据，增强针对性，减少盲目性；④有利于认定性的物理模型向定量的数学模型发展，为事故的定量分析和预测奠定基础，真正实现安全管理的科学化；⑤增加安全管理的理论知识，丰富安全教育的内容，提高安全教育的水平，对我们的安全生产管理有一定的借鉴意义。

11.1.4 安全管理面临的风险

(1) 工期异常紧迫，任务无比艰巨，安全管理风险重大。

土建施工因前期征地拆迁等问题影响节点工期，机电设备安装程序复杂、相互制约明显，场地狭小，多专业、工种、单位交叉作业，工期紧迫、任务繁重，在开通总目标已定的情况下，工期压力显得异常紧迫，任务也无比艰巨，安全管理风险更加重大。

(2) 承包商安全管理水平不高，存在以包代管的现象。

目前，工程建设领域规模扩张较快，承包商人员中有经验的管理人员分散，整体素质下降，造成安全管理人员配备不够、安全防护措施经费投入不足、安全规章制度执行和施工现场安全监控不力、技术和管理水平下滑、风险管控措施不到位、违规分包或分包后缺乏管理等一系列问题，这些安全管理的薄弱环节往往导致现场管理失控，加大安全风险。

中标企业为了尽可能大地获取利润而将工程转包给低资质的企业，只管协调、收费和整理资料以便交工使用，施工由分包单位自行组织。分包单位为了抢工期和节约资金，安全制度的建立不完善，安全设施的投入少；聘用低素质的民工，他们未经系统的安全培训和安全教育，不了解或不熟悉安全规范和操作规程；管理人员疏于现场管理，违章作业现象不能得到及时的纠正和制止，事故隐患未能及时被发现和整改，是造成事故的重要原因。

(3) 土建工程地质风险更加复杂，施工环境仍然不容乐观。

广州素有“地质博物馆”之称，随着轨道交通向郊区延伸，线路经过地质断裂带、溶(土)洞强烈发育、硬岩孤石、富水砂层、软流塑土层、花岗岩风化残积土层等更加复杂的不良水文、地质区域，而且这些区域以前也未开展过大规模的地下工程建设，无任何可以借鉴的经验，加之目前的地质勘探水平尚不能满足现场要求，风险较以前的线路更大。

老城区建筑物密集，部分是危房旧楼，拆迁异常艰难，管线密集，部分地段无地质勘探资料，加之新线路与既有线路交叉，基坑更深、施工环境更复杂、对变形控制的要求更高、施工难度更大。这些复杂的水文、地质条件和周边施工环境，给工程建设带来了巨大的风险与压力。有效控制重大安全风险、减少工程地质灾害、防止重特大安全事故的发生，依然是当前面临的一项艰巨的挑战。

(4) 农民工素质问题仍然比较突出。

农民工问题是当前一个非常重要而且敏感的话题，在建筑行业更是如此。当前党和政府坚持以人为本的执政理念，并对安全生产工作提出了更高的要求，社会舆论也对农民工权益更加关注，农民工的素质问题也显得更加突出。地铁建设作为全市的重点工程，在坚持以人为本，努力构建和谐地铁工地的同时，提高农民工的安全技能和安全意识，维护农民工的合法权益，确保工程生产安全、维护社会稳定，是当前以及今后一段时间内的一项重要任务。

11.1.5 安全管理对策

(1) 继续认真落实安全生产责任及考核机制。

全体参建人员必须在思想上认清形势，继续高度重视安全工作，层层落实安全责任制，加大考核力度，强化工作效果及效率，紧紧围绕“识、懂、狠”三字原则狠抓落实，更进一步提高认识，更深入地掌握技术，更严厉、更精细地实行安全管理。在实际实施过程，充分发挥安全检查评分的作用，加强对监理、承包商的考核，督促承包商思想重视，并认真全面剖析工程重点、难点以及工程风险，切实履行安全职责，同时落实有针对性的措施，采取多种手段和方式提高工作成效。

规范分包管理，把农民工直接纳入劳务分包企业管理。相关部门需制定配套的法律法规，坚决制止非法用工，大力建立劳务承建制，推进劳务分包制度的规范发展。提高劳务公司的准入门槛，实行劳务公司备案制度，规定劳务公司必须与工人签订劳动合同，购买劳动保险和工伤保险，对工人定期进行安全教育和技术培训，统一持“平安卡”上岗，工人上岗前进行三级安全教育和安全交底。

（2）继续加大安全风险排查力度，超前预控，主动防范。

继续加大施工项目安全风险点的排查力度，尤其是针对工地及沿线一些风险较高的因素，尤应更加深入、细致地进行排查。这些危险因素主要包括不良地质如地质断裂带、溶洞、砂层等，离老城区房屋较近且基础较浅，线路经过立交桥、铁路、既有线路、河流及房屋等以及其他一些可能引起重大工程事故的风险因素。针对排查出的风险，提前制订专项方案并认真落实各项安全措施，做到超前预控，主动防范。

（3）继续开展专项检查，狠抓重大安全风险控制和隐患整改。

开展各种安全专项检查，狠抓重大安全风险控制和隐患整改。尤其是深基坑、暗挖隧道、盾构机施工（包括开仓）、爆破作业、特种设备作业、人工挖孔桩、高支模、起重作业、高处作业、轨行区作业、临时用电等高危作业，仍然应作为安全检查的重点工作来抓，检查应深入一线、深入作业面、深入施工作业的各个环节。定期或不定期开展各类专项检查，并狠抓问题及隐患的整改落实，切实做到定人、定时、定措施的“三定”原则，保证整改的全面性与彻底性。

（4）把交叉作业安全风险管理摆在突出的位置。

车站装修和系统安装单位只能在狭小的施工场地内进行，时间紧、任务重，从轨道铺设到车站装修，再到系统设备的调试，从单一的专业施工到多专业、多工种、多单位交叉作业，给施工安全管理带来了很大困难，极易引发事故。为此，应进一步督促各施工和监理单位加强交叉作业的统一管理，把机电施工的安全风险管理控制摆在突出的位置，科学调度，合理安排，确保机电安装工作顺利推进。

（5）注重对农民工的管理。

在当前农民工问题更加突出的情况下，我们更应从“关心农民工、爱护农民工、保障农民工合法权益”的高度出发，充分发挥农民工业余学校的作用，有针对性地加强对农民工的培训和教育，从最基础和应知应会的安全知识等方面进行培训，并结合地铁工程施工难度大、作业风险高的特点，切实落实各项技术交底、班前安全活动，提高作业人员和管理人员的安全意识和安全技能；加强对农民工的健康体检和日常管理，尤其是对新进场工人应加强体检，掌握工人的健康状况，合理用工、妥善用工，多加关心，减少事故的发生；同时要关心爱护农民工，根据不同作业内容、季节，创造一个良好的施工现场环境，保持工人的良好心理和生理状况，防止安全事故的发生。

（6）严格进行设计和施工方案审查，防范重特大安全事故的发生。

进一步加强设计考核管理，提高设计审查质量，从源头上提高工程安全保障。同时要严格进行施工方案的审批，危险性较大的分部分项工程要制订专项安全方案，并组织专家审查，全力防范重特大事故的发生。

（7）实行精细化管理，预防“黑天鹅”事件。

最近两年，广州地铁工程发生了“黑天鹅”事件，其教训与代价都非常惨重。这些风险事故的发生是随机的，没有规律可循，既无法预测发生的时间、地点、方式，也无法预测事故的规律。要预防工程建设中的“黑天鹅”事件，一方面要鼓励工程人员不断学习与总结，丰富知识结构，并克服一些“经验主义”的惯性思维；另一方面在实施过程中，应立足实据，科学分析，精细化管理，提前应对风险。

（8）努力推进工程安全风险信息化管理。

工程安全管理涉及工程建设的全过程，由于地铁工程具有工地数量繁多、布局分散、工艺复杂、人员流动性大等特点，工作效率必然会受到一定影响。因此，应努力推进安全管理网络平台、预报系统的建设，通过信息化的手段，发挥信息科技平台涉及面广、快速及时、信息流量大等优点，让管理人员及时、动态掌握工程安全信息，及时下达管理指令，积极提高安全管理工作成效。

11.2 典型安全生产事故案例介绍

11.2.1 广州地铁六号线如意坊站“10·5”坍塌事故

1．基本情况

事故类别：坍塌

事故性质：自然事故

发生时间：2007 年 10 月 5 日 3 时

发生地点：如意坊站台右线暗挖隧道

伤亡情况：无

直接经济损失：约 1 000 万元

2．事故概况

广州地铁六号线施工如意坊站采用明挖二层（局部五层）、站台暗挖的明暗挖结合方案，暗挖隧道长 108.5m，利用 2 个竖井提升，竖井深 34.25m，与车站站厅交叉作业。2007 年 9 月底，该站右线隧道上台阶开挖进尺 66.9m，下台阶仰拱成环 58m，因出现小范围涌水，曾停工进行处理。10 月 1 日至 3 日，广州市停止爆破用品的供应，该站随之停止掘进，并对掌子面喷砼进行封闭，现场采用超前小导管注浆进行预加固，其中拱部范围注浆采用φ32mm×3.25mm 小导管，长度 4m，环向间距 0.3m 左右，注水泥浆 8.7m^3。10 月 4 日恢复掘进施工，21:30 左右，右线隧道上台阶完成格栅钢架、锁脚锚管、钢筋网等施工，项目部质检工程师会同监理工程师进行了质量检查，认为符合设计要求，同意进行下道工序。现场随后即进行喷射砼施工。10 月 5 日凌晨 3:00 左右，喷射砼完成后突然有大股不明水从封闭的掌子面顶部涌出，且出现夹带泥砂的小掉块。现场人员紧急喷砼进行封堵，但无法止住水头。见此情形，现场施工员立即组织井下作业人员撤离，并将险情报告项目部值班领导。项目部接报后立即启动应急预案：①清点确认从井下撤离至地面的人员人数；②对地表塌陷区设立警戒；③组织专人疏散周边居民 130 人至安全地带；④立即将险情报告有关单位。至凌晨 4:13 左右，涌水部位地表已塌陷成面积约 1 000m^2 的大坑，邻近的多间平房倒塌。此次事故未造成人员伤亡。

图 11－2　地表塌方区域

图 11－3　紧急抢险

3. 事故原因分析

（1）直接原因：大股不明性质的水夹带大量泥砂，在极短的时间内以极快速度冲入隧道，经 15 分钟左右，就充满已开挖的洞室，现有技术无法控制险情。

（2）间接原因：车站西侧紧邻珠江约 200m，常年地下水位标高 4.22m～5.88m，地下水与珠江水连通，软弱地层广泛分布，地质条件复杂。

4. 经验教训

（1）重视应急预案的针对性和有效性，加强预案的演练。在“10·5”事故之前，如意坊站曾根据应急预案有针对性地进行了隧道坍塌事故的应急演练。该演练对提升作业人员的应急能力起到了良好的效果。“10·5”事故发生后能够在极短的时间内将作业面的工人及工地附近的群众进行有效疏散，避免了人员伤亡，及时有效的应急救援工作是关键。

（2）落实安全专项保护设计。安全管理的重点是事故前预防，在工程设计的过程中必须考虑结构对周边及施工安全的影响，落实安全专项保护设计，实现本质安全。

（3）工程管理人员应熟悉施工现场的环境，对施工过程中可能存在的不利因素，尤其是地质条件和周边建（构）筑物情况要有充分认识。必要时承包商应组织对地质、水文情况进行超前预报，以指导施工。

（4）推动前期工程进展，降低工程风险。地下工程危险性极大，稍有不慎即有可能造成无法挽救的后果，故应尽量推动前期工程进展，以减小施工对周边的影响。

（5）保证节假日安全生产。节假日期间出现生产安全事故存在社会影响大，人员、物资到位情况不佳等特点，处理起来颇为不利。在节假日之前，各级管理单位必须进行详细的安全检查，并对员工进行安全教育。节假日期间，必须落实值班制度，保证安全信息畅通。如遇春节等重大节假日，有条件的工地应放假停工；仍需进行生产的工地，必须要保证应急救援体系能够正常运作，施工现场应有专人进行安全监控，保证各项安全措施落实到位。

11.2.2 广州地铁三号线北延段“5·15”气体中毒事故

1. 基本情况

事故类别：中毒和窒息

事故性质：自然事故

发生时间：2009 年 5 月 15 日 17：05

发生地点：龙归至人和区间左线隧道

伤亡情况：死亡 3 人

直接经济损失：约 200 万元

2. 事故过程和概况

图 11－4　领导现场指挥救援

图 11－5　隧道内救援现场

5 月 14 日傍晚 18 时，广州地铁三号线北延段施工 9 标左线盾构在掘进至 527 环时，需按照既定的《开仓换刀方案》进行开仓检查或更换刀具。根据地质条件及地面环境，选择在 ZDK22-489.61 处停机保压降温，准备次日进行开仓检查、更换刀具。同时进行了盾构机掘进仓内的排土、排水、测温、测压、泄压等开仓检查的前期准备工作。

5 月 15 日中午，承包商安全员打开土仓后的隔板球阀，并按照作业规程使用 GasAlert Micro Clip 四合一气体检测仪（氧气、一氧化碳、硫化氢＋可燃气体的浓度 0～100% 或 0～5.0% 甲烷），分别于中午 12:55、13:10、13:40 进行三次检测泄出的仓内气体成分，检测结果均为缺氧报警，气体含量三次分别为：氧气，8.9%、7.1%、13.5%；一氧化碳，14ppm（17.5mg/m^3）、5ppm（6.25mg/m^3）、2ppm（2.5mg/m^3）。

中午 13:50，盾构机继续抽水作业，在挖掘仓上部清空后，人闸未打开的情况下，根据业主开仓程序规定第三方检测单位的检测人员使用 JCB-Cj97A 型甲烷浓度检测仪，GasAlert Extreme SO_2、NH_3、NO 气体检测仪、GAME154 复合气体检测仪器，CO_2 气体检测仪检测气体成分。检测结果为：氧气，6.1%；一氧化碳，17.9mg/m^3；其他气体（CH_4、SO_2、H_2S、CO_2、氮氧化物、NH_3）浓度符合相关要求。检测人员要求承包商通风 1 小时后再进仓作业。

14:17 左右，承包商再次进行气体检测，检测结果为氧气含量 15.7%，一氧化碳未测出。

14:30 左右，承包商对盾构机进行泄压，并依靠盾构机自带风机（次级通风）进行通风2小时。随后，承包商安全员再次对气体进行检测，结果为氧气含量为19.7%，无其他气体。

17:05左右，仓内冲洗完毕，杜某首先进入挖掘仓，准备用卡尺测量刀具磨损情况时，突然坠入挖掘仓内，在其身后的刘某大声呼救并立即进入土仓施救，刘某站在刀盘辐条上弯腰用右手去拉杜某，没拉住，刘某站立后马上坠入挖掘仓内；此时，从仓外赶到的第三名作业人员包某，进入挖掘仓站在刀盘辐条右边，半蹲向下观看，然后仰掉下仓内。紧接着，第四名螺杆工陈某上半身趴进挖掘仓门向里探望，只看见包某的两只手伸出水面，手指在抖动，旁边看不到人，便想进去拉包某的手，此时吸了一口气，即感觉头疼和心脏加快。站在旁边的监理见状后立即将其拉出，陈某全身无力半昏迷瘫软在挖掘仓外。

图11-6　现场紧急救援

图11-7　隧道内救援

事故发生后，省、市有关领导高度重视，分别作出重要批示，要求全力救援受困人员。市委常委、常务副市长苏泽群同志立即赶赴现场，亲自指挥救援工作。广州市地下铁道总公司、市应急办、建委、公安、消防、安监、环保、卫生部门以及白云区委、区政府等单位的领导第一时间赶赴现场，并积极开展各项救援处置工作。广州市地下铁道总公司领导丁建隆第一时间赶赴现场并亲自协调有关救援工作，副总经理刘光武、竺维彬亲自带领相关人员配合消防官兵进入现场盾构机人闸区，开展救援工作。在确认气体检测结果正常后，于5月6日凌晨3时26分左右，三名被困人员被打捞出来并证实全部死亡。

3. 事故原因分析

事故发生后，市政府成立了专门的事故调查组开展事故调查工作，并组织有关专家对事故原因进行详细分析，同时委托广州市职业病防治院在现场进行气体取样分析等。广州市地下铁道总公司一方面做好督促工作并协助承包商全力做好死者的善后处理，安抚家属；另一方面对所有地铁隧道施工进行全面的安全大检查，及时做足预防措施，防止类似事故发生，并配合政府做好有关后续工作。

事故调查组经过认真的调查和现场勘察，对相关人员进行问话，查阅了大量档案、记录资料，对气体的检测数据、有毒有害气体的分布特征及事故前后出现的情况，进行了认真分析和仔细研究后，结合专家意见，一致认为造成事故发生的致害物质是盾构掘进面突遇一氧化碳等有毒有害气体大量涌出并集聚。具体原因分析如下：

（1）三号线北延段施工9标地层存在有害气体，并且分布不清。

在初步勘探和详细勘探阶段，均未发现地层中含有气体的现象。但是从本标段及第三方和施工单位历次气体监测结果看，地层中存在一氧化碳等有害气体。在未打开土仓前，施工单位安全员的三次检测和第三方的第一次检测结果显示，土仓内的氧含量偏低，而一氧化碳的浓度也相对较低。在随后正常通风的作用下，一氧化碳未被监测出。

5月22日，广州市职业病防治院在盾构机事故发生地点向前掘进4.5m后进行气体采样分析，其结果为：一氧化碳1.0mg/m^3，硫化氢<0.1mg/m^3，二氧化硫<0.1mg/m^3，氨1.5mg/m^3，二氧化碳589.2mg/m^3。

5月27日，右线盾构机开仓换刀，第三方气体检测结果为：氧气含量3.2%，甲烷0.1%，一氧化碳212.5mg/m^3，其他气体未检出。

上述检测资料显示，这一段地层确实含有一氧化碳气体，而且分布不清，甚至高达212.5mg/m^3，大大超过了车间空气中有害气体最高容许浓度30mg/m^{3}的限值。由于这一段地层中一氧化碳等有害气体的存在和涌出的突发性，也就使本次事故的发生具备了基本条件。

（2）挖掘仓泄压后掌子面压力大于挖掘仓压力，使岩层中有害气体突发涌出具备了可能。

在地铁盾构法施工中，土压平衡式盾构机主要通过利用挖掘仓内的渣土来维持工作面上的土压平衡，开仓更换刀具须清理出土仓内的渣土和冲洗刀盘刀具，原有的土压平衡被打破，掌子面失去土压的反作用力，其压力大于挖掘仓内的压力，而这一段地层中恰恰含有一氧化碳等有害气体，而且达到一定的含量。因此，在掌子面压力大于挖掘仓压力的情况下，为一氧化碳等有害气体的涌出提供了条件，触发了地层中岩层缝隙的一氧化碳等有害气体大量突发涌出。另外，用高压水冲刷刀盘刀具上的渣土，使原本被渣土封堵的掌子面裸露，也进一步加速了岩层缝隙的有害气体和地下水喷出。

（3）有害气体突发涌出并迅速在挖掘仓内聚集。

盾构机挖掘仓是一个直径6m、深度为1m的圆形集土仓室，在刀盘轴的上方1.7m左右，挖掘仓后壁有一个直径0.6m的圆形人闸口，为更换刀具及人员的进出口。仓内有刀盘辐条和搅拌棒，正常情况下仓内水位控制在1/3～1/2。

地下有害气体主要有沼气（甲烷）、一氧化碳、二氧化碳、硫化氢、二氧化硫等，它们具有显著的空间分布、易燃易爆性以及危害人体健康等特征。因各有害气体比重的差异，比重最小的为甲烷（CH_4），仅0.55%，进入挖掘仓后迅速富集在仓内顶部；其次是一氧化碳（CO），比重为0.967%，比空气略轻，分布于仓内的中上部位；而硫化氢（H_2S）、二氧化碳（CO_2）、二氧化硫（SO_2）的比重分别为1.19%、1.53%、2.3%，进仓后富集于仓内的下部及底部。因挖掘仓设计独特，人员进入的人闸口设在挖掘仓后壁的中上靠中间的部位，顶部形成了密闭的空间。根据气体检测的结果，掘进面涌出的气体主要是一氧化碳，在施工人员进仓的一瞬间恰遇一氧化碳突发涌出，并迅速聚集在仓的中上部，形成较高浓度的一氧化碳有毒气体。由于一氧化碳是无色、无味的气体而不易被人发现，施工人员进仓后站在离人闸口下方约40cm的刀盘辐条上，施工人员身高约1.65m～1.70m，人的头部在挖掘仓的上部，其呼吸带正处于一氧化碳气体的停留层，据此可以判断施工人员是因为吸入高浓度的一氧化碳等有毒气体后中毒、缺氧，窒息昏迷坠落水中死亡。

事故发生后，在施救过程中仍有施救人员出现中毒症状被扶出、在人闸口附近施救的人员也感到头晕、恶心想吐，这一情况说明了掌子面的一氧化碳等有毒气体还在不断涌出。

事故调查组根据专家组的意见、气体检测数据、有毒有害气体的分布特征以及事故前后出现的情况和事故现场勘察，进行了认真分析和仔细研究后作出判断："5·15"施工事故是盾构机挖掘仓泄压排水后，由于掌子面的压力大于挖掘仓的压力，地层中存在的一氧化碳等窒息性气体，在施工人员进仓的一瞬间突遇涌出，导致其中毒和窒息昏迷并坠落挖掘仓水中死亡，这是造成这起事故的直接原因；在旁边观察的施工人员见同伴摔下仓底，以为是失足摔下，不知仓内突涌出一氧化碳等窒息性气体，出于人的本能反应，立即进仓施救，整个过程仅1~2分钟，最终导致三人死亡。

事故调查组经过认真仔细调查后一致认为：业主、施工、监理单位安全管理到位，开仓换刀作业程序无不当，无发现违章指挥、违章作业的行为，也不存在主观过失；加之由于造成事故的有害气体的涌出具有突然性、不可预见性和偶发性，事故属于无法预见的意外事件。事故调查组一致认为，本起事故为自然事故。

4. 教训与启示

（1）盾构开仓应选择合适的位置，并在确保安全的前提下进行。

盾构开仓、更换刀具作业应选择在中间竖井、过站或地质条件较好且稳定的地段进行。如客观条件不允许，必须在较差的地层中开仓作业时，应采取带压或对地层进行加固处理等措施，确保开挖面的稳定、安全。

（2）加强隧道通风及气体检测，保证作业环境气体安全。

①对隧道施工、盾构施工等应加强通风措施，并保证在通风设备正常工作的情况下，能满足高峰施工期的要求。当存在有害气体时，必须使用专用的仪器进行检测，并加强通风，可燃性或有害气体应控制在安全允许的范围内。

②各项目部应认真执行盾构开仓作业管理规定及有关操作规程，编制开仓方案，并认真落实。盾构开仓作业前及开仓后，承包商必须对仓内的气体进行检测，并经第三方进行复测。发现存在有毒、有害、可燃、易爆气体（如CH_4、CO、CO_2、SO_2、H_2S等）时，应采取稀释等措施处理，处理完毕并重新检测合格后，方可进入下道作业工序。

③开仓后，应加强对仓内进行通风，并对仓内的气体进行检测和活体动物（如鸽子、鹦鹉、白老鼠等）试验，确认作业环境气体安全后人员方可进入仓内作业。当土仓换气不充分，确因需要进仓作业时，作业人员必须配备并使用空气呼吸器或软管面具等隔离式呼吸保护器具。进仓前必须确认刀盘、螺旋输送机等动力设备的电源已切断。

④在盾构仓内作业过程中，必须连续对仓内进行换气，确保新鲜的空气进入土仓底部，并对有害气体、可燃气体、易爆气体进行连续检测；同时应安排专人对掌子面和水位进行经常性观测，若出现坍塌、突水征兆时，人员必须迅速撤离。

（3）科学分析隧道沿线的地层特点，做好有毒有害气体的预报及防治。

对盾构隧道线路所经过的地层特点、分布特征等进行科学、详细的调查和分析；尤其是在遇到特殊地层，如煤层、含煤层或煤系地层，沥青质地层，含油层或其他易产生有毒有害、易燃易爆气体的地层时，应进一步采取措施，例如控制性放气（如释放点燃）、加大隧道通风、保证盾构密封效果、加强隧道外补充注浆、控制隧道明火等进行处理，做好有害气体的预报及防治工作。

（4）作业人员必须佩戴相应劳保用品，以便紧急时施救。

作业人员必须佩戴劳保用品，进仓后背部应系设挂钩的安全绳（或安全带），安全绳（带）另一端固定在土仓壁板上，以便发生紧急情况时对作业人员进行施救。

（5）加强作业人员的管理和安全技能的培训。

盾构作业人员进仓前应进行健康检查，严禁患有心脏病、高血压、肺部疾病、癫痫、感冒、发烧等的人员进仓作业。进仓前应做好相应的安全技术交底和技能培训，掌握必要的安全技能。当出现险情时，切忌盲目施救，造成不必要的伤害。

（6）进一步加强应急救援预案的修订及演练工作。

各个承包商应根据隧道施工的特点，对施工过程中的危险源以及可能造成的危害，制定有针对性的应急预案。同时定期组织演练，认真总结，并结合施工作业条件、环境状况、人员、技术、外部环境不断变化的实际情况，及时评估和补充、修订、完善预案。

11.3 安全生产事故的报告

根据国务院《生产安全事故报告和调查处理条例》（中华人民共和国国务院令第493号）、《〈生产安全事故报告和调查处理条例〉罚款处罚暂行规定》（国家安全生产监督管理总局令第13号）、建设部《关于进一步规范房屋建筑和市政工程生产安全事故报告和调查处理工作的若干意见》的通知（建质〔2007〕257号），结合当地政府及公司要求制定安全生产事故的信息报送要求。

安全信息报送的原则是快速有效、真实可靠、直报续报、逐级负责。

公司设置安全信息的归口管理部门，负责公司级安全信息的收集、核查、处理，规范公司安全信息报送管理，指导各部门进行安全信息的收集、报送、处理等管理工作，向公司领导和市政府有关安全管理部门呈报有关安全信息，并与属地各区沟通地铁安全管理情况。

宣传部门负责公司安全管理信息的宣传报道工作，协调与外部媒体的关系，负责公司安全信息的对外发布及宣传工作。

法律事务部门负责对公司安全管理制度进行审查，重点审查其合法性，对涉及法律、法规的安全信息的处理，负责提出处理意见或建议。

公司工会负责向当地工会报送地铁主体责任安全信息。

各部门、单位是本部门、本单位安全信息报送的责任主体，各部门、单位分管领导为本部门、本单位安全信息管理责任人，应根据有关法规规定，按规定要求，明确安全信息报送的责任与流程，确保安全信息报送及时准确。

11.3.1 安全生产事故的分类

一般事故（一类），是指造成3人以下死亡，或者10人以下重伤，或者1 000万元以下直接经济损失的事故。

较大事故（二类），是指造成3人以上10人以下死亡，或者10人以上50人以下重伤，或者1 000万元以上5 000万元以下直接经济损失的事故。

重大事故（三类），是指造成10人以上30人以下死亡，或者50人以上100人以下重伤，或者5 000万元以上1亿元以下直接经济损失的事故。

特别重大事故（四类），是指造成30人以上死亡，或者100人以上重伤，或者1亿元以上直接经济损失的事故。

11.3.2 安全事故的报告

安全事故信息的报送方式分为即时信息报送、事故（件）速报、事故（件）调查报告三类。

1. 即时信息报送

（1）即时信息报送的方式。

即时信息可以采用口头、电话、短信、企信通的方式进行报送。

（2）即时信息报送的时间要求。

①发生第一类事故的，事故发生单位应在事故发生后，30分钟以内向公司负责安全、宣传、工会、综合事务等的部门报送即时信息。

②发生第二、三、四类事故（件）的，事故发生单位应在事故发生后20分钟以内向公司负责安全、宣传、工会、综合事务等的部门报送即时信息。

（3）属于与恐怖袭击有关的事件，按照属地责任的原则，各属地责任单位应在事件发生后第一时间向公司负责安全、宣传、工会、综合事务等的部门报送即时信息。

（4）事发单位（部门）应根据事故（件）的不断发展随时续报即时信息。

2. 事故（件）速报

在事故（件）发生后，责任部门（管理部门）要根据事故（件）发生的概况、初步原因分析，填写《施工伤亡事故快报表》（详见本书附件表6、表7）报公司负责安全管理的部门（道路交通安全事故则报公司办公室，下同）。施工伤亡事故（件）速报具体时限要求如下：

（1）一、二类事故（件）：应在事故（件）发生后2小时以内上报。

（2）三、四类事故（件）：应在事故（件）发生后1小时以内上报。

事故（件）报告后出现新情况，以及事故（件）发生之日起30日内伤亡人数发生变化的，应当及时补报。

3. 事故（件）调查报告

一般及以上事故（件）在10个工作日内写出事故（件）调查报告报公司负责安全管理的部门。

各部门、单位须建立事故（件）记录台账，详细记录各种事故（件）发生的经过、原因、处理情况及防范措施，定期总结分析，对员工进行安全教育。有关安全事故情况，要填入《月度安全情况自评表》，报公司安全管理部门。

公司安全管理部门发现各部门报送的事件信息存在不准确、不完整的，有权要求责任单位及时纠正。

安全管理信息报送情况纳入各部门年度安全管理考核。对不按本规定及时上报的责任部门，除按规定进行考核外，还将按相关管理办法对相关责任人视情节予以通报批评、安全谈话、经济处罚、行政处分等处理；对瞒报事故、违反国家有关法律、法规的，依照相关法规处罚。

（1）事故报告的内容。

事故报告（快报）应包含以下内容：

①事故发生工程项目、有关单位名称。

②事故发生时间、地点及事故现场情况。

③事故简要经过和事故原因初步分析。

④事故已造成伤亡或失踪人数，初步估计的直接经济损失。

⑤事故抢救进展情况和已经采取的措施。

⑥其他情况。

（2）对外信息发布。

为及时、准确通报生产安全事故信息，一般在事故发生后 24 小时内，在邻近事发工地的场所召开新闻通报会，由公司安全管理部门主持召开事故通报会，并邀请有关媒体参加，施工承包商按照会议安排负责对外澄清和解答。

通报会由安全管理部门牵头，会同负责综合、宣传、建设的部门共同组织。各部门分工如下：

①安全管理部门：主办会议。负责确定会议召开的时间和地点；负责通知总公司有关部门和人员参会。

②综合管理部门：协办会议。负责按危机公关要求开展相关工作。

③宣传部门：协办会议。负责新闻媒体公关；负责审核新闻通稿；负责通知公司综合新闻发言人和相关专业新闻发言人参加；负责确定并通知参加通报会的新闻媒体单位。

④建设部门：协办会议。负责通知事发施工承包商、部门领导和相关人员参加通报会；督促施工承包商准备新闻通稿，并负责审核新闻通稿；负责督促施工承包商布置通报会会场。

⑤发生安全生产事故的施工承包商参加（发生一般事故的，由施工承包商项目经理参加；发生较大以上事故的，由施工承包商法定代表人参加）。

⑥邀请有关新闻媒体参加。

通报会的一般性议程如下：

①安全管理部门致开场词。

②事发施工承包商通报事故情况，初步分析原因，对后期处置工作表态。如事发单位不到场，由建设部门通报说明。

③回答新闻媒体的提问。

11.4 安全生产事故的调查与处理

11.4.1 调查组组成、权限及职责

特别重大事故由国务院或者国务院授权有关部门组织事故调查组进行调查。

重大事故、较大事故、一般事故分别由事故发生地省级人民政府、设区的市级人民政府、县级人民政府负责调查。省级人民政府、设区的市级人民政府、县级人民政府可以直接组织事故调查组进行调查，也可以授权或者委托有关部门组织事故调查组进行调查。

自事故发生之日起 30 日内（道路交通事故、火灾事故自发生之日起 7 日内），因事故伤亡人数变化导致事故等级发生变化，由上级人民政府负责调查的，上级人民政府可以另行组织事故调查组进行调查。

特别重大事故以下等级事故，事故发生地与事故发生单位不在同一个县级以上行政区域的，由事故发生地人民政府负责调查，事故发生单位所在地人民政府应当派人参加。

由市人民政府有关部门监管的生产经营单位发生事故，应由区、县级安全监管局牵头组织调查时，市安全监管局或负有安全生产监管职责的部门在接到区、县级市邀请时，应派员指导事故调查组开展调查。

由安全监管局牵头组织的事故调查组，具体由安全生产监管部门、负有安全生产监管职责的部门、监察机关、公安机关、总工会和区、县级市人民政府派员组成，并应当邀请人民检察院派员参加。由区、县级安全监管局牵头组织的事故调查组，具体由区、县级安全生产监管部门、负有安全生产监管职责的部门、监察机关、公安机关、工会和镇人民政府或街道办事处派员组成，并应当邀请区、县级人民检察院派员参加；必要时邀请安全监管局或者负有安全生产监管职责的上级部门派员参加。由事故发生单位组织的事故调查组，具体由本单位的主要负责人、安全生产管理机构和其他相关机构负责人、安全生产管理人员以及工会机构负责人或者工会代表组成，并应当邀请当地安全生产监管部门派员参加。

事故调查组设组长 1 名，副组长 2 至 3 名。事故调查组组长按以下原则确定：

（1）市和区、县级市人民政府直接组织调查的事故，由市和区、县级市政府分管领导或者副秘书长（副主任）担任调查组组长。

（2）安全生产监管部门或政府指定其他部门牵头组织调查的事故，由牵头部门负责人担任调查组组长。

（3）事故发生单位组织调查的事故，由本单位主要负责人担任调查组组长。

事故调查组成员保持相对固定，安全生产监管部门和负有安全生产监管职责的相关部门至少应当委派 2 名人员参加事故调查组。根据案情需要，可以增加适量的案件调查取证人员参与事故调查。参加事故调查组的组成单位应当将拟参加事故调查人员的名单及联系方式报安全生产监管部门备案。事故调查组成员如需变更，经其所在单位报经事故调查组组长同意后，函告事故调查牵头单位。事故调查组成员因故不能参加事故分析会的，由其单位出具委托书，委托本单位其他事故调查人员参加会议。

事故调查组组成部门按下列规定履行事故调查的主要职责：

（1）安全生产监管部门或事故调查牵头单位负责事故调查处理的组织协调，组织对生产经营单位安全管理责任方面的调查，起草事故调查报告，组织召开事故分析会，代表事故调查组将事故调查报告报同级人民政府审批结案；负责监督检查对责任人员及责任单位的处理建议以及事故防范和整改措施的落实；负责向社会公布事故信息及处理情况，以及事故调查处理及相关资料的归档保存。如事故调查组认为涉嫌构成犯罪的，负责依照《行政执法机关移送涉嫌犯罪案件的规定》向公安机关移送案件。

（2）负有安全生产监管职责的部门会同专家组负责事故发生技术管理原因方面的调查取证，对事故单位涉及的对行业管理法律、法规、规范标准贯彻执行情况的调查；负责依照行业法规对事故责任单位及责任人员提出处理意见；按照管理权限负责落实对相关责任单位和责任人员的责任追究，并将处理落实情况报安全监管部门、监察机关备案；负责监督检查分管行业事故发生单位落实防范和整改措施。

（3）公安机关负责事故接报后协助调查；及时对所移送的案件进行审查，认为有犯罪事实、需要追究刑事责任的，应当依法立案侦查，采取强制措施和侦查措施，并书面通知事故调查组。

（4）监察机关负责对与事故有关的行政管理责任进行调查，按照管理权限，依法追究监察对象的行政责任；负责相关责任人员处理的落实工作。

（5）工会依法参加事故调查处理并向有关部门提出处理意见。

（6）检察机关负责依法查办与事故责任有关的国家机关工作人员涉嫌渎职等职务犯罪案件，并及时将查办结果通报安全生产监管部门。

事故调查组成员单位应当积极配合，紧密协作，在调查组组长的领导下，按照分工和职责开展调查工作，并在调查组范围内及时沟通调查掌握的相关情况和资料。事故调查组成员在事故调查工作中应当诚信公正，恪尽职守，遵守事故调查纪律，保守事故调查工作秘密，不得擅自公开有关事故调查的信息。

11.4.2 事故调查程序

（1）公安机关接到事故信息后，立即赶赴事故现场，经初步认定为生产安全事故后，应保护现场并通知安全生产监管部门，同时对犯罪嫌疑人采取措施以防其逃匿。

（2）安全生产监管部门接到事故报告后，立即赶赴事故现场开展初步调查取证，通知负有安全生产监管职责的部门、工会、监察机关并邀请检察机关参加。公安机关应根据牵头部门的要求，向调查组提供事故相关人员的询问笔录和相关证据复印件，为调查组及时询问相关责任人员提供方便。

（3）事故调查牵头单位于事故发生5个工作日内发布正式成立事故调查组的通知，明确事故调查组组长、副组长及成员名单和分工。

（4）调查组成员在调查组组长的领导下，根据分工开展进一步的调查取证工作。调查组成员一般应在20日内完成调查取证工作，并将调查取证材料整体移交牵头单位。涉及行政责任追究的，监察机关如不能在20日内提出处理意见，经调查组组长同意，可以适当延长。

（5）调查过程中需要专业技术分析鉴定的，由事故调查组依法委托有相应专业技术资质的单位或组织专家组进行，鉴定费用由事故发生单位承担。法律、法规明确规定由技术鉴定部门提供技术鉴定意见的，应当委托技术鉴定部门进行事故原因技术鉴定。被委托的单位或专家应具有与事故性质相应的资质或专家证书，且不得与事故单位有利害关系。

（6）道路交通、消防、水上交通等专业法律、法规规定由主管部门作出责任认定的，事故调查组应当采纳主管部门作出的事故原因和责任认定意见。

（7）事故调查牵头单位根据调查组成员提供的材料，于材料收齐后15日内拟出事故调查报告。

（8）事故调查报告应经调查组召开事故分析会，由全体成员讨论并签名确认。调查组成员对事故的原因分析和事故责任者的处理意见不一致的，报同级人民政府裁定。

11.5 本章小结

安全生产事故的发生有其必然性、偶然性及规律性，但只要我们运用安全科学的各种理论、方法和工具，针对工程建设项目的具体特点改善和加强安全管理，做好安全基础工作，及时发现和处理事故隐患，消灭潜在的事故危险，安全生产事故便是可以预防的。

12 城市轨道交通工程安全管理信息化

城市轨道交通工程具有工程分散、参建单位多、地下工程施工风险大等特点，在大规模建设形势下，传统的安全管理方式存在信息传输时效性差、数据共享程度低、参建各方协同工作能力弱、宝贵过程数据流失严重等问题。

为了能够给城市轨道交通工程参建各方搭建一个协同开展安全管理的基础平台，加强信息共享，实现第一时间发现与处置工程安全风险，有必要对传统的安全管理理念与安全管理手段进行创新，通过将现代化的信息化技术引入城市轨道交通工程安全管理领域，建立一个城市轨道交通工程安全管理信息化平台，以实现城市轨道交通工程安全管理工作的信息化。

12.1 工程建设信息的特点

（1）数量庞大，关系复杂。城市轨道交通建设过程中，来自不同参建方的各类信息的数量呈现加速递增的趋势，信息的种类也以非结构化或半结构化为主（如工程图纸、文档、图片、视频、语音、审批流程等信息），在建设过程中大量信息将被多次调用并对不同信息进行综合对比、分析。

（2）信息处于动态变化之中。城市轨道交通建设过程中存在很多不确定因素，大量信息始终处于动态变化之中，具体表现在勘察、设计变更伴随产生的不同版本的图纸，变更指令、方案及审核意见与答复文档，以及每天不断更新的监测数据和现场巡查信息。

（3）参建主体对信息要求的不一致。工程项目不同参与主体对同一信息有着不同的信息处理和应用要求，同一参建主体的不同职能部门对同一信息的关注点也不尽相同，因此基础信息处理非常关键。

12.2 传统信息交流的弊端

（1）杂乱无序的信息沟通方式。传统的信息沟通主要以纸质文档、电话、传真、快递、项目协调会等方式为主进行点对点式的杂乱无序的沟通，由于信息来源广泛，沟通路径和层次过多，容易造成信息延误、缺失或扭曲，直接影响工作效率和决策质量。

（2）业主或项目管理团队被动接收项目信息。在城市轨道工程建设过程中，大量分散的、无序的信息涌向业主或项目管理团队，有些信息是不经过任何加工处理的，有些信息是经过信息来源方的处理或改动的，而业主或项目管理团队被动接收各方信息，缺乏对信息的主动控制，无法保证信息的准确性和有效性。

（3）信息无法共享，流失严重。城市轨道交通工程建设信息流失严重主要是由两方面原因造成的：一是建设过程的多阶段性，项目建设从开始至结束的整个过程中，经历了决策、设计、招标、施工、验收、运营、结束等多个阶段，而目前建筑行业中没有纵向集成，一是企业不具备总体承担各阶段建设任务的能力，割裂的行业结构造成信息源头杂乱；二是传统信息以纸质信息为主，对信息的传递和存储产生很大不便，信息在项目各参与方之间流转的过程中大量流失。

（4）信息分类、加工、整理、分析、利用深度有待提高。在工程建设过程中充斥着各种原始信息，各类信息处于一种零散、无序、彼此独立的状态，只有对信息进行分类、加工、整理、分析才有意义。

12.3 城市轨道交通工程安全管理信息化的重要性

城市轨道交通工程安全管理是建设过程中一项重要的管理职能。城市轨道交通工程的特点、建设信息的特点及传统信息沟通方式的弊端，决定了城市轨道交通工程建设过程中构建参建各方同一信息平台的重要性，以实现信息集中存储、信息共享、信息深度利用，实现城市轨道交通工程安全管理的信息化、动态化和实时化。

（1）实现各类信息集中存储、共享与整合。在安全管理信息系统中各类信息和数据将统一存储在系统中，便于信息的检索、查询和综合分析，有利于数据和文档、图纸的版本控制，使传统的杂乱无序的信息沟通方式得到转变与改善。点对点的沟通方式变为以项目信息为中心，信息获取快捷一致，有利于信息交流和协同工作，解决“信息孤岛”问题。利用信息化的手段收集、存储、归纳广州地铁各线路建设的数据、资料、经验，不断积累与总结，以指导城市轨道交通工程建设以及科学研究。

（2）保证信息唯一性、连续性和可追溯性，实现从传统的“被动安全管理”向“主动安全管理”的转变。在管理系统中，各用户的权限被严格设置，登录操作的所有信息将被自动记录，通过系统可以清楚地查询信息来源。在系统中，有关同一对象的数据也只有一个唯一的正确版本，信息与数据可作为历史记录在系统中保存，增强了信息的连续性和可追溯性，有助于经验的积累。

（3）节约成本、减少耗费，有助于缓解大规模建设期人才资源短缺问题。利用信息管理系统和现场视频系统，随时查看资料信息和现场视频信息，大大节约了交通成本和时间成本。目前，国内城市轨道交通工程建设规模巨大，有经验的轨道交通工程建设管理人才缺口较大。通过信息化技术对传统行业安全管理的改造，通过搭建协同开展安全管理工作的基础平台，利用先进的视频监控、门禁以及网络、通信等技术手段，能够减轻大规模工程建设对人才资源需求的压力。

（4）提高城市轨道交通工程安全管理的水平。传统的安全管理是以利用人对现场的安全管理为主，在全国大规模地开展轨道交通工程建设的形势下，轨道交通工程建设的专家与管理人员的资源缺口较大，单纯以“人治”为主的安全管理理念与安全管理模式已经不能满足工程建设的需要，迫切需要引入现代化的信息技术手段，包括软件技术、网络技术、通信技术等，来改变当前的安全管理模式，实现向信息化管理、标准化管理与精细化的安全管理转变。

（5）降低地下工程施工的安全风险，减少工程事故。城市轨道交通工程大多为地下工程，地质条件复杂，基坑与隧道施工常穿越城市市区的重要建（构）筑物、管线等重要周边环境，易对周边环境造成破坏，工程风险与社会风险较大。通过信息化技术加强对施工现场的安全监控，及时发现工程风险、第一时间通报相关责任人进行风险处置，有助于规避工程施工的安全风险，减少工程事故的发生。

（6）有助于实现工程安全生产的精细化管理。大规模的集中建设使得城市轨道交通工程安全管理出现了不规范、部分安全管理环节缺失等现象。这种现象的产生主要是由于现有的安全管理人员难以满足大规模的工程管理需求，因此，有必要利用信息化的手段通过系统设置安全管理环节，将集中的工作量化整为零，将日常的管理通过信息系统进行辅助管理，可以大大减轻业主的管理工作量，充分利用设计、施工、监理等主体单位的力量，提高安全管理的水平。同时，这也推动了广州地铁逐步向工程精细化管理转变。

12.4　国内城市轨道交通工程信息化现状

信息系统能及时、准确、有效地搜集和传递各种信息，方便日常事务的处理，并能供各级管理人员和公司领导进行管理和决策，提高工作效率和工作质量，使工作流程规范化、制度化。在城市轨道交通工程建设安全管理的信息化技术研究与应用方面，国内各大主要城市轨道交通建设单位都开展了一些信息化技术研究与应用工作。

上海地铁率先在全国轨道交通建立“远程监控系统”，实现了对工程建设监测数据与现场视频图像的管理。上海同是工程科技有限公司依托同济大学开发的“安程地铁工程远程监控管理软件系统”，基于网络传输、无线通信、网络数据库、数据分析以及自动预测预警等技术，综合了施工、监理、监测、管理以及多媒体等多种信息，已在上海轨道交通工程中得到应用。上海隧道工程股份有限公司开发了“盾构法隧道施工智能管理系统”，在掌握施工信息的前提下，通过数据分析，对盾构施工进行有效管理和技术支持。

北京地铁建立了安全风险信息管理平台，包括 GIS 系统、网络传输、监测及安全巡视信息管理系统、盾构施工实时监控系统、视频监控系统等。这些系统可进行信息报送、信息查询、资料管理（包括勘察、设计、施工、监测等文件）、预警、监控、事务处理，协助工程各级管理部门与参建各方及时掌控城市轨道交通土建施工的安全状况，进行快捷、有效的信息管理。

广州地铁建立了“广州地铁安全预警与应急平台”和“建设工程安全、质量与信访管理平台”，建立了工程现场远程视频监控系统与门禁系统，通过集成实现了对工程建设安全管理、质量管理与信访管理的综合管理。在公司内部网站开通了“安全隐患信息直报”平台，进一步拓展了安全隐患排查整治的手段，缩短了隐患信息报送反馈的时间，实现了隐患信息的统一管理。

另外，深圳、大连、杭州、武汉、合肥、重庆、宁波等城市的轨道交通建设单位也组织了城市轨道交通工程安全管理采用信息化技术的研究与应用。

现状研究结果显示，国内城市轨道交通工程建设安全风险管理研究和实践虽然取得了一些初步成果，但不够系统、完整。特别是对安全风险管理体系创新、安全风险评估、安全风险管理和信息化手段等环节需要进一步深入研究与完善。

12.5　城市轨道交通工程安全管理信息系统设计

城市轨道交通工程安全管理信息系统作为城市轨道交通新线工程安全风险管理与监控

的现代化有利工具，通过多专业、多手段、多角度的协同工作，达到主动发现风险、消除事故隐患、规避严重事故的目的，应能够成为参建各方齐抓风险、共管安全的日常工作平台，并提高工程的安全风险管理水平。

12.5.1　系统设计目标

城市轨道交通工程安全管理信息系统按照“三位一体”一体化思想，构建城市轨道交通工程安全管理平台。如图 12－1 所示，“三位”指的是监控城市轨道交通工程的三个重要的手段与子系统，分别是人工监测与自动化监测、视频与门禁监控以及专业工程师与专家干预的安全风险评估与管理。这三个控制工程施工风险的重要手段与方法集成一个整体，成为参建各方安全管理与监控的日常工具，通过这一工作平台协同业主、业主咨询单位、监理单位、施工单位、第三方监测单位以及设计单位齐抓风险，共管安全。

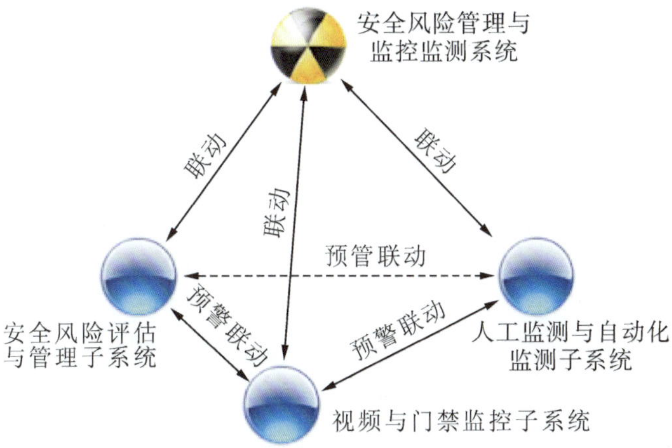

图 12－1　“三位一体”一体化思想

（1）增强对施工安全的监控能力。系统面向轨道交通勤务员施工全过程使用，以基础信息、日常管理资料、全过程监测数据、实时视频信息及现场巡查人员综合判断为基础，形成全过程、全面、全方位的安全管理，增强对施工安全的控制能力。

（2）服务于工程安全风险管理。系统建立的目的是利用现代化技术手段实现对城市轨道交通工程安全风险的有效管理与控制。因此，系统构建应服务于工程安全风险管理，作为工程参建各方进行安全生产的有利工具。人工监测、自动化监测、视频监控以及现场巡查与专家安全风险评估分析都是工程安全风险管理的重要监控手段。

（3）建立预警联动机制。管理系统包含的监测（人工监测与自动化监测）子系统、视频与门禁监控子系统以及安全风险评估与管理子系统中任何一个子系统发生预警，其他两个系统都将进行预警联动。如当人工监测与自动化监测数据超过预设或预判的控制标准时，监测子系统将自动发布不同级别的预警，一旦监测数据超过控制指标发生预警，视频与门禁监控子系统将对监测数据发生预警的结构主体或某周边环境对象进行重点监控，并除现场 24 小时录像外，监控中心将自动对该工点实行 24 小时不间断录像，直至预警解除；负责安全风险评估与管理的专业工程师和专家将立即赴现场巡查核实情况，并根据现场情况、施工工序与地质情况等进行综合分析判断，针对此监测数据预警进行综合判断，给出安全风险评估结论与建议。

（4）多层次用户协同参与。进入本系统的全部基础信息和监测数据均是经过标准化处理后的有效信息，可防止信息过载，提高信息的可用度和有效性。同时，管理系统使用各方均可按管理授权共享系统内信息，提高参建各方的安全管理效能。

（5）进行信息集成，有利于辅助综合决策。系统以实现基础信息、施工监测信息、风险管理信息、应急联动信息、视频信息等多源异构、不同层次的信息集成管理；系统提供安全监测数据的 EXCEL 批量导入导出、手机短信预警、可视化数据管理等功能，为工程安全管理综合决策提供平台和技术支撑。

（6）减少事务性工作。系统可提供监测数据批量导出、时程曲线图、地图信息、日常综合性用表导出等，为各级安全报表的形成提供了基础成果。

（7）统一规划、细分模块、分步实施。应根据各城市轨道交通工程质量安全管理特点与需求，统一规划，并按不同业务需求细分功能模块，分步实施，逐步集成为一个可持续扩展的质量安全管理信息化体系。

（8）简单实用、注重实效。系统推广性强，数据及成果共享容易，处理分析便利。

12.5.2 系统设计原则

系统设计开发应遵循先进性、实用性、开放性、结构化、标准化等原则。

（1）系统功能丰富。系统应具有面向用户灵活的报表设计、多层的用户与模块权限设置、丰富多样的统计功能、直观的图形显示、强大的检索查询功能等。

（2）系统的安全性。系统具有强大的安全性能，符合国际通用的全部安全标准（包括互联网 Internet 安全标准）和国家保密局系统安全标准。

（3）完善的数据接口和数据备份功能。系统支持在各类后台大型业务系统及应用之间进行高性能的数据交换和实时访问，包括 DB2、Oracle、SQL Server 等多种数据源，具有实时对所有数据的安全备份功能。

（4）系统的容错与纠错能力。提供必要的容错与纠错能力，应用模块为用户的操作提供操作安全日志，为系统安全管理和系统故障维护工作提供依据。

（5）系统配置性能优良的硬件设备。硬件设备可以保证系统的安全性与可靠性，所有的数据服务器、视频服务器、监测中心设备均具有防病毒、防黑客软件，禁止非法用户的操作，有效地保护数据、图像的可靠性。

（6）系统程序设计代码规范、系统。系统程序设计代码要求规范、唯一、简洁、有系统性，模块界面清晰、简洁、有美感，有灵活多样的用户界面和人机交互、醒目的操作提示和声音提醒。

12.5.3 总体功能架构设计

总体功能架构设计应充分考虑城市轨道交通工程安全管理的业务需求，并考虑平台的可拓展性和适应性，采取“子系统+功能模块”的模块化设计理念，能够方便地适应城市轨道交通工程建设的需要。平台包括安全风险监控子系统、安全风险评估与管理子系统、办公与资源管理子系统以及数据上报与报表打印子系统。

（1）安全风险监控子系统主要以客观数据信息管理为主，是平台预警预报的基础信息，包括施工监测数据、第三方监测数据、盾构施工数据及视频监控数据等。

（2）安全风险评估与管理子系统是基于以上客观数据，结合专家意见对工程建设安全风险进行综合评估与判断的子系统，是平台的数据过滤层。

（3）办公与资源管理子系统包括地理信息数据、工程文档管理、工程报告、短信信息等以数据共享为特征的数据资源。

（4）数据上报与报表打印子系统是对平台所有上报数据和报表打印管理的综合功能页面。

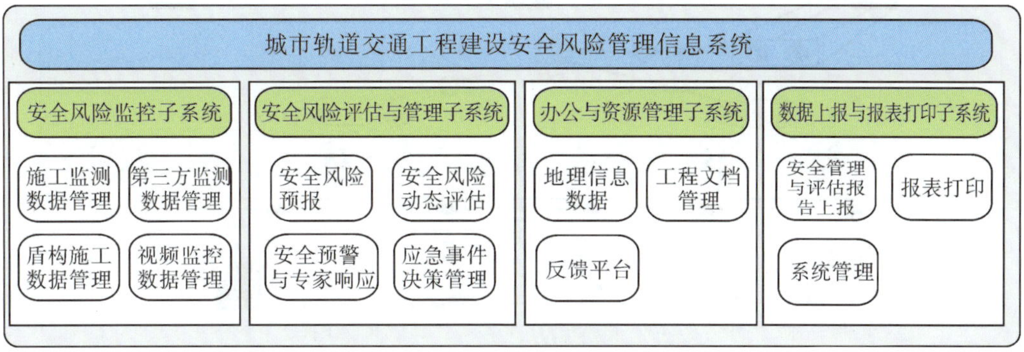

图 12－2　系统总体构架设计图

12.5.4　系统逻辑结构设计

城市轨道交通工程安全管理信息系统采用四层次结构设计，分别是数据层、逻辑层、表现层与用户层。

（1）数据层。数据层实现对信息系统所有信息与数据的集中、有序管理，包括基础文档数据、GIS 二维与三维地理信息系统、监测数据、视频录像以及管理过程产生的信息等。

（2）逻辑层。逻辑层是系统的基础核心，包括了系统各功能模块、数据访问存储的数据接口、数据安全性检查机制、用户认证与权限控制、防止非法入侵与安全控制的安全检测系统，以及定义了与工程项目管理信息系统数据互访的接口等。

（3）表现层。表现层是系统向用户展现信息的途径与表现手段，本信息系统涉及的专业广，数据种类多，表现形式或技术手段包括 IE 浏览器、手机及 PDA、监控视频墙、自动化监测终端、GIS（地理信息系统）、网络 CAD 平台等。

（4）用户层。用户层定义了涉及使用本信息系统的用户群体，根据不同的用户群体，系统能够根据不同层级、不同身份的用户提供不同的访问界面以及分配相应的功能与数据权限。本系统涉及的用户群体包括政府监管层、建设管理层、监控中心层与现场实施层。

12.5.5　系统网络架构设计

网络架构根据“建设现场分散、参建单位多、网络传输形式多样”等特点进行设计。在建设单位内部设立监控中心，公司领导与各部门和监控中心通过内网连通；设计、施工、监理、监测以及咨询等其他单位则通过公网以多种网络传输形式连接到监控中心。为保障数据安全，参建方与监控中心之间应设立硬件防火墙与软件防火墙。

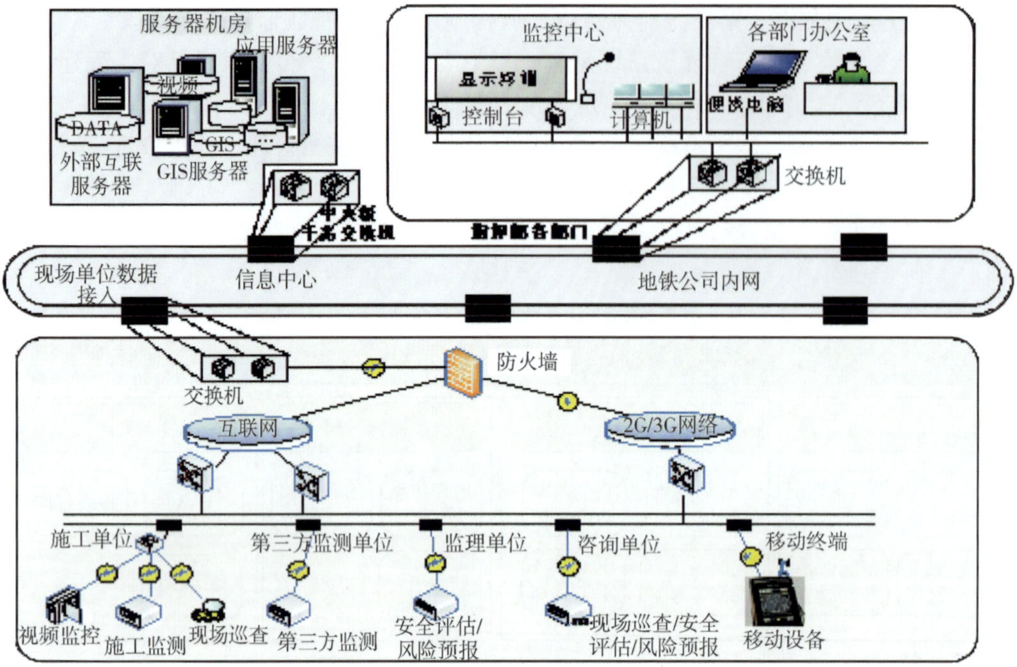

图 12－3　系统网络架构拓扑图

12.6　系统主要功能

城市轨道交通安全管理系统包括安全风险监控子系统、安全风险评估与管理子系统、办公与资源管理子系统以及数据上报与报表打印子系统，其主要功能如表 12－1 所示。

表 12－1　城市轨道交通安全管理子系统及其主要功能

序号	子系统	功能模块名称	功能描述
1	安全风险监控子系统	监测数据管理	第三方监测和施工方监测数据报送、图表查询、预警等功能
2		盾构机关键参数管理	盾构机关键参数，主要为平均推进压力、平均推进速度、注浆压力、出土量等监控
3		视频监控	以视频系统实施现场监控，并通过网络实施对信息的集成
4		自动化监测	对重点方位，以自动化监测仪器的数据实施自动采集、无线网络传输与中心智能分析
5	安全风险评估与管理子系统	风险排查与评估	业主、风险管理咨询单位发布工程不同阶段风险排查与评估及相关建议
6		风险预报	定期发布下一阶段工程建设存在的风险与建议
7		现场巡查管理	业主、风险管理咨询单位、施工单位、监理单位对现场巡查内容电子上报，跟踪处理
8		安全预警	当监测、巡视或综合分析发现存在安全风险或重大隐患时，参建各方及时发布预警

（续上表）

序号	子系统	功能模块名称	功能描述
9	办公与资源管理子系统	工程资料管理	对勘察、设计、环境调查、施工等各阶段的工程图纸与文档的填报、查阅、打印等功能
10		GIS 地理信息	实现对线路监测点分布与预警、工点安全预警的图形显示，实现可视化及远程操作
11		短信提醒	实现监测预警、安全预警等信息的手机短信报送
12		系统管理	实现对系统人员功能权限与数据权限的灵活分本管理
13	数据上报与报表打印子系统	数据上报	监测数据、风险排查、预报、评估、现场巡查等数据上报的规范化、标准化
14		报表打印	使用各方按权限在线打印各类报表

12.6.1 监测数据管理

监控量测工作是通过对工程施工期间变形监测得到的数据、信息进行采集与分析，为优化设计和施工方案提供依据，使轨道交通工程建设更加安全。其主要监测项目和方法、手段及数据格式见表 12－2。

表 12－2 主要监测项目和方法、手段及数据格式

序号	监测项目			监测方法或手段		数据格式	
	分类		内容	测点或传感器	仪器	表格	图
1	明挖基坑	变形监测	围护结构顶水平位移	测点	全站仪、水准仪	√	
2			地表沉移			√	√
3			周边建（构）筑物沉降、倾斜			√	√
4			地下管线沉降、位移			√	
5			支撑立柱沉降			√	
6			围护结构侧向变形	测斜管	侧斜仪	√	√
7			土体侧向变形			√	√
8		水位	地下水位	水位观测孔	测尺、水位计	√	
9		受力状态	支撑轴力	轴力计、钢筋钉、混凝土应变计	频率测试仪、数字应变计	√	
10			围护结构侧土压力	渗水压力计	频率测试仪	√	
11			渗水压力	渗水压力计	频率测试仪	√	

（续上表）

序号	监测项目			监测方法或手段		数据格式	
	分类		内容	测点或传感器	仪器	表格	图
12	矿山法隧道	变形监测	拱顶沉降	测点	水准仪、挂尺	√	√
13			净空收敛		收敛仪	√	√
14			地表沉降		全站仪	√	
15			地面建筑物沉降		全站仪	√	
16			地下管线沉降、位移		全站仪	√	
17		高程	地下水位	水位管	标尺水位计	√	
18	盾构隧道	变形监测	管片衬砌变形	测点	收敛仪	√	
19			地表沉降		全站仪	√	√
20			邻近建筑物沉降	压力盒	全站仪	√	
21		受力状态	接触压力		频率测试仪	√	
22			管片压力	钢筋计		√	
23	爆破震动		爆破振速监测	振子	信号采集处理分析系统	√	√

轨道交通工程监测工作包括业主委托、第三方监测和施工方监测，为了便于监测数据报表上传至安全管理信息系统，必须对所有监测数据进行规范化和标准化管理，各监测点数学模型能自动获取数据并进行关联，信息系统能对监测数据进行误差处理、可靠性检验、物理量转换和及时、有效地作出分析判断等，从而能够保证录入系统监测数据的真实性与可靠性。

1．监测数据统计分析与预警管理

系统能够对不同的监测项目进行数据分类统计，对监测数据的累计变化值、本次变化值、变化速率进行计算，并通过监测数据时态曲线、断面分布曲线分析监测数据的变化趋势与当前安全状态。

由于监测数据的变化与工程的进度以及工况具有很强的相关性，监测数据的统计分析、曲线分析应能够方便查阅相应时间的工程进度与工况。对于自动化监测数据的统计分析，应能够灵活对时间间隔进行选择，系统自动实现对数据的筛选。

信息系统将实现在监测数据统计计算的基础上，根据监测数据预警标准、监测数据预测模型对监测数据的安全状态进行判断，并通过各种手段及时预警并通报，参建各方能够根据相应预警等级的应急预案进行快速响应与协同处理。

2．监测数据报表打印

对于第三方监测、施工方监测数据成果输出，系统内置各方不同的监测项目报表模板，报表模板包括了监测数据表格、时态曲线或断面分布曲线以及相应的工况。

3．监测数据报送监督与考核

系统具备对各监测单位上报数据、浏览数据、打印报表的时间与地点进行记录，并能够通过系统的数据检测系统，对各监测单位上报的监测数据存在的错报、延报、不报的现

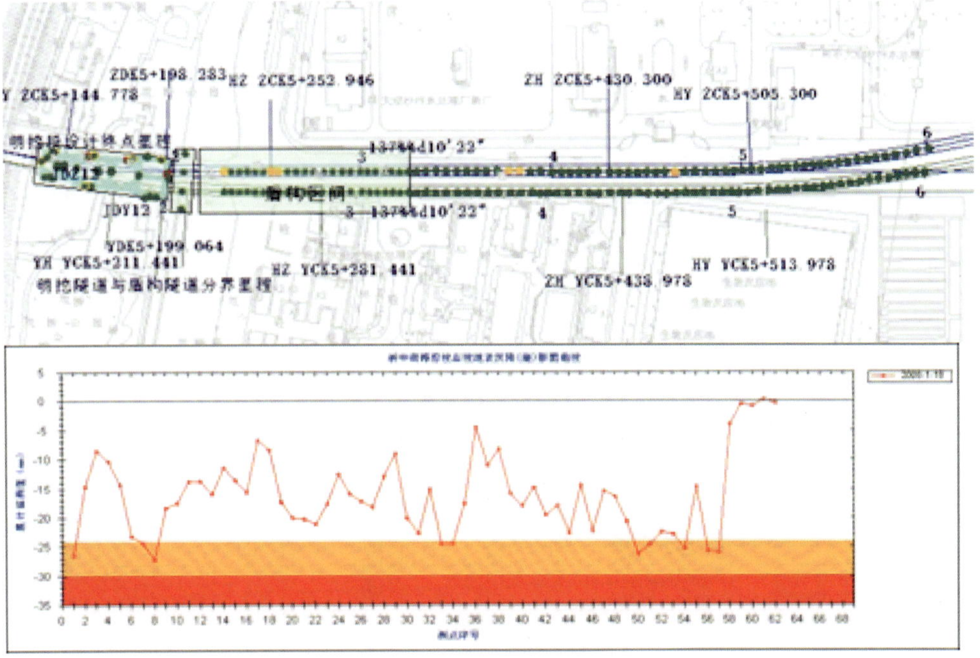

图 12－4　监测数据曲线

象进行自动统计，并定期报送或通过系统进行通报。通过建立监督与考核机制来不断规范与监督各监测单位的监测工作。

12.6.2　盾构机关键参数监测

1．盾构机关键参数监测的主要功能

盾构机关键参数监测是以盾构机掘进的出土量、注浆量等关键参数为监控对象，以业主、风险管理单位、施工单位、监理单位为使用对象，结合第三方监测和施工监测数据，以控制和减少盾构施工对周边环境的影响。其主要功能包括：

（1）实现对在建线路所有盾构机设备的集中管理。

（2）通过 GIS 系统将盾构机的位置及偏差信息，与设计的预定线路进行比较，对盾构机掘进过程中可能产生的偏差进行预测预警。同时在 GIS 界面可形象显示各盾构工点的进度。

（3）根据掘进进度与出土量之间关系的比较，对施工过程中可能产生的坍塌事故进行预警预测。同时，也对可能引发的群体事件作出预警。

（4）实现对盾构机关键参数的预警管理，并对超过参考控制值的盾构机进行预警管理。

（5）实现对盾构机关键参数的单参数与多参数图表分析。

2．盾构机数据采集方法及内容

盾构机的部分数据是盾构机设备本身能够自动记录并通过接口开发能够实现自动化采集的，部分数据是盾构机设备无法自动记录而需靠人工进行记录的。盾构机关键数据的采集办法应是自动采集与人工采集相结合。

表 12－3　盾构机数据采集内容

序号	盾构机关键参数	采集手段	备注
1	舱内土压力	自动	
2	刀盘扭矩	自动	
3	刀盘净推力	自动	
4	刀盘总推力	自动	
5	盾构机推进速度	自动	
6	贯入度	自动	
7	刀盘转速	自动	
8	螺旋机扭矩	自动	
9	螺旋机压力	自动	
10	同步注浆压力	自动	
11	同步注浆量	自动	
12	二次补浆压力	自动	
13	二次补浆量	自动	
14	盾尾密封油用量	自动	
15	出土量	人工	人工记录上报

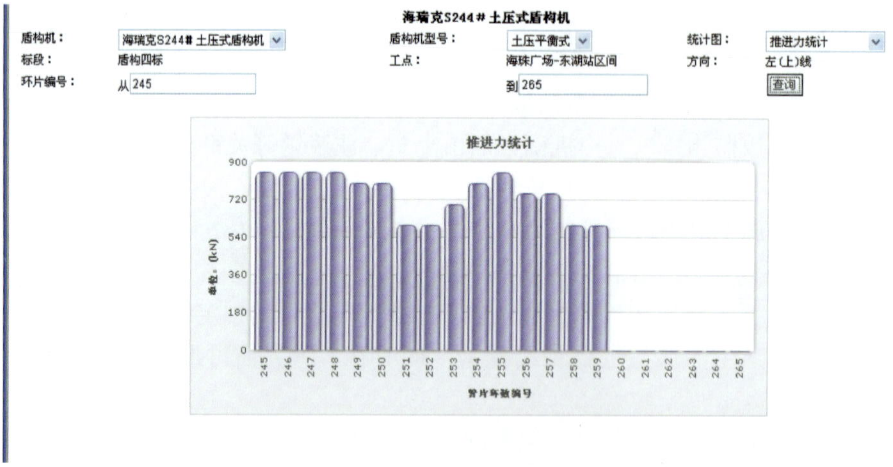

图 12－5　系统自动输出的形象图

12.6.3　视频监控

视频监控技术是利用 MPLS VPN 网络技术实现对施工现场作业面及所有重要施工部位的实时监控技术。通过视频监控技术实现明挖基坑车站及周边环境 360 度的视频监控，实现对盾构区间、矿山法区间所有开挖面及重要施工部位的实时监控，可有效监控、规范站点安全文明施工；实现对明挖、暗挖车站，矿山法区间及盾构区间全部施工过程的存储备份，特别是重要部位、重要工序施工过程的视频永久存储备份，便于积累重、难点工程及特殊工程建设的经验，追溯险情事件及安全事故的原因，做到有据可依、定位准确、效率更高。

同时，公司各级管理人员都可以在自己的计算机屏幕上监视到近千个前端摄像机传来的图像，实时地观察城市轨道交通建设工程施工工地现场情况，可大大减少安全监管的人员、路途和时间等成本，十分方便和快捷。

视频监控技术的网络架构如图 12－6 所示。

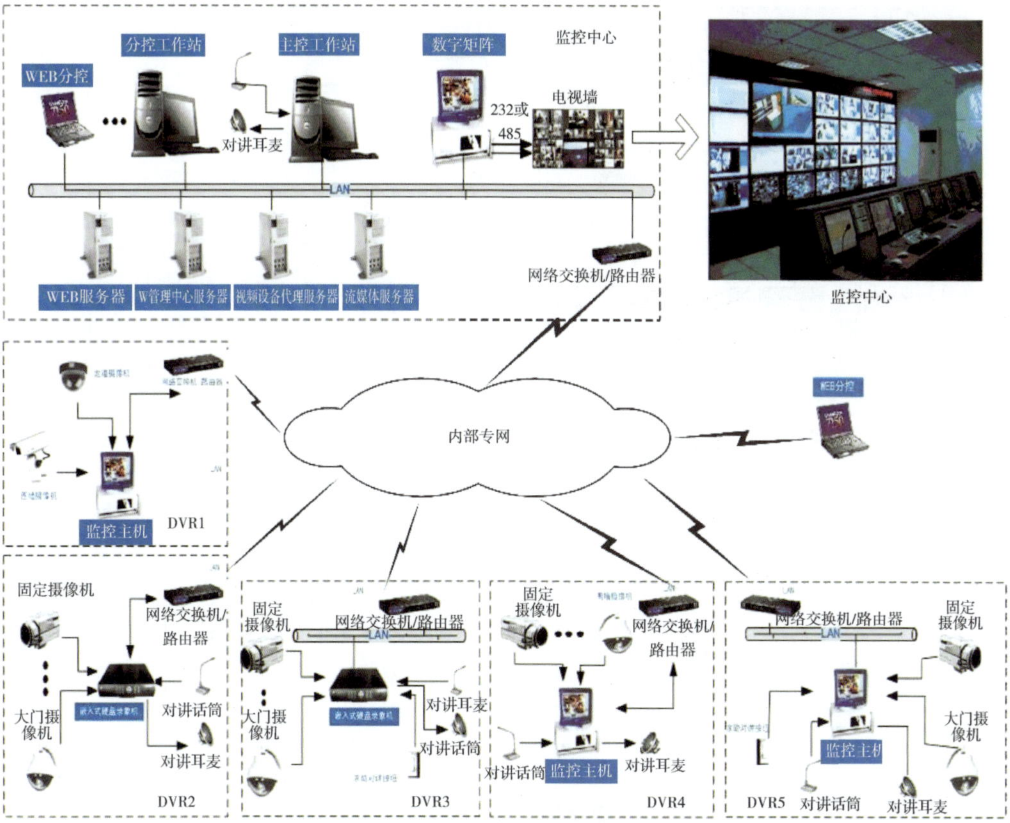

图 12－6　视频监控系统架构图

12.6.4　自动化监测

自动化监测系统实现对施工现场电容感应式静力水准仪、振弦式钢筋计、固定式测斜仪等自动化监测仪器的数据自动采集、无线网络传输与中心智能分析。

自动化监测系统设计是将技术可行性、设备可靠性、经济合理性和观测工作直观简单性结合起来考虑。按照国家现行规范规定的有关要求，通过观测方法比较、设备选型、优化系统配置使监测系统能够满足施工安全监控监测的要求。监测系统要能满足试点工点的周边建（构）筑物监测工作的开展。

自动化监测设计依据以下原则：

（1）重点监控。城市轨道交通建设工程的车站在建基坑周边建（构）筑物、运营区间隧道及运营高架桥梁的安全监控是整个工程安全风险控制的重点。

（2）重点布设。在基坑周边建（构）筑物、运营区间隧道及运营高架桥梁，特别重要与敏感的关键部位布设测点。

（3）内外结合。工程及周边结构物的变形与位移是反映工程安全的最基本数据，为了减少对施工的影响，应遵循内部与外部监测相结合的监测原则。

（4）互相补充。考虑施工经济性与数据可靠性，应同时布设一些人工监测项目测点，与自动化监测项目相互补充与校验。

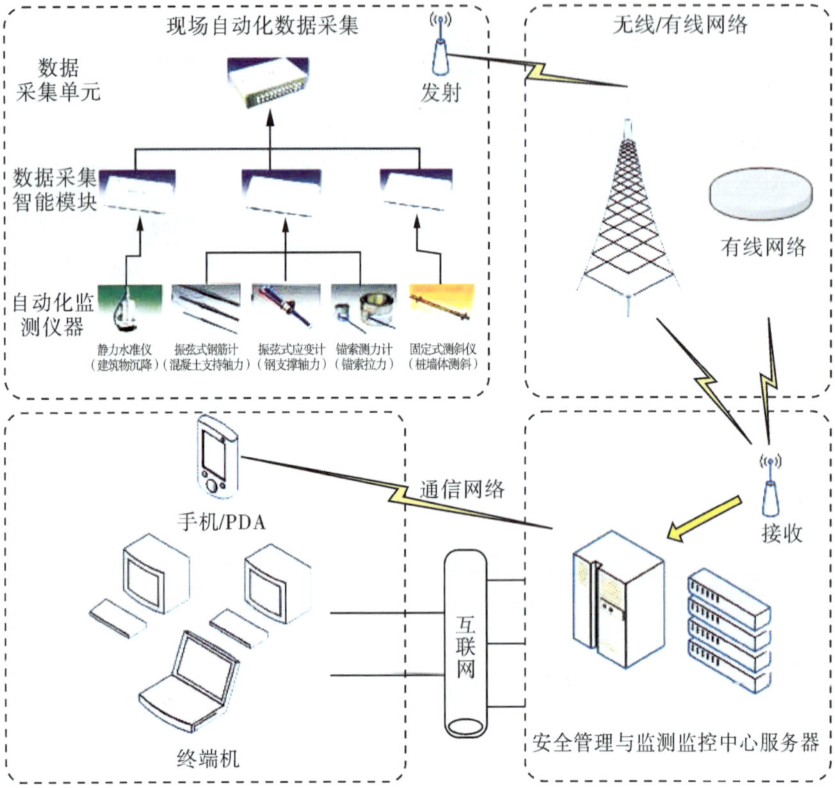

图 12－7　自动化监测数据采集系统架构图

12.6.5　安全风险排查与评估

业主或风险管理咨询方定期（每半年）对工程建设安全风险进行排查分析，根据城市轨道交通工程建设的不同阶段，对基坑或隧道施工过程中的地质风险（如岩溶、孤石等）、重大环境风险（如房屋、桥梁、管线等）、结构施工风险（如围护结构漏水）及施工组织风险等重大风险由建设管理单位项目工程师或专业咨询单位定期进行动态辨识与评估，并通过该功能模块进行发布与管理。同时以安全风险排查报告的形式进行发布，风险排查应以工点为单位或以线路为单位。

安全风险排查与评估的业务内容包括工程一段时间内的施工进度、施工重难点、存在的施工风险源、主要风险点控制采取的措施和效果以及下一步施工建议、预计通过的时间和地点，设计方、施工方、监理方拟采取的安全措施等信息。

安全风险排查与评估的数据格式包括文字、图片与视频录像信息。

安全风险排查的表现形式为报表，包括以工点为单位的安全风险排查报表与以线路为单位的安全风险排查报表。

可通过信息平台传递领导指示、会议纪要内容，并进行相应的反馈。

12.6.6 安全风险预报

安全风险预报是业主或安全风险咨询方、监理定期（每月或每季度）对下一个预告周期内施工存在的地质风险、环境风险、工程自身风险进行预告，并对下一项风险提出预防与控制措施。同时，对未来一段时间的施工计划、重难点、主要风险以及预防措施和重大风险的应急方案进行分析，特别是对于地质条件非常复杂的地区，能够对不良地质及地质灾害或地层情况突然发生变化的风险点进行及时登记与预报。

12.6.7 现场巡查管理

现场巡查管理主要用于记录业主（如项目工程师、地灾防治小组、安全管理人员）、安全风险咨询方、施工方从各单位不同巡查角度对现场的施工进度、现场施工重难点、施工主要风险点以及已经或拟采取的措施与效果进行及时上报，便于领导掌控现场的施工情况。

现场巡查管理的业务内容主要包括施工进度、现场施工重难点、施工主要风险点、拟采取与已采取措施及效果等。

现场巡查管理的数据格式包括文字、图片、视频以及会议纪要、技术附件等信息。

现场巡查管理的表现形式为现场巡查报表的形式，报表能够与打印系统相连接，实现pdf、word与打印机的报表打印。

12.6.8 安全预警功能

安全预警是工程建设中，当监测、巡查或综合分析发现工程施工存在安全风险或重大安全隐患时，参建各方通过系统发布与通报人工预警事件，系统同时将汇集预警事件处置需要的技术文档、历史监测资料、巡查报告、安全评估报告、应急预案、现场视频信号等辅助处置信息。

同时，系统将记录现场会商纪要、专家意见以及参建各方的处置情况，当预警事件得到控制后，由业主或监理单位进行预警事件的消警处置。

预警事件管理业务内容包括预警事件的发布、预警事件处置监控以及预警事件的消警等。

预警事件的类型包括单项预警与综合预警两类：单项预警是指监测数据、盾构机数据超限及现场巡查等发现的现场安全隐患的预警；综合预警是指综合分析监测数据、盾构机数据、现场巡视、安全评估等，对工点的安全情况进行综合判断后在可能造成工程事故或造成重大经济损失时发出的预警。

12.6.9 工程资料管理

工程资料管理功能将所有工点地质勘察资料、环境调查资料、施工图设计资料、施工组织设计与施工专项方案以及监测方案和报告等与工程建设技术管理及安全管理相关的工程资料标准化、规范化，并通过信息系统共享，实现参建各方随时随地都能通过信息系统第一时间查阅、下载、打印工程资料，辅助工程技术决策。但要注意的是，信息系统必须实现对工程所有资料进行保密与权限管理，避免资料的泄漏。

12.6.10 地理信息技术

地理信息技术（GIS）是基于地图服务的计算机系统技术，是信息管理系统的重要组件。在地理信息系统平台的基础上，封装适用工程管理的组件，实现一次开发，多个子系统的综合应用，如工程主体及周边环境显示、测点布置及预警情况显示、工点安全预警状态显示、监测数据及工程资料的可视化和远程操作等。其基本功能应包括：

（1）图层分层管理。

（2）预警渲染。

（3）链接管理（单点链接/多点链接，如视频点、监测点、勘探点）。

（4）搜索管理（图层信息搜索）。

（5）信息提示功能（鼠标移动到信息点显示信息）。

（6）标识操作（如应急路线、资源调配方案设置）。

12.6.11 短信平台

在信息系统中深入集成手机短信平台功能，实现监测数据预警、现场巡查预警、安全预警信息、风险预报、突发事件等信息的手机短信发送，使得业主和参建有关各方负责人能够第一时间收到现场安全预警情况，及时组织实施事故、事件预防或采取应急救援措施。

12.6.12 系统管理

系统管理功能是对信息系统的用户功能权限和数据查阅等权限进行分配，通过系统管理功能的设计，实现对用户使用权限的灵活分配与管理，不同参建人员具有不同的线路或工点查阅范围和权限，确保工程建设资料及相关信息的保密性。

12.7 本章小结

本章根据城市轨道交通工程信息特点，分析了城市轨道交通工程安全管理信息化的重要性和国内城市轨道交通工程信息化现状，阐述了城市轨道交通工程安全管理信息系统设计，包括“三位一体”的系统设计思想、系统设计原则、总体功能架构设计、系统逻辑结构设计、系统网络架构设计和系统主要功能。

详细介绍了安全风险监控子系统、安全风险评估与管理子系统、办公与资源管理子系统以及数据上报与报表打印子系统等四个子系统的组成，包括施工方、第三方监测数据管理、盾构机关键参数监测、安全风险排查与评估、安全风险预报、现场巡查、安全预警等诸多功能。

通过建立城市轨道交通工程安全管理信息系统，规范了建设单位相关部门及参建单位安全管理的工作职责、内容、流程及工作关系，实现了信息共享、资源整合、预警预报与辅助决策，并在重要的工程节点实现对各参建方安全管理工作的监督与考核，提高建设项目管理的效率及水平。

附　件

表 1　施工准备期　号线危险性较大工程专家论证表

<table>
<tr><td>施工标段</td><td colspan="6"></td></tr>
<tr><td>工点设计单位</td><td colspan="6"></td></tr>
<tr><td>施工单位</td><td colspan="6"></td></tr>
<tr><td colspan="2">危险性较大工程名称</td><td colspan="5"></td></tr>
<tr><td colspan="2">风险工程等级及风险特点</td><td colspan="5"></td></tr>
<tr><td colspan="7">专家成员一览表</td></tr>
<tr><td>姓名</td><td>性别</td><td>年龄</td><td>工作单位</td><td>职务</td><td>职称</td><td>专业</td></tr>
<tr><td></td><td></td><td></td><td></td><td></td><td></td><td></td></tr>
<tr><td></td><td></td><td></td><td></td><td></td><td></td><td></td></tr>
<tr><td></td><td></td><td></td><td></td><td></td><td></td><td></td></tr>
<tr><td></td><td></td><td></td><td></td><td></td><td></td><td></td></tr>
<tr><td></td><td></td><td></td><td></td><td></td><td></td><td></td></tr>
<tr><td></td><td></td><td></td><td></td><td></td><td></td><td></td></tr>
<tr><td></td><td></td><td></td><td></td><td></td><td></td><td></td></tr>
<tr><td></td><td></td><td></td><td></td><td></td><td></td><td></td></tr>
<tr><td>审查结论</td><td colspan="2">通过</td><td>经修改通过</td><td colspan="3">不予通过</td></tr>
<tr><td colspan="7">专家论证审查意见：

年　　月　　日</td></tr>
<tr><td>专家签名</td><td colspan="6">组长：

专家：</td></tr>
</table>

施工单位项目部（盖章）：　　　　　　　　　　　　年　　月　　日

表2　建（构）筑物调查成果表

工点名称			
建（构）筑物名称		编号	
地址			
单位名称及电话		地下层数	
地上层数		基底埋深	
地面高度		基底标高	
0. 000		基础类型	
结构类型		竣工日期	
边坡支护型式			
设计单位			
勘察单位			
施工单位			
距线路距离			
重要性等级			
备注	说明有无影像资料		
示意图			

表 3 桥梁调查成果表

<table>
<tr><td>工点名称</td><td colspan="3"></td></tr>
<tr><td>桥梁名称</td><td></td><td>编号</td><td></td></tr>
<tr><td>桥梁位置</td><td colspan="3"></td></tr>
<tr><td>管理部门及电话</td><td colspan="3"></td></tr>
<tr><td>类型（规模）</td><td></td><td>建筑材料</td><td></td></tr>
<tr><td>跨度</td><td></td><td>外观</td><td></td></tr>
<tr><td>结构类型</td><td></td><td>基础类型</td><td></td></tr>
<tr><td>桩径</td><td></td><td>桩长</td><td></td></tr>
<tr><td>养护情况</td><td></td><td>竣工日期</td><td></td></tr>
<tr><td>设计单位</td><td colspan="3"></td></tr>
<tr><td>勘察单位</td><td colspan="3"></td></tr>
<tr><td>施工单位</td><td colspan="3"></td></tr>
<tr><td>距线路距离</td><td colspan="3"></td></tr>
<tr><td>重要性等级</td><td colspan="3"></td></tr>
<tr><td>备注</td><td colspan="3">说明有无影像资料</td></tr>
<tr><td>示意图</td><td colspan="3"></td></tr>
</table>

表 4　地下管线调查成果表

工点名称			
管线名称			
管线位置			
权属单位及电话			
管线类型（用途）		工作压力	
埋设方式		基底埋深	
管线材质		直径	
管节长度		接口日期	
覆土厚度		竣工日期	
设计单位			
施工单位			
距线路距离			
重要性等级			
备注	说明有无影像资料，标明截门位置		
示意图			

表 5　广州市轨道交通工程建设工地安全风险预测表

<table>
<tr><td colspan="2">工点名称</td><td colspan="3"></td></tr>
<tr><td colspan="2">开工时间</td><td></td><td>计划完工时间</td><td></td></tr>
<tr><td colspan="2">施工单位名称</td><td colspan="3"></td></tr>
<tr><td colspan="2">监理单位名称</td><td colspan="3"></td></tr>
<tr><td rowspan="3">动态施工安全风险源（或工程建设过程中可能存在的危险）</td><td>时间（或时段）</td><td colspan="3"></td></tr>
<tr><td>地段（地点）</td><td colspan="3"></td></tr>
<tr><td>存在危险</td><td colspan="3"></td></tr>
<tr><td rowspan="3">对风险采取或拟采取的措施</td><td>设计阶段采取的安全措施</td><td colspan="3"></td></tr>
<tr><td>施工阶段采取的安全措施</td><td colspan="3"></td></tr>
<tr><td>监理单位采取的监管措施</td><td colspan="3"></td></tr>
</table>

表 6　施工伤亡事故快报表

<table>
<tr><td>填报单位
（盖章）</td><td colspan="4"></td><td colspan="2">报告日期</td><td colspan="2"></td></tr>
<tr><td colspan="9">事　故　基　本　情　况</td></tr>
<tr><td>事故发生
日期、时间</td><td colspan="4"></td><td colspan="2">事故发生地点</td><td colspan="2"></td></tr>
<tr><td>事故分类</td><td colspan="4"></td><td colspan="2">初步估算直接
经济损失（万元）</td><td colspan="2"></td></tr>
<tr><td>事故类型</td><td colspan="4"></td><td colspan="2">事故发生部位</td><td colspan="2"></td></tr>
<tr><td>事故简要
经过原因
初步分析</td><td colspan="8"></td></tr>
<tr><td colspan="9">工　程　概　况</td></tr>
<tr><td>工程名称</td><td colspan="4"></td><td colspan="2">工程类型</td><td colspan="2"></td></tr>
<tr><td>工程规模（m^2）</td><td colspan="4"></td><td colspan="2">工程造价（万元）</td><td colspan="2"></td></tr>
<tr><td>结构类型</td><td colspan="4"></td><td colspan="2">开工日期</td><td colspan="2"></td></tr>
<tr><td rowspan="2">基本建设程
序履行概况</td><td colspan="2">□有　立项
□无</td><td colspan="2">□有　用地
□无　许可证</td><td colspan="2">□有　规划
□无　许可证</td><td colspan="2">□有　施工
□无　许可证</td></tr>
<tr><td colspan="2">□有　招标
□无　投标</td><td colspan="2">□有　施工图
□无　审查</td><td colspan="2">□有　质量
□无　监督</td><td colspan="2">□有　安全
□无　监督</td></tr>
<tr><td>建设单位</td><td colspan="8"></td></tr>
<tr><td>勘察单位</td><td colspan="4"></td><td colspan="2">资质等级</td><td colspan="2"></td></tr>
<tr><td>设计单位</td><td colspan="4"></td><td colspan="2">资质等级</td><td colspan="2"></td></tr>
<tr><td>施工单位
（总包）</td><td colspan="4"></td><td colspan="2">资质等级</td><td colspan="2"></td></tr>
<tr><td>施工单位
（分包）</td><td colspan="4"></td><td colspan="2">资质等级</td><td colspan="2"></td></tr>
<tr><td>项目经理</td><td colspan="2"></td><td colspan="2">资质等级</td><td colspan="2"></td><td>项目安全员</td><td></td></tr>
<tr><td>监理单位</td><td colspan="4"></td><td colspan="2">资质等级</td><td colspan="2"></td></tr>
<tr><td>项目总监</td><td colspan="4"></td><td colspan="2">资质等级</td><td colspan="2"></td></tr>
</table>

表7 施工伤亡事故快报表（续表）

<table>
<tr><td colspan="7">事故伤亡人员情况</td></tr>
<tr><td colspan="7">死亡人员人数</td></tr>
<tr><td colspan="3">总人数</td><td colspan="4"></td></tr>
<tr><td colspan="7">重伤人员人数</td></tr>
<tr><td colspan="3">总人数</td><td colspan="4"></td></tr>
<tr><td colspan="7">职工伤亡人员情况</td></tr>
<tr><td>姓名</td><td>性别</td><td>年龄</td><td>工种</td><td>用工形式</td><td>进场日期</td><td>伤亡情况</td></tr>
<tr><td></td><td></td><td></td><td></td><td></td><td></td><td></td></tr>
<tr><td></td><td></td><td></td><td></td><td></td><td></td><td></td></tr>
<tr><td></td><td></td><td></td><td></td><td></td><td></td><td></td></tr>
<tr><td></td><td></td><td></td><td></td><td></td><td></td><td></td></tr>
<tr><td></td><td></td><td></td><td></td><td></td><td></td><td></td></tr>
<tr><td></td><td></td><td></td><td></td><td></td><td></td><td></td></tr>
</table>

<table>
<tr><td colspan="5">非职工伤亡人员情况</td></tr>
<tr><td>姓名</td><td>性别</td><td>年龄</td><td>身份证号码</td><td>伤亡情况</td></tr>
<tr><td></td><td></td><td></td><td></td><td></td></tr>
<tr><td></td><td></td><td></td><td></td><td></td></tr>
<tr><td></td><td></td><td></td><td></td><td></td></tr>
<tr><td></td><td></td><td></td><td></td><td></td></tr>
<tr><td></td><td></td><td></td><td></td><td></td></tr>
<tr><td></td><td></td><td></td><td></td><td></td></tr>
</table>

参 考 文 献

1．中华人民共和国建设部．岩土工程勘察规范（GB50021－2001）[S]．北京：中国建筑工业出版社，2009．

2．中华人民共和国建设部．建筑地基基础设计规范（GB50007－2002）[S]．北京：中国建筑工业出版社，2002．

3．中华人民共和国铁道部．铁路工程地质勘察规范（TB10012－2007）[S]．北京：中国铁道出版社，2007．

4．中华人民共和国建设部．市政工程勘察规范（CJJ56－94）[S]．北京：中国计划出版社，1994．

5．中华人民共和国建设部．地铁设计规范（GB50517－2003）[S]．北京：中国计划出版社，2003．

6．中华人民共和国建设部．建筑基坑支护技术规程（JGJ120－99）[S]．北京：中国建筑工业出版社，1999．

7．中华人民共和国建设部．城市轨道交通工程测量规范（GB50308－2008）[S]．北京：中国建筑工业出版社，2008．

8．中华人民共和国建设部．地下铁道、轻轨交通岩土工程勘察规范（GB50307－1999）[S]．北京：中国计划出版社，1999．

9．中华人民共和国建设部．地铁及地下工程建设风险管理指南[S]．北京：中国建筑工业出版社，2007．

10．中华人民共和国铁道部．铁路隧道风险评估指南[S]．2007．

11．广州市建委．广州地区建筑基坑支护技术规定（98－02）[S]．2009．

12．周振国．盾构施工的风险源分析及规避措施[J]．隧道建设，2003，29（4）：8～14．

13．崔玖江．北京地铁新线工程概况暨建设特点、难点、管理要点[J]．现代城市轨道交通，2004（1）：22～26．

14．杜年春．地铁施工监测信息管理及安全预警系统的设计[J]．工程建设，2006，38（1）：37～40．

15．王梦恕．隧道工程浅埋暗挖施工要点[J]．隧道建设，2007，27（5）：54～56．

16．周文波．盾构法隧道施工技术及应用[M]．北京：中国建筑工业出版社，2004．

17．刘建航，侯学渊．盾构法隧道[M]．北京：中国铁道出版社，1991．

18．肖广智．软弱地层中采用浅埋暗挖法修建地铁车站几个问题的探讨[J]．岩石工程力学与工程学报，2006，25（10）：2030～2035．

19．夏明耀，曾进伦．地下工程设计与施工[M]．北京：中国建筑工业出版社，2001．

20. 刘瑢. 基于风险管理的深基坑工程施工预警系统研究［D］. 东南大学硕士学位论文，2006.

21. 罗云，樊运晓，马晓春. 风险分析与安全评价［M］. 北京：化学工业出版社，2004.

22. 孙建平. 建设工程质量安全风险管理［M］. 北京：中国建筑工业出版社，2006.

23. 刘招伟，赵运臣. 城市地下工程施工监测与信息反馈技术［M］. 北京：科学出版社，2006.

24. 毛金萍，钟建驰，徐伟. 深基坑支护结构方案的风险分析［J］. 建筑施工，2003，25（4）：249～252.

25. 住房和城乡建设部，工程质量安全监管司. 建筑施工安全事故案例分析［M］. 北京：中国建筑工业出版社，2010.

26. 竺维彬，鞠世健. 地铁盾构施工风险源及典型事故的研究［M］. 广州：暨南大学出版社，2009.

27. 交通部公路司，交通部公路科学研究所. 国际公路安全研讨会论文集［C］. 北京：人民交通出版社，2005.

28. 筑龙网组. 隧道与地下工程施工技术案例精选［M］. 北京：中国电力出版社，2009.

29. 涂平晖，赵挺生，周健，唐菁菁. 公路工程建设安全管理［M］. 北京：中国建筑工业出版社，2010.

30. 林志元，孔少波，陈乔松，王文锋. 广州市轨道交通三号线土建施工技术研究［M］. 广州：暨南大学出版社，2010.

31. 刘钊，余才高，周振强. 地铁工程设计与施工［M］. 北京：人民交通出版社，2004.

32. 金龙哲，宋存义. 安全科学原理［M］. 北京：化学工业出版社，2003.

33. 马学东. 建筑施工安全技术与管理［M］. 北京：化学工业出版社，2008.

34. 广州市地下铁道总公司，北京安捷工程咨询有限公司，北京城建设计研究院有限责任公司等. 城市轨道交通建设安全风险管理研究与应用［D］. 2011.

35. 西安市地下铁道有限责任公司，北京安捷工程咨询有限公司等. 西安地铁工程建设土建风险管理体系［D］. 2011.

36. 王新杰. 2011年海峡两岸岩土工程/地工技术交流研讨会论文集（大陆卷）［C］. 北京：中国科学技术出版社，2011.

37. 孙丽. 谈谈建筑工程施工安全管理与控制措施［J］. 管理纵横，2010（7）.

38. 金锋. 风险管理在城市轨道交通建设中的应用［J］. 都市快轨交通. 2005，18（1）：1～4.

39. 王梦恕，张成平. 城市地下工程建设的事故分析及控制对策［J］. 建筑科学与工程学报，2008，25（2）：1～6.

40. 钱七虎，戎晓力. 中国地下工程安全风险管理的现状、问题及相关建议［J］. 岩石力学与工程学报，2008，27（4）：649～655.

41. 苏斌. 北京地铁暗挖工程的风险管理与控制［J］. 铁道标准设计，2009（9）：80～84.

42. 罗富荣. 北京地铁建设安全管理创新研究 [J]. 都市快轨交通, 2009, 22 (2): 9~12.

43. 范新明, 贺农农, 孙佃升. 浅议城市轨道交通建设安全格式化管理 [J]. 都市快轨交通, 2010 (12): 9~11.

44. 顾志兵, 倪海健, 张晓东. 危险性较大的分部分项工程的安全管理现状及监督管理对策 [J]. 建筑安全, 2011 (2): 31~34.

45. 张畲. 北京市地铁建设施工安全调查分析 [J]. 现代城市轨道交通, 2010 (6): 5~8.

46. 田占稳, 李卫锋. 施工企业安全管理要抓住六个关键环节 [J]. 建筑安全, 2008 (增刊): 45~47.

47. 毛儒. 轨道交通安全风险管理 [J]. 都市快轨交通, 2007, 20 (4): 7~8.

48. 钟茂华, 史聪灵, 符泰然. 我国的地铁安全科技保障体系建设 [J]. 劳动保护, 2006 (11): 78~81.

49. 黄宏伟, 谢雄耀, 胡群芳, 薛亚东等. 轨道交通工程建设风险管理及其应用 [M]. 上海: 同济大学出版社, 2011.

50. 罗富荣等. 轨道交通工程建设安全风险控制实施指南 [M]. 北京: 中国建筑工业出版社, 2011.

51. 王炜. 公路工程施工安全生产指南 [M]. 北京: 人民交通出版社, 2006.

52. 沈其明, 刘燕. 公路工程施工安全管理手册 [M]. 北京: 人民交通出版社, 2003.

53. 高志亮, 李忠良. 系统工程安全方法论 [M]. 西安: 西北工业大学出版社, 2004.

54. 李钢强, 孙其衍, 赵声萍. 建筑施工安全生产条件评价操作实务 [M]. 北京: 中国建筑工业出版社, 2008.

55. 赵挺生, 李小瑞, 邓明. 建筑工程安全管理 [M]. 北京: 中国建筑工业出版社, 2006.

56. 竺维彬, 鞠世健等. 盾构施工监理指南 [M]. 广州: 暨南大学出版社, 2007.

57. 陈馈, 洪开荣, 吴学松等. 盾构施工技术 [M]. 北京: 人民交通出版社, 2009.

58. 竺维彬, 鞠世健, 史海欧等. 广州地铁三号线盾构隧道工程施工技术研究 [M]. 广州: 暨南大学出版社, 2007.

59. 乐贵平, 苏艺. 三论北京地区地铁施工用盾构机选型 [J]. 都市轨道交通, 2008, 21 (2): 44~48.

60. 唐益群, 叶为民, 张庆贺. 上海地铁盾构施工引起地面沉降的分析研究 [J]. 地下空间, 1995, 15 (4): 250~259.

61. 刘树山. 砂卵石地层盾构施工对建筑物的影响分析及技术措施 [J]. 城市轨道交通研究, 2008 (4): 39~46.

62. 江招胜, 郭广才, 黄威然. 富水砂层中土层平衡盾构施工技术措施 [J]. 城市轨道交通研究, 2006 (7): 5~8.

63. 宋天田, 周顺华, 黄胜. 富水砂卵石地层土压平衡盾构的适应性研究 [J]. 现代隧道技术，2007（3）：1～8.

64. 石杰红，钟茂华，何理，史聪灵，符泰然. 双线盾构地铁隧道施工地表沉降数值分析［J］. 中国安全生产科学技术，2006，2（3）：53～57.

65. 赵保建，姜忻良，王涛. 盾构法地铁施工地表变形分析及数值模拟［J］. 现代隧道技术，2007，44（2）：58～63.

66. ［日］地盘工学会. 盾构法的调查·设计·施工［M］. 牛清山等译. 北京：中国建筑出版社，2007.

67. 于宝疆，吴江滨，陈雪晶. 盾构掘进地层变形分析与控制［J］. 市政技术，2006，24（6）：394～397.

68. 邓祎文. 隧道开挖地表沉降分析研究［J］. 广东建材，2009（2）：5～7.

69. 吴能森. 花岗岩残积土的崩解性及软化损伤参数研究［J］. 河北建筑科学学院学报，2006，23（3）：58～62.

70. 张抒. 广州地区花岗岩残积土崩解特性研究［D］. 中国地质大学硕士学位论文，2009.

71. 彭卫平，容穗红. 广州市水文地质特征分析［J］. 城市勘察，2006（3）：59～63.

72. 谢明. 广州地铁沿线岩土分层系统的建立和特征以及在地铁、轻轨勘察规范中增设岩土分层规定的必要性和可行性［J］. 地铁与轻轨，2000（1）：17～24.

73. 林本海. 广东岩土地层特点与地层归一性划分方法［J］. 建筑监督检测与造价，2009（1）：1～11.

74. 王清，唐太雄等. 中国东部花岗岩残积土物质成分和结构特征的研究［J］. 长春地质学院学报，1991，21（1）：70～81.

75. 冯涛，吴光等. 广东花岗岩地段球状风化地下分布特征分析［J］. 铁道建筑，2007（1）：104～105.